季思文库

戴炜栋文集

戴炜栋 著

2019年·北京

戴炜栋

1940年生，上海人，上海外国语大学英语学院教授、博士生导师，国家社科基金评委，首批国务院特殊津贴专家。曾任上海外国语大学校长、党委书记，教育部高等学校外语专业教学指导委员会主任委员，国务院学位委员会外语学科评议组召集人，教育部社科委员会学部委员暨语言文学学部召集人，人事部全国博士后科研流动站外语学科评议组召集人，中国翻译家协会副会长暨上海翻译家协会会长，上海市文联副主席。长期从事英语教学与英语语言研究。率先开发英语专业四、八级考试，实施英语专业分级等多项教学改革。出版《新编英语语言学概论》等专著、辞典20余部，主编《高等院校英语语言文学专业研究生系列教材》等国家规划教材近10套，主持国家级课题近10项，发表学术论文140余篇。曾获国家社科基金奖、国家出版基金奖、国家级优秀教学成果奖、中国英语教育特殊贡献奖、外语教育终身成就奖等。曾获上海市劳动模范等荣誉称号。

总　序

七十年在历史长河中只是短暂一瞬，但这却是上外学人扎根中国大地、凝心聚力、不断续写新时代中国外语教育新篇章的七十年。七秩沧桑，砥砺文脉，书香翰墨，时代风华。为庆祝上外七十华诞，上外携手商务印书馆合力打造"季愚文库"，讲述上外故事，守望上外文脉。"季愚文库"系统整理上外老一辈学人的优秀学术成果，系统回顾上外历史文脉，有力传承上外文化经典，科学引领上外未来发展，必将成为上外的宝贵财富，也将是上外的"最好纪念"。

孔子曰："居之无倦，行之以忠。"人民教育家王季愚先生于1964年出任上海外国语学院院长，以坚定的共产主义信仰和对人民教育事业的忠诚之心，以坚苦卓绝、攻坚克难的精神和毅力，为新中国外语教育事业做出了卓越贡献。她在《外国语》杂志1981年第5期上发表的《回顾与展望》一文被称为新时期外语教育的"出师表"，对上外未来发展仍具指导意义。王季愚先生一生勤勤恳恳，廉洁奉公，为人民服务，她的高尚情操始终指引着上外人不断思索："我们从哪里来？我们在哪里？我们向哪里去？我们应该做什么？"

七十载筚路蓝缕，矢志创新。上外创建于1949年12月，是中华人民共和国成立后由国家创办的第一所高等外语学府，是教育部直属并与上海市共建、进入国家"211工程"和"双一流"建设的全国重点大学。从建校初期单一语种的华东人民革命大学附设上海俄文学校,到20世纪50年代中期迅速发展为多语种的上海外国语学院;从外语单科性的上海外国语学院,到改革开放后率先建设以外国语言文学学科引领,文、教、经、管、法等学科协调发展的多科性上海外国语大学;从建设"高水平国际化多科性外国语大学",到建设"国别区域全球知识领域特色鲜明的世界一流外国语大学",上外的每一次转型都体现着上外人自我革新、勇于探索的孜孜追求。

"立时代之潮头,通古今之变化,发思想之先声。"习近平总书记在哲学社会科学工作座谈会上强调,要着力构建中国特色哲学社会科学,在指导思想、学科体系、话语体系等方面充分体现中国特色、中国风格、中国气派。在中国立场、中国智慧、中国价值的理念、主张、方案为人类文明不断做出更大贡献的新时代,外语院校应"何去何从"?秉承上外"格高志远、学贯中外"的红色基因,今日上外对此做出了有力回答,诚如校党委书记姜锋同志所言:"要有一种能用明天的答案来回应今天问题的前瞻、勇气、担当和本能。"因此,上外确立了"国别区域全球知识领域特色鲜明的世界一流外国语大学"的办学愿景,致力于培养"会语言、通国家、精领域"的"多语种＋"国际化卓越人才,这与王季愚先生"外语院校应建设成多语种、多学科、多专业的大学"的高瞻远瞩可谓一脉相承。

历沧桑七十载,期继往而开来。"季愚文库"是对上外学人的肯定,更是上外文脉在外语界、学术界、文化界的全新名片,为上外的学术道统建设、"双一流"建设提供了全新思路,也为上外统一思想、凝心聚力注入了强大动力。上外人将继续跟随先师前辈,不忘初心,砥砺前行,助力中国学术出版的集群化、品牌化和现代化,为构建有中国特色、中国风格、中国气派的哲学社会科学体系贡献更大的智慧与力量!

上海外国语大学
2019年10月

编辑说明

1. 本文库所收著作和译作横跨七十载,其语言习惯有较明显的时代印痕,且著译者自有其文字风格,故不按现行用法、写法及表现手法改动原文。文库所收译作涉及的外文文献底本亦多有散佚,据译作初版本着力修订。

2. 原书专名(人名、地名、术语等)及译名与今不统一者,亦不作改动;若同一专名在同书、同文内译法不一,则加以统一。如确系笔误、排印舛误、外文拼写错误等,则予径改。

3. 数字、标点符号的用法,在不损害原义的情况下,从现行规范校订。

4. 原书因年代久远而字迹模糊或残缺者,据所缺字数以"□"表示。

目 录

序 / 1
自 序 / 5

外语教学

我在教书教人方面的一些体会 / 11
全国高校英语统测浅析 / 14
改革英语教学，适应新形势需要
　　——上海外国语学院英语系教改点滴 / 22
《高等学校英语专业基础阶段英语教学大纲》
　　的制定及其特点 / 28
上外的十年改革（发言提纲） / 34
专业英语教材建设回顾与建议 / 36
对当前提高全社会外语水平的几点看法 / 41
转变观念，全面推进外语教学改革 / 49
关于深化高校外语专业教学改革的几点认识 / 56
外语交际中的文化迁移及其对外语教改的启示 / 60
潜心向学　勇于探索
　　——谈博士生的培养 / 72

构建具有中国特色的英语教学"一条龙"体系 / 76

外语教学的"费时低效"现象

　　——思考与对策 / 87

风雨沧桑四十年

　　——英语教学往事谈 / 92

学习理论的新发展与外语教学模式的嬗变 / 99

对我国英语专业本科教学的反思 / 114

本科教学评估与英语专业教学评估刍议 / 132

搭建高水准教改交流平台，推动外语教师教育与发展 / 145

外语专业四、八级考试的历史回顾 / 149

外语教育

回顾与展望

　　——为《外语界》更名改版 10 周年而作 / 163

建设一流外国语大学　培养跨世纪外语人才

　　——在庆祝上海外国语大学建校 45 周年大会上的讲话 / 165

在上外"211 工程"部门预审闭幕式上的讲话 / 172

第一届高等学校外语专业教学指导委员会工作总结 / 175

第二届高等学校外语专业教学指导委员会工作规划 / 180

关于面向 21 世纪培养复合型高级外语人才发展战略的

　　几个问题 / 183

总结经验，发扬传统，以改革精神建设新型外国语大学

　　——在上外校庆 50 周年大会上的讲话 / 189

在第三届高校外语专业教学指导委员会全体会议上的发言 / 196

建构具有中国特色的外语教育体系 / 204

第四届高等学校外语专业教学指导委员会工作思路 / 224

继往开来 创新发展

　　——祝贺《外国语》创刊 30 周年 / 231

中国高校外语教育 30 年 / 233

我国外语专业教育 60 年

　　——回顾与展望 / 240

立足国情，科学规划，推动我国外语教育的可持续发展 / 255

我国外语学科发展的约束与对策 / 271

第四届高等学校外语专业教学指导委员会中期工作报告 / 282

对经济全球化背景下我国外语教育规划的再思考 / 291

我国外语专业教育的定位、布局与发展 / 307

坚持英语教育的重要性，稳步推进高考外语改革 / 321

"双一流"背景下的我国外国语言文学学科发展战略 / 326

励精图治 再铸辉煌 / 343

高校外语专业 40 年改革历程回顾与展望 / 346

二语习得

语言变化的社会因素 / 359

中介语的认知发生基础 / 370

语言迁移研究：问题与思考 / 384

二语语法教学理论综述 / 400

中国的二语习得研究：回顾、现状与前瞻 / 417

概念能力与概念表现 / 433

中国学习者英语冠词语义特征习得研究 / 445

写在《中国高校外语专业多语种语料库建设与研究——英语语料库》出版之际 / 459

中介语研究的进展
——《中介语语言学多维研究》评介 / 468

参考文献 / 475

序

2019年适逢中华人民共和国成立70周年，也是上海外国语大学建校70周年，学校与商务印书馆合作推出以老校长王季愚先生命名的"季愚文库"。戴炜栋教授的文集入选该文库，作为老同事、老朋友，我很荣幸也很高兴为之作序。

戴教授是我国著名外语教育家，连续三届担任教育部高等学校外语专业教学委员会（以下简称外指委）主任委员，曾任国务院学位委员会外语学科评议组召集人。他为我国外语学科发展和外语专业建设做出积极贡献，2013年获"中国英语教育特殊贡献荣誉证书"。他曾任上海外国语大学校长和党委书记，2002年荣获"上海市员工信赖的好校长"光荣称号。他曾任上海翻译家协会会长、上海市文学艺术界联合会副主席，推动了上海市翻译、文学等事业的繁荣发展。

戴教授在外语教学、外语教育、二语习得等领域造诣深厚，在治学、教改、教学管理等方面经验丰富。这部文集收录戴教授的学术论文、报告等50篇文章，分为外语教学、外语教育、二语习得三个篇章，内容丰富、形式多样、脉络清晰、资料翔实，具有引领性和史料性，对我国外语教育改革与发展具有重要的参考价值。

在外语教学篇中，戴教授综述了外语教学改革的代表性成果，如分级教学改革，外语专业四、八级教学测试，"大中小学一条龙"体系建设，外语专业教学分类评估等。在外语教育篇中，他不仅阐述了三届外指委的重要工作思路，而且回顾展望了我国外语专业教育的发展，梳理了外语教育体系的建构原则和框架，"双一流"背景下的外语学科发展路径等。在二语习得篇中，他聚焦重要概念，论述了相关实证研究，爬梳了二语习得的发展脉络，有助于读者深入了解该领域。总之，这三个篇章承上启下、互为关联，既有创新独到的理论探索，又有对外语教学的实证研究，同时有对社会所关注的外语教育问题的思考，显示出作者深厚的学术功底、严谨治学的学术态度以及服务国家与社会需求的学术情怀。

戴教授亲自主持参与或者推动了外语界一些重要的教育教学改革，譬如《高等学校英语专业英语教学大纲》的出台，面向21世纪外语类人才培养标准的制定，外语专业四、八级教学测试以及非通用语种专业建设等。他还主导或参与了全国外语精品课程建设、英语专业本科教学评估、外语骨干教师培训等工作。我印象最深的是外语专业教学测试与英语专业本科教学评估工作。就外语专业教学测试而言，首先是在英语专业试点，然后推广至俄语、法语、德语等其他语种专业。我作为外指委副主任委员和法语专业教学指导分委员会主任委员，曾经亲历其中，对戴教授等专家的不懈努力深感钦佩。就英语专业本科教学评估而言，戴教授和其他专家一起，在广泛调研的基础上充分研讨，反复推敲，最后确定评估指标体系并于2004年在广东和湖南的4所高校试点，2006至2008年对全国102所学校的英语专业进行评估。这项评估工作因指标完善、富有成效而获得教育部高教司的高度认可，对其他语种专业也有很大的参考价值。

戴教授1958年考入上海外国语大学，1962年毕业留校工作。他学于斯，教于斯，研于斯，对母校怀有深厚的感情。作为上外校领导，他审时度势，锐意进取，主导或推动了学校的一系列重要改革和建设，譬如英语分级教学、国际新闻传播等复合型人才培养，辅修、副修等培养模式的创新，入选"211工程"建设学校，松江新校区建设等。正是在戴教授等历任校领导的不懈努力下，学校从单一的俄文专科学校发展为多语种、跨学科，进入国家"211工程"和"双一流"建设的全国重点大学。

戴教授作为深耕教学一线的老教师，一直兢兢业业，教书育人。所谓"春风化雨，润物无声"，他60年来教过本科生、硕士生和博士生等不同阶段的课程，培养了近百位博士生、无数硕士生和本科生，可谓桃李满天下。其中不少学生已成长为各自领域的骨干或翘楚，发挥表率和模范作用。他所做过班主任的第一届本科生虽已过古稀之年，仍然和他保持密切的联系。他也经常与硕博士生进行学术探讨，相互启发，教学相长。他严谨的治学态度、创新的改革意识不仅影响了他的学生，对读过他的著作、与他交流过的其他同仁或晚辈后学也有着深远影响。

戴教授为人谦和，平易近人，待人友善，一直给予大家关心、帮助和指导。他任校领导期间，经常端着饭盒到食堂买饭，和师生就学校、学院、个人专业发展等进行交流，大家都亲切地称他为"老戴"，有什么心里话也愿意和他讲。他的眼界、修养和人格魅力都值得我们学习。

感谢商务印书馆和上海外国语大学的鼎力支持，让戴教授的这卷文集与读者见面。商务印书馆建馆120余年来，始终以"服务教育、引领学术、担当文化、激动潮流"为己任。此次与上海外国语大学联手打造的"季愚文库"是双方深入合作的重要成果，有助于进一步丰富相关研究，推动外语事业发展。

一览本书，如睹其人，如闻其声。今年恰逢戴教授80华诞，谨祝他老当益壮，寿比南山。所谓"老骥伏枥，志在千里"，祝愿他继续为我国外语教育事业贡献智慧和力量。作为老上外人,我和戴教授一样,深沉地热爱母校,祝福她早日建成世界一流外国语大学。同时,在中华人民共和国70华诞之际,衷心祝福祖国的明天更加辉煌。

曹德明

上海外国语大学原校长

法语教授、博士生导师

2019 年 9 月 17 日

自　序

2018年6月，上海外国语大学（以下简称上外）与商务印书馆签署战略合作协议，打造"季愚文库"，包括文集、译著、辞书、优秀学术成果等，以庆祝上外建校70周年。我作为文库作者之一参加了签约仪式和座谈会。记得当时李岩松校长发言指出"文脉的积累传承必将产生深远的影响，也将是'最好的纪念'"，深以为是。

在整理文集的过程中，我梳理了自己多年来在外语教育、外语教学和二语习得方面的所思、所研、所悟。我自1962年从教，近60年来，发表论文140余篇，主持国家级课题近10项，出版专著、辞典20余部，主编国家级规划教材近10套。其中一些成果分别获国家社科基金奖、国家级优秀教学成果奖、上海市优秀教学成果奖等。基于系统性原则，我选编了1965至2018年间的50篇论文，时间跨度50余年，涉及外语教学、外语教育和二语习得三个主题，充分考量时代、主题等方面的代表性。其中既有对"大中小学一条龙"体系、外语教育体系、外语教育规划、外语学科发展的思考，也有对外语专业教学四、八级测试，教学大纲制定，英语专业教学评估，教育部高等学校外语专业教学委员会（以下简称外指委）工作报告等的梳理，同时包括对二语习得领域重要概念与发展的探讨等。

就外语教学而言，我一贯坚持立德树人，倡导全人教育。早在1965年发表的第一篇文章中我就强调了教书育人的重要性。而无论是探索教学方法、教材建设还是教学评估，无论是本科生教学还是研究生指导，无论是在上外开展教学改革还是探讨全国高校外语专业建设，我都坚持立足本土，解决实际教学问题。换言之，"实践是检验真理的唯一标准"。我认为，我们广大外语教师要探索具有中国特色的外语教学理论和实践体系，而不是盲目照搬照抄西方的教学理论和教学模式。我曾经在上外英语系做过分级教学改革，推进外语专业四、八级教学测试工作，提出建设"大中小学一条龙"体系，建议对外语专业教学进行分类评估，并主张发挥外指委的专业指导作用，为广大外语教师搭建平台，促进交流合作。需要指出的是，关于外语人才培养目标这一论题，我一直认为培养外语人才不仅是促进其知识积累和技能提高，也不仅是提升其跨文化沟通能力，而是应使其具有家国情怀和国际视野，服务于国家战略需求。只有目标明确，我们才能将国外相关理论本土化，才能针对我国外语教学实际，开展试点研究，并结合传统的课堂文化和学习者的学习需求、学习方式等做出相应调整，以提高外语教学质量。

就外语教育而言，我一直认为这是高等教育的重要组成部分。中华人民共和国成立70年来，我们外语界的广大教师对接国家战略，为外事外交外贸、经济文化教育等各行各业培养了大批外语人才。国家和社会在不同发展阶段，对外语人才内涵、规格、培养模式的需求不同，对相应师资、教学资源、教学媒介等也有新要求。特别是在新时代中华民族复兴的大背景下，高等教育国际化势在必行。为了适应这些变化，我们有必要建构具有中国特色的、动态发展的外语教育体系。而建构这一体系，首先要充分发挥外指委等学术机构的专业指导作用，明确外语学科的特色优势，进行基于广泛调查研究的顶层设计与宏观规划。其次要注重发挥各外语学院的主观能动性、各学术共同体的专业作用,使外语教育规划得以实施,相关学术与教学成果得以交流。最后要充分激发广大外语教师的教学科研热情,使他们乐于且勇于进行各类人才培养改革。正是基于以上考虑,这一部分的论文突出了外指委工作、上外教育改革、外语教育体系建构、外语教育回顾与展望等主题。在我看来,新时代背景下,作为国家外语人才培养重要基地的"双一流"建设学校、外语类院校以及参加公共外语改革试点的22所院校,可先行先试,探索新的人才培养路径和模式。需要强调的是,教师对于人才培养至关重要。我们不仅要注重外语教师的教学和科研能力提升,还要强调其学科和专业认同,促进其专业发展。教师专业发展是一个终身学习的过程,涵盖教师职前和在职等不同阶段,且呈现出不同特点,这些因素需要我们充分考量。

就二语习得而言,我一向主张理论引进与实证研究相结合,母语习得与二语习得、多语习得研究相结合。这里的二语即所有非母语的语言,二语习得研究即研究学习者如何通过学习或者习得等掌握母语之外的语言。该文集中既有对重要二语概念的分析,如中介语、语言迁移、概念能力等,也有对我国学习者英语冠词语义特征习得的探索,还有语法教学、语料库建设等实践,同时包括对我国二语习得研究的综述。在我看来,二语习得研究首先要明确相关概念内涵,从而确定相关理论框架。其次要有实证研究,以探索语言习得规律。最后要将理论与实践结合,在具体教学中验证或者发展相关理论。我认为,在"一带一路"建设背景下,国家对"一精多能、一专多会"复合型多语人才的需求增大,广大一线教师和研究者有必要探索中国学习者学习外语的规律和要求,重视多语能力和多语习得研究,尝试建构具有本土特色的语言习得理论体系。换言之,要有问题意识,坚持问题导向,解决中国学习者在语言学习中所面临的困难和障碍。要有评判意识,坚持有效应用。对于国外的二语习得研究理论,我们不能停留在阐释评述的层面上,而是要考虑如何将其本土化、具体化。要有跨学科意识,坚持实证研究。随着研究的深入,学科之间的融合势在必行,只有采用多学科研究方法,将二语习得研究与教学实践相结合,才能打造高水平的研究成果。

该文集入选"季愚文库",我深感荣幸。这一文库既是对上外学者的肯定,也是对上外的肯定。作为具有上外特色、中国风格的学术文化品牌,该文库的推出必将促进相关领域的学术发展。

感谢商务印书馆总编辑周洪波和上外科研处王有勇处长,正是他们的努力促成该文集的付梓。同时感谢王雪梅教授、于涵静博士、赵双花博士、亓明俊博士等对文稿的汇编校对。

2019年是中华人民共和国成立70华诞,也是上外70年校庆之年。作为从教60周年,已近耄耋之年的老教师,可以说我的所学所教所著都与上外密不可分,与外语教育息息相通。在此,衷心祝愿母校早日建成世界一流外国语大学,我国外语教育稳步发展,祖国更加繁荣昌盛。

戴炜栋

上海外国语大学教授、博士生导师

2019年9月19日

外语教学

我在教书教人方面的一些体会[1]

我们外语教师的任务是贯彻党的教育方针,培养又红又专的外语人才。要培养学生在政治上和外语业务上都过硬才行。外语教师的任务不仅仅是把外语教好,他们也要担负起促进学生革命化的任务。过去,我错误地认为,思想政治工作是党委、共青团、政治辅导员和政治课教师的事情,没有考虑自己在这方面应当做些什么。无数事实证明,外语教学脱离了无产阶级的思想政治教育,就会把学生引入歧途。就外语业务来说,教师不进行细致的思想工作调动学生的积极性,也是学不好的。广大教师跟政治工作干部配合起来,把思想政治工作和教学工作拧成一股绳,这样才能扩大思想政治工作的阵地,促进学生的思想革命化,保证教育任务的完成。

一年来我在党的教育下,对这个问题有了初步的认识,在教书教人、挑两副担子,关心学生的全面发展方面做了一些工作。下面谈谈我在抓日常思想工作中的做法。

1. 深入学生,跟他们打成一片,及时了解学生的政治思想和业务学

---

[1] 原载《外语教学与研究》,1965年第2期。

习情况，注意抓活思想。去年上半年领导调我去教一个新的班。我对这个班的一切都很生疏。我就利用一切机会多跟学生接近。如上课前有时提早到教室跟学生谈谈，跟学生一起参加课间操活动，饭后到学生宿舍串门，适当参加学生的文娱体育活动、班级民主生活、团的组织生活等。这样做以后，我与学生们的关系就密切了，学生愿意把心中的话讲给我听。这样我就能及时知道本班同学的思想问题以及他们对班级工作、对教学工作的意见。这样就可以抓住活的思想进行工作。

2. 配合学校党委思想政治工作中心任务进行工作。如学校进行阶级教育时，班上的英语墙报就予以配合，写心得体会出专刊。

3. 帮助学生做好班级工作。去年有一个时期班级工作开展得不好，同学们意见很大，班干部也很苦闷。我发现问题在于班干部：有的班干部怕搞班级工作影响业务学习；有的认为当干部受气，做好不容易，做不好就得挨批评；有的认为班干部的工作琐碎没意思。针对这个情况，我首先组织班干部学习毛主席的《为人民服务》和《纪念白求恩》两篇文章，解决班干部的思想问题。帮助班干部以团小组为核心，发动全班同学一起开展班级活动。

此外，在开展外语课外活动中，也要贯彻思想教育。

通过一个时期的工作，我有了以下几点体会：

1. 处处严格要求自己，以自己的实际行动去影响学生。教师要学好毛主席著作，改造自己的思想，努力以主席思想指导自己的行动和工作。在工作、劳动、生活中严格要求自己，这样来影响、教育学生。

2. 教书教人既能教好学生，又能提高自己。要做好教人的工作，教师必须加强学习。学生会向教师提出各种问题，教师要回答处理这些问题，这对教师也是一个锻炼和提高的机会。我深深体会到教育者必须首先受教育。

3. 每班的各个任课教师之间要互相通气,讨论和研究教书教人方面的问题,研究学生的情况,分头去做工作。

4. 教书教人工作要争取党组织的指导和帮助,并且跟政治辅导员保持密切联系。在教书教人工作中发现什么重大问题,我总要立即向党总支及系领导汇报,根据领导的指示来处理问题。在工作中跟政治辅导员密切联系,向辅导员反映情况,跟辅导员配合进行工作。

一年多来,在教书教人方面做了一些工作,但离党对我的要求还相差很远。我决心加速自我改造,大学毛主席著作,在党的领导下,在政治辅导员同志的帮助下,进一步搞好教书教人的工作。

全国高校英语统测浅析[①]

教育部对全国部分外语院系高年级学生的英语水平测试即将在今年6月份举行,因此,回顾一下1983年高校基础阶段的英语水平测试,总结经验教训,尤其是着重分析一下学生的薄弱环节,也许是不无裨益的。

1983年9月教育部曾组织全国部分外语院系举行了专业英语基础阶段终点水平测试(以下简称统测)。测试的对象是1981级英语专业学生(已学完二年级课程者)总人数的三分之一。

统测内容主要分两大部分:第一部分以检查学生的英语语言知识和语言能力为主(包括语音、语法、词汇、综合运用语言能力);第二部分以检查学生使用英语进行交际的能力为主(包括听、说、读、写能力)。测试形式分口、笔试两种,笔试采取多种选择题、填空题、听写、写短信等形式,口试有朗读短语、短句、短文、快速回答问题和根据规定情景进行连贯口头表达等。

本文拟对统测中语言能力部分一些主要项目进行分析,并试图找出考生中存在的一些普遍性问题以及导致这些错误的症结,供诸位参考。

[①] 原载《外国语》,1985年第3期,合作者华钧、孙白梅。

一、试卷中"语言能力"部分的组成和要求

统测中的"语言能力"部分包括语法、词汇和综合运用语言能力三个项目。它们的设计与要求是：

1. 语法：分 1、2 两个项目，各 15 题，均为多种选择题。目的是检查考生对语法知识的掌握程度和对语法错误的鉴别能力。

2. 词汇：分 1、2 两个项目，各 15 题，也是多种选择题形式。目的是检查考生对中等难度的常用词汇、常用动词短语等的掌握和运用能力。

3. 综合填空(cloze)：共 20 题，目的是检查考生掌握语言知识的综合情况和语言实践的能力，包括理解、逻辑思维、分析推理等方面的智能。

二、试卷中错误分析

对考生的答案进行逐题分析后，我们感到比较典型的、共同性的失误大致可分为以下几种类型（见表 1）。

表 1　错误类型统计

	错误类型	试卷题号	失误者占考生总数的百分比
语法部分	(1) 与动词非谓语形式有关的错误	239 247 254	45% 63% 40%
	(2) 与句法有关的错误	231 256	54% 68%
	(3) 其他基本语法错误	233 244 260	55% 66% 55%

续表

错误类型		试卷题号	失误者占考生总数的百分比
词汇部分	(1) 由于词形相似、词义不同引起混淆的错误	211 213 215 221 226 227 229	52% 58% 65% 78% 58% 64% 72%
	(2) 由于动词短语词义分辨不清引起的错误	218 219	59% 52%
	(3) 与词汇搭配或习惯用法有关的错误	220 224 225	44% 45% 80%
	(4) 对多义词词义理解的错误	202 203	47% 49%
综合填空	(1) 因搭配不当引起的错误	272 278	69% 83%
	(2) 因理解不当引起的错误	289 290	82% 81%

三、失误原因分析

以英语为非本族语的学生在学习英语时,往往会受到母语的干扰(mother tongue interference)[①],或受到概括过头(overgeneralization)、概括过简(simplified generalization)、粗枝大叶(carelessness)、记忆的限制

---

① M. P. Jain, "Error Analysis: Source, Cause and Significance", in J. C. Richards (ed.), *Error Analysis: Perspectives on Second Language Acquisition*, London: Longman Group Limited, 1978.

(memory limitation)等因素的影响。① 他们语言上的失误,往往可以从这些方面找出症结所在。

1. 受母语干扰的影响。这次统测中有不少错误可以归结为这个原因。如语法部分第 244 题的汉语译文是:"我喜欢清咖啡,越浓我越喜欢。"汉语中,在"越喜欢"后面不必带宾语,因而有 35% 的考生选择了错误的答案 B) The more I like;有 26% 的考生选择了 A) The better I like;只有 34% 的考生选择了正确的答案 C) The better I like it. 又如词汇部分第 220 题的汉语译文是:"彩电的价格如此之(高)以至于山姆根本买不起。"由于汉语中常说"价格很贵",因此有 43% 的考生选择了 A) expensive 或 D) dear,因为它们的汉语解释都是"昂贵"。而在英语中,"价格"却只能跟"高"搭配在一起,而不能跟"贵"搭配。由此可见考生受到汉语的干扰较大。同样的原因使 40% 的考生在词汇部分的第 218 题中选择 C) came over 而不选正确答案 D) came round,因为该题要求填入的动词短语从上下文意思来看应是"醒过来",考生误以为 over 可表示"过来",和 came 一起用即表示"醒过来",因而误选了 came over。

2. 概括过头。理查兹曾指出:"学生在学习目的语(target language)的过程中常常会根据所学到的某些句型结构创造出该目的语中并不存在的结构变体。"②他把这种现象称作"概括过头"。例如 45% 的考生对词组 the enthusiasm of the people 作出错误的类推,以为第 260 题中 my enthusiasm of that 也是正确的,没有能在 enthusiasm 后选择正确的介词

---

① J. C. Richards, "A Non-contrastive Approach to Error Analysis", in J. C. Richards (ed.), *Error Analysis: Perspectives on Second Language Acquisition*, London: Longman Group Limited, 1978.
② J. C. Richards, "A Non-contrastive Approach to Error Analysis", in J. C. Richards (ed.), *Error Analysis: Perspectives on Second Language Acquisition*, London: Longman Group Limited, 1978.

for。在词汇部分也有类似的错误。根据英语构词法规则,词根加上 dis-、mis-、un-、im-等前缀可构成反义词,结果有 58%的考生错误地认为第 213 题中的 apprehension,是由 ap-prehension 构成,以为 ap-是个前缀,跟 dis-、mis-等一样可表示否定,因而他们分别选择了 D) misunder-standing 或 C) disappointment 作为跟它词义相近的词。

3. 概括过简。语法现象通常可以概括成若干条规则以便于记忆和运用,而词汇却一般拥有各自独特的词形和词义。若要进行类似的概括,必须首先在更小的范围内对词汇不断进行分类,这样做不仅困难大,而且耗费精力,并将受到记忆的牵制,因此有些学生往往寻找捷径,有意忽视某些词汇之间的差别,而只注意寻找它们之间的相似之处,以达到分类概括的目的。由于考生概括时只注意一部分词形的相似,而忽视了其他区别性的特征,就容易出差错。如第 211 题,四个选择都拥有相同的词根-tracted,而它们的前缀分别为 de-、dis-、ex-和 re-。52%的考生由于搞不清每个前缀所表示的确切含义,只能乱加选择,以致选了错误的答案。又如第 221 题,四个选择分别为 A) remains B) remnant C) remainings D) remainder,它们不仅在词形和读音上相似,在词义上也较接近,但用法有所不同,结果高达 78%的考生选错了答案。在词汇部分的 30 道题中,借助于这类词形相似的词来检查考生辨认和区分词汇能力的考题约有十题。测试结果表明,十道题中几乎每题都有近半数或半数以上的考生选错了答案。这说明考生由于采用"概括过简"的学习方法,以致区分词义的能力很差。

4. 因未完全掌握目的语规则而引起的失误。有的语言学家认为任何学习语言的人头脑中都存在一种"潜在的语言结构"。[1] 随着语言(特别

---

[1] Lenneberg, "Latent Language Structure" (1976), quoted from Larry Selingker, "Interlanguage", in J. C. Richards (ed.), *Error Analysis: Perspectives on Second Language Acquisition*, London: Longman Group Limited, 1978.

是第二语言)学习过程的不断深入和持久,这个潜在的语言结构将不断被激发起来工作,并日趋完善。但在达到某一阶段之前,还不能期待这个结构正确指导学生运用所学语言。以第 224 和 225 题为例,其目的是要测试词汇的搭配和习惯用法。第 224 题中 A) asylum 和 C) coverage 虽可分别作"避难"和"所包括的范围"解,但在这句中 take 必须与 refuge 连用,才可表示"躲避",这是一个固定的搭配。而在第 225 题中 Security is now *tighter* 也是个固定搭配,由于不了解这一用法,高达 80% 的考生选错了答案。有些从表面上看来很熟悉的词也可能把考生"引入歧途"。如第 203 题中 a *chilly* greeting,chilly 的本意是"寒冷的",因此有 32% 的考生选了 D) cool,殊不知 chilly 与 greeting 搭配使用时,应作"冷淡的""不友好的"解,因此正确答案应是 B) unfriendly。又如第 202 题中的 off-hand 有时可作"没有准备"解,但当这个短语出现在 I can't remember his address off-hand 的语境中时,应解释为"不假思索",因此正确答案应为 C) without thinking,但有 47% 的考生选择了错误的答案。考生由于尚未完全掌握目的语规则,因而在运用语言时产生错误的假设。在综合填空部分同样也能找到许多例证。如第 290 题中的选择 C) crossing 和 D) passing,虽然在别的场合可以作为动名词跟带定冠词的 street 一起连用,但却不能用在本题 every _____ street 的语境中,因为这里需要的是一个可以作为定语来修饰 street 的词,答案应为 B) intersecting,而多达 81% 的考生因未掌握这一点而作了错误的选择。又如第 272 题"... but was _____ the more determined to succeed"要求填入 D) all,以构成一个固定词组 all the more,但有 69% 的考生错认为只须填入一般的副词,因而选了 B) far 或 C) always,而没有考虑到这样填入后,句子的语法结构就错了。

　　此外,综合填空不仅要求考生选择符合句子语法要求的词汇,而且还要使所选词汇与整篇的内容相一致。但不少考生由于逻辑思维能力不强,常常顾此失彼,错误地理解题目的要求。以第 278 题为例,"... to be examined on his knowledge of _____"要求从 A) London B) traffic C) driving D) taxi-driving 中选出正确的答案填入空格。由于本文的标题是《伦敦的出租汽车司机》,有高达 83% 的考生错误地推理:考核出租汽车司机所掌握的知识一定是有关车辆驾驶或交通的知识,所以分别选了 B)、C)或 D)。但他们疏忽了一点(事实上,在文章的后半部也谈及这一点),即伦敦是一个大城市,要在那里做一个出租汽车司机,必须对整个城市的情况了如指掌才行,因此考核的重要内容应是有关伦敦的知识。又如第 289 题"... the name of every street you _____"要求从 A) drive B) know C) reach D) take 中选择正确的答案。不少考生选择 B),因为他们以为 know the name of every street 是很熟悉和正确的用法。但在本题中,选择 B 却是错的。因为从上下文可以推断出,这是指考试时要你报出驱车经过的每条街的名字,即 the name of every street (that) you *take*,因此正确答案应为 D) take。凡此种种,说明考生的逻辑思维和综合分析能力不够强。综合填空这种测试形式,在原文中留出一些空档,形成"信息空隙"(information gap)。从上述分析来看,若这些是实词,信息空隙比较大,要把这些略去的信息补全,困难就比较大,这也是学生在这方面失误较多的原因之一。

5. 因粗枝大叶、记忆限制等因素造成的失误。理查兹认为学生在口述或书写较长的句子时,往往会出现语言"行为错误"(performance errors)。造成这种错误的原因"可能是粗枝大叶,也可能是句子太长,记不住等其他因素"[①]。阿博特则把这类语言行为错误称为"失误"(lapses),

---

① J. C. Richards, "Error Analysis and Second Language Studies", in J. W. Oller & J. C. Richards (eds.), *Focus on the Learner*: *Pragmatic Perspective for the Language Teacher*, Rowley MA: Newbury House, 1973.

他指出造成失误的原因可能是"匆忙"(haste)或"遗忘"(forgetfulness)。①这次统测中确实也出现了这种类型的错误。如语法改错题第 254 题："After obtaining his professional diploma, the local educational committee appointed him...",40%的考生没发现错误在于获得文凭的是"他",而不是"地方教育委员会"。类似的原因使将近 68%的考生忽视了第 256 道改错题中的词序错误;60%的考生未能发现第 259 题"... do the things which *suggested* below"中动词 suggest 应改为被动语态。造成这些错误的原因除了粗枝大叶外,也可能是由于部分考生的基本功较差、语法概念模糊。在词汇题中,也出现类似的失误,如第 222 题要求从 A) obstacle B) gaol C) target D) cause 中选择一词跟在 the ultimate 后面。由于考生都熟悉 the ultimate goal 这个词组,所以有 54%的考生选了 B)。但他们却没有注意到 B)是 gaol(监狱)而不是 goal(目标),这种失误纯粹是粗枝大叶所致。

  本文主要分析了 1981 级学生在统测中存在的一些问题,目的在于引起有关师生的重视,为即将在今年 6 月举行的又一次全国性统测作好更充分的准备。当然,在新形势下,统测可能会有新要求、新形式,因此希望考生要作好各方面的准备,争取考出自己的最佳水平。

---

① G. Abbott, *The Teaching of English as an International Language*, London and Glasgow: Collins ELT, 1983.

改革英语教学，适应新形势需要[①]
——上海外国语学院英语系教改点滴

当前外语教学改革的春风，吹绿了上外校园。探索一条专业外语面向现代化、面向世界、面向未来的道路，是我们面临的光荣而艰巨的任务。

长期以来，上海外国语学院英语系（以下简称英语系）培养规格是英语口笔译人员、高校师资和研究人员。教学以听、说、读、写、译为主要目标，辅之以专业必需的语言、文学基本知识和基本理论，英语国家概况。这种教学体制确有其优点：便于组织教学，学生的基本功较扎实。以学生质量为例，1982年以来，英语系学生在历次全国性统测中名列前茅，词汇量测试也成绩优异。毕业生都以其扎实的基本功、流畅的口笔语获得使用单位的好评。1985年一批留系工作的本科毕业生，在教育部组织的英语专业青年教师出国进修选拔考试中成绩突出，获得有关部门表扬。然而，我们应该清醒地看到，这种单一的语言教育体制正在逐步暴露其固有的缺陷：培养方向不够明确，培养目标一直是翻译、师资和文学的混合体。由于培养目标过于广泛，教学计划针对性差，结果必然造成学生毕业后工作适应性差。

[①] 原载《外语界》，1985年第3期。

"四化"建设的发展和对外开放政策的进一步实施要求培养新型的英语人才,他们不仅要熟练掌握英语,而且要懂得有关学科的一些基本知识。所以,改革陈旧的单一语言教学体制势在必行。如何在加强基础训练的同时,又能使英语系学生在毕业后能适应社会经济结构的多方面的要求呢?近年来,英语系在进行体制改革的同时,还带着这个问题摸索英语教学改革路子,在调整专业结构、增设课程,加强基础教学,培养第一流的师资队伍,让学生学得更主动活泼等方面作了一些尝试。本文拟就这些改革作简要介绍,并就英语教学调整和改革中的一些问题,谈谈自己的看法。

一、调整专业结构,增设选修课程,实行主修、辅修和双学位制

为适应"四化"建设需要,英语系的结构和培养方向已发生了战略转移:逐步减少培养高校师资、通用翻译的比重,增设国家经济建设急需的专业,承担培养和轮训大学专业英语和大学公共外语骨干教师的任务,为经贸、外轮等部门的涉外人员和科技人员举办大专班,以培养大批既懂专业又懂外语的人才,例如:

1. 增设国际新闻专业,培养熟练掌握英语的新闻工作者。择优录取已读完三年专业英语的本科生,再进行三年新闻专业训练。该专业开设各类英语新闻写作技巧、新闻史、编辑、采访速记、广播新闻等20门专业必修课,以及有关新闻、外交、国际法、宗教等19门选修课。学生必须修满130学分并撰写论文和参加实习,成绩合格者将被授予英语和新闻两个专业的双重学士学位。

2. 开设对外经济贸易专业,培养熟练掌握英语和对外经济贸易基本理论的专门人才。学生在前二年的听、说、读、写、译实践技能训练基础上,再要进行二年的对外经济贸易专业训练。该专业开设国际贸易、进出口业务、国际市场行情、外贸函电与谈判等19门必修课和西方经济学、对

外技术贸易、商品学、市场学、国际信贷与投资等20门选修课。绝大部分选修课均用英语讲授。经济贸易专业学生既掌握了英语这个利器又有进出口业务专业知识就能如虎添翼,为"四化"建设作更大贡献。

3. 英语语言文学专业学生在牢固地打好英语基础的前提下,进入高年级后实行主修、辅修制。学生可主修英语语言或英美文学,辅修新闻或经贸,也可视本人兴趣选修其他课程。这样,学生毕业后的工作适应力,将大大超过传统的单一语言教学体制下的毕业生。

4. 调整学生的知识结构,开设大量选修课,开拓学生的知识面,特别是文科类的基础外围知识。从1980年以来,英语系开设的各类选修课已近40门,内容包括语言、文学、历史、地理、文化、经贸、新闻、外交、法律、宗教等。专业选修课都用英语讲授。此外,还开设了诸如计算机应用等基础课程。下表是英语语言文学专业四年级必修和选修课程:

表2 英语语言文学专业课程

必修	选修
1. 高级英语 2. 翻译理论和技巧 3. 英国文学(文学专业必修) 4. 英语修辞(语言专业必修)	1. 英语词汇学 2. 现代英语结构 3. 英语文体风格研究 4. 现代英国短篇小说 5. 当代美国小说 6. 外贸英语 7. 英语函电和英语速记 8. 英语打字 9. 新闻英语写作 10. 报刊评论 11. 希罗文化 12. 计算机应用

二、加强基础训练是一个战略性问题

加强基础教学是一个有战略意义的问题,如不给予高度重视,就有"差之毫厘,失之千里"的危险。有些教师认为教基础课是大材小用,另一部分青年教师只想教一年半载,然后出国进修或在高年级开一门选修课。部分学生对基础阶段学习不肯下苦功,眼高手低,求泛不求精。看来,加强对基础教学的领导,严格把好质量关,稳定基础课师资队伍,改革教学方法是加强基础课教学不可缺少的环节。从1985年起我们已采取了以下措施:

1. 系主任、教研室主任都要定期深入课堂听课或召开座谈会,了解教学情况,掌握第一手材料。对存在的问题要及时研究,限期解决,对好的经验要及时表扬或推广。

2. 基础阶段的教学是培养英语人才的奠基阶段,需要优秀、有经验的教师来承担这一任务。鉴于目前普遍存在着不重视低年级教学的倾向,我们规定补充师资队伍的本科生和研究生都要在有经验的老教师指导下从事若干年的基础教学,取得经验后才能讲授其他课程。对从事基础教学的师资队伍在一定时间内力求稳定。

3. 把对基础教学态度的好坏,列为今后教师升职、晋级的依据之一。凡教学态度不好的,在提升职称时暂缓考虑。

4. 鼓励从事基础教学的教师探讨教学法,撰写基础教学论文,每年出版一次基础教学论文专辑。

5. 设"基础教学优秀奖",每年评选一次。

6. 严格把关,严格升留级制度,拟按新设计的教学大纲举行标准测试。目前先在第二学年结束时举行。测试包括语言技能(理解、说、读、写)测验(proficiency test)和成绩测验(achievement test),前者主要测试实践能力,后者测试课文内容。设计的考题要能反映考生的语言能力和交际能力。测试不及格者不能升入高一年级。

7. 更新教材。从 1985 年秋季开始使用教育部委托我系编写的《新英语教程》。该教材编写体系新颖,有助于基础训练。

三、提高师资素质,培养一支第一流的教师队伍

为"四化"建设快出人才,多出人才,必须不断提高教学质量,提高教学质量则必须不断提高教师素质。这几年来,英语系在扩大招生,师资严重不足的情况下采取了一系列措施来提高教师的教学业务水平。

1. 从中青年教师中选拔学术带头人,使进入学术二、三梯队,并重点培养。

2. 实行青年教师业务定向培养。根据教学需要,结合本人的兴趣和特长,青年教师可在文体修辞、文学、语言史等 20 个领域内选择一个专业,在有较深造诣的中老年教师指导下进行专题进修,力争三年后在讲授基础课的同时,能开设一门选修课。

3. 通过遴选去国外进修、报考在职研究生或进我系与英国文化委员会合办的助教进修班等途径,力争在五年时间内使所有青年教师都能达到研究生水平。

4. 制订"教师工作规范",对不同职称教师的教学与科研提出明确要求,并定期检查,限期达到标准。

5. 设立教师科研奖,每年评选一次,对高质量的科研或翻译作品给予重奖。

四、调动学生学习积极性,增加自由支配时间,让学生学得更主动活泼

加强基础教学,增设选修课程,实行主修、辅修和双学位制等,是为了给学生以合理的知识结构,使其具备宽厚坚实的基础和熟练的实际技能,培养学生独立思考、分析问题和解决问题的能力。在教学过程中注意正

确处理传授知识与培养创造能力的辩证关系,无疑是十分重要的。我们认为学校在教学管理上既要严格要求,又要机动灵活。这样才能调动学生的主动性和积极性,才能培养有独立见解的开创型人才。为此,英语系试行了以下做法:

1. 增加学生自由支配时间,减少必修课,增加选修课。低年级周课时不超过 24 节,高年级掌握在 20—22 节周课时。

2. 改进和完善学分制,实行免修和免听制度,即学生经过自学,掌握了某课程内容,可申请免修考试。另一部分成绩好的同学可申请免听。这样就把学习时间交给学生,由他们自由支配。

3. 试行本科生硕士生"一贯制"。成绩优秀的本科毕业生可直升我系三年制硕士研究生。

4. 新生入学后参加水平测试。凡必修课成绩和英语实践能力已达到高一年级的学生可以跳级。他们在选满教学计划规定的学分后,成绩优异的,可提前直升三年制硕士研究生。

5. 试行优秀生工作条例,选拔品学兼优的学生,为他们指定导师,重点培养。他们可以免修某些课程,参加教研室学术活动,使用教师参考室。他们还能获得奖学金和书报费。连续二年被评为优异生的可直升研究生。选满规定学分的优异生可提前毕业,优先选择工作单位。对优异学生每年评选一次,不合条件者取消其优异生资格。

6. 在英语系设立"颜氏学术奖金",用我系颜棣生教授的献款设立学习优秀奖,奖励学习成绩优秀、专业基础扎实、品德优良的学生。除按规定发给奖金外,同时发给"颜氏学术奖"证书。

以上是英语系教学改革的不成熟的做法,不揣浅陋,提出来请行家指正。

《高等学校英语专业基础阶段英语教学大纲》的制定及其特点[①]

《高等学校英语专业基础阶段英语教学大纲》(以下简称《大纲》)已由国家教委组织的专家评审会议通过,将由国家教委审批后颁发,在全国实施。本文拟对《大纲》的制订过程作一简略回顾,介绍《大纲》的概貌及特点。

一、为什么要重新制订《大纲》

基础阶段教学大纲制订过程较长,经历了两个阶段,前后历时达四年之久。

1. 早在1980年8月,在烟台召开的第一届外语专业教材编审委员会预备会议上,就制订了一份基础英语教学大纲初稿。同年11月,编审委员会在青岛正式成立时,又组织讨论了这个初稿,并修改定稿,即第一个英语专业基础阶段大纲(以下简称"青岛大纲")。

2. 为了适应形势的发展,1982年12月在上海召开了一次基础英语教学大纲讨论会,交流执行"青岛大纲"经验。出席会议的各外语院校代

[①] 原载《外语界》,1987年第1期。

表在肯定"青岛大纲"的同时,也指出根据新的形势发展需要,有必要重新制订一个英语专业基础阶段教学大纲。

二、制订《大纲》的准备工作是如何进行的

《大纲》制订的准备过程实际上是一次学术交流过程,即评估我国英语教学现状,分析教学质量,探讨和规划今后若干年内英语教学的需求和应达到的目标。这样,就从理论上及思想上为《大纲》的制订奠定了基础。

准备工作分为以下三个方面。

1. 召开专题讨论会,澄清一些理论问题。1982年底,我们召开了由12所外语院校代表参加的基础英语教学大纲讨论会,与会代表讨论了"青岛大纲"的经验和不足之处。"青岛大纲"所规定的基础阶段的教学任务、教学内容和原则大体符合实际,这对保证教学质量和提高教学水平起了积极作用,但由于该大纲各项指标的制订缺乏严格的科学根据,因而不易进行精确的检查。"青岛大纲"的教学原则、教学方法体现了我们英语教学的经验,可是没有充分反映当代应用语言学、社会语言学、心理语言学等领域的最新研究成果。

这次会议还讨论了制订新的基础英语教学大纲的必要性和可能性。各院校代表一致认识到基础阶段英语教学在整个英语专业教学中的重要性,因此,制订一份新的基础英语大纲是十分必要的。1980年以来,许多外语院校在英语教学法方面进行了探索,国外应用语言学与外语教学的研究成果也逐渐为大家所熟悉。在英语测试领域内,我们也作了初步尝试,取得了一些进展。这一切都表明编写一份新的基础英语大纲是完全可能的。

2. 召开基础阶段英语课程设置研讨会。我们曾先后两次召开了课程设置研讨会,共有12所院校的代表参加了这两次讨论会。会议的议题是:

（1）交流各外语院校英语专业基础阶段英语课程设置情况；

（2）讨论基础阶段的划分，每门课程的要求，以及各门课程间的相互关系；

（3）对今后的课程设置提出一些设想。

鉴于编写《大纲》必然会涉及基础阶段划分和课程设置这两个问题，这两次会议是《大纲》制订工作的一个重要组成部分。

3. 组织全国性测试，为制订《大纲》提供科学的依据。在着手撰写《大纲》草案前，在国家教委主持下，我们在全国部分外语院校组织了一系列测试。在分析测试结果的基础上取得了较可靠的数据。以此为依据，我们组织了基础阶段任务、阶段划分、课程设置、教学内容、教材、教学法的讨论和研究，为制订《大纲》打下了扎实的基础。

三、《大纲》的指导原则是什么

在上述专题研讨会上，代表们经过充分讨论后一致认为新的基础英语大纲必须具备科学性、先进性、指导性、可行性和可检查性。大家还认为要进行扎实细致的调查研究，制订《大纲》要以中上学生水平为依据，要能结合国内外应用语言学和外语教学理论的研究成果和我国的实践经验，要有一套科学的测试题目作检查。

四、为什么要组织全国性的测试

在《大纲》制订过程中，在国家教委领导下，我们曾组织了五次全国性测试，作为调查英语专业学生水平的一个重要手段。测试包括一年级入学起点测试、基础阶段中点测试（一下）、基础阶段终点测试（二下）。其中起点与终点测试在1983年和1984年连续举行两次，以获得更精确、更可靠和更有效的数据。为了检验试题的有效性，我们还组织了预测，以修改试题，使之更完善。

实践证明,外语测试不仅是外语教学的一个重要组成部分,而且对外语教学各个方面都有重大影响。

1. 测试使我们较好地掌握了学生起点、中点、终点的水平,帮助我们具体确定培养目的和各项能力指标,以避免主观性,减少盲目性。

2. 测试帮助我们检查外语教学质量,发现教学中存在的问题。例如,学生的单句表达尚可,连贯表达力较弱;语言能力较强,交际能力较差。

这样,我们就可以采取有效措施,以克服教学中的薄弱环节。

五、《大纲》由哪些部分组成

《大纲》是一个较完整的体系,内容也十分充实,除《大纲》正文外,还有以下六个附表:

1. 语音表
2. 语法项目表
3. 能力意念表
4. 交际功能表
5. 英语专业基础阶段课程设置表
6. 英语专业基础阶段分级词汇表

六、《大纲》有哪些特点

《大纲》包含我们已确定的指导思想,它具有以下特点。

1. 教学目的和要求更为明确与具体。《大纲》中的教学目的不仅提到全面的严格的语言训练,而且还提到培养学生的逻辑思维能力和独立工作能力,要求他们熟悉所学语言国家的社会和文化背景知识,为升入高年级打下扎实的基础,使基础阶段大纲与高年级大纲更好地衔接起来。

《大纲》把教学要求分为起点、中点和终点三个段,共四个级(每级为一学期),每一段的要求都兼顾语言能力和交际能力两个方面。

2. 教学安排有弹性。由于地区差别,英语专业基础阶段的要求很难一刀切齐。为此,《大纲》提出根据不同入学水平因材施教的原则。经过测试,确已超过起点要求的新生,可视其实际水平从第二、第三或第四级开始学习,可提前结束基础阶段学习,进入第五、第六级(即三年级或四年级)。他们在完成第五、第六级各项技能要求后可另学一门新专业(即可获得双学位)或提前毕业攻读硕士研究生课程。这样,在保证打好基本功同时,又可以充分发挥基础较好的学生的潜力和学习积极性,有利于早出人才,出好人才。当然,经过水平测试达不到起点要求的新生则需安排补课。只有在达到起点要求后才能进入第一级学习。

3. 教学原则既有指导性又有灵活性。《大纲》的教学原则体现了新的英语教学理论和我国实际情况相结合的精神,有指导性也有灵活性。例如,提出了正确处理语言知识和语言能力的关系,重视培养使用外语进行交际的能力,处理好语言学习中的正确与流畅的关系,根据实际情况确定教学方法等。

4. 提出以测试为手段来检查外语教学质量,检查《大纲》执行情况,以推动外语教学改革。我国当前英语教学的成绩和不足之处,从1983年以来所组织的各次全国性测试中即已发现。《大纲》提出今后要根据《大纲》规定的要求在基础阶段第四级(二下),举行全国统一命题的口笔语考试,考试内容应包括《大纲》要求掌握的基础语言知识、基本技能和英语交际能力。

七、在《大纲》制订过程中,是如何考虑不同院校水平参差不齐现状的

在制订《大纲》过程中,我们体会到要制订出一个好的大纲,必须处理好以下两个关系:

1. 普遍性和特殊性。《大纲》把基础阶段分为四级,对每级的语言能力和交际能力作了具体规定,这一规定基本符合我国目前英语教学的实际情况,也考虑到不同院校水平参差不齐的现状。各校生源情况、师资水平、教学设备不完全一样,因此我们既要看到教学上的共性,又要注意到各自的特性,制订大纲时要尽可能考虑这一因素。

2. 先进性和可行性。《大纲》对基础阶段每一段,即起点、中点、终点的语言能力和交际能力作了具体要求,这些要求基本上符合我国目前教学的实际水平,但确定听、说、读、写等单项技能指标时也应着眼于将来的发展,这些指标应该是大多数院校经过努力可以达到的。

八、将采取哪些措施保证《大纲》得以有效实施

为了使《大纲》能对专业英语教学发挥指导作用,我们拟在近期内先做以下这几件事:

1. 以出专刊、召开专题讨论会等方式广泛宣传《大纲》,使《大纲》的指导原则及有关教学要求为全国各外语院、系所熟悉。

2. 举办讲习班,按《大纲》所涉及的有关专题来培训师资,保证《大纲》能得以顺利贯彻。讲习班可按地区(包括边远地区)分片举行。

3. 编辑出版《大纲》论文集,把国外应用语言学的最新研究成果与我国英语教学的实际相结合,指导《大纲》的实施。

4. 按《大纲》各段、各级单项技能要求,编写相应的教材和教学参考书,建立题库,与《大纲》配套。

总之,为了使《大纲》发挥其指导作用,必须采取有力措施。要根据执行过程中出现的问题和新的情况,不断修改、充实《大纲》,使之更完善,更切合实际。

上外的十年改革[1]
(发言提纲)

一、关于专业结构

根据社会需要,在加强传统的外国语言文学专业的同时,近年来我们开设了一些新专业。这些新专业有:国际新闻专业(英语)、国际贸易专业(英语、日语)、对外汉语专业(英语)、外事管理专业(英语)、教育传播与技术专业(英语)。这些专业中,有的招收专科生和本科生,有的培养双学位本科生或硕士研究生,满足了国家对不同规格人才的需要。国际贸易专业兼招高中毕业的文、理科考生,毕业生供不应求。对外汉语专业的课程设置、学分、学位都得到美国纽约州教育部门的承认。不少新专业报考者竞争激烈,都是优中选优、高分录取的。上外生源的扩大,表示专业结构是对路的,符合社会需要的。

二、关于师资队伍

关于国际贸易专业,我院有"文革"中上海外贸学院一度合并于我院时留下的师资力量。他们精通一二门外语,又熟悉外贸业务。这使我们

---

[1] 原载《外语教学与研究》,1989年第1期。

有条件能够培养具有专业特色的外贸人才。有的新专业则采取引进人才和派出进修相结合的办法,解决了师资不足的问题。有的专业得到国外有关政府(如加拿大)的支持,有的得到国外半官方机构(如英国文化委员会、美国富布赖特基金会)的支持。我院先后与英国、美国、加拿大、澳大利亚、新西兰、日本、法国、西德、埃及等12个国家有关高等学校签订了协议,确立了交流项目。

三、关于办学层次

几年来,我院努力改变只善一种教育职能为兼善多种教学职能,发展为教育、科研、精神生产的三结合基地。我们的办学层次,有专科、本科、双学位班、研究生班、硕士、博士的全日制高等教育;后续教育——英国学助教进修班、美国学助教进修班、俄语助教进修班;也有成人教育非脱产和半脱产的专、本科及外语单科教育,函授及英语、俄语、日语电视教学。此外,我院还有出国人员培训班、外国留学生中文学习班和科技服务的短训班。通过办学多层次,向国家输送了各种各类外语及其他专业人才。

当前有几种情况值得我们思考,寻求解决的答案:

1. 在我国经济发展的同时,人们加强了经济观念,但也出现了某些师生厌教和厌学的情绪。因此,在深化教学改革的同时,怎样加强和改进思想政治工作;在加强师资队伍建设的同时,怎样加强政工干部队伍的建设,是亟待研究的问题。

2. 近一段时期以来,一些中学为了追求升学率,造成了学生知识片面,独立阅读能力和语文写作能力偏低,影响了高校教学的深化改革。

3. 教育必须尽快立法,多给学校一些办学自主权。对于高校公共必修课,如政治理论课、法律常识课、德育课宜制定统一的教学大纲,讲究实效,搞活高校的课程安排。

专业英语教材建设回顾与建议[1]

一、序言

第二届高等学校外语专业教材编审委员会自 1986 年成立以来,作为国家教委在外语教材和教学方面的一个业务指导机构和咨询机构在以下五个方面做了大量工作:

1. 制订各语种的教材建设规划和年度工作计划;
2. 根据教材建设规划,重点审定其中的主干课程教材;
3. 开展教材研究,总结交流教材建设的经验,就教材建设的方针和原则提出建议;
4. 开展对国内外教材的评价工作,评选优秀教材;
5. 受国家教委的委托,拟订有关外语专业、公共外语的教学文件及组织有关教学研究活动。

编审委员会下设的英语编审组成立二年来,以上述五项任务为工作的指导方针,在诸如教材编审、教材规划、教学大纲制订和外语测试等方面开展了一系列活动。回顾和小结这些活动,提出一些开拓性建议,将对

---

[1] 原载《外语界》,1989 年第 2 期。

本届编审组后三年工作(特别是英语的专业教材编审工作)是不无裨益的。

二、1986—1988年教材编审组工作简介

1. 教材审订

本届英语教材编审组有27名成员,全部由国家教委任命。综合两年来的工作,共审订基础课教材、专业课教材、文学史教材和选本共20种(47册),这些教材的审订与出版满足了教学上的迫切需要,进一步缓解了"等米下锅"的情况,基础阶段教材已由原来一二种以传统的精读法和听说法为主的教材发展为方法多样、各具系统的教材。除原有的情景法、功能法等教材外,近年来又编写了交际法教材(李筱菊主编的《交际英语教程》)、综合法教材(李观仪主编的《新编英语教程》)和师范院校教材,这些教材都配有教师手册等参考材料。此外,《新编英语口语教程》《英语口语教程》《英语听力阶石》《英语电影、电视精读本》等也丰富了基础阶段听说训练教材。

文学史和文学选读也有可喜的收获,已审订的有《英语文学简史》《英美文学史》《美国文学评论选读》《美国文学史讲稿》《美国文学名篇精选》《美国文学名篇选注》等。

过去,语言理论课和高年级的一些选修课教材严重不足,近年来这个情况有了进一步好转。本届编审组审订了《简明英语语言学教程》《普通语言学教程》《实用英汉翻译教程》《实用英语口译教程》等书。这些教材的出版保证了一批必修课和选修课的开设。长期空白的工具书指南也已陆续问世。显然,专业英语各类教材已由一元化向多元化过渡。

2. 教材调查和规划

自1980年第一届英语编审组成立以来,通过会议审校和专家审校,已审订和推荐了60种(90多册)教材。这些向高校英语专业推荐的教材

使用效果如何？各外语院校英语专业目前急需哪些必修课和选修课教材？为此，编审组对全国100所外语院校英语专业作了调查。反馈的信息可归纳为以下几点：

（1）大部分推荐教材为各校的必修和选修课的开设起了补缺作用；

（2）个别教材由于撰稿人选材较陈旧，已不能反映这一领域的研究成果，已被各校弃之不用；

（3）发行渠道不畅通，例如，许多新出版的推荐教材订单到不了英语系主任或教研室主任手中，北方地区学校买不到南方地区出版社出版的推荐材料。

针对反馈信息，编审组拟于1989年10月在上海外国语学院召开英语教材规划研讨会，邀请全国20所院校代表共议英语专业在今后五年内的教材编写规划。

3. 新设学科教材研讨会

近年来各校先后开设了一些新专业，创办了一些新学科，以满足在开放形势下社会对人才的需要。上海外国语学院与英国文化委员会合办的英国学助教进修班即为一例。编审组于1988年5月在上海外国语学院召开了英国学教材研讨会。英国学范围较广，涉及诸如英国社会、英国文化、英国历史、英国文学（特别是20世纪英国文学）、英国政治经济和对外关系等内容，这就需要我们按专题有条不紊地安排力量组织好教材编写工作。英国文化委员会驻北京和上海的代表也出席了这次研讨会。

4. 教学大纲

经过近五年努力，由国家教委委托编审组主持制订的《英语专业基础阶段教学大纲》和《英语专业高年级教学大纲》已全部脱稿并付梓，即将在全国发行。国家教委已颁发了《英语专业基础阶段教学大纲》，并发出通知，从1988年秋季起在全国各高等院校英语专业实施《英语专业基础阶段教学大纲》。

三、有关教材编写的几点建议

本届编审组还有近三年任期,在教材编审、为新教材培训师资、测试等方面面临繁重的任务。为此编审组应做好以下几项工作:

1. 抓紧组织好缺门教材的编写工作。教材调查的反馈信息表明目前最急需的教材有以下几种:(1) 高年级阅读与写作教材,(2) 基础阶段阅读教材,(3) 基础阶段视听说教材,(4) 高年级口译教材,(5) 英语国家概况教材,(6) 指导撰写毕业论文。

此外,抓紧编写新设学科的教材也需提到议事日程。例如,一些外语院校开设美国学课程已有 8 年之久,迄今仅有一两本美国学教材问世。建议以适当形式(例如招标)落实上述教材编写人员和经费,以保证编写质量。

2. 发展反映我国特点的与专业课配套的声像教材,同时研究开发计算机辅助英语教学的教材软件,逐步形成配套的包括读本、录音带和计算机软件的适合我国英语教学的立体化教材。

3. 在编审、出版教材的同时,积极组织使用教材的短训班,以培训师资。对一些使用面较广的基础阶段教材(例如《新编英语教程》《交际英语教程》)更应抓紧时间组织师资培训工作,以使编者的意图能为使用者领会,取得预定的教学效果。

4. 鉴于教委已颁发了《英语专业基础阶段教学大纲》,应立即根据大纲要求作好编写有关教材的准备工作,同时按大纲分级教学的原则对各项技能指标的要求,建立题库,搞好标准化测试,以检验各外语院校按大纲要求组织教学的效果。

四、小结

综上所述，本届编审组在教材编审、教材研讨和规划以及制订教学大纲等方面取得了可喜的成绩，但从形势的发展来看，我们的工作还存在很大差距。当务之急是组织好缺门教材编写工作和抓好实施大纲的后续工作，使我们的教材和教学质量更上一层楼。

对当前提高全社会外语水平的几点看法[①]

进入20世纪90年代,特别是今年以来,我国改革开放出现了前所未有的好势头。欣喜之余也不无遗憾地感到由于我国的总体外语水平不高,经常有一些不尽如人意的现象与当前改革开放的形势很不适应。例如像上海这个国际大都市,繁华的南京路商店英文招牌译文不准、拼写有误的现象屡见不鲜。面对大批购物的外国旅游者,营业员常常只能借助诸如面部表情、手势或其他某种身体姿势来表达意思的"身势语"(body language)来沟通信息,限制了交际活动的充分展开。另外,外语水平低下还影响了国外先进技术、设备的引进和海外企业管理经验的推广,这样的例子就更不胜枚举了。如何想方设法提高全社会的外语水平,以适应当前改革开放新形势的需要是我们外语教学工作者面临的一个新课题。下面就以英语教学为例,谈谈外语教学适应新形势的一些想法。

一、英语在我国是一种国际交流语言

在一些国家英语已具有法定地位,成为国家内部一种通用语言(即第二语言),英语在这些国家是官方(或并列官方)语言,官方文件也用英语

[①] 原载《外国语》,1992年第6期。

起草,这些国家的英语报纸、期刊和学术著作发行量颇大,中小学课程也用英语讲授。由于英语在这些国家有着广泛的使用范围,往往已出现了本地区的英语文体形式。

在我国,随着改革开放和社会主义现代化建设各项事业迅速发展,英语的使用场合日益增多,范围日益扩大,也自然成为一种通行的国际交流语言,在组织我国各层次的英语教学时必须充分考虑到这一事实。

二、 有的放矢地借鉴国外英语教学理论

为使我国英语教学能取得较好的效果,选择既有扎实理论基础又适合我国国情的教学方法是取得良好教学效果和提高社会各界英语水平的一个重要环节。

长期以来,结构主义教学大纲曾风靡一时。由于这种教学大纲只重视语言的结构形式而忽视了语言的应用,使学生尽管学会了正确的语言形式,但真正需要用英语进行交际时就往往力不从心。为此,进入 20 世纪 60 年代后不少学者对结构主义大纲提出了异议。生成转换语法理论始于 60 年代中期,但这一领域的研究对英语教学并无直接的影响。70 年代中期出现的功能/意念法和功能/意念大纲提出在考虑学习者的实际语言需要时,又不能忽视语法和情景。70 年代后期出现的交际法语言教学理论使人们越来越体会到语言学习不能只重视形式而忽视语言功能,在学习过程中教师应为学生提供把所学语法规则运用到交际环境中去的机会。这一派的学者认为使用英语才是学生学好英语的前提,C. J. 布拉姆菲特(C. J. Brumfit)提出了通过真实性的教学内容使语言结构和交际法的功能意念大纲结合起来的观点。

前已提及,英语在我国属国际通用类语言(外国语),我国的英语教学是在非英语环境中进行的,把语言的交际功能与语言结构相结合比较符合我国当前英语教学的实际情况,师生易接受,教学效果也较理想。

三、改革中小学的英语教学

目前,我国中小学英语教学普遍存在以下缺陷:忽视听说训练,教学方法单一,死扣语法条条,只顾升学率。这种重理论轻实践的后果是学生的英语交际能力甚差,例如,上海地区每年数万名参加高考英语口试的考生成绩平平,听力好、口头表达能力强、反应快的考生寥若晨星。大专院校和就业部门希望学了六七年英语的中学生在毕业时既具有扎实的语言基础,又具有能用英语进行交际的初步能力。目前,全国各外语院校和理工、综合大学都在贯彻由国家教委组织有关专家制订的《英语专业教学大纲》和《大学英语教学大纲》,这些大纲对大学一年级新生英语的入学起点都作了明确规定。但不少中学毕业生既没有达到升学要求,也不能满足社会对各种层次英语人才的要求。中小学外语教学是整个外语教学的基础,要提高全社会的外语水平,就必须提高外语教学质量,尤其要从中小学抓起,因为青少年正处于学习外语的最佳年龄。中小学英语教学的目的是培养学生的语言能力和交际能力,为此编写出一套以国外应用语言学理论为指导,适合我国英语教学需要的中小学英语教材已是燃眉之急。受国家教委委托,由上海市中小学教材改革办公室根据上述指导思想编写的供沿海开放地区使用的中小学英语课本,便是一种尝试。这套按结构-功能法体系编写,发扬传统法的长处,去其短处,同时重视学生交际能力培养的教材经使用后深受学生和教师的欢迎,教学效果良好。由于学生的语言实践能力大大提高,他们中学毕业后将能更好地适应就业需要,并能与专业英语和大学英语大纲制定的新生入学起点衔接。

四、调整专业外语教学的课程设置

在改革开放新形势下,国际交往日益扩大与增多,外商纷纷来华投资、办企业。这些都对外语院校提出了更高的要求,即外语院校的毕业生应是不仅熟练掌握一二门外语而且具有某种专业知识,能运用外语这个工具独立从事某种业务活动的复合型外语人才。20世纪80年代中期以来我院增设了一批经济、贸易、管理、新闻等涉外应用文科专业。这些专业的毕业生既熟练掌握英语和另一门外国语,又有进出口业务和外向型企业管理等专业知识,毕业后深受用人单位欢迎,供不应求。与此同时对语言文学专业学生从二年级开始也实行主、副修制,如主修英语语言文学,副修经贸、金融、管理等专业。与以往相比,这些学生的知识面较宽广,对外向型工作的适应力强,受到用人单位的好评。

顺便提一下,长期以来,理工院校的英语教学大纲重视对语言知识的要求,忽视了对学生交际能力的培养。对句子的训练往往以语言点为单位孤立地进行,其后果是学生的理解停留在句子(sentence)水平上,而实际使用语言进行交际都是在话语(discourse)水平进行的。这样,学生在真正的交际场合就感到难以适应。随着《大学英语教学大纲》的贯彻,理工院校的英语教学除培养学生有较强的阅读能力外,第一次把听、说、写的语言技能列为培养目标,与此同时还重视了话语水平上的训练,加强了对交际能力的培养,使理工院校的学生能用流畅、得体的英语进行学术交流和国际交往。

五、多层次、多形式地发展成人外语教育

对成千上万的各类专业人员和社会各界人士来说,成人外语教育无疑为他们提供了学习和进修外语的最佳机会。夜大学、函授和自学考试、各类外语强化训练班等行之有效的办学形式要持之以恒,继续办好。特别要提出的是广播、电视等传媒手段覆盖面广,只要组织得好(如办好辅导站、面授班等),就能取得良好的社会效益。例如,我院在四川省电视台开播的《基础英语》班报名的专业技术人员达数万人之多,其中大部分学员经过严格训练和考试后拿到了结业证书,英语水平达到了中级程度,深

受四川省社会各界人士的欢迎。

为适应改革开放和经济发展的需要,外语院校的成人外语教育还应积极创造条件,增设结合某种社会急需的专业(如财经、外贸、涉外管理、旅游等)外语班,以提高社会各界人士的外语水平。

六、引进和编写适合各层次使用的新教材

目前国内使用的引进和自编的英语教材种类繁多,其中某些教材已沿用了数十年,内容陈旧,编写体系也已明显不适应当前英语教学的要求。例如,20世纪60年代用结构法编写的《新概念英语》在70年代中期传入我国后,使用面极广,影响颇大,甚至出现了"四代同堂"的局面,即小学、初中、高中和大学专业英语和非专业英语都使用这一套教材。成人外语教育办班时不区分学员对象和不同学员的要求,也把《新概念英语》作为必读教材,教学效果不甚理想。

自编教材也流派纷呈,既有结构法教材、功能法教材、交际法教材,也有取各家之长的综合法教材。当务之急是有计划地开展对引进和自编教材的评估工作(特别是使用面较广的教材),找出每套教材的优缺点,参照《中小学英语教学大纲》《专业英语教学大纲》《大学英语教学大纲》和其他有关教学大纲的要求,结合社会各界的需求,按轻重缓急,有条不紊地组织好教材编写工作,使新教材既能反映国外最新英语教学研究成果,又能适合我国国情。有了理想的教材,再加上高水平的教师执教,我国的英语教学水平就可以再上一个新的台阶,为提高我国全社会英语水平作贡献。

七、与国外合作建立权威性的英语水平测试机构

英语测试要成为一种有效的语言测试手段,就必须全面地、客观地衡量受试者的语言水平和交际能力。进入20世纪80年代后,我国举办了种类繁多的英语考试。以出国考试为例,大家最熟悉的有美国的 TOEFL

(一种常规测试),英国的 ELTS 和 IELTS(一种交际性测试)。我国自己设计的英语测试有 EPT(语言水平测试),理工院校按《大学英语教学大纲》命题的大学英语四、六级考试和外语院校根据国家教委布置、按《英语专业教学大纲》对英语专业学生的语言能力、交际能力和所学语言国家文化背景知识要求设计的英语专业四、八级考试。专业外语指导委员会和大学外语指导委员会作为国家教委的外语教学业务指导机构和咨询机构还分别成立了测试小组,统一协调和组织高校的英语水平测试。

我国每年都有千百万专业人员和在职职工通过成人外语教育学习和进修外语,普及面甚广,但迄今却没有一个按科学性、客观性和实用性原则设计的英语水平等级测试。为此,首先要在调查研究基础上,摸清成人外语教育的目的与对象,根据我国的实际情况制订一份适合成人教育的英语教学大纲,提出教学要求,明确学生应达到的语言能力和交际能力。其次,按大纲的教学要求并根据测试的目的和对象并参考国外有关的测试理论,制订好考试大纲。最后按考试大纲的要求命题,测试卷应符合合理性(validity)、可靠性(reliability)和区分性(discrimination)三大原则。

我国在出国考试、专业和非英语专业测试命题等方面已积累了不少的经验,并已有了一批熟悉外语测试原则和方法的教师。在此基础上,应积极创造条件与英、美等国的著名考试机构携手合作,建立起我国权威的英语水平测试机构,使大批专业技术人员和社会各行各业职工通过参加科学测试了解自己的英语水平,获得该机构签发的英语等级水平测试证书,作为招工、就业、出国进修时的英语水平依据。当然,参加我国权威测试机构命题的考试,考生还可以了解自己英语学习的不足之处,加以改进,这无疑会大大提高广大应试者的英语水平。

八、加强教师队伍的建设

一个学校能不能为国家经济建设培养德、智、体全面发展的合格人才关键在教师。当前,发展外语教育,提高全社会的外语水平关键同样在教师。为此,要进一步加强外语教师队伍的建设,充分发挥外语教师的积极主导作用。

自20世纪80年代中期以来国家教委组织全国著名专家制订了各个语种的教学大纲。这些大纲(例如《高等学校英语专业基础阶段英语教学大纲》)要求外语教师必须在各个教学环节重视对学生进行思想作风教育,激发学生为社会主义事业而刻苦学习的热情,培养学生的鉴别和分析能力。可见,做一个合格的外语教师首先应提高自身的政治素质。

外语教师在业务上应具有较高的外语实践能力。显然,要培养学生有较强的语言能力和交际能力,教师的外语实践能力和对国外应用语言学最新研究成果的了解程度是至关重要的。为此,应积极创造条件,安排教师进修。他们中能出国进修的只是少数,更多的人应立足国内,通过担任国内访问学者和参加助教进修班等方法来提高自己的业务水平。鉴于近年来国家教委组织专家制订的各语种教学大纲已先后实施,应继续举办讲习班,按大纲所涉及的有关专题来培训师资,保证大纲得以顺利贯彻。讲习班可按地区(包括边远地区)分片举行。为保证教师使用交际法、结构功能法等教材时能贯彻教材编写者的意图,使用新教材的师资培训工作更应抓紧。

外语教师外流是造成当前师资紧缺和教师主导作用未能充分发挥的一个重要因素。教师外流一是流向国外,但随着改革开放形势的迅速发展和国家吸引留学生政策的逐步落实,外流情况将会有所好转。二是流向校外,如中小学英语教师"跳槽",大学英语教师超负荷地到校外授课等。为此,我们要进一步落实好党的各项有关政策,通过深化改革充分调动广大外语教师的积极性。我院最近已实施经院教代会讨论通过的校内管理体制改革措施,全院教师对这些措施表现出极大兴趣,决心进一步振作精神,为推进我院的教育改革贡献更大的力量。

  我们相信,随着经济体制改革的深入和发展,教育体制的改革也必然会出现进一步深入和加快的形势,从而进一步激发广大外语教育工作者为提高全社会的外语水平作出更大的贡献。

转变观念,全面推进外语教学改革[①]

21世纪将是高度信息化的时代,外语在国际信息交流中的中介作用更加突出,国家对外语专业人才的需求将继续保持强劲势头。在21世纪到来之际,我国外语教育战线面临的新课题是在邓小平理论的指引下,全面推进外语教学改革,使我国的外语教育再上新台阶。

一、近20年来我国外语教育战线的变化

自党的十一届三中全会以来,我国外语教育战线发生了巨大的变化,取得了巨大成绩:

1. 改革开放把我国的外语教育带入了一个崭新的发展时期,学分制和分级教学改革加快了外语人才的培养,双轨制和复合式、应用式教学使我国的外语教育能较好地适应国家对新型外语人才的需要。例如,上海外国语大学1984年经国家教委批准开始招收经济类复合型专业学生,经过十多年努力,现在已设立了国际贸易、国际会计、国际企业管理、国际金融类四个专业,1988年的毕业生47名,1996年毕业生达到137名,数量不断增加,质量不断提高,深受用人单位欢迎。

[①] 原载《外国语》,1997年第6期,合作者黄任。

2. 教材和教学方法在改革开放初期以大量引进和众说纷纭为特点，经过十多年的发展，各语种都编出了主干教材，从英语情况看，已逐步形成以三个流派为主导的局面，即北外胡文仲主编的《大学英语教程》，广外李筱菊主编的《交际英语》和上外李观仪主编的《新编英语教程》。三套教材均受到了广大师生的欢迎。以李观仪主编的一套为例，根据上外英语学院院长何兆熊教授主持的国家"八五"人文社科项目"《新编英语教程》调查报告"，这套教材充分体现了"博采众长，为我所用"的教学原则，比较适合我国外语教学的具体环境，也符合《大纲》提出的"处理好语言学习中准确与流利的关系"与"重视培养使用外语进行交际的能力"的教学原则。

3. 教学手段逐步更新，视听教学设施开始普及，部分学校开设了电脑课，少数条件较好的学校开始把多媒体引入教学。

同时，我们又要看到存在的问题，主要是：

1. 教学改革发展不平衡：(1) 内地学校同沿海地区学校情况相差大，不同类型学校情况也不同，因而在课程设置、教学内容方面的要求不完全一致，教学中存在的问题也不一样，例如，在沿海地区学校经贸类课程受欢迎，而内地学校则比较重视语言类课程。(2) 对怎样搞"复合型"看法不一致，有的条件不成熟就仓促上马，有的对 ESP 教学同复合型之间的界限分不清。我们认为，应实事求是地看待上述情况，避免强求一致。

2. 教材亟待完善和配套。前面提到的北外、广外和上外的三套英语专业教材虽然使用范围比较大，但都还未达到理想的配套要求，如有的未出齐 8 册，有的未出教师用书，给使用者带来不便。

3. 设备陈旧，师资紧缺。目前大多数学校还在使用 20 世纪 80 年代的音像设备，效果欠佳，需逐步改善，特别是要创造条件引进多媒体教学。师资紧缺问题存在多年，近年各校教师数量虽有增加，但形势依然严峻：一是"断层"现象远未解决；二是学术上真正能够带头的高职称教师仍然匮乏；三是年轻教师不熟悉教学法，教学中要求不严的现象相当严重。

二、关键在于转变教学观点

党的十五大标志着我国建设有中国特色的社会主义伟大事业进入了一个新的历史时期，外语教育也迎来了新的发展机遇。我们的外语教育虽然取得了巨大成就，但还存在不少问题和困难，在新形势下面临着新的挑战。为此，我们要全面推进外语教学改革，使我们的外语教学能适应国家跨世纪发展的需求。而全面推进教育改革，关键是在邓小平理论的指导下转变我们的教学观念，包括在教学指导思想、教学内容和教学方式各方面的观念转变。

1. 在教学指导思想上要从传统的知识传授转变到全面提高学生的知识和能力素质。

外语人才以外语为基本工具，因而必须具有扎实的外语基本功和熟练的口笔语实践能力。从目前的外语专业学生看，虽然开口和动笔都不成问题，但质量不够理想，主要表现为口头连贯表达能力不够强，尤其不善于进行透彻有力的说理；笔头文字欠地道，有时还会出现较严重的语言失误。之所以存在这种情况，主要是由于我们教学中还存在重知识传授轻能力培养的倾向：教师以讲为主，学生以听为主，课堂操练不多，课后练习更少。这种倾向愈到高年级愈严重，以至有些高年级学生的口笔语实践能力退步了。这说明我们在外语教学中有必要自始至终抓紧基本功训练。

对于"基本功训练"，不能理解为死板的机械训练，更不是搞"题海战术"，而是要针对学生的实际水平和需要，开展有计划、有步骤的科学训练（包括听、说、读、写、译），目的是通过系统训练，让学生更好地掌握外语基本知识和技能，特别是获取知识、鉴别知识和运用知识的能力。

我们在调查中发现，有的学生在校时外语口笔语成绩都相当好，但毕业后外语工作能力不强。这除了由于我们在教学中对外语的使用能力培养不够以外，还有其他因素，特别是分析能力和组织能力欠缺。对此，有的同志主张增加"两课"（政治理论课和思想道德课）的学时。但实际上，现在的"两课"中也存在重知识传授的倾向，因而也有必要转变教学观念，靠增加学时是无济于事的，而且从总的情况看，我们的学时总数过多，各门课程都应在减少课时和提高质量上下功夫，让学生有较多的时间去消化、去研究、去实践。

由于外语工作涉及各个产业和各个领域，因而需要广博的知识。外语专业学生要有"读书清单"，大量阅读。除了有代表性的汉语经典著作和所学语言的经典著作以外，还要读其他世界名著，用优秀的人类文化丰富自己的头脑。此外，还要争取学习其他一两门专业的基本知识。现在，我们的学生思想活跃，兴趣面广，社会知识也比较丰富。但也有不少学生除了浏览一些不上档次的流行小说以外，对人类文化精品知之甚少，他们本专业的知识都不过硬，更谈不上接触其他专业了。我国著名外语教育家和语言学家许国璋先生生前经常强调"科班出身的（即正规学校培养的——笔者注）学生不但要语言功底好，还要多读书，知识宽厚，这样才有真功夫，才有后劲"，他要求研究生拿月津贴的三分之一用于买书，"建立自己的图书馆"。显然，如果不认真读书，不刻苦操练，花拳绣腿，靠"小聪明"过日子，是不会有持久力的。

我国自古有"名师出高徒""教不严，师之惰"的说法。要培养出有知识、有能力的学生，必须要有这样的好老师；要学生学好，首先要老师教好。我国外语教育界有大批资历深的和新成长起来的好教师，他们忠诚党的教育事业，认真抓好备课、讲课、课堂操练和课后作业这四个环节，每教一课书都有明确的目标，都有较好的效果。然而，也有少数教师自己不认真备课，也不严格要求学生，只靠几个简短提问和几道选择练习，那是无法培养好口笔语实践能力的。

2. 教学内容上要改造那些固定的、单一的过时材料,代之以新鲜活泼的、适用性强的材料。

教材是教学内容的主要载体。教材的相对统一和稳定是必要的,否则难以保证正常的教学秩序和一定的教学效果。然而,随着社会的发展变化,教材变化又是不可避免的,社会发展愈快,教材的变化愈快。因此,我们在教材使用上要不断破除习惯势力的影响,在不断编写和修订某些统一教材的同时,有必要经常选用一些新的补充材料,使教学内容不断更新。

从外语专业的教学内容看,主要应包含以下四个方面。

一是外语知识技能,主要指传统的"精读",现在一般称作"阅读与写作"。这类教材中的课文应是有代表性的各种体裁的优秀范文,通过深入的学习(包括背诵)和操练(包括段落和短文写作),帮助学生掌握地道的语言知识及使用技巧。

二是基础知识,指中国文化(包括汉语)和世界文化知识,所学语言国家概况等。

三是带专业倾向的选修内容,如外交、经贸、新闻、师范等。这方面的内容要尽量少而精,不像主要专业知识那样深厚,目的是使学生在专业知识技能扎实的前提下扩大知识面,为成为"复合型"人才创造条件。

四是一般性实用知识技能,其中除每个学生必修的计算机知识与操作以外,还可举办一些科技知识讲座,以扩大学生的视野和知识面。

上述前两项内容相对稳定和统一,后两项内容则较为灵活多样化。

3. 教学方式上要从以教师为中心改变为以学生为中心。这里所说的以学生为中心,绝不意味着否定或减弱教师的主导作用,而是强调要彻底破除"填鸭式"和"封闭式"教法,整个教学过程(包括课前准备、讲堂讲授和操练及课后作业)都以培养学生的能力为目标。为了培养这些方面的能力,教师对讲什么和怎样讲,怎样运用启发式,怎样做到精讲多练,怎样开展有效练习等,都得认真考虑研究。

对于中国人怎样学外语——尤其是学英语这个问题,吕叔湘等前辈提出过许多有价值的看法。近年出现的张思中"英语教学法"和李观仪等提出的"具有中国特色的外语教学法"等,虽然有的以中学英语教学为基础,有的以大学外语教学为目标;有的指具体的教学方式,有的指总的方法,但都是对外语教学规律的可贵探索和总结,并且有一点是共同的:外语教学一定要通过教师辛勤的创造性劳动,调动学生的积极性,帮助他们掌握外语知识和提高外语实践水平。在教学方式上强调以学生为中心,主要有两个方面的目的:一是在整个教学过程中务必要发挥出学生参与的积极性和主动性;二是让学生把课堂学习同课外学习紧密结合起来,从小课堂走向大课堂。

为了鼓励学生参与,有必要创造适当的氛围。一位在上外任教的美国教授说,他在美国上课时经常和学生肩并肩地围坐在一起开展讨论,轻松自如。但在中国不同:教师站在讲台上,给学生以"权威在上"的感觉,不利于平等参与。显然,这种传统的课堂活动方式有必要加以改变。

这些年来,我校某些院系在学期开始时利用两周时间安排学生通过试听选课。在试听过程中,学生既可以了解教师打算教些什么和怎样教,又可以对教师提出意见和要求,学期结束时再组织学生评议。这样的参与有助于调动学生的学习积极性,也有助于教师改进教学。

除了安排好课堂教学和加强课堂教学管理,我校还组织各种形式的"勤工助学"活动。通过这些活动,学生在课外时间(包括假期)走向社会,把课堂学习同课外使用结合起来。实践证明,这样的活动有利于学生开阔眼界,了解社会和学习社会,锻炼自己和改造自己,提高自己的分析判断能力、组织能力和克服困难的能力;同时由于学以致用,又检验了学生课堂学习的成果。"书到用时方恨少",有了这样的体验,不仅课堂参与的主动性提高,到图书馆找书读的兴趣也浓了。

  上述三个方面观念的转变虽然侧重点有所不同,但又具有密切的内在联系。人的观念转变了,看问题的角度就不一样了,办事的方式方法也不同,效果就会不一样。在当前机遇和挑战并存的情况下,我们外语教育岗位上的工作人员必须努力学习十五大文献,研究在新形势下外语教学的规律和要求,勤奋工作,为我国社会主义跨世纪发展的宏图大业培养和造就更多更好的外语人才。

关于深化高校外语专业
教学改革的几点认识[①]

改革开放以来,我国高校的外语专业教育有了迅猛的发展。据统计,现有的千余所普通高校中有近半数的院校设有外语专业,共讲授37种外国语言,外语专业的在校学生人数已达8万人,而且社会对于外语专业人才的需求一直保持强劲的上升势头。

但是,随着我国改革开放的进一步深化,社会主义市场经济体制的建立,特别是随着我国经济增长方式由粗放型向集约型的转变,沿用了多年的、传统的外语专业教育模式已不能适应当前经济和社会发展的需要。突出表现在以下几个方面:

1. 思想观念的不适应。改革开放为我国的外语专业教育提供了极好的发展机遇。多年来,由于生源以及毕业生就业分配的状况都比较好,所以社会上一直把外语看作是抢手的热门专业。这就导致了外语院系的领导和教师缺乏危机意识,对于外语专业本科教育的改革缺乏紧迫感。

2. 人才培养模式的不适应。长期以来,外国语言文学一直被看作是

[①] 原载《中国高等教育》,1999年第4期。

一个独立的学科,外语院系的课程设置、教学方法、教材编写、师资队伍的知识结构、教学管理、办学经验等诸多方面都是以单科教育为出发点,与培养复合型外语人才的要求极不相称。

3. 课程设置和教学内容的不适应。由于外语专业的单科特征,多年来我国的外语专业本科教育过分强调外语的基本技能训练,在课程设置和教学内容的安排中普遍忽略其他人文学科、自然学科等相关学科的内容,教学内容和教材知识结构单一,内容陈旧老化。

4. 学生知识结构、能力和素质的不适应。由于课程设置和教学内容的局限,外语专业的本科学生除了语言技能和外国文学、语言学方面的知识外,往往缺乏相关学科的知识,对于学生思维能力、创新能力的培养极为不利。

遵循小平同志教育要"面向现代化,面向世界,面向未来"的指示,21世纪的外语人才应该具备以下特征:

1. 扎实的基本功,主要是指外语的基本功。这是适应社会主义市场经济和科学技术发展的需要和前提,也是培养复合型外语专业人才的基础。

2. 宽广的知识面,是指在熟练掌握外语专业知识的基础上,还需了解相关学科的知识,如外交、外事、金融、经贸、文学、语言学、法律、新闻等诸多学科领域的知识。

3. 较强的能力,主要是指获取知识、运用知识、分析问题、解决问题的能力和创新的能力。

4. 较高的素质,主要包括思想道德素质、文化素质、业务素质、身体和心理素质。其中,思想道德素质是根本,文化素质是基础。对于外语专业的学生来说,应该更加注重爱国主义和集体主义的教育。

外语院校要实现上述培养目标,使培养的人才适应社会主义现代化

建设的要求,需要着力做好以下几个方面的工作:

1. 转变思想观念。为了迎接21世纪对学科发展的挑战,外语专业教育要主动适应社会主义市场经济体制的需求;要妥善处理传授知识、培养能力和提高素质的关系,把学生全面素质的提高放在首位;要处理好教学、科研和社会服务三者之间的关系,把教学工作放在学校各项工作的核心位置;要处理好教与学的关系,树立学生是教学活动的主体,重视学生独立学习能力和创新精神的培养,因材施教,促进学生个性的发展。

2. 培养复合型人才。从根本上来讲,外语是一种技能、一种载体,只有当外语与某一被载体相结合,才能形成专业。过去常见的是外语与文学、外语与语言学的结合。然而,目前我国每年仅需要少量这方面的专业人才,而大量需要的则是外语与其他有关学科如外交、经贸、法律、新闻等相结合的复合型人才。培养这种复合型的外语专业人才是社会主义市场经济对外语专业教育提出的要求,也是新时代的需求。

3. 课程体系改革和课程建设。要从我国社会主义现代化建设的需求和未来社会对外语人才的要求出发,重新规划和设计外语专业的教学内容和课程体系。例如:开设有利于复合型人才培养的有关专业课,加强课程的实用性和针对性;积极探索在专业课教学中将专业知识的传播和语言技能训练有机地结合起来,提高课程的教学质量;在开设新课和改造现有课程的过程中,大力培养学生的语言实际运用能力,着力提高学生的思维能力和创新能力。

4. 教学方法和教学手段的改革。教学方法和教学手段的改革可以采取多种途径,但以下原则应该是共同的:(1)着眼于培养学生的创新精神和创造能力。外语教学中模仿和机械的语言技能训练是必要的,但一定要注意培养学生分析问题和解决问题的能力。(2)改变教师为中心的传统教学方法,突出学生在教学活动中的主体地位。(3)将课堂教学与课外实践有机地结合起来。课堂教学重在启发、引导,要为学生留有足够的思维空间,课外活动要精心设计,充分利用广播、录音、投影、电影、电视、录像、计算机、多媒体和网络技术,为外语专业教学服务。

5. **教材建设**。课程体系的改革客观上要求教材也要进行相应的改革,对此,教材建设应注意:能够反映时代的要求;要处理好专业知识、语言训练和相关学科知识之间的关系;教材不仅仅着眼于知识的传授,还要有助于学生的鉴赏分析能力和创新能力的培养;教学内容要有较强的实用性和针对性;注意充分利用计算机、多媒体、网络等现代化的技术手段。

外语交际中的文化迁移
及其对外语教改的启示[①]

一、前言

在经济全球化、世界大融合的今天,跨文化交际已成为一种现实需要。成功的跨文化交际不仅需要良好的外语语言能力,而且也要求人们了解不同文化之间的差异,并在实际的跨文化交际中灵活运用这些文化知识。

鉴于语言与文化之间的密切关系,外语教学应以培养学生的跨文化交际能力作为一项主要任务。这至少有三大好处。一、在帮助学生学习外国语言的同时,又使他们接触不同文化,了解文化差异,拓宽视野。经过这样的培训,学生在跨文化交际中就能做到随机应变,有理有度,恰如其分。二、将语言和文化融合在一起学习,可以发挥学生的主观能动性,使外语学习更具趣味性和吸引力,因而可以提高外语学习的效率。三、如果外语教学既能提高学生的外语语言技能,又能强化他们对外国文化的了解,培养他们的跨文化交际能力,那么外语教学的作用和地位就会提

---

① 原载《外语界》,2000 年第 2 期,合作者张红玲。

高,社会对外语教学就会更加重视,投入也会相应增加。

然而,要实现外语教学既提高学生语言能力又培养跨文化交际能力的双重目标,绝不能再按传统的外语教学思路和方法,把主要精力放在对语言形式和词汇的教学上,而应将文化教学放在与语言教学同等重要的位置上,将两者统一起来。本文拟讨论的是对外语学习、文化学习乃至跨文化交际产生极大影响的本族文化迁移问题。

二、文化迁移的定义、形式和研究现状

文化迁移在本文中是指由文化差异而引起的文化干扰,它表现为在跨文化交际或外语学习时,人们下意识地用自己的文化准则和价值观来指导自己的言行和思想,并以此为标准来评判他人的言行和思想。文化迁移往往会导致交际困难、误解甚至仇恨。所以,研究文化迁移无论对跨文化交际还是对外语教学都具有重要意义。

文化是一个复杂的社会现象,它几乎无所不包,无时无地不在起作用。而且,由于人们是在不知不觉中习得本族文化,他们只是在自己的文化准则被打破时才会意识到文化的作用。这就使文化迁移呈现出多种形式,且不易觉察。

要分析文化迁移的形式和实质,首先要对文化进行界定和分类。文化研究发展至今,一个最具概括性、广为接受的观点认为文化是一个群体的生活方式,它包括人自出生后所学到的一切,如语言、言行方式和内容、信仰,以及人们赖以生存的物质和精神基础。涵盖如此之广的文化这一概念通常被分成三个层次:"第一个层次是物质文化,它是经过人的主观意志加工改造过的。第二个层次是制度文化,主要包括政治及经济制度、法律、文艺作品、人际关系、习惯行为等。第三个层次是心理层次,或称观念文化,包括人的价值观念、思维方式、审美情趣、道德情操、宗教感情和

民族心理等。"①这一分类虽然不够具体明了,但它为文化迁移的研究提供了借鉴。

根据文化的这一分类,文化迁移至少可以分成两种:表层文化迁移(surface-structure transfer)和深层文化迁移(deep-structure transfer)。第一和第二层次文化的迁移大体上属于表层文化迁移,因为这些文化要素一般是显现的,人们稍加注意就可感觉到不同文化在这些方面的差异。深层文化迁移是指第三层次中文化要素的迁移。由于它是心理层次,涉及人们的观念和思想,所以在跨文化交际中很难察觉和捕捉。

文化迁移之所以是外语交际或跨文化交际最大的障碍之一,这主要是因为本族文化根深蒂固,人一出生就开始接受本族文化的熏陶,他的所思所说所做无一不受其影响。此外,由于民族中心主义思想的深远影响,人们认为自己的所作所为只要与其周围绝大多数人都遵循同样的文化准则,就是正确的,否则便是不可接受的,或是错误的。本族文化和民族中心主义思想一方面固然有利于民族团结,但同时又阻碍不同文化之间的交流与共处。所以,在我们昂首迈进21世纪,在跨文化交际成为时代特点的今天,学习其他文化,了解民族中心主义和文化差异的存在非常重要。外语教学应该适应这种需要,将跨文化交际能力的培养作为教学目标,从而使外语教学能真正服务于社会。

有关文化对外语学习的影响的研究著述颇多。早在20世纪40年代和50年代,美国的语言教学专家C. C. 弗里斯(C. C. Fries)和罗伯特·拉多(Robert Lado)就主张在外语教学中对文化予以足够的重视,要注意文化差异,进行文化对比。自60年代中期以来,随着社会语言学和教学法研究的蓬勃发展,语言研究和文化研究之间的关系、语言教学和文化教学

---

① 胡文仲、高一虹:《外语教学与文化》,湖南教育出版社,1997年,第2—3页。

之间的关系都越来越受到重视。其间,最有影响的研究当推苏联的语言国情学和美国的跨文化交际学。前者从语言本身出发,研究词汇等语言形式的文化内涵;后者则从跨文化交际的角度,分析语言使用的文化背景。两种研究虽然隶属于不同学科,但其研究结果相得益彰,能充分解释文化和语言在外语学习和交际中相互作用、相互依赖的关系。

此外,以研究文化和社会对语言使用的影响为主要任务的社会语言学和语用学,也为外语教学和文化教学提供了很多有价值的信息和启示。例如,英国语言学家詹尼·托马斯在研究文化差异对于外语学习的干扰方面取得了很大的成就。在《跨文化语用失误》一文中,为了追根溯源,她把语用失误分为两种:语用-语言失误(pragmalinguistic failure)和社交-语用失误(sociopragmatic failure)。[1]"语用-语言失误指学习者将本族语对某一词语或结构的语用意义套用在外语上造成的语用失误。"[2]例如,中国的英语学习者喜欢用 of course 来回答各种各样的问题。殊不知,虽然 of course 在有的语境中表示热情,但当一个外国客人问服务员"Is the restaurant in this same building?"时,如果也用"Yes, of course."来回答则显得口气生硬,很不礼貌,仿佛让人觉得问话者很无知,似乎对问话者有不屑和蔑视的态度。"社交-语用失误指由于文化背景不同而犯的语用错误,牵涉哪些话该讲,哪些话不该讲,人际关系的远近,人们的权利和义务等,与人们的价值观念有关。"[3]这两种语用失误同前面所提到的表层文化迁移和深层文化迁移大致相对应,语用-语言失误一般属于表层文化迁移,社交-语用失误则属于深层文化迁移。当然,两类语用失误或文化迁

---

[1] J. Thomas, "Cross-cultural Pragmatic Failure", *Applied Linguistics*, Vol. 4, No. 2, 1983.
[2] 胡文仲:《文化与交际》,外语教学与研究出版社,1994年,第29页。
[3] 胡文仲:《文化与交际》,外语教学与研究出版社,1994年,第29页。

移的区分不是绝对的,由于语境不同,对话语理解的角度不同,有时既可以看成是语用-语言失误或表层文化迁移,又可理解为社交-语用失误或深层文化迁移。

托马斯的研究为分析语用失误和文化迁移建立起了理论框架,这一理论框架和其他社会语言学的研究成果一起为国内外的学者指明了方向,学者们纷纷著书立说,使这一领域的研究呈现出欣欣向荣的景象。然而,建立在语言学理论基础上的绝大多数研究,都停留在对表层文化迁移的分析上,探讨深层文化迁移对外语交际影响的不多,这主要是由语言学本身的局限性所致。因为深层文化迁移同一个民族或群体的价值观念和宗教信仰密切相关,因此要研究深层文化迁移就必须先了解文化的根基,这似乎不是语言学所能覆盖的,而需要借鉴文化人类学的研究成果。跨文化交际的研究就弥补了语言学的这一不足。所以,文化迁移的研究应该综合语言学和跨文化交际的研究,才能全面透彻地进行分析,弄清它对外语学习和交际的作用及影响。

三、表层文化迁移

语言学、社会语言学、语用学以及应用语言学都对表层文化迁移的研究表现出极浓的兴趣,但形式各不相同,总体说来有以下两种:(1)语言形式的文化研究,(2)交际事件和言语行为的研究。

语言形式的文化研究以苏联的文化语言学为代表。文化语言学的理论基础是各种语言形式都蕴涵着文化意义,每一个文化都是社会政治、经济和科技发展的历史结晶。文化语言学分析词汇、语音和语法的文化内涵,认为外语学习必须包括语言形式的学习和这些语言形式的文化意义的学习。文化语言学的主要内容有词汇文化、语音和语法的文化内涵、篇章与文化、文学与文化以及身势语与文化,其中研究最多的是词汇文化。

词汇文化又可分为五类。第一类是在另一语言中没有对等词的词汇,如中国的春节,尽管可用英语翻译成 the Spring Festival,但英语国家的人们并不能借此理解其含义,对其文化意义需要解释。第二类是那些有着很强社会文化和历史意义的词汇,如中国人对松树的理解和美国人对 cowboy 的理解都有其独特的文化含义。第三类是成语和俗语,由于它们都是取自古老的传说或宗教、历史故事,所以其包含的社会、历史和文化内涵也最丰富,因此也最难学。第四类是谚语和警句,一般是流传在老百姓中间、说明某些道理的妙语,或者是出自名人而意义深远的话。这些话语中也有很多有关民族的思想、价值观和道德准则的文化内涵,必须潜心体会。最后一类包括那些礼仪性的、客套的话语,这些日常生活中常常用到的套话在不同文化中也各不相同,所以这也是外语学习的内容。

以上几个方面的词汇在各种语言中都存在。外语学习者在自己的成长过程中有意无意地习得了自己的母语,他们使用这些富含文化内涵的词汇时,往往是无意识的、本能的反应。但是,他们对外语词汇的掌握却是十分有限的,而且练习使用的机会也很少。结果,在外语交际中将母语词汇的文化内涵迁移到外语词汇上的现象屡见不鲜。

拉多认为至少有三种情况会产生迁移:(1) 相同意义,不同形式;(2) 相同形式,不同意义;(3) 相同意义,相同形式,不同分布。[①] 无论哪种情况的迁移,关键在于学习词汇时要进行母语和外语的对比,既要了解其内涵又要理解其外延,尤其是它的文化意义。其他语言形式的文化特征也应该通过对比的形式来学习和理解。

另一种对表层文化迁移的研究同社会语言学和语用学有关,其主要研究对象是交际事件(communication event)和言语行为(speech act)。

[①] R. Lado, *Linguistics across Cultures: Applied Linguistics for Language Teachers*, Ann Arbor: University of Michigan Press, 1957.

早在 1972 年,海姆斯和甘柏兹就对影响交际活动的各种因素进行过分析。① 海姆斯将这些因素归纳为 SPEAKING,分别代表场景(S)、参与者(P)、目的(E)、行为顺序(A)、讯息传递方式(K)、使用的语言或方言(I)、说话的规则(N)和风格(G)。由此可见,任何交际活动都同其自然、社会和文化环境融为一体,不可分离。对交际活动进行文化种族背景分析(ethnographic study of communication)可以帮助语言学习者了解本族文化和目的语文化中交际方式和话语规则的不同。虽然交际的文化种族背景研究的主要目标不是文化迁移,但它清楚地表明外语学习者易于将本族文化的习惯迁移到外语交际中去。以下一段电话对话即能说明交际的文化种族背景研究的重要性:

Jenny: Hello. Jenny speaking.

John: Hi, Jenny. This is John. How are you?

Jenny: Fine, thank you. And you?

John: Pretty well. In fact, I call you to tell you that Marry and I are getting married.

Jenny: Really? Congratulations! You are lucky. Marry is a good girl.

John: Sure, she is. Thank you. Can you come to our wedding this Saturday?

Jenny: By all means. Thanks for calling. Bye-bye.

John: Bye-bye. See you this Saturday.

这段日常对话至少包含四个不同于我们汉语的会语规则:如何接听电话、如何互致问候、如何对他人的祝贺和恭维作出反应、如何结束电话

---

① J. J. Gumperz & D. Hymes (eds.), *Directions in Sociolinguistics*: *The Ethnography of Communication*, New York: Holt, Rinehart and Winston, 1972.

交谈。通过对这些问题的回答和分析,外语学习者可以认识到在使用英语和汉语时,应注意各自文化习俗和交际方式等的影响。

奥斯汀和塞尔提出的言语行为理论同样能解释文化迁移现象。① 作为语用学中最重要的理论之一,言语行为理论为话语分析提供了一个非常有效的途径。这一理论的成功之处在于它区别了三种言语行为:表述性行为(locutionary act),施为性行为(illocutionary act)和成事性行为(perlocutionary act)。其中施为性行为对言语行为的理解最为关键。因为同一句话由来自不同文化的人来说会产生不同的施为性行为,所以分析言语行为的施为性行为有利于理解言语的内在文化含义和差异。

例如,一个外企的中国雇员(培训经理)在一次培训项目开始时,用汉语的习惯介绍美国讲师说:"Now, let's welcome Mr. Smith to give us an excellent and enlightening speech."这样的话在中国人听来是对一个重要人物非常殷勤热情的介绍。然而,令在场中国人吃惊的是,这位外国人并没有露出高兴与感激的笑容,反而显得很生气。原来,美国人对这句话的理解正好相反:他觉得他的中国主人对他没有信心,不相信他能出色完成这次培训任务,似乎在鼓励他尽其所能。显然,这种误解的产生是因为言语行为的文化差别的存在。所以,言语行为研究有利于表层文化迁移的理解。

总之,交际的文化种族背景研究和语用失误、言语行为等理论为外语学习中的表层文化迁移研究开辟了广阔的途径。

---

① J. L. Austin, *How to Do Things with Words*, Oxford: Clarendon Press, 1962; J. R. Searle, *Speech Acts: An Essay in the Philosophy of Language*, Cambridge: Cambridge University Press, 1969.

四、深层文化迁移

交际的文化种族背景研究和言语交际理论都没有触及深层文化价值在外语交际中的迁移问题。作为语言学的分支学科，社会语言学和语用学不可能超越对语言使用和交际方式的研究，因此，它们在文化迁移研究上的片面性就可以理解了。

由于社会文化价值属于心理层次，所以这些价值观念对具体话语的影响并非直接明了，除非说话者谙熟这两种文化。这就是为什么在跨文化交际中出现了误解和冲突时，当事人却往往茫然不知。尽管这些心理因素不易被人察觉，但正是这些社会文化价值观念决定我们的所思、所说和所做，因此对外语交际和跨文化交际造成的困难也就难以克服。下面两个发生在中国人和美国人之间的交际实例能有力地证明这一点。

实例一取材于《新民晚报》(1997年2月12日)的一篇报道：一家知名的中美合资会计事务所非常欢迎复旦大学的毕业生到他们公司任职。1996年11月21日，他们到复旦大学举办人才招聘会。招聘会开始时，会场一片沉寂。为了鼓励在场学生踊跃发言，前来招聘的两名美国人决定实施金钱刺激。当一个学生回答完"你为什么对我们公司感兴趣？"这个问题后，一个美国人走上前递给她100美元，但被这位中国学生拒绝了。另外一个美国人解释说，这是她应得的，并继续向其他学生问道："还有人要挣点钱吗？"这时所有在场的中国学生似乎都感到受辱而愤怒了，强烈要求美国人停止这种做法，并向中国学生道歉。会后，复旦大学的行政领导安排了一次学生代表和这个公司美国经理的座谈会。经过交流，双方都认识到问题就出在传统文化价值观念的差异上。美国文化崇尚金钱，一切向钱看；而在中国，钱虽然也很重要，但还没有像美国人那样把金钱看作是追求的首要目标，过多地谈论金钱被认为是庸俗的。正是由于两种文化对金钱有着不同的价值观才导致了上述中国学生和美国商人之间的冲突。

第二个实例发生在美国老板和他的一个中国雇员身上。

Saturday Shift

Mr. Jones: It looks like we're going to have to keep the production line running on Saturday.

Mr. Wu: I see.

Mr. Jones: Can you come in on Saturday?

Mr. Wu: Yes. I think so.

Mr. Jones: That'll be a great help.

Mr. Wu: Yes. Saturday's a special day, did you know?

Mr. Jones: How do you mean?

Mr. Wu: It's my son's birthday.

Mr. Jones: How nice. I hope you all enjoy it very much.

Mr. Wu: Thank you. I appreciate your understanding. ①

这一段对话表明吴先生的英语没有任何问题,然而他却经历了一次痛苦的、失败的跨文化交际。他星期六不想来加班,从对话一开始他就试图使老板明白这一点。他猜想琼斯先生打算让生产线在星期六继续运转是要求他来加班的一个委婉的请求,因为根据中国的文化习俗,过分直截了当的请求会使对方有一种被逼迫的感觉,显得无礼。而面对老板要求加班的请求,下属一般也不会无礼地直接回答说"不",所以他用"I see"表示否定。遗憾的是,琼斯没能理解其中的含义,反而用一个直接问句进一步地把吴逼向绝境。而听到这个要么回答 Yes 要么回答 No 的问话,为了顾全老板的面子,吴只好作了肯定回答。这个 Yes 按中国人理解同样只是礼仪上的、迫于当时情况的肯定回答,其含义相当于"我听见了"。而"I

---

① C. Storti, *Cross-cultural Dialogues*, Yarmouth: Intercultural Press, 1994, p. 52.

think so"加在 Yes 后面希望更进一步表明吴在搪塞,他实际上是在说 No。如果吴很愿意来加班的话,他会毫不犹豫地说:"Sure"或"Of course, I will"。但是琼斯又一次误解了吴,以为吴答应来,所以做出这样的反应:"That'll be a great help"。至此,吴不得不直接告诉老板星期六是他儿子的生日,在他看来这一招显然奏效,因为老板祝愿他和家人能有一个快乐的晚会,这样,他以为自己就不用来加班了。然而,琼斯可能并非这样理解。经过数次的努力,吴还是没能使老板明白他的意思。假如吴知道美国人欢迎直截了当,而不是模棱两可的回答,他就不会遭受这么痛苦的经历。同样,如果琼斯对中国人的交际方式和他们讲究面子的价值观有所了解的话,他就不会逼迫他的雇员,他就能更快地明白他的意图。

以上两个实例充分说明了深层文化迁移在外语交际和跨文化交际中普遍存在,同时也解释了为什么一些外语基础知识相当扎实的外语学习者,却不能在跨文化交际中恰当有效地进行交流这一令人费解的现象。

那么,这些外语基础知识相当扎实的外语学习者,为什么不能在跨文化交际中恰当有效地进行交流呢?刘迪麟通过实践调查证明了三个假设:(1)即使在人们学习外语,接触相关外国文化有相当一段时间以后,社会文化迁移仍会持续下去;(2)尽管外语学习者可能知道母语文化和目的语文化的表层差异,但这并不意味着他们对深层文化差异也同样了解;(3)了解社会文化差异并不等于外语学习者能消除潜意识中的母语文化迁移。[①] 这三个假设通过观察和问卷调查的形式得到了证实。这一研究对于外语教师和学习者认识、学习和体验目的语文化的价值观和信仰的重要性,有着重大的现实意义。

[①] D. Liu, "Sociocultural Transfer and its Effects on Second Language Speakers' Communication", *International Journal of Intercultural Relations*, Vol. 19, No. 2, 1995.

迄今为止还没有任何一门学科对深层文化迁移进行直接、具体、重点的研究,但是有一点是肯定的:它的研究同文化人类学和跨文化交际研究是密不可分的。

五、结论

本文分析了表层文化迁移和深层文化迁移在外语交际和跨文化交际中的存在及影响。表层文化迁移因其显现性和同社会语言学、语用学的相关性而受到学者们的重视;相反,深层文化迁移却因为它属心理层次不易察觉而被忽略,而且其研究也更为复杂,有待社会语言学、语用学、文化人类学以及跨文化交际学的共同努力。因此,深层文化迁移比表层文化迁移更难克服,外语学习者,尤其是高级外语学习者更应多加注意。

文化迁移对外语交际的影响表明,外语教学必须将文化教学同语言教学统一起来。这不仅符合语言教学的本质(语言和文化不可分割,语言教学即文化教学),同时也是信息社会的需要。如果中国外语教学改革忽视了这些内在和外在的需求,培养出来的学生在跨文化交际实践中就很难做到自然、恰当和有效地交流思想和信息,因而也就不能在激烈的世界竞争中取胜。

现在,文化因素虽然已经被大多数外语教师列为教学内容,但是文化教学由于缺乏系统性、完整性,并与语言教学脱节,所以还没有受到足够的重视和取得预期效果。

为了提高文化教学的作用和地位,在外语教学中实现既训练学生的外语语言技能,又培养他们的跨文化交际能力的双重目标,应对如何在外语教学中将语言教学同文化教学结合起来进行深入、系统的研究,本文所论的文化迁移仅是此研究的一个方面而已。

潜心向学　勇于探索[①]
——谈博士生的培养

《外语教学与研究》开设"博士生导师访谈"专栏，刘润清先生邀我谈谈培养博士生的体会。我认为这是一件好事。首先这不仅有助于向广大读者介绍我国外语界博士生培养的现状，而且有利于广大同仁交流心得体会，以便更好地培养出高质量的博士生。一些决心报考博士生的读者亦可从这个栏目中获得有关信息，做好报考的准备。故我欣然从命。迄今，我已指导过十几名英语语言学（特别是第二语言习得研究领域）的博士研究生，积累了一些心得，写成此文与广大同仁和读者交流。

我国自20世纪80年代初开始设立博士学位，至今已20余年，其间对博士生的培养要求日趋严格和完整。除西方国家不具有的入学考试外，与西方国家的培养体系基本接轨。我国学位办对博士研究生在读期间的研究成果作出明文规定，要求发表一定数量的论文。此外，近年来还增加了撰写论文资格认定的中期考查和开题报告。对论文本身的质量和论文答辩的要求也愈来愈严格，对论文中出现的一些抄袭现象予以严惩，

[①] 原载《外语教学与研究》，2000年第5期。

答辩表现不佳者,必须重新答辩,推迟毕业。由于层层把关,严格要求,我们培养出的博士生中的许多人已是其领域的专家和学科带头人。

然而目前仍然存在一些非主流问题。较为突出的是:部分在读博士生功利心重,抵制不住外界各种物质诱惑,在读期间不能潜心静坐,认认真真地读书,扎扎实实地搞科研。诚然,我们都不是生活在真空中,我们需要一定的物质生活,博士生生活津贴也不高,博士生们非常辛苦。作为导师,我们要尽量使经济创收和科研相结合,同时要教育他们主次分明,量力而行,适可而止。

因此,我希望博士研究生们能勇于抵制各种诱惑,潜下心来,多读书,勤思考,实实在在地做一些研究工作,培养严谨的治学态度,多写文章,写好文章。要做到这一点,博士研究生需要有本专业扎实的理论基础,所写的文章一定要能反映出作者对某一问题、理论、观点的思考,这样的文章才有内容、有深度、有思想的闪光点,不是为写文章而写文章。

写出这样的文章需要有一个厚积薄发和博学的过程,这也是攻读博士学位的精髓所在。在当今的信息时代,各种新的学科和边缘学科不断出现,单一的知识结构已远不能适应目前的形势。博士生层次的学习应在扎实的理论研究基础上,再充分体现出一个"博"字,在我看来,这个"博"字在量和质上都有特定的含义。这种"博"就如一个以自己专业为中心,向相关边缘学科辐散的网络;这种"博"不是一个百货商店,各种商品琳琅满目,它应是以一种名牌商品为主的精品店。这种"博"是以某一学科为主、其他学科为辅的开放式的有机结合,这样才有利于这些学科的融会贯通,打通多学科相连的经脉,兼收并蓄,博采众长,对自己的专业有全方位的深入认识。同时,进一步拓展他们的独立、严谨的逻辑思维能力,发展他们的创造力、认识问题和解决问题的能力。如何做到这一点呢?以下三个建议可供参考:

第一，要有开放的接受新事物的积极态度。在当今信息时代，各学科的新发现层出不穷，研究方向一直处于动态变化之中。因此博士研究生不能满足于已获得的成绩和知识，不能故步自封，而是要时刻密切关注自己领域和相关领域的新发展、新动向，及时、不断地吸取各种新的知识。

第二，在"营养"丰富的前提下，还要注意吸收，即"融会贯通"。"博"的根本不是简单的1＋1的罗列，而是触类旁通、认清关联、提炼其精华的1＋1＞2的反刍。这亦是勤思考、勤读书、探索不止的过程，是一个不断提高自己能力和认识的过程。有些博士生以为每一个话题能"侃大山"，谈起来口若悬河就是博学，这种想法是十分有害的。

第三，要有博大胸怀。我们都有这样的共识，即有时书读得越多，越觉得自己的知识有限。因此在未知面前，我们要勇于承认自己的不足，这样做不会丢面子。这是严谨治学的态度，是一种人格的表现。同时我们要戒骄戒躁，对别人的赞扬与批评都坦然处之。同学之间互相学习，取长补短，培养博大谦逊的胸怀，在学以致用的同时，学以治人。

基于上述看法，我在选取博士研究生时，首先注重的是其语言基本功。这一点非常重要，扎实的语言基础是博士研究生学习与研究的基础，没有这一点，以后的学习和研究会困难重重。其次我要考查考生是否具有从事本专业研究的科研能力。应用语言学，作为一个理论性与实践性很强的学科，本身有许多未知或有争议之处，这也正是它的魅力所在。国内对应用语言学研究的历史还不长，因此从事这方面的研究人员要求具有相当的理论功底。此外他们还要有一定的实践积累，在理论指导实践的同时，能对现存的一些问题进行深入的分析，在解决问题的同时能丰富和发展理论。因此，一定的研究能力也是成功完成博士学习的另一个前提。

博士研究生录取进校后，我一般采用授课和自学辅导的方式指导他们的学习。在使他们加深、拓宽理论的基础上，鼓励他们根据自己的兴趣在实践中发现问题、解决问题，逐步提高他们独立的科研能力。同时我主张，他们应多参加一些与专业密切相关或有意义的学术交流活动。另外还要培养他们独立的社会工作能力，注重品质和为社会奉献精神的培养，使他们在德和智方面得到全面发展。

对于博士生学位论文的要求，我坚决反对鹦鹉学舌式地把各种理论拼凑一起的大拼盘。在人家的框架里打圈子，写出的文章生硬、晦涩，甚至语料、例句也是老的。语言表达要流畅，组织结构应严谨，在理论上要有自己的独到见解，通过调查获得充足的数据，这样的论文才是理论与实践的有机结合，才能达到博士生学业的要求。每位博士生对自己的选题应有全面深入的认识，对存在的问题有自己的分析和看法，对其解决方法有自己的建议，总的来说，论文要基本上达到学术专著水平。

最后我希望我的学生毕业后能够在他们感兴趣的领域内进一步发展。他们不一定要拘泥于原来的专业。随着知识的积累、视野的不断扩大、社会实践的增多，人们对一些问题的看法和认识都会发生变化。只要他们能运用读博期间发展起来的科研能力和工作能力，在他们的工作岗位上，或他们的专长上发挥出自己的热量和贡献，这对社会都是有益的奉献。

以上是我的一些体会与看法，与广大同仁、读者共勉。

构建具有中国特色的英语教学"一条龙"体系[①]

一、引言

改革开放以来,中国英语教学取得了辉煌成就。全国英语专业教学大纲几经修改,日趋成熟与完善,教材编写发展迅猛,专业英语与大学英语测试体系日趋健全与完备,并得到社会各界的广泛支持与承认。我国的英语教学已成功地培养出数百万英语人才,而据估计目前大约有三千万英语学习者。

但我国英语教学亦存在一些问题,其中最为突出的是"哑巴英语"和英语学习的"费时低效"现象。这些问题已引起人们的关注与思考。英语教学改革,作为教育改革的一部分,势在必行。如何有效地培养大量高精尖外语人才,以满足社会不断增长的需求,要求我们在回顾成就的同时,对现存问题进行客观、认真的洞察与分析。

本文拟从英语教学的基本概念与基本环节,如语言教学的本质与地位、课程设置、教学法、教材建设、师资培训及障碍等方面,对英语教学的

[①] 原载《外语教学与研究》,2001年第5期。

现状与问题进行梳理分析。英语教学"一条龙"体系作为可行性对策与建议,将从上述各方面逐一论述,并提出一些建议与原则。

二、外语教学的本质及地位

首先简单地回顾英语教学的本质及其在教育中的地位。请参看图1。

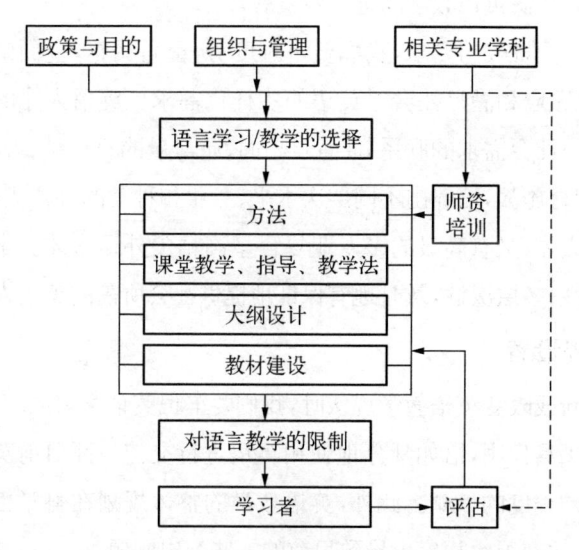

图1 斯特雷文斯的语言教学过程示意图
(资料来源:H. H. Stern, *Fundamental Concepts of Language Teaching*, Shanghai: Shanghai Foreign Languages Education Press, 1997, p. 42.)

此图表明英语教学是教育的重要组成部分,它直接受国家语言政策与教育体系的影响。教学大纲与课程设置就是在这一基础上建立起来的。总的说来,英语学习有助于学习者拓展知识面与世界观,有助于他们更好地发展与生存。英语作为一种国际性语言,已成为人们工作和生活不可缺少的工具。

值得注意的是,我国的英语教学与我国的社会政治经济发展息息相关。随着改革开放的不断深入,对外语人才的需求在质与量及种类方面急剧上涨。这极大地推动了社会各界对英语的重视与投入,推进了英语教学。眼下,我国即将加入WTO,经济、电讯与高科技的全球化发展,日新月异的社会对人们的英语水平提出了更高的要求。这一局面同样将极大地加强和加快英语教学的进一步发展。

面对新的挑战与要求,我们要审时度势,重新调整,全面统筹规划英语教学,以顺应和满足社会对英语的多样化需求。英语人才的培养要进一步加强与社会需求的联系,注意点与面、质与量的有机结合。根据社会的需要,因材施教,培养出不同层次水平、专业和种类的外语人才,既有中级应用型人才,又有高级的多专业复合型高精尖外语人才。丰富英语教学的多样性、多层次性,及时地有保证地提供社会所需的英语人才。

三、课程设置

在革新或改变英语教学现状时,我们要牢记英语学习的真正目的:充分发挥其工具作用,恰如其分地使用英语进行交流。而目前英语教学则存在着不同程度的偏颇。此外,英语教学的整体规划在科学性和系统性方面欠佳,这在很大程度上导致目前的一些突出问题。

一般来说,儿童在小学三、四年级开始学习英语,接着是六年的中学英语学习。他们大多数在高校继续接受两年的正规英语教育。有的考取研究生后还要学英语,甚至到博士阶段仍在学习英语。然而经过10—12年的英语学习,大部分学生(非英语专业)仍不能用英语自由流畅地表达,即所谓"哑巴英语"。这种学习时间跨度长、效果不理想的"费时低效"现象确实值得深思。

在对英语教学现状的分析中,笔者发现大部分教师和学习者过分强调"记忆"式学习,强调英语知识如单词和语法规则的积累,学习者如何运用这些知识进行交流没有得到充分的重视。理论上,学习者掌握了大量的陈述性知识（DEC for declarative knowledge），即掌握事实（knowing that），却没有掌握足够的程序性知识（PRO for proceduralized knowledge），即怎样去做。而在语言掌握中，二者缺一不可。要发展 PRO 必须先培养 DEC，其转化途径是"使之自动化"的处理自动化。① 学习者依靠其原有的 DEC 和 PRO 知识，特别是程序化后的知识才可以相当轻松地进行交际。只注重 DEC，不重视 PRO，往往会事倍功半。这既是"哑巴英语"也是"费时低效"的主要成因。中学英语教学中普遍存在的"应试教学"则进一步加剧这些问题。其次，由于我国的中小学教育与高等教育长期分离，不同阶段的英语教学缺乏衔接，在分工上不够合理与科学，在质与量上薄此厚彼，存在相当程度的重复，这些都不利于正常的英语教学。中小学阶段主要围绕几本教材，听、说技能没有得到足够重视。更糟的是，为了取得好的成绩，"题海战术"广为流行。这种英语技能的不平衡发展为学习者以后的学习设下了潜在的障碍。同时大中小学英语教学不协调引起了一些不必要的重复（这种现象普遍存在），这不仅造成令人遗憾的学习资源浪费，费时费力，而且引发了英语学习中的一种"懈怠"。由内容重复引起的学习自满与听、说能力低下并存，给大学英语教学带来很大的干扰，教师与同学都感受到不同程度的窘迫与尴尬。这对学习者的学习兴趣、动力和进步都极为不利。一部分同学沿袭中学时使用的学习方法与策略，仍羞于开口，或没有良好的习惯，"哑巴英语"在大学阶段难以得到改观。

为避免或消除上述现象，大中小学英语教学要进行全面规划和协调管理，即实行英语教学"一条龙"体系。我们要依据新的需求，预测将来的发展，依据学习者不同阶段的学习能力和生理特点，依据科学的语言教学

---

① 张雪梅：《语言石化现象的认知研究》，《外国语》，2000 年第 4 期。

和语言学习理论,科学、前瞻性地制定新世纪外语教学的任务、内容与政策,从而优化英语学习资源,提高英语教学的总体效率。笔者调查表明,把部分学习任务提前到中学阶段是切实可取的。以在西南某一师范院校所作的调查为例。笔者从不同年级的在校生中随意抽出4名同学,共16名,进行座谈。15名同学认为他们完全可以在中学阶段打好听说基础,不用在大学阶段再来补课,把精力放在提高听、说技能上。当谈起大学阶段的学习时,12位同学希望学校开设英国文学、英语文化等课程。毕业班的同学已实习过,他们建议多开一些与教学有关的实用课程;另外一些同学主张开设一些实用的课程如商务英语、秘书英语或其他学科的相关知识。4名同学进入大学后,由于摆脱了"题海"练习,对英语学习的兴趣大增,他们对英语学习的认识与目标变得更为清楚与具体。

大学英语教学也需做相应调整与变化。众所周知,我国幅员辽阔,地区差异显著,为了确保英语教学的质量,制定了全国英语专业教学大纲。新大纲充分注意到社会对英语的多种需求,首次提出英语专业的学生在学习英语技能和知识的同时,还要学习相关专业的知识以增强日后工作中的竞争力与适应性。目前,上海外国语大学积极鼓励学生在学习英语的同时,与其他专业如教育、新闻、国际经济法、会计、工商管理、国际关系等学科结合。事实证明这种复合并没有影响学生的英语学习,他们参加英语专业四、八级考试均取得优异的成绩,毕业后受到用人单位的好评。此外,对英语专业的学生进行更加专业化的培训,鼓励学生向纵深发展。开设语言学、文学、翻译/口译、英语教学等课程,为以后从事研究打下基础。在丰富外语教学多样性和多层次性的同时,必须从实际情况出发,考虑当地的现有资源。这些都需要科学的构建、缜密的计划与不懈的努力。我们要强调的是,在任何情况下相关专业知识的学习都不能以牺牲英语基本技能为代价,要慎重处理好两者的关系。

实施英语教学"一条龙"体系，重新规划，统筹管理大中小学各阶段英语教学任务，以减少英语教学中的人为障碍，将有助于学生平衡发展各项技能，提高英语教学的整体效果。

四、 英语教学法

如上所述，语言主要用来交际，英语教学的主要目的是培养学习者使用英语进行交际的能力，不是单纯的知识积累。"一条龙"教学体系旨在促进两者的有机结合，促进知识积累向交际能力转化。在对现有的教学法进行审视的同时，要积极进行研究与尝试，调整发展和丰富现有的英语教学法。目前，就英语教学法而言已基本达成共识，即用以学习为中心（learning-centered）的教学法来取代以教师为中心（teacher-centered）的教学法。在调整过程中，要时刻警觉不能简单模仿或照搬国外的一些做法。1980年代初，一些高校相继引进交际英语教学法，从而引起争议：准确性与流畅性孰是孰非？事实证明二者同等重要。

英语作为外语的教学与英语作为第二语言的教学在许多方面存在质与量的区别。我国的英语学习目前仍以课堂教学为主，学生学习主要依赖教师在教室里提供的大量可理解语言输入与指导。这表明传统的英语教学法在某种程度上是值得肯定的，它对学习 DEC 知识起着积极的和必不可少的作用。但仅有这些是不够的，教师要在此基础上培养增强 PRO 知识，促使学习者运用 DEC 知识，培养和提高他们的交际能力。笔者所做的调查结果从一个侧面揭示了为什么不少教师普遍接受"折中主义"。

去年夏天，笔者在应教育部之邀为全国高校英语教师讲习班讲课时，对我国英语教学现状与教师状况做了问卷调查，从 300 名学员中收回 282 份问卷。鉴于他们来自全国各地的高校，问卷结果具有较高的代表性和较强的说服力和可信度。

关于如何看待交际英语教学法和其他教学法，99 人认为交际法有助于培养学生的交际能力,14人认为交际法不适合我国的国情。88人选择了"折中主义"。值得注意的是,68位教师意欲组织一些交际活动,但教学安排紧张,很难如愿。28位教师有时结合练习组织交际活动。有趣的是,53位教师表示不管什么法,只要有助于提高学习者的交际能力就是好的。

从以上结果可知,大多数教师希望结合使用一些交际活动,但由于各种原因,主要是紧张的教学进度安排,他们没有时间进行尝试。此外,大班授课,学习者英语水平参差不齐(这一问题在扩招后愈加突出)等因素都增加了使用交际活动的难度。要解决这些问题,笔者认为一方面应给予教师一定的自主权,根据实际情况进行需求分析,在一定范围内灵活调整安排自己的教学进度;另一方面应加强师资培训,提高教师的业务水平。鼓励教师在教学方法和教学手段上进行新的尝试与改进,积极提倡小型的课堂研究和行动研究(action research),促进教师共享和交流教学经验,共同努力,探索与健全从我国实际情况出发的外语教学理论与模式,丰富和发展我国的英语教学方法。

五、师资培训

调查结果显示,目前我国英语教师的素质、业务水平和教学投入不容乐观。特别是在近年来高校不断扩招的情况下,师资素质、梯队建设是英语教学进一步发展的瓶颈。

问卷中问到"你所在地区较为突出的问题",282份问卷的结果如下:

表3 教学状况问卷调查结果

次序	人数	问题
1	132	缺乏足够的合格的外语教师
2	114	由于繁重的教学任务,无暇提高自己的专业、业务水平

续表

次序	人数	问题
3	82	教师待遇较差,无法安心教学
4	66	缺乏教辅设备
5	51	缺乏好的教材

统计结果表明三个最突出的问题都与师资培训有着直接或间接的关联。首先,全国各地不同程度地缺乏合格的外语教师。大部分接受培训的外语教师对自己的英语水平不满意,282名教师中有55％希望有机会到英语国家或国内名牌大学进修,进一步提高业务水平。其次,教师的缺乏给现有教师带来了很大的工作负荷。34％的教师每周授课16小时,45％的教师每周授课12小时以上,7.45％的教师每周甚至授课18到20小时或更多。根据教师自己的选择,每周授课8小时左右较为理想。尽管大部分教师认为教学与科研可以相长,但由于工作繁忙,无暇提高自己的教学水平和科研能力。此外,大班授课、学习者水平差别大、缺乏好的教材和教辅设备均加重了教师的工作负担。最后,教师的教学动力低下,缺乏敬业精神。这一方面是因为教师的工作量大,另一方面是教师的待遇不理想,部分教师不安心教书,在寻机跳槽,导致师资队伍不稳定;再者,教师出于经济原因需要多兼课。这些都妨碍了我国英语教学的进一步发展。

要改善这种局面,师资培训刻不容缓,这是英语教学改革中的重中之重。笔者建议一方面要加大力度,尽快培养出大量合格的英语教师,另一方面积极鼓励教师进修或自我提高。英语教学不仅是一门艺术,更是一门跨学科的应用科学。

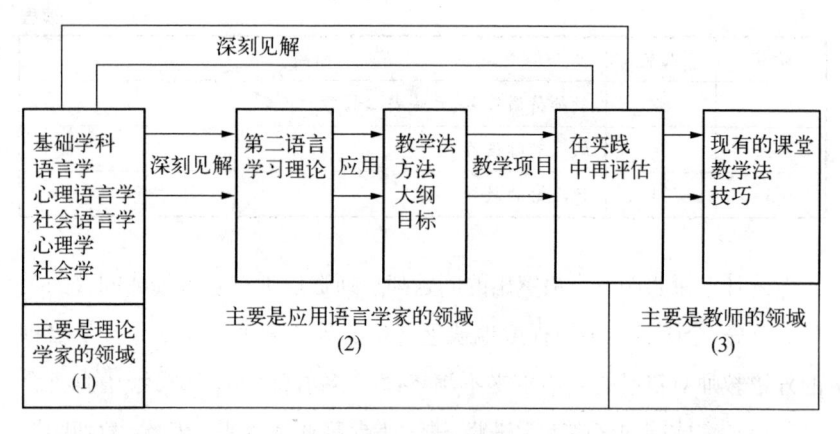

```
                    深刻见解
    ┌─────────────────────────────────────────────────────────────┐
    │                                                             │
┌─────────┐         ┌────────┐      ┌────────┐       ┌────────┐      ┌────────┐
│基础学科 │         │第二语言│      │教学法  │       │在实践  │      │现有的课堂│
│语言学   │ 深刻见解 │学习理论│ 应用 │方法    │教学项目│中再评估│      │教学法   │
│心理语言学├────────→│        ├─────→│大纲    ├──────→│        ├─────→│技巧     │
│社会语言学│         │        │      │目标    │       │        │      │         │
│心理学   │         │        │      │        │       │        │      │         │
│社会学   │         │        │      │        │       │        │      │         │
└─────────┘         └────────┘      └────────┘       └────────┘      └────────┘
┌─────────┐         ┌──────────────────────────┐    ┌──────────────────────┐
│主要是理论│         │主要是应用语言学家的领域  │    │主要是教师的领域      │
│学家的领域│         │         (2)              │    │        (3)           │
│   (1)   │         │                          │    │                      │
└─────────┘         └──────────────────────────┘    └──────────────────────┘
```

图 2 英格拉姆的语言教学改进模式

（资料来源：H. H. Stern, *Fundamental Concepts of Language Teaching*, Shanghai: Shanghai Foreign Languages Education Press, 1997, p. 38.）

正如英格拉姆(Ingram)所示，要成为一名合格的英语教师，教师须了解或掌握语言学、心理语言学、社会语言学、心理学、教育学等相关学科的知识和二语习得、语言教学等其他应用学科的知识，这样才能有效地提高自己的业务水平。华莱士曾把教师的成长概括为三种模式：(1) 匠才模式(craft model)，此类教师依赖观察和模仿有经验的教师和自己的经验积累，不断提高教学水平；(2) 应用科学模式(applied science model)，教师学习与外语教学有关的理论课程，用理论指导和改进教学；(3) 反思模式(reflective model)，教师在教学实践、观察他人教学的同时反思自己的教学，并结合理论指导不断提高教学水平。① 特别是最后一种，如图 2 中(3) 所示是教师进一步提高的有效方法。

---

① M. Wallace, *Training Foreign Language Teachers: A Reflective Approach*, Cambridge: Cambridge University Press, 1993.

我们要从实际情况出发,积极寻找卓有成效、多样化的师资培训渠道与方式,与国外、国内知名学校合作,增设应用语言学学位点,增建教师培训基地等,以尽快培养出大批合格的英语教学工作者。同时还要采取积极措施,提高教师待遇,优化稳定师资队伍,提高教师的教学动力。

六、评估

在此,评估具有双重意义:1. 作为教学效果的检查手段;2. 作为评价教学改革的手段。

首先,作为教学效果的检查手段,评估具体表现为测试。测试在检查教学效果的同时,有助于发现教学中的问题,对现有的教学进行反馈以更有效地改进教学。同时,测试对教学具有反馈和指导作用(washback)。由于一些人为的因素如过度追求升学率、通过率或各种攀比,测试的反馈作用被夸大,给正常的教学带来很大干扰。测试的作用意义重大,人们可通过调整考试的内容和形式来调节或控制测试对教学的影响。如近年来高考英语考试中增加听力,这对中学英语教学已经起到一些影响,但如何科学地对考试进行调整仍需研究和尝试。

其次,评估作为衡量某些变革的效果也是必不可少的。就任何变革而言,没有评估就不完整。这种评估正如怀特指出,具有更大的难度和复杂性。[①] 英语教学"一条龙"体系将采取双重评估方法,即内部参与人员所进行的评估和外部专家对项目结果所作的评估。"一条龙"体系的评估标准将与其目的一致,关键在于测评英语教学各阶段任务的划分是否具有科学性,不同阶段间的过渡与衔接是否顺畅,以及该体系的实施结果是否有助于优化教学和学习资源、培养和提高学习者的英语交际能力、提高我

[①] R. White, *The ELT Curriculum*: *Design*, *Innovation and Management*, Cambridge: Basil Blackwell, 1991.

国英语教学的整体水平。

七、结束语

本文从英语教学的性质、教学大纲和课程设置、教学方法、教材建设、师资培训与评估等方面分析了我国英语教学现存的主要问题。文章强调,在引进与发展国外外语教学理论和方法的时候要考虑我国的实际情况,即"本土化",从我国的具体国情出发,结合我国传统的课堂文化,对这些理论、模式与方法作适当的调整。要解决我国英语教学现存的一些问题,需要从语言的本质认识出发,从语言教学理论与原则出发,从语言交际能力的培养出发,结合我国的实践与现实,合理分工与衔接各阶段的英语教学。与此同时,积极加强师资队伍的培养与调整,优化结构,从整体上提高教师的理论水平和实践。在系统、合理地进行语言知识积累的同时促进学生交际能力的培养,是我们进行"一条龙"教学改革的根本,是深化外语教育改革,创建具有中国特色的外语教学"一条龙"体系的关键。

外语教学的"费时低效"现象[①]
——思考与对策

人类已进入新世纪。展望未来,我国即将加入 WTO,全球经济一体化日益加剧,信息技术日新月异。中国教育必须要适应这一社会发展趋势,外语教育无疑特别重要,因为外语与计算机是 21 世纪人类"学会生存"和"适应生存"的两大基本需求。由此可见,新世纪伊始,我国外语教学将面临新的机遇与挑战。中华人民共和国成立以来,特别是改革开放 20 多年来,我国的外语教育取得了飞速发展,成绩斐然。例如,自 20 世纪 80 年代中期以来,根据国家经济建设的要求调整和制订新的教学大纲,调整课程设置,编写新的教材;在教育部领导下,高校外语专业教学指导委员会和大学外语教学指导委员会主持了国家级考试,以检查教学质量推动教学大纲的实施。教育部的领导曾以"成绩巨大,有目共睹"来概括我国外语教育的成绩。但随着我国改革开放步伐的加快,社会对外语人才的需求不仅在数量上日益增大,而且在质量、层次和种类上均提出了更高的要求。然而,我国的外语教育如同其他发展中事物一样也存在着一

[①] 原载《外语与外语教学》,2001 年第 7 期。

些问题,明显滞后于形势的要求。在众多的问题中,"费时低效"现象更是广受社会各界的关注。

现下,有条件的地区都从小学三年级起开设英语课,上海等沿海城市则在小学一年级使用引进或自编教材教授英语。学生在小学、中学和大学累计学习英语的周期已长达12—14年之久(这还不包括在研究生阶段选修英语课程的时间)。然而,不少学生的学习效果低下。中央领导同志曾用"费时较多,收效较低"指出了问题的症结所在。我国外语教学的现状确实有种与高速发展的经济建设要求不相适应之处,例如:

1. 为片面追求升学率,把外语作为知识来传授,教学方法和教学手段落后,不重视培养学生的外语交际能力,其后果是"哑巴"英语、"聋子"英语的现象普遍存在,与新世纪对高精尖的外语人才要求相差甚远。

2. 从衔接这个侧面来分析,我国中小学与高校外语教学在知识面及质和量方面脱节现象严重,成为提高我国外语教学质量的一大干扰因素。现行的大中小学教材中有不少重复内容,且因种种原因各个阶段的教学重心不同,分工又不尽合理,中小学英语教学难与高等外语教学合理有序衔接。

3. 对外语教学的理论研究尚欠重视,教师凭经验教学,相信"跟着感觉走"不会错。外语教师的素质和队伍结构都不容乐观,制约了我国外语教育总体水平的提高。

调整视角,更新概念,把现行的大中小学英语教学视为一个有序的整体,从教师、教材以及教学方法与手段三个角度总结成绩,找出不足,构建我国外语教学"一条龙"新体系是克服"费时低效"现象一大对策。由于我国中小学和高校普遍开设英语课程,外语教学"一条龙"新体系主要是指英语教学"一条龙"新体系。根据我国外语教学的现状,可尝试做好以下几方面工作。

1. 调整和优化外语教学队伍和结构。要提高教学质量,师资是根本。我国中小学外语教师主要毕业于各类师范院校。由于种种原因,师范院校入学分数线要低于外语院校,影响了外语教师总体素质的提高。当务之急是要采取切实有效措施使师范院校能吸引优秀的高中毕业生,并从整体上提高师范队伍的理论水平、外语实践能力和创新能力。

2. 探索符合我国国情的外语教学理论与模式。英语作为外语(EFL)教学和英语作为第二语言(ESL)教学在本质上和语言教学环境上都有较大的区别。虽然英语是国际通用语言(EIL),但在我国英语是外语(FL),且学习环境完全不同于第二语言(SL)。因此,要研究如何依据我国的国情,有的放矢、合理有序地进行英语教学,并积极创造有利于英语学习的语言环境。要鼓励教师在借鉴国外先进的教学理论和第二语言习得研究成果的基础上,发展和探索符合我国国情的英语教学理论和方法,更新教学内容和教学手段,在系统、合理地进行语言知识积累同时促进学生外语交际能力的培养。这是创建具有中国特色外语教学"一条龙"体系的关键。

3. 科学、合理地处理好各教学段间的衔接。大中小学各个不同阶段的英语教学能否合理分工,衔接有序,避免不必要的重复与浪费是克服"费时低效"现象的一个重要对策。制订教学大纲和编写教材更应重视不同阶段教学内容的连贯,既不能提前,也不能滞后,而应当衔接有序、分工合理。

4. 加紧制订具有前瞻性的新世纪外语教学发展规划。根据我国加入世贸组织以后面临的新形势和国家对各类高精尖外语人才的需求,如何按社会需求来预测将来的发展,科学、宏观、全面地考虑和制订具有前瞻性的新世纪外语教学任务、内容和政策已成为一项刻不容缓的任务。这也为从宏观上克服"费时低效"提供了有力的保证。

5. 点与面、质与量有机结合,培养出广受社会欢迎的高质量外语人才。毋庸置疑,外语人才的培养要进一步加强与社会需求的联系。注意点与面、质与量的有机结合,根据社会需要,因材施教,培养出不同层次、不同专业和不同种类的外语人才。高级的多专业复合的高精尖外语人才固然受到各用人单位欢迎,但业务过硬的中级应用型外语人才也是必不可少的。我国地域辽阔,地区差异明显,不可能在一朝一夕之间就实现英语教学的全国性平衡发展,因此,英语教学改革应在"实事求是,注重差异,因地制宜,因校制宜"的原则指导下,有条不紊地进行。

6. 全面统筹规划,打破条块分割。为确保上述对策顺利实施,就要找出导致外语教学"费时低效"现象的所有干扰因素,并对每一类干扰因素提出相应的解决办法。值得一提的是,分管基础教育和高等教育的行政部门的协调、全面统筹规划,将对抓好大中小学英语教学的衔接,打破各教学段间的条条块块,提高学生学习外语效率,克服"费时低效"现象无疑是至关重要的。

限于篇幅,本文仅从宏观上对外语教学的"费时低效"现象进行剖析,并提出一些对策。把这些对策付诸实施就会涉及一系列与政策导向、理论研究、师资培训和教学安排有关的问题,例如:

1. 中学英语教学是否应实行一纲多本、多纲多本或一个班同时使用一本以上教材(如听说教程、读写教程)?

2. 大中小学英语教学要真正做到从语言知识积累到语言交际能力培养的转移或二者的平衡发展,将会对现行的教学大纲和课程设置提出哪些要求?

3. "应试"教育对中小学英语教学,尤其是对学生英语运用能力的培养确有负面效应,是一大干扰因素,制约了有利于交际能力培养的教学方法的实施和推广。如何改变英语教学中普遍存在的"应试"教育现象?

4. 现行的大中小学英语教学大纲和教材在衔接上有何弊端,如何改进？

5. 我国实施英语教学"一条龙"体系的理论依据是什么？

6. 中国特色的英语教学"一条龙"体系对教师的教学观和教学方法有何新的要求？师资培训如何适应和满足这些新的要求？

7. 对各教学段学生使用外语的能力培养如何量化，以方便科学评估？

使我们感到十分高兴的是教育主管部门已组织专家研讨这些问题，并将在广泛的调研后提出具体实施方案。创建有中国特色的外语教学"一条龙"体系的试点工作也在扎实进行。我们深信，通过努力"费时低效"这个长期以来困扰我国外语教学的难题将有望从根本上得以解决。

风雨沧桑四十年[①]
——英语教学往事谈

接到《外国语》约稿信后,回想起自己学习英语和从事英语教育这些年来的经历,我浮想连连,感慨万千。作为上海外国语学院第一届正式招收的英语专业学生,自己学习英语的经历和漫长的外语教学生涯,与我国的外语特别是英语教育的发展息息相关,并有幸见证了中华人民共和国成立后我国英语教育和外语教育发展历程中许多重要的历史事件,有些事件现在想来仍令人唏嘘不已,感触良多。

我选择学习英语以及学习英语的过程现在看来颇具戏剧性。我在中学时学的是俄语。1958年夏考大学时,我报考的是俄语专业,但因家庭成分不好,被录取到英语专业。这是当年上海外国语学院第一次正式从应届高中毕业生中招收英语专业学生。这个变化竟阴差阳错地决定了我后来的命运。

入学时,我对英语一无所知。然而,怀着不甘落后的冲劲和对英语学习日渐浓厚的兴趣,我刻苦钻研,发奋努力,利用课余饭后、睡前等一切可

[①] 原载《外国语》,2003年第3期。

利用的时间学习英语。还记得我先阅读中文报刊,然后抱着收音机听英语节目;把自己能找到的英语报刊从第一个字看到最后一个字。开始时一份报纸要看很久,自己硬是查遍所有不认识的词,就这样,阅读的速度渐渐提高,困难渐渐减少。我在第一年内就几乎读完了当时图书馆内所有的英语简易读物。一年后我成为全年级数一数二的好学生。为此,我受到许多次直接和间接的批评,说我不讲政治,不关心政治,在走白专道路。这些批评在一年后才慢慢减少。

那时,全国盛行"大跃进",在各行各业都吹起了浮夸风。外语教学也不例外。学校领导提出了英语专业要"二赶四"的口号,即两年内学会四年内容,提前达到毕业要求。我们这些没有丝毫英语基础的人被要求两天内完成所有语音阶段学习任务;两周内学完所有语法,每周要突击300个单词等。其后果可想而知。两年后全国进入调整期,教育领域也进入以检查教学质量为主线的整顿期,1958年入学的80名英语专业学生中有不少人被要求留级或退学。

1960年夏,为了显示"大跃进"的突出成绩,学校领导决定从英语系二年级学生中选出两位同学(我是其中之一)与四年级毕业班的四位同学使用统一试卷进行比赛考试。为确保考试达到预期结果,即证明英语教学"二赶四"的成功,学校从二年级中挑选出两位全年级成绩最好的同学,从四年级中选的四位则是全年级成绩最差的学生。考试的内容取自二年级的课文,其结果自然是以二年级学生大获全胜而告终,实现了所谓的"二赶四"的目标。我呢,也顿时成了学校的名人,那些关于我不关心政治的批评也自此消失了。有趣的是,当年暑假期间,在一位教师指导下,我这个二年级的学生竟然被要求参加编写三年级的阅读教材。

现在想来,"二赶四"倒"赶"出了我的英语生涯,我的命运也由此发生了转机。毕业时,虽然我与其他男同学一样提出申请支援边疆到西藏去,但因在"二赶四"中的表现被选中留校,担任英语教师。1963—1964年国家进入全面调整、恢复时期,外语教学也开始扭转浮夸冒进的风气,注重培养学生基本功和应用语言的实践能力。1964年初,我这个初出茅庐的青年教师被委以重任,进行听说领先试点。当时的条件非常艰苦,在既无老教师指点,又无理论基础的情况下,自己与其他教师一起摸索,搜集和利用有限的英语材料,一边编写教材,一边教学。从这些实践中,我摸索出以下几条经验:(1)教学中强调听说领先,但读写一定要跟上;(2)多使用对话和操练;(3)上课时尽量少用母语;(4)借助对比分析(对比母语与目的语之间的差异)和其他研究成果来实现指导教学。现在看来,当年的做法实际上是在下意识地使用结构主义语言学理论和行为主义的一些观点。尽管当年条件艰苦,教学设施简陋,尤其是每天要编写教材,但师生对试点热情十分高涨。一年下来,学生的听说能力大大提高。1965年上半年我以此项目面向全国进行示范教学。一年后,"文革"开始了,接下去便是十年浩劫,教学法的改革被迫中断。我则被下放到安徽凤阳的"五七"干校,一边劳动,一边教学。

"文革"结束后,通过选拔考试,我很幸运地成为第一批国家公派访问学者,自1979年至1982年初赴新西兰学习英语语言学和应用语言学。这些课程是我以前从没学过的,它们仿佛突然为我打开了一扇扇大门,向我展示了一个个美丽崭新的世界。我非常珍惜这个机会,如饥似渴地学习这些当时在国内难以学到的知识。在国外的时候,我还常常带着一个小本子,见到自己觉得好的用语或没见到的表达方式,就记下来,回去反复琢磨玩味。这样我回国时带回了整整几箱的书和笔记。

回国时,恰巧"赶"上改革开放的春风,它给我国的外语教学带来了勃勃生机。当时,我国英语教学百废待兴,没有统一的教学大纲,教材短缺,各地和各校使用教材的难易程度较为混乱。1983年,为确保我国外语人才培养的质量,教育部决定制定全国第一部英语专业教学大纲以指导全国英语专业教学。我有幸参加了英语专业第一部教学大纲编写的全过程。为了保证大纲能适应当时我国的英语专业教学现状,我与其他同仁运用应用语言学与英语教学理论,结合我们多年来的教学实践,用了近两年的时间调查研究,并通过各种类型的测试,较为准确地把握了当时我国英语专业学生的水平。经过近四年的努力,大纲通过专家评审后由国家教委在1987年批准颁布实施。

大纲的实施促进了我国英语专业的教学。然而,我国幅员广阔,各地英语教学水平差异甚大,学生入学时的水平也不尽一样,即使是同一所学校的英语专业的新生,他们的英语基础也参差不齐。为了调动学生的学习积极性,因材施教,让起点高的学生不"炒冷饭",1988年我在上海外国语学院英语系启动了"英语专业基础阶段分级教学理论与实践"项目,该项目同时被批准为国家级社科基金重点支持项目。学生入学后进行英语水平测试,根据测评结果,他们可以分别进入第二级(一年级下)、第三级(二年级上)或第四级(二年级下)阶段的学习。这种尝试不仅缩短了学制,而且调动了学生的学习积极性。在当时计划经济一统天下的体制中,能这样做实属不易,需克服许多困难,如春季毕业生的工作分配问题即为一主要的现实问题。由于实施成绩斐然,该项目于1991年获国家级优秀教学成果奖和上海市优秀教学成果特等奖。

在英语专业教学大纲颁布执行两年后,如何检查大纲在具体实践中的执行情况,保证教学质量成了大家共同关心的大事,教学测试作为检查大纲执行情况的有效手段成为人们关注的焦点。1989年在与一些专家磋商讨论后,我向国家教委的外语专业教材编审组(即现在的外语专业教学指导委员会的前身)提出在英语专业率先实施四级和八级考试(即英语专业基础阶段和高年级阶段测试)的计划,并获高教司的批准。1990年在全国范围内开考四级测试，1991年开考八级测试。参加考试的人数从当年的几千人上升到2002年的15万余人，考试的信度和效度不断提高，考务管理日臻完善，其社会影响也与日俱增。现在英语专业四、八级考试已成为英语专业教学中一项不可或缺的环节，对大纲的全方位实施，对教学质量的提高作出了很大的贡献。

英语专业四、八级考试的成功运作为其他语种提供了示范。2000年教育部高教司发文同意在总结英语专业四、八级考试经验的基础上，其他语种条件成熟的也可开考基础级阶段和高年级阶段的考试。如今，日语和俄语等专业都已实施四、八级教学测试。

另一项我所参与的与外语教育发展紧密相关的外语教学改革是外语类复合型人才的培养。长期以来，英语专业人才培养模式较为单一，无法满足社会对各种外语人才的需求。如何解决英语专业学生的就业，如何改革外语人才的培养模式，如何改进外语专业的课程设置，成了我国外语界共同关心的问题。1983年，我任上外英语系系主任时，开始考虑这些问题，并进行了一些初步的尝试。我们从当年的三年级学生中选出一部分，让他们再学习两年新闻专业的主干课程，毕业时授双学位。这个试点非常成功，得到了社会、有关专家和学生家长的认可。于是我们克服许多困难，在1984年组建国际经济与贸易专业，并从应届高中毕业生中直接招生。1985年，新闻专业单独设系。如今，这两个专业已分别发展为颇具规模的新闻传播学院和国际经济贸易管理学院。后来，这种模式也扩展应用到其他语种的教学。我们培养的双语学生不仅在所学外语，如俄语、西班牙语、阿拉伯语等语言方面达到本科要求，而且还具有比较高的英语水平，并能通过英语专业的四级考试。自1984年始，上外开始了以人文专业＋英语、外语专业＋英语以及英语专业＋人文专业为主的三种类型复合型人才的培养。通过复合，在不影响学生英语技能基本功的前提下，扩大了他们的知识面，拓宽了他们的就业面，深受用人单位的欢迎。如今，这些模式已颇见成效，并广泛地为社会和学生们所接受。在本科生就业市场不景气的情况下，近三年来，上外学生的一次性就业率高达 99%。尽管在这一过程中，我们遇到了种种困难，甚至一些风言风语，但从单科类外国语学院向多科性外国语大学发展的道路上，我们毕竟取得了很大的成绩。上海外国语学院现在已发展成一所文、经、法、理等多学科特色鲜明的外国语大学，拥有近 30 个专业，其中 17 个专业有硕士学位授予权，7 个专业有博士学位授予权。

经过近 10 年的努力，随着教学大纲的制定和教学测试的全面实施，我国外语专业的教学走上了良性发展的道路。进入 20 世纪 90 年代后，自编和引进教材大量出现，教学理论研究逐步深入，教学方法不断更新，我国广大学生的英语水平得到普遍地提高。但是在教学手段日趋现代化和多媒体日益广泛使用的情况下，我国英语教学中存在的问题也逐步暴露出来，并日渐突出。广大的英语教育专家，仁者见仁，智者见智，一同探讨如何进一步发展我国外语教学事业。作为全国外语专业教学指导委员会主任委员的我，更觉身上的重担，义不容辞地做些事情。在 2000 年夏，我和一些同事申请"我国大中小学英语教学'一条龙'"项目的研究。项目分析了我国外语教学的现状，客观地评介我国外语教学特别是英语教学在近年来取得的成绩。在总结经验的基础上，深入审视我国英语教学中较为突出的问题，如费时低效、哑巴英语、学生实际运用英语进行交际的能力较弱，并从外语人才培养最终规格、英语教材、课程设置、教学方法、师资培训、语言测试和多媒体教学手段的运用等方面对如何构建新的外语人才培养体系提出较为详尽和操作性强的建议。

回想过去，我自 1958 年开始学习英语和 1962 年任教以来，转眼间，40 年过去了。我深深感到，英语学习是一个勤耕不辍、不断积累和不懈努力的过程,做研究更是如此。从 1962 年起,我一直给本科生上课。除了文学课,其他课型如精读课、阅读课、听力课、口语课和语言学课等我全上过。直至 1995 年,由于我担任的行政职务较多,事务越来越繁忙,很难保证在相对固定的时间上课,才停止给本科生上课。但事情再多,我自 1985 年以来也一直坚持给研究生授课。自 1990 年开始指导博士研究生以来,我一直以这些课为鞭策,坚持学术研究。我尽量利用到国外访问、讲学和参加学术会议的机会,自己购买一些新书,并长期订阅国内外专业期刊,确保及时了解国内外的语言学发展的新趋势和动态。时至今日,我仍然感激过去近 30 年的基础课教学。正是这些经历的锤炼,为自己的英语打下了坚实的基础,也为我这些年的课题研究和改革探索提供了充实的实践经验。

同时,我从自己 40 余年的教学生涯中,从我国英语教育走过的漫长的、不平凡的道路中深深认识到:英语教学的改革必须在尊重教学规律的基础上进行,切忌浮躁。如今,外语教育在新世纪中担负着意义更深远的重任。随着我国改革开放的进一步深化、加入 WTO 的新形势的发展,外语教学日益成为我国国民教育中的一个重要组成部分,应从我国的经济建设和社会发展对人才的需求出发,从我们所提倡的素质教育的综合考虑出发,深化外语教学改革。因此,外语教育不是脱离社会的象牙塔,而是要适应社会需求。我们的外语教学要发展,一定要不断地根据社会需求进行改革,更好地为社会服务。经历了种种挫折之后,我国的外语教育已取得了巨大成绩,蒸蒸日上。但我们仍要不断地努力,勇敢地面对存在的问题,克服种种困难,不断变革和发展。令人欣慰的是,这已成为人们的共识,我愿与众多同仁和专家共同探讨与努力,使我们的英语教学在新时期取得更大的进步。

学习理论的新发展与外语教学模式的嬗变[①]

一、引言

传统的中国外语教学主要建立在以行为主义为理论基础的操练和强化以及传统认知主义的语言知识的传授上。这种教学模式虽然为学习者进一步的学习打下基础,却不能适应信息时代对人才的需求,因为这种模式从根本上忽视了人的主观能动性和创造性。

为了适应新时代对外语教学的要求,人们对语言教学进行了各种改革与尝试,其中最主要的是从语言学的发展中吸取动力。如以结构主义和行为主义为理论基础的听说法,以功能主义为基础的意念法和交际教学理论,以转换生成语法为基础的自然法,等等。这些改革虽然在一定程度上为外语教学带来了生机,但却从根本上忽视了语言学习中学习的规律,忽视了对复杂的外语学习过程的认识。其直接后果是,外语教学出现过于简单化的倾向和费时低效现象,学习者的学习停留在重复和记忆等低阶思维阶段,而他们的批判性思维、创造性思维和问题解决等高阶思维能力得不到发展。

[①] 原载《外国语》,2004年第4期,合作者刘春燕。

因此,中国的外语教学不能忽视学习者的学习规律,不能忽视现代学习理论,学习理论对外语教学起着举足轻重的作用。现代学习理论的新发展总体特征表现为:注重对人类思维过程特别是高级心理过程的解释,注重对高阶学习和复杂认知过程的解释,强调以人为本和人的主观能动作用。新发展主要表现在:体现当代认知心理学特点的信息加工学习论和联结主义学习理论,代表心理学新思潮的人本主义学习论,以及继认知主义之后更强调学生主体作用的建构主义学习论。

二、学习理论的新发展

1. 认知心理学的新取向:信息加工理论和联结主义

信息加工理论是在20世纪70年代之后,人们运用现代信息论的观点和方法,通过大量计算机模拟研究而建立起的学习理论。其主要代表有加涅(Gagne)、西蒙(Simon)、奈瑟(Neisser)等。信息加工理论的一个基本假设是:行为是由有机体内部的信息流程决定的,学习过程是对信息的接受和使用的过程,学习是主体与环境相互作用的结果。加涅认为,学习是学习者神经系统中发生的各种过程的复合。学习不是刺激反应间的一种简单联结,因为刺激是由人的中枢神经系统以一些完全不同的方式来加工的,了解学习也就在于指出这些不同的加工过程是如何起作用的。学习者不断接受到各种刺激,被组织进各种不同形式的神经活动中,其中有些被贮存在记忆中,在做出各种反应时,这些记忆中的内容也可以直接转换成外显的行为。信息加工学习论关注的是学生如何以认知模式选择和处理信息并做出适当的反应,偏重信息的选择、记忆和操作以解决问题,重视个人的认知过程。信息加工理论把学习过程分为三个阶段:(1)注意刺激(感觉系统);(2)刺激编码(工作记忆);(3)信息的贮存与提取(长时记忆)。

如果说信息加工理论把认知过程看作是以系列(serially)和序列

(sequentially)的方式进行的话,联结主义则认为认知过程是以平行(parallel)的机制或神经网络的形式进行的。该理论认为,人脑是由数量巨大的简单处理器(即神经元)构成的,这些神经元相互交织组成了一个复杂的网络。在处理信息时,不是单个的神经元单独起作用,而是网络中多个神经元互相合作、同时启动。[①] 联结主义的隐喻基础是"心理活动像大脑"的观念,即由大量的简单处理器(称作单元或节点)组成,节点相互交织成一个复杂的网络,它们同时启动对信息进行处理。联结主义网络一般由三个层次组成:输入层、内隐层和输出层。输入层接受输入的表征,输出层提供输出应有的表征,而内隐层则存储网络所学习到的知识表征。

信息加工学习理论和联结主义可以用来解释人类的许多思维过程,使得人类的高级心理过程不再那么神秘。例如,通过对选择性注意、编码、储存和提取等信息加工过程的分析,有助于我们进一步了解人类学习的内部过程,这是行为主义和传统的认知学派所不能比拟的。

2. 人本主义学习论

人本主义心理学是20世纪60年代在美国兴起的一个心理学的重要学派。它一方面反对行为主义把人看作是动物或机器,不重视人类本身的特征;另一方面也批评认知心理学虽然重视人类的认知结构,但却忽视了人类情感、价值、态度等方面对学习的影响。认为心理学应该探讨"完整的人",而不是把人的各个侧面如行为表现、认知过程、情绪障碍等割裂开来加以分析,强调人的价值,强调人有发展的潜能,而且有发挥潜能的内在倾向即自我实现的倾向。由此掀起了心理学领域内的一场深刻的革

---

① D. Rumelhart & J. McClelland, *Parallel Distributed Processing: Explorations in the Microstructure of Cognition*, Cambridge, MA: MIT Press, 1986.

命,代表着未来心理学发展的新走向。人本主义学习论的代表人物罗杰斯(G. R. Rogers)对学习问题进行了专门的论述。

罗杰斯认为学习是个人潜能的充分发展,是人格的发展,是自我的发展。罗杰斯反对行为主义对学习实质的看法,认为学习不是刺激与反应间的机械联结,而是一个有意义的心理过程,因为具有不同经验的人在感知同一事物时,他的反应是不同的,因此,学习者了解学习的意义是非常重要的,也可以说,学习的实质在于意义学习。罗杰斯认为,意义学习主要包括四个要素:第一,学习具有个人参与(personal involvement)的性质,即整个人(包括情感和认知两方面)都投入学习活动;第二,学习是自我发起的(self-initiated),即便推动力或刺激来自外界,但要求发现、获得、掌握和领会的感觉是来自内部的;第三,学习是渗透性的(pervasive),也就是说,它会使学习者的行为、态度、乃至个性都发生变化;第四,学习是由学习者自我评价的(evaluated by the learner),因为学习者最清楚这种学习是否满足自己的需要、是否有助于导致他想要的东西、是否明了自己原来不甚清楚的某些方面。

罗杰斯学习理论的特点在于他试图把认知与情感合二为一,以便培养出完整的人。他使人们重新认识到情感在教育中的重要性。

3. 建构主义学习论

建构主义学习理论是 20 世纪 80 年代末 90 年代初以来兴起的一种新的学习观,是继认知主义之后学习理论的又一场重要变革。其最早提出者可追溯至瑞士的心理学家皮亚杰(J. Piaget)。他认为,儿童是在与周围环境相互作用的过程中,逐步建构起关于外部世界的知识,从而使自身认知结构得到发展。儿童与环境的相互作用涉及两个基本过程:"同化"与"顺应"。同化是指把外部环境中的有关信息吸收进来并结合到儿童已有的认知结构;顺应是指外部环境发生变化,而原有认知结构无法同化新环境提供的信息时引起儿童认知结构发生重组与改造的过程,认知个体(儿童)就是通过同化与顺应这两种形式来达到与周围环境的平衡。

在皮亚杰上述理论的基础上,布鲁纳提出"学科结构论",并主张"发现教学";科尔伯格在认知结构的性质与认知结构的发展条件等方面作了进一步的研究;斯腾伯格和卡茨等人则强调了个体的主动性在建构认知结构过程中的关键作用,并对认知过程中如何发挥个体的主动性作了认真的探索;维果斯基创立的"文化、历史发展理论"则强调认知过程中学习者所处社会文化历史背景的作用,在此基础上发展起来的社会建构主义深入地研究了"活动"和"中介作用"在人的高级心理机能发展中的重要作用。所有这些研究都使建构主义理论得到进一步的丰富和完善,为实际应用于教学过程创造了条件。

学习是获取知识的过程。建构主义的提倡者认为,知识不是通过教师传授得到,而是学习者在一定的情境即社会文化背景下,借助其他人(包括教师和学习伙伴)的帮助,利用必要的学习资料,通过意义建构的方式而获得。由于学习是在一定的情境即社会文化背景下,借助其他人的帮助即通过人际间的协作活动而实现的意义建构过程,因此建构主义学习理论认为"情境""协作""会话"和"意义建构"是学习环境中的四大要素或四大属性。

建构主义提倡在教师指导下的、以学习者为中心的学习,也就是说,既强调学习者的认知主体作用,又不忽视教师的指导作用,教师是意义建构的帮助者、促进者,而不是知识的传授者与灌输者。学生是信息加工的主体,是意义的主动建构者,而不是外部刺激的被动接受者和被灌输的对象。

建构主义最大的贡献在于强调了人的发展的一个最主要的方面——认识主体的能动作用。这对我们全面地认识学习的性质和学习的过程有着重要启示。

三、现代学习论影响下新的外语教学模式与方法

新的学习理论必然要对传统的教学理论、教学观念提出挑战,从而在形成新一代学习理论的同时,也逐步形成了与之相适应的新一代教学模式和教学方法。所谓教学模式是指在一定的教育思想、教学理论和学习理论指导下的,在某种环境中展开的教学活动进程的稳定结构形式。综观国内外近年来新出现的各种外语教学理念和教学方法,尽管它们名称尚未统一,我们可将它们粗略地分为三大模式:新认知主义模式、以学习者为中心的模式和建构主义模式。

1. 新认知主义模式

新认知主义模式是与传统认知法(cognitive code approach)相对而言的。传统认知法强调系统传授语言知识,强调语言规则/语法知识的学习。信息加工外语学习论认为,传统认知主义不能解释实际的语言使用,因为在产出语言时它需要大量的在线(规则)计算。而事实上,在大多数情况下这种规则系统都被绕过(bypassed),因为语言使用者会使用大量记住了的惯用语/范例。信息加工外语学习论认为语言的表征是双重编码(dual-coding):规则系统(rule-based system)和范例系统(exemplar-based system)。斯凯恩特别强调范例系统的重要性,因此也特别强调记忆的重要性。[①] 可以看出,信息加工论和联结主义都非常重视对记忆的研究。根据信息加工论和联结主义的成果,教学应遵循以下规律:

(1) 输入时学习者注意的分配及输入假设

由于人类在处理信息时的容量有限,外界刺激在开始阶段必须引起

[①] P. Skehan, *A Cognitive Approach to Language Learning*, Shanghai: Shanghai Foreign Languages Education Press, 1999.

学习者的注意才能进入下一阶段的处理。输入的刺激必须具备两个条件:有趣和能激活已知范型。斯凯恩认为由于人类对语言的处理总是先意义后形式,因此教师要有意识地引导学生注意语言形式,并在意义与形式之间保持平衡。①

输入假设最初由克拉申(Krashen)提出。他认为第二语言的习得是通过对可理解性输入的加工而习得的。所谓可理解性输入指语言材料的难度略高于学习者现有的水平。假设学习者现有的水平为 i,语言材料应该是 i+1。太难或太容易的材料都对语言习得没有帮助。根据这一假设,教师应根据学习者水平调整自己的语言,就像母亲和保姆对幼儿说话时采用母亲用语(motherese)和保姆用语(caretaker speech)以及外国人对外语学习者话语(foreigner talk)一样,教师要采用教师用语(teacher talk)。尽管克拉申提出输入假设的初衷并非出于信息加工的考虑,但这一假设引发了一系列的实证研究,为外语教学注入了新鲜的思想。

(2) 引导学生的精细化过程

精细化过程(elaboration)是基于克雷克(Craik)和洛克哈特(Lockhart)的加工水平模式(level of processing theory)提出的。② 他们的基本观点是:记忆不仅是不同类型的储存器,而且是加工新输入材料的地方。他们认为,刺激可在不同水平上加工。初级阶段的加工主要是分析纯粹的形式特征如物理特征和感觉特征,随后高级阶段的加工是将输入与现有图式相匹配,以便获取范型和意义。记忆痕迹的持久与否和加工的深度有关。只有那些经过比较精细复杂的或较深层次的认知分析的产物,才容易得到储存。所谓精细化过程就是学习者对输入的刺激与原有

---

① P. Skehan, *A Cognitive Approach to Language Learning*, Shanghai: Shanghai Foreign Languages Education Press, 1999.
② 参见施良方:《学习论》,人民教育出版社,1994年。

的经验之间进行联想、具体化和抽象化的过程。精细化过程解释了记忆的过程和本质,为外语教学特别是词汇学习提供了依据。

(3) 输出假设

输出假设是斯温针对输入假设而提出的。斯温认为,输出在二语习得中起着非常重要的作用。第一,与输入相比,输出使学习者对语言进行更深的处理并付出更多的努力;第二,输出在学习过程中可充当验证假设(hypothesis testing)的过程;第三,能发展学习者的自动化技能;第四,能发展学习者会话技能;第五,能培养学习者表达自己的观点。① 根据输出假设,教师应多为学生提供说和写的机会。

(4) 陈述性知识向程序性知识的转化

在长时记忆中,知识的表征形式是陈述性知识和程序性知识。安德森认为,陈述性知识是可以用语言表征的,而程序性知识是不可能用言语精确表征的。② 在外语学习中,语言知识是陈述性知识,而语言技能是程序性知识。学会一种语言,就是要将该语言的陈述性知识转化为程序性知识,而促成这一转化的机制是练习。

(5) 帮助学习者建立起图式

在现代认知心理学的术语中,图式是指相互联系的观念或各种关系的网络。语义记忆往往以图式的形式储存。在现代认知心理学家看来,学习并不是个体获得越来越多外部信息的过程,而是学到越来越多有关认识事物的程序,即建构了新的认知图式。图式在语言学习中不仅起着信息的仓库的作用,而且在理解新知识和解决问题时也发挥功能。人们

---

① M. Swain, "Communicative Competence: Some Roles of Comprehensible Input and Comprehensible Output in Its Development", in S. Gass & C. Madden (eds.), *Input in Second Language Acquisition*, Rowley, Mass.: Newbury House, 1985.
② J. Anderson, *Cognitive Psychology and Its Implications*, San Francisco: Freeman, 1980.

是根据这种图式赋予事件的意义,来理解语言和解决问题的。教师在教学时,要帮助学生主动建立起新旧知识的联系,积极建构新的认知图式。图式理论在阅读教学中正被人们广泛运用。

(6) 重构

重构的概念可追溯到皮亚杰的发展心理学中。皮亚杰认为认知发展是认知系统中基本结构变化的结果。重构就是儿童在发展过程中从一个阶段到下一个阶段的那种断续的或质的变化。每一个新的阶段都具有新的内部组织,并非新的结构元素的增加。麦克劳克林认为,二语习得这样的复杂认知技能,是通过练习从需要控制和注意的操作变成自动化的过程。这个过程就是重构,是内部中介语表征发生质变的过程,是正式学习学得的外显规则和知识向内隐的规则和自动化转化的过程。他认为练习在重构中起着重要作用:技能动作的自动化和表征系统的重构。[1]

(7) 语言接触量和接触频率

联结主义理论家们认为,学习是基于对输入的处理,但并不认为输入处理会导致规则的增加,相反,学习被认为是复杂的神经网络内的连接的增强或减弱,是输入中的刺激频率的结果。因此,在外语学习中,他们特别重视语言接触量(language exposure)和接触频率。在这一点上,他们的主张与行为主义者接近,因而也有人称他们为新行为主义。

2. 以学习者为中心的模式

罗杰斯对学习原则论述的一个核心,是要让学习者自由学习和自主学习。他认为传统教育的特征是一种"壶杯"教育理论(a "jug and mug" theory of education)。教师(壶)拥有理智的和事实性的知识,学生(杯)是消极的容器,知识可以灌入其内。罗杰斯提出要废除传统意义上教师的

---

[1] B. McLaughlin, "Restructuring", *Applied Linguistics*, Vol. 11, No. 2, 1990.

角色，以促进者（facilitator）取而代之。促进者的任务是：提供各种学习的资源；提供一种促进学习的气氛；使学生知道如何学习。简言之，罗杰斯主张，废除教师中心，提倡学生中心；学生中心的关键，在于使学习具有个人意义。①

"以学习者为中心"有两层含义：一是鼓励学习者对自己的成功学习负更大的责任，让学习者自己决定并设计学习内容、学习方法、学习活动、学习的进度以及对学习进行评价；二是采用的教学方法能使学习者对学习过程实行更有效的控制。对教师而言，下列方法有助于促进学生学习：

(1) 构建真实的问题情景

在罗杰斯看来，倘若要使学生全身心地投入学习活动，那就必须让学生面临对他们个人有意义或有关的问题，即让学生直接面临生活中的各种真实问题。这意味着不论是学习材料的设计还是学习评价，都要遵循真实性原则。

在外语教学中我们也强调教材设计和学习任务的真实性（authenticity）。真实性原则的好处在于学习者遇到的目的语项目是在自然的语境中出现的，而不是在教材编写者杜撰的情景下出现的。这样将有助于学习者最终使用语言，因为他们体验到语言项目与语篇因素的互动。

真实性是一个"度"的概念，指的是学习任务与真实生活的相似程度，学生与学习任务之间的交互作用的程度。真实性原则要求我们从真实生活出发，找出特定场合中语言交际的特征，并在学习与测试中适当地引入这些特征。课堂中的学习任务可以是信息差、解决问题、做决定、交换意见等现实生活中的任务；也可以是听磁带和复述、拼版式任务（jigsaw

---

① 参见施良方：《学习论》，人民教育出版社，1994年。

tasks)、角色扮演、以小组为单位解决问题等类似现实性的任务。完成这些任务所使用语言的方式与真实世界任务的语言方式相似,不仅能促进学习者语言能力的发展,而且能提高学习者解决问题的能力和创新能力。

(2) 提供学习的资源和工具

罗杰斯认为,以人为本而不是以知识为本的教师,在组织安排自己的时间、精力方面,与传统的教师所采用的方式有很大的不同。前者不是把大量时间放在组织教案和讲解上,而是放在为学生提供学习所需要的各种资源上,把精力集中在简化学生在利用资源时必须经历的实际步骤上。所谓学习资源,不仅包括书籍、报纸、杂志和实验室设备等传统的资源,而且还包括人力资源和现代教育技术。教师是最重要的资源,在学生需要时可以用自己的知识、经验、特定的技能和能力帮助学生。教师利用现代信息技术为学生提供一种他们可以选择的、最能满足他们需求的学习环境。

(3) 小组学习

把大班分成自我驱动的小组,在小组中学生进行合作学习,这是人本主义心理学家倡导的一种学习方式。小组学习中,学生分享各自的观点而不是孤立地学习,学生们互相帮助,所有人都能取得不同程度的成功。这与传统教学中学生单独学习和竞争式的学习形成对比。

合作小组由两到五个学生组成,他们由于共同的目的而团结起来,为完成任务和使每个人得到提高而一起学习。小组学习的形式有:拼版式、小组调查、角色扮演、学生小组成就分工法(students teams-achievement divisions)、小组讨论等。小组学习不仅使学生能在轻松合作的氛围中学习,而且有更多的机会交互式学习。

(4) 自我评价

学习者的自我评价,是使自我发起的学习成为一种负责的学习的主要手段之一。罗杰斯认为,只有当学习者自己决定评价的准则、学习的目的,以及达到目的的程度等负起责任来时,他才是在真正地学习,才会对自己学习的方向真正地负责。所以,自我评价在促进学习中是极为重要的。

3. 建构主义模式

建构主义对现代教学论的冲击在于它动摇了客观主义的知识观。在建构主义者看来,知识是人们永无止境的探索,而不是一成不变的真理。教师不能把现成的知识教给学生,只能引导学生主动探究,让学习者掌握学习和解决问题的方法,成为一个自主的学习者和知识的创造者。建构主义学习观特别适用于信息爆炸时代对创造型人才的要求,适合培养学生的解决问题能力、批判性思维能力和创造力等高阶能力。它所倡导的教学方法有:

(1) 任务/活动教学

任务/活动教学的理论基础来自杜威的"做中学"的教育思想。它与传统的3P模式(presentation, practice, production)最大的区别在于它不再是老师将语言知识呈现(present)给学生,而是让学生在完成任务的过程中学习语言的意义和形式,并通过活动和使用语言来探索新的观念和形成新的技能。在外语教学中,任务型教学是在活动教学和交际教学思想的基础上发展起来的,经过斯凯恩等人的实证研究和教学实践,正成为一种新型教学路径(approach)。[①] 在我国,中小学英语新课标明确倡导任务型教学,任务型教学成为教师和研究者关注的热点。任务是学习者为了做成某件事情而进行的有交际目的的语言活动。任务型教学的特点是:目标的明确性(完成任务)、丰富的习得环境、学习者的主动参与性、教师

[①] P. Skehan, "Task-based Instruction", *Language Teaching*, No. 36, 2003.

的脚手架(scaffolding)作用。

(2) 尝试/发现学习

尝试/发现法是美国教育心理学家布鲁纳提出的教学思想。他认为掌握学科结构的基本态度或方法便是发现(discovery),教学过程实际上就是在教师引导下学生自我发现的过程,学生利用教师或教材提供的材料,主动地进行学习,而不是消极地"接受"知识。因此,学生要像语言学家那样去思考语言,像数学家那样思考数学,亲自去发现问题的结论和规律,成为一个"发现者"。在我国历来就有"启发式"教学的历史,启发式教学就是学生在教师的启发下自己去发现结论和规律。在外语教学中,语法的教学和语感的培养就可采用发现法。如教师鼓励学生对语言现象形成假设,并在使用中去验证假设。

(3) 探究学习/研究性学习

探究学习/研究性学习,主要是指学生在教师指导下,以类似科学研究的方式去主动获取知识、综合运用知识解决问题的一种学习方式。研究性学习与一般意义上的科学研究具有一定的相似性,如在研究过程上两者都要遵循提出问题、收集资料、形成解释、总结成果这样一个基本的研究程序。在这里知识都以问题的形式呈现,知识的结论要经过学习者主动的思考、求索和探究。在外语教学中,探究学习/研究性教学的应用还不多,但却有广泛的应用前景,如在基于内容的外语教学(content-based language learning)中,就可以项目(project)的形式让学生进行研究性学习。我国的复合型外语人才培养模式中,对商务、财贸、金融等学科的教学就可采用这种教学方式。这对培养学生的探究能力、解决问题的能力和创造能力有极大的帮助。

(4) 合作学习/互动式外语教学

社会建构主义认为,"活动"与"中介作用"在知识的建构中起着重要作用,意义是通过两个或多个人的协同努力而获得的。① 他们强调学习共同体的作用,认为共同体是个体意义存在的前提或载体;其次,他们把互动或对话的过程看作是教育的核心。合作学习就是达成社会建构的最好形式。合作学习以研究与利用课堂教学中的人际关系为基点,以目标设计为先导,以师生、生生、师师合作为基本动力,以小组活动为基本教学形式,以团体成绩为评价标准,以标准参照评价为基本手段,以大面积提高学生的学业成绩、改善班级内的社会心理气氛、形成学生良好的心理品质和社会技能为根本目标,是一种极富创意与实效的教学理论与策略体系。这种合作学习从根本上有别于传统的孤立的和竞争式学习,是开展语言教学的有效方式。

四、结语

新认知主义模式、以学生为中心的模式和建构主义模式为我们展现了外语教学的新图景。现代学习论的发展提示我们,学生的学习是认知过程和认知结构的主动建构过程,是人的认知与情感共同作用的过程。与此相应,新认知主义外语教学模式要求通过学习者内部认知过程的积极变化来促进学习者的认知发展,人本主义的外语教学模式强调以学习者为中心的教学来促进学习者的全面发展,建构主义的教学模式注重学习者的积极参与和主动建构来培养学习者解决问题的能力和创造能力。当然,这些教学模式并非界限分明、彼此孤立的,相反,它们是互相渗透、互相利用的。如人本主义学习论就吸收了信息加工和建构主义学习观,而建构主义学习观也体现了以学生为中心的观点。再比如,任务型教学则在二语习得理论基础上同时吸收了三种学习论观点。

---

① J. P. Lantolf, *Sociocultural Theory and Second Language Learning*, Oxford: OUP, 2000.

综观现代外语教学观念和方法发展，我们可以看出外语教学模式正发生着深刻的变化。这种变化体现在对传统外语教学的种种弊端和不足的认识与超越上：传统外语教学过于强调知识本位而不是以人为本，过于注重外在的机械操练而忽视内在的信息加工过程，过于强调教师的灌输而忽视学习者的主动建构。学习理论的新发展使我们更全面更深刻地认识外语教学的本质，从而建立起更加完善的外语教学模式。

对我国英语专业本科教学的反思[①]

时光荏苒,我国的英语专业本科教学,如同我国的社会发展和经济改革一样,转眼间已走过了30多年的风风雨雨。踏入新世纪,面临新形势的发展,特别是在我国英语专业教学水平得到普遍提高的情况下,思考如何解决现存的问题和制定进一步发展的方向和目标,已经进入了关心我国英语教育未来走向和发展的各界人士的视野。在此,文章将回顾我国英语专业本科教学改革进程中的一些重大事件,审视目前发展的现状和现存的问题,并依据笔者的认识和思考,对这些问题进行深入分析,最后提出一些建议与对策。

一、改革轨迹

首先,简单地回顾一下过去30多年来英语专业本科教学改革过程中作者参加过的一些重大事件,且作为一种历史的轨迹吧。风雨几十年,我国的英语专业本科教学改革主要集中体现在以下这几个方面:

1. 英语专业本科教学大纲的制订和修订

我国第一版英语专业教学大纲的制订经历了一个较长的过程:英语

[①] 原载《外语界》,2007年第4期,合作者张雪梅。

专业基础阶段教学大纲的编写始于1984年,由教育部英语专业教材编审组负责制订,1987年完成,于1988年由当时的国家教委审查通过,1988年正式颁布实施。英语专业高年级教学大纲的制订工作始于1988年,1989年结束,1990年正式颁布实施。与此同时,由笔者主持的"英语专业基础阶段分级教学理论与实践"也被列入国家社科重点研究项目,并从1990年起在部分高等院校的英语专业中进行分级教学试点。随着我国经济改革的迅猛发展,为了更好地应对社会各界对英语人才的需求,国家教委组织并审定了《关于外语专业面向21世纪本科教育改革的若干意见》(1998)。在此基础上,经过专家们的共同努力和研究,制定了第二版英语专业本科教学大纲,并在2000年正式颁布实施。

2. 英语专业本科教学的质量控制:从阶段性结果到教学过程

为了监控全国英语专业本科教学,确保教学质量,英语专业四年的教学按学期自然划分为八个级别,在本科教育的中期和末期进行测试,这就是现行的英语专业四、八级考试。这两个考试分别于1990年和1991年正式开始,所有英语专业的学生都必须参加四级考试,八级考试则自主参加。值得注意的是,"高校外语专业教材编审组"(即现在高校外语专业教学指导委员会的前身)是先开始考试,后制订考试大纲的,所以四、八级的考纲是在1992年后正式制订和出版的。随后进行了英语专业四、八级考试效度和信度的研究。[①] 英语专业四级考试的口试在1996年开始试点实施,考点设在南京大学的外语学院。2003年,由于实施了第二版教学大纲,对英语专业四、八级考纲进行了修订,主要是测试学生的英语应用能力,增加了新的考试项目。[②] 近年来,由于英语专业四、八级考试的科学性

[①] 邹申等:《英语专业四、八级考试的效度分析》,上海外语教育出版社,1997年。
[②] 邹申:《对考试效应的认识与对策——兼谈高校英语专业四、八级考试大纲的修订原则与方案》,《外语界》,2005年第5期。

在社会上赢得了良好信度,参加这些考试的人数猛增。同时,英语专业的四、八级考试作为学业考试,也严格将考试对象限定为英语专业的本科生。

2005年,教育部发文《关于进一步加强高等学校本科教学工作的若干意见》(教高[2005]1号),强调"加强高等院校的教学工作评估,完善教学质量保障体系","……必须坚持科学发展观,实现高等教育工作重心的转移,在规模持续发展的同时,把提高质量放在更加突出的位置。"为了彻底贯彻教育部这一文件的精神,将教学质量落实到教学各个环节的具体工作中,教育部高等学校外语专业教学指导委员会在教育部高教司的领导下,开始了高等院校外语专业本科教学评估的准备工作。高等院校外语专业教学指导委员会所制订的《英语专业的教学评估方案》开始对英语专业本科教学的五大主要环节提出明确的指标体系,进行量化,把对英语教学的监控切实地贯彻到教学的过程中。[①]

3. 重大的英语教学改革项目

(1) 首先是三类型人才(即复合型、双语型和主辅型人才)的培养。复合型人才的培养是"近20年来,我国英语专业教学改革中持续时间最长影响最大的课题"[②]。复合型人才培养的尝试始于部分外语院校。20世纪80年代中期,上海外国语大学从1983年起陆续开设了新闻学、国际经济与贸易、工商管理、对外汉语、教育技术、会计学、金融学、法学、广告学等九个复合型专业。[③] 与此同时,北京外国语大学英语系在本科阶段开设了英美文学、语言学、国际新闻、外事翻译、国际文化交流、英法双语等

[①] 戴炜栋、张雪梅:《谈外语专业教学评估和学科建设》,《中国外语》,2005年第1期。
[②] 胡文仲,孙有中:《突出学科特点,加强人文教育:试论当前英语专业教学改革》,《外语教学与研究》,2006年第5期。
[③] 戴炜栋:《总结经验,发扬传统,以改革精神建设新型外国语大学》,《外国语》,2000年第1期。

专业方向。① 西安外国语学院从1992年起在英语专业设立了国际金融、国际经济合作、涉外文秘、国际贸易专业方向班等。② 20世纪90年代是培养复合型人才呼声最高的时期,也是围绕复合型人才培养进行教学改革的主要阶段,各种意见在学术刊物上纷纷发表。③ 国家领导人和教育部官员也对这个问题发表了明确看法。1996年时任国务院副总理的李岚清在广东外语外贸大学视察工作时,就培养复合型外语人才发表了重要讲话,他说:"我们的方向和目标是很明确的,就是培养高层次的、掌握专业和掌握外语的人才。"④ 2000年颁布的《高等学校英语专业英语教学大纲》(以下简称《大纲》)对英语专业的培养目标作出明确规定:"高等学校英语专业培养具有扎实的英语语言基础和广博的文化知识并能熟练地运用英语在外事、教育、经贸、文化、科技、军事等部门从事翻译、教学、管理、研究等工作的复合型英语人才。"

(2) 为了解决外语教学中出现的"费时低效"现象,我国外语界还进行了如何优化外语教学资源、提高外语教学效率的探讨,如笔者2002年主持的"构建大中小学英语教学'一条龙'的教学体系"项目,其研究报告曾得到国家领导人的高度重视。

(3) 为了配合我国的发展形势,适应社会经济的发展和变化,高校外语专业教学指导委员会设立了一系列的重要课题,如"WTO和外语教学"(2002)、"西部大开发与英语教学"(2003)等。

---

① 胡文仲:《谈谈外语教育的专业倾向》,《光明日报》,1985年5月21日。
② 杜瑞清:《复合型外语人才的培养及实践》,《外语教学》,1997年第2期。
③ 曹光久:《关于外院院校培养复合型人才的思考》,《四川外语学院学报》,1989年第2期;刘伟:《关于外语院校培养目标转型的几点思考》,《外语教学》,1995年第4期;刘天伦:《培养目标与可利用资源:有关培养复合型英语人才的思考》,《外语界》,1996年第1期;杜瑞清:《复合型外语人才的培养及实践》,《外语教学》,1997年第2期。
④ 李岚清:《要培养高层次、掌握专业和外语的人才》,《广东外语外贸大学校报》,1996年10月30日。

4. 对教学质量的监控

作为"新世纪教育质量改革工程"的一部分,我们进行了"十五""十一五"国家级教材规划和外语专业国家精品课程评审(2003—2007),从不同的教学环节加强对外语教学质量的宏观监控。

综上所述,从开始时不同教学阶段教学大纲的制订与实施,到如何进行调整以培养国家经济建设和社会发展以及不断变化的国际形势所急需的英语人才,我们可以看到我国的英语专业本科教育正趋成熟和科学化。此外,对教学质量的监控也日趋多样化和科学化,从教学过程中的等级考试到对动态教学过程的评估以及对教学不同环节的监控都有很大的进展。对英语专业本科教学过程实现了多维监控和质量管理,从而确保为我国的经济建设输送大量的优秀人才。

二、英语专业本科教育发展的现状

最近的数十年见证了英语专业和英语学科的飞速发展。首先,国内大学的扩展中英语是扩招较多的专业之一。同时,一些院校纷纷申报英语专业,到目前为止的不完全统计(依据英语专业四、八级考试报考的院校和教育部的有关数字)显示,全国的英语本科专业点多达900多个;从2004年起,英语专业四、八级考试的考生每年递增10%以上。此外,在这几十年内,英语学科得以蓬勃发展,国内的英语语言文学研究也与时俱进,取得了令人骄傲的成绩,英语专业硕士点增至200多个,英语语言文学专业博士点也大幅增长。这些学科发展不仅提升了英语学科水平,更重要的是为英语专业本科教育搭建了更高更好的平台,提供了强有力的支撑。

面对如此飞快发展的英语本科教育,当前我们面临的两大问题是:如何保证英语专业的教学质量? 如何培养具有创新精神和能力的英语专业人才?

此外，社会上对英语专业的本科教学也有不同看法：随着英语教育的发展，人们的质疑不断出现，如在 2000 年前后英语教学中的"费时低效"引起了人们广泛的注意；2003 年左右人们对"全民学英语"提出疑问，各行业众多的英语考试被比作"科举考试"，并出现对双语教育负面效应的不满。随着 2000 年版英语专业本科教学大纲的颁布实施，人们对英语专业复合型人才的培养展开了较为激烈的讨论。《大纲》在得到广泛支持的同时，也引来一些不同的声音。① 他们认为复合型人才培养模式重能力培养、重教学手段的更新，做到了知识和语言技能并重。另外一些学者则提出不同看法②，他们担心实施英语专业复合型人才的培养，很可能会在总体上削弱常规英语专业较强的人文倾向，模糊了专业界限。

另外，教学的不同实践环节中也存在一些问题。以下我们就以英语专业试评估结果加以说明。

1. 英语专业教学评估的背景与目的

为了贯彻教育部"大力加强教学工作，切实提高教学质量"的精神，教育部先后对一些高等院校进行全面的本科教学评估，部分学科专业如法律专业等教学评估也相继启动。为了切实贯彻教育部"加强高等院校的教学工作评估，完善教学质量保障体系"的精神，将教学质量落实到教学各个环节的具体工作中，高等院校外语教学指导委员会在高教司的领导下，开始了高等院校外语专业本科教学评估的准备工作，首先对英语专业

---

① 谭卫国：《我国外语专业教育改革势在必行》，《中国高教研究》，2000 年第 9 期；方健壮：《外语专业在 21 世纪面临的危机与对策》，《高教探索》，2001 年第 1 期；汪家树：《21 世纪复合型外语人才培养的思考》，《同济大学学报（社会科学版）》，2002 年第 2 期；孙玉华：《复合型外语人才培养的理论探讨和实践探索》，《辽宁教育研究》，2003 年第 5 期。
② 刘天伦：《培养目标与可利用资源：有关培养复合型英语人才的思考》，《外语界》，1996 年第 1 期；王守仁：《加强本科英语专业"学科"的建设》，《外语与外语教学》，2001 年第 2 期；刘毅：《关于高校外语专业课程设置的思考》，《外语界》，2000 年第 3 期。

展开教学评估,制定了"高校外语专业本科教学评估方案"(试行)(以下简称"方案")。评估旨在进一步促进英语专业学科建设,有效地深化我国的英语教学改革,确保在解决英语教学各环节中所存在问题的同时,增强宏观管理和质量监控。2004年,对四所院校试评估,揭开了英语专业本科教学评估的序幕。

2. 英语专业评估的具体方案

"方案"主要有五个一级指标:学科规划、师资队伍、教学资源、教学内容与管理和教学效果。学科规划的主要观测点为学科定位、专业建设特色和发展目标,旨在检查办学单位有无具体明确的学科发展规划和特色定位。师资队伍的主要观测点有教师的基本情况、整体教师结构、专职教师的教学和科研能力以及教师参与教学改革的情况,旨在检查教学力量。教学资源主要查看教学基础设施、图书资源、网络资源以及国际、国内学术交流情况。教学内容与管理主要检查教学计划、课程建设、课外活动以及质量控制环节。教学效果主要查看:(1)学生听、说、读、写、译的能力和基本功是否达到教学大纲的要求;(2)学生对外语专业知识的掌握是否宽泛;(3)学生的创新能力,特别是学生参加相关赛事的情况和独立撰写的毕业论文的质量;(4)学生的综合素质(包括学生的思想道德修养和心理素质);(5)与本专业相关的知识面,学生是否了解相关的学科的知识(特别是一些复合型专业);(6)学生参与与本专业相关的社会实践活动情况;(7)学生近三年的就业率以及用人单位对毕业生的评价。

3. 英语专业试评估的结果

2004年,对国内四所院校进行试评估,以调查目前我国高校英语专业本科教学的综合情况。评估受到被评院校领导的高度重视,他们本着"以评促建、以评促改、评建结合、重在建设"的原则做了大量的迎评工作。评估结果表明高校英语专业本科教学在取得良好成绩的同时还存在不少问题,主要表现在:不懂外语学科的发展特点,如个别院校对英语(语言文学)专业的学科内涵不很清楚,学科发展内涵和定位不清楚,制定的学科规划既与该校的层次定位不相符,也不符合外语学科的基本规律,缺乏切实可行的学科发展规划;在教学实践中,师资力量有限,课程设置与全国高校英语专业教学大纲的要求有一定距离,专业课的课程和课时不足,教学管理比较混乱,质量意识不强,教学环节的质量监控不严格;在教学质量上,学生的英语听、说、读、写、译的基本功不够扎实,毕业论文撰写的质量及其中的教师指导均不理想;在硬件建设上,对教学资源的投入(如图书资料的更新和投入状况)不理想等。

4. 英语专业本科教育中的一些其他问题

除了上述评估结果,英语专业本科教学中还存在着另外一些严重问题,有的已得到各界人士的共识,如对人文素养重视不够[1],他们认为要"突出学科特点,加强人文教育:特别是人文通识教育"。此外,还有人提出,在条件许可的情况下,以精英教育培养英语本科人才。[2]

此外,近年来的英语专业四级考试结果在某种程度上表明部分学生基础知识和技能不过关。这一问题可从社会用人单位和一些研究生教学单位的反映中得到印证,即学生的英语基本功不够扎实,英语院系对学生综合技能的训练重视不够,对教学大纲规定的学生五大能力培养力度不够等。此外,在教学大纲的执行中也存在着一些问题,如专业技能课、相关专业课的课时不充足;现行的教学方法与教学手段有待改进。

另一日益值得人们关注的问题是:现行的教师职称评估体系不偏重

---

[1] 胡文仲,孙有中:《突出学科特点,加强人文教育:试论当前英语专业教学改革》,《外语教学与研究》,2006年第5期。
[2] 钟美荪:《以精英教育理念深化外语教育改革:北京外国语大学本科教学改革》,《外语与外语教学》,2006年第5期。

教学。随着国内大学的转型,如从教学型转到教学研究型或研究教学型,高校教师不仅要具有博士学位,还要在核心期刊上发表一定数量的论文才能评高级职称。英语学科的刊物本身数量就少,而全国有那么多的教师和英语专业研究生,千军万马都要过这些独木桥,难度可以想象。此外,这些刊物往往以学术含量高低来决定论文录用与否。不幸的是,教学类文章常被视作学术含量低,往往登不了这些"大雅之堂"。于是,为了要"阳春白雪",教师要钻研一些与课堂教学无关的高深理论,这不仅不利于将教师的工作重心投放到教学上,客观上反而起到了相反的作用,这极不利于教师对教学的投入,对教学质量的影响也可想而知。

三、反思与分析

如何看待近年来英语本科教学的发展和存在的问题呢?英语语言文学本科专业的出路何在?我们认为整体上,英语水平和普及的程度虽然得到大幅度的提升,但以后的发展和目标定位值得人们严肃思考和认真对待。

1. 对英语语言文学专业学科定位的思考

在我国,英语语言文学是外国语言文学一级学科下的二级学科,它具有名正言顺的、合法的学科地位。尽管如此,回顾英语教育的发展,不难发现长期以来,英语在人们的潜意识中只是一种工具。到目前为止,各种现象表明,英语教育的发展实质上是英语"工具性"的充分体现和具体物化。

(1) 对工具的需求:在我国,随着改革开放的深化,对外交流的范围和层面不断扩大,社会发展和经济建设对英语的需求也呈上升趋势。如近年来外语专业在众多的院校中骤增,这在很大程度上说明对外语这一工具的需求之大。

(2) 对工具的加载:复合型外语人才(其他非通用语种+英语;一些

热门专业+英语)的培养,就是英语工具性的一种直接体现。英语应用型人才的培养模式,一方面是就业压力使然,另一方面则是新专业的发展,但就其本质,则是英语作为一种工具被加载在其他专业知识中去。

(3) 对工具使用能力的量度:近年来,社会对英语人才的需求在不断变化,从对知识的掌握到能力的应用,从复合型专业到多语种人才和应用型翻译型人才的需求,以及人们对各种英语考试证书如口译证书的热衷等,其实都是对英语这一工具使用能力的具体量度。

(4) 各英语院系也一直充当着"孵化器":一些外语类院校的复合型专业教师大都具有英语专业背景,所直接孵化的有"商务英语学院""翻译学院""文化交流学院""高翻学院"等。英语语言文学专业作为"孵化器"为培养我国经济建设所需要的外语人才作出了很大的贡献。但不可否认的是,这些其实在很大程度上是对外语人才的进一步精细化分工,以满足社会对不同类型和层次的英语人才的需求。

在不断孵化相关专业的同时,英语语言文学的学科定位又应如何呢?英语语言文学专业培养什么样的人才?如何使自己区别于其他的相关专业呢?这是越来越多的人在思考和正视的问题。近两年的讨论主要集中在通识型人才的培养,如胡文仲、孙有中的建议:"我们认为,我国英语专业应该回归人文学科本位,致力于重点培养人文通识型或通用型英语人才,在条件具备的情况下兼顾复合型人才的培养。正是基于人文通识教育的理念,北京外国语大学英语学院将自己的本科培养目标定位为:'培养具有扎实的英语语言文学专业基础、宽广的人文社科知识和出色的学习、思辨、创造、合作与领导能力的国际型、通识型精英人才。'"①

---

① 胡文仲、孙有中:《突出学科特点,加强人文教育:试论当前英语专业教学改革》,《外语教学与研究》,2006 年第 5 期。

胡文仲教授提出的培养人文通识型英语人才与复合型人才并不矛盾。随着英语语言文学专业在社会上自然地与其他的功能分离，通识型外语人才教育是一种理想，可以满足社会发展对人文素养的需求。

那么通识型外语人才与复合型外语人才有何不同呢？"所谓通用型英语人才是指英语技能熟练全面、人文素养深厚、知识面宽广、具备批判性思维和创新能力、具有社会责任感、能够较快适应各种工作的专业人才。学生入学水平比较高、师资条件比较好的院校还可以考虑培养精英型的英语专业人才，为国家输送高质量的翻译、外交、外事和跨文化交流人才以及高质量的研究生生源。"[1]那么通识型人才在某种意义上就是具有人文知识的高级的复合型人才，它所强调的是人文素养，是技能、素养、知识和能力全面发展的高级应用型人才，是社会的精英。同时，不同档次的学校可以有不同定位。

那么复合型外语人才的定义如何？2000年颁布的《大纲》对英语专业的培养目标作出明确规定："高等学校英语专业培养具有扎实的英语语言基础和广博的文化知识并能熟练地运用英语在外事、教育、经贸、文化、科技、军事等部门从事翻译、教学、管理、研究等工作的复合型英语人才。"因此，《大纲》规定的课程主要有三个模块：英语专业技能课程、英语专业知识课程和相关专业知识课程。专业技能课是指基础英语以及训练听、说、写、读、译各种能力的课程，占有很大的比重；专业知识课包括英语语言、文学、文化方面的课程；相关专业课指的是学校可根据现有的条件和资源开设有关外交、经贸、法律、管理、新闻、教育、科技、文化、军事等方面的专业知识课程。

---

[1] 胡文仲，孙有中：《突出学科特点，加强人文教育：试论当前英语专业教学改革》，《外语教学与研究》，2006年第5期。

如果仔细审读和对比两种模式的培养目标，不难发现复合型人才培养中也提到基本功扎实、广博的文化知识、运用英语进行各种工作的能力。似乎通识型人才对专业知识要求高些，更多强调了创新能力。

那么这两者在实际教学中如何实现各自的培养目标呢？复合型人才培养的大纲在实践中已有一定的积累，人们不难发现，上述三个板块的课程在实施中还存在一些问题，如各种技能课的训练只注重较为单一的技能；专业知识课在实际的外语教学中比重有待调整，专业技能课的课时比重较大；相关专业课就其比重和课时量而言，很难有所突破或实现，开设相关专业课的愿望是美好的，但在实际的操作中往往会和专业知识课和专业技能课课时冲突。此外，《大纲》提到了"五大能力"的培养，但未作详述。

通识型人才的课程，是这样描述的："……就是要把《大纲》所规定的培养目标——'扎实的英语语言基础和广博的文化知识'——真正落到实处。体现在课程建设上，就是要优先建设好《大纲》所规定的英语专业技能课程(基础英语以及训练听、说、写、读、译各种能力的课程)和英语专业知识课程(英语语言、文学、文化方面的课程)。"①

此外，他们建议在增强国内英语专业，如确立英美文学、语言学和英语国家研究(包括跨文化研究)的学科主导地位的同时，积极向人文学科的相关领域拓展。英语专业应该逐步建设用英语讲授的一系列有质量的人文通识课程，还可以用中文或英文开设中华文化史、中华文明经典导读、中国艺术赏析、中国古典文学等课程。这些建议将复合型人才培养大纲的前两个模块落到了实处，尤其是增加中文文学艺术鉴赏的课程，有利

---

① 胡文仲、孙有中：《突出学科特点，加强人文教育：试论当前英语专业教学改革》，《外语教学与研究》，2006年第5期。

于传承我国优秀的传统和文化。在能力的培养方面,没有提到细节。

这样的定位有助于将英语语言文学专业区别开来,但是学生将来的就业如何,这同样是一个不可逃避、必须面对的问题。

2. 对英语专业本科教学内容和管理的思考与分析

在上述的对比中,我们已了解目前国内复合型外语人才培养模式的具体操作。就其教学内容来看,是较为完美的组合,但在实践中,是较难实施的。这不仅要求基础技能课教学课时和质量要有保证,而且对学校现有的教学资源和师资力量也提出较高要求。此外,最大的问题可能还来自学生的配合,学生是否有条件、有愿望、有时间学习大纲中列举的相关专业知识。最近一项对英语专业大三学生选修课情况的调查中发现,为了面对大四的毕业分配,他们除了要通过一些专业考试外,还必须参加其他的各种证书考试,并选修一些其他专业的核心课程,如会计学等,这样有助于以后找到好工作。但由于缺乏一定的基础知识,这些副修课的学习难度很大。此外,还要尽可能参加一些志愿者活动和社会实践,为他们的履历添上光彩的一笔。这样学生实际上是辗转于许多科目的学习,忙于记笔记、背笔记,考个好成绩,以让毕业时成绩绩点高一些。大学生在校期间很少整本阅读一些课外书,这已是公开的事实。

不难看出这些学生实际上在作双重复合:一方面是学校按照大纲要求在进行复合,另一方面是英语专业的学生按照自己的意愿,通过学院、学校甚至是跨校选修课和副修课的形式进行英语+其他课程的复合。但是这些复合,特别是学生自己的选择有多少科学性?对他们自己以后人生发展有何帮助?这都有待于进一步考证。

现在的教学管理亟待加强。首先,日常的教学管理不够严格、规范。对现有的每门课程的教学大纲的具体执行情况、对学生出勤状况、对学生的作业和考试等要求,严格地说,都还有一些不规范和不到位之处,这是在许多大学本科教学评估和专业评估中都发现的问题,也是目前我国高校教学管理中普遍存在的问题。这些累积在一起,导致了一个较为严重的结果:随着本科毕业生就业压力的增加,对即将毕业的学生要求和管理更松懈,一时间,似乎"就业"大于一切。四年的本科教学几乎就变成了三年半,学生在大四的课时很少,一切似乎都要让位于就业,于是"参加面试"就成了冠冕堂皇的缺课理由。毕业论文也成了各高校的头痛事:指导老师找不到学生,学生论文抄袭严重。而毕业论文恰好是学生在大学期间知识积累、独立思考和分析能力的一个较为集中的表现,是一种重要的启发学生进行独创尝试的机会。它不仅要求学生熟悉相关的学术规范,进行较为严谨的研究尝试,而且要求学生能独立地对一些问题进行深入的批判分析。就业压力不仅导致毕业生论文质量下降,而且极不利于对学生分析问题和解决问题能力的培养,不利于对学生创新能力的培养。这种现象对本科教学所带来的负面影响应引起我们的高度关注,并尽快解决。

3. 对我国英语专业本科教学理念和培养目标的再思考

面对上述现象,我们不禁反问:在现代科学技术发展迅猛、经济活动全球化、社会上各种竞争日趋激烈的情况下,我国英语专业本科教学的理念是什么?是培养知识型的人才还是培养应用型的人才,是注重能力还是注重知识,是培养广博的通识型人才还是培养具有一定专业知识积累的人才,是培养具有创新思维和能力的外语人才还是培养掌握各种基本语言技能的人才?

笔者认为理想的外语人才应具备专业知识、语言基本技能、学科素养和批判能力等四方面的才能。专业知识和英语基本技能这些是必不可少的,现有的教学大纲已对此作了明确的规定,但学科素养的提升和批判能力的培养似乎还没有得到应有的重视。

学科素养，就如同一个人的修养能反映出他的学识和思想面貌，能反映出一个人所具有的某学科的基本知识和积累，能够反映出他有没有受到良好基本技能、知识、思考方式和能力的训练，这将影响到他以后的职业发展和职业操守，并对他们以后的工作态度和敬业精神有很大的帮助。学科素养的提高，不是一时的事，也不是通过几本书或几门课程能够提高的，这是通过与每位教师的接触，通过学校的正确引导，通过深深感受大学的精神才能培养出来的。这正好是目前大学所缺少的一种积极向上的追求。大学是靠名师支撑的，学生所学的不仅是知识和技能，更多的是在教师的引导和熏陶下培养一些必备的学科素养和对事物的批判能力。

学生批判能力的培养是近年来我国教育界的时尚话题，不过人们常常使用的是另一个词——"创新能力的培养"。创新能力实际上是一种批判能力，是一种较为独立的客观分析和评判问题的能力。在英语学习中，我们不是全盘地吸收西方文化，而是帮助学生通晓英语语言与文化，让他们能够灵活运用所学的英语技能和知识，这样才有利于积极独立地进行判断，有益于以后在实际学习和工作中推陈出新。这种能力是至为重要、关键的。只有具备了这样的能力，他们才能在不同的工作岗位上积极发挥自己的才能。

4. 对英语本科专业教学模式和评估体系的思考

基于以上陈述，笔者认为有必要改变现行的教学方法和模式。

首先，我们赞同将技能课与人文知识课结合起来的建议。目前的基本技能的培训形式过于单一，没有将不同的技能进行有机组合。如果将某种人文知识课加载到技能课的培训中，将会增加技能课的知识性，同时也有助于人文素养和知识的积累，这在理论上与新出现的"基于内容的教学法"不谋而合。不过，这并不是意味着选择某一特定的教学法，我们鼓励教师根据实际需要不断地变换教学法，积极促进教师与学生之间的互动,采用启发式教学,重视学生实践能力和语言应用能力的培养。

尽管《大纲》明确指出三种类型课程的比重,但突出的问题是对实践的重视不够,不利于将基本技能的训练和提高落到实处。另外,在课堂教学中,教师的"一言堂"现象较普遍,教师与学生课堂上的互动形式和质量均有待进一步改善。在教学手段上,课内外的学习资源较为有限,没有充分进行挖掘和利用。在教学重点的安排上,对知识点的讲授重于对学生能力的培养;不仅对学生独立思考能力和创新能力的重视不够,对学生自主学习能力的培养也不够重视,这极不利于激发学生的学习热情,不利于激发他们的创造性。因此,在学习中背诵多、使用少、产出少、练习有限等在某种程度上成了大部分学生"眼高手低"的主要原因。同时这也是造成学生学习效率低下的一个成因。如同"拳不离手,曲不离口"的道理一样,学生的自学能力和评判能力、创新能力是在实践中获得的,不是简单地记忆和理解,而是在更为直接的理解、实践、再理解、再实践和提高的循环中实现的。在此方面,我们有必要借鉴国外大学的教学模式,打破传统的填鸭式的知识灌输,改变现有的考评形式,增加实践课的比重和每门课中学生练习操练的比重,在真正意义上让学生成为学习的主体,确保将学生能力的提高落到实处。

5. 对一些问题的深层思考

基于上述分析,合格的英语师资队伍是我国英语本科教育发展的关键,无论是在教学目标的确立、具体的教学实践还是在教学管理中,目前都缺乏具有一定专业素养和较高业务水平的教师队伍。

创造良好的教学环境不仅要注重校园硬件建设,更要注重软件建设。前者指的是校园、校舍、图书信息资源、教学设施等,这些随着经济的发展,都可以轻松实现。难以实现的软件建设,是大师、名师的多寡,是教师敬业奉献的精神,是有无鼓励教师全心全意投入教学的机制,是有无运行良好的师资培训制度或老教师传帮带的做法,有无健康的教师晋升体系,能否真正地将教学科研结合起来,使学科建设和发展的平台真正地服务于教学……这些远远不是金钱所能解决的,这是一种大学精神的建设,是凌驾于物质利益之上的职业操守的建设。

因此,为了更好地摆正学科发展和英语专业本科教学的定位,另一个亟待解决的主要矛盾就是:学科定位与学生的社会就业状况,是培养目前市场紧缺的英语人才,还是树立长期的质量品牌?如前所述,英语专业评估的一项指标就是以大学生的就业状况来衡量教学效果。如何改变现状,既迎合市场需求,又培养出具有学科素养和批判能力的英语语言文学本科专业学生,是目前改革成败的关键。如何取舍,决定着我们所培养人才的质量与品格,决定着学生以后的发展,同时也在很大意义上决定着我们国家今后的发展。

我们认为,如同商品的开发一样,质量第一,质量是生命线,我们应该将学生知识、能力和素养的培养放在第一位。大学阶段注重的应该是基本技能素养和批判能力的培养,这是学生以后人生和职业发展的基石,在此阶段,质量是至关重要的。

四、建议与对策

以上是对我国英语专业本科教学的一些思考。要解决上述的一些具体问题,不能脱离实际,急功近利,急于求成。我们必须尊重科学的教学规律,注重现阶段的发展特点,科学地、有针对性地、灵活地对一些问题进行调整和修正。首先,我们生活在物质社会中,无法一下子摆脱物质和功利的影响,也不能完全忽视社会对外语人才的需求,我们不应被眼前的功利和目标所影响,要设立具有长远发展、内容科学、高品位、有特色的教学定位,这样才能将教学立于不败之地,才能谋求长期的发展。我们仍要兼顾不同类型外语人才的培养,而且要高标准、严要求地培养各类外语人才。

我们建议在本科教学中对现有课程进行梳理,进一步优化课程结构,改进授课方式,提高教学成效,在教学中处理好语言技能训练和思维能力、创新能力培养的关系。在教学实践中,将技能课与人文知识课结合起来,采用启发式教学,改进教师与学生互动的形式与质量,加大学生自主学习能力培养的力度;加大学生操练和实践的比重,注重基本技能和综合技能的操练和提高。严把教学质量关,加强日常的教学管理和对教学各环节的质量监控,改变现有的课程评估模式,增加学生动手实践的比重,使学生成为真正意义上的学习主体。此外,完善和改进教师进修和培训体系,不能一味向就业压力妥协,培养优质的外语人才才是应对就业的根本。

特别值得大家重视的是,英语专业本科教学改革,特别是加强学生的人文与学科素养的教育和加强学生的批判能力的培养都不是孤立的大学本科教育的任务,这些与上级教学主管部门,与中学教学和社会对英语人才的需求、舆论的引导、优秀的师资、教师的待遇和对教学的投入等均息息相关。

建议新一届的外语专业教学指导委员会在全国分片建立师资培训基地,切实将师资队伍的建设和发展落到实处,同时设立英语专业精品课程建设的项目,并对英语教学中存在问题进行立项研究,动员各校教师积极参与,共同探讨,群策群力,共同为我国英语教育事业作贡献。

本科教学评估与英语专业教学评估刍议[①]

三年前，我应张后尘先生之约，谈了一些有关英语专业教学评估的背景和一些情况。之前和之后，国内的许多院校还陆续进行了本科教学评估，因此普通高校和一些外语类院校除了接受教育部本科教学评估外还接受了英语专业教学评估。我参加了一些院校的本科教学评估和英语专业的教学评估，感想很多，认识很深，现整理出一些思绪，与诸位关心我国外语专业和英语专业教学的同仁分享，谈谈这两项评估对我国英语教学的意义和影响。

一、本科专业教学评估的背景

我国的高等教育自改革开放以来取得了巨大的成绩，"发展实现了历史性跨越，改革取得了很大的进展"。面临着我国经济在新时期特别是进入 21 世纪后的发展需求，我国的高等教育同样面临着新的挑战和机遇。教育部曾批示："……必须坚持科学发展观，实现高等教育工作重心的转移，在规模持续发展的同时，把提高质量放在更加突出的位置。"我国的普通高等学校本科教学评估工作就是在这样的背景下开始的。该评估以

[①] 原载《中国外语》，2008 年第 3 期，合作者张雪梅。

《中华人民共和国高等教育法》为依据,以"以评促改,以评促建,以评促管,评建结合,重在建设"为原则,旨在进一步加强国家对高等学校教学工作的宏观管理和指导,促使各级教育主管部门重视和支持高等教学工作,促进学校自觉地贯彻执行国家的教育方针,按照教育规律进一步明确办学指导思想,改善办学条件,加强教学基本建设,强化教学管理,深化教学改革,全面提高教学质量和办学效益。教育部于2004年8月12日颁布了《普通高等学校本科教学工作水平评估方案》(试行),该评估体系共有7项一级指标和19项二级指标。

本科教学评估自2004年起至今,率先从我国的"211院校"开始,计划在今年6月份完成对我国600多所普通高校的评估工作。

二、 英语专业教学评估的背景

高等学校外语专业,特别是英语专业,作为我国高等教育的一部分,自改革开放以来得到蓬勃发展。伴随着我国高等院校的调整与合并、新学校的创立,设有英语专业的院校这几年增加很快,英语专业的教学规模得到很大的扩展。以参加英语专业四、八级考试的人数为例,2007年的考生接近45万人,其中参加八级考试的有18万人左右。

随着英语专业的规模不断扩大,英语专业教学面临许多新情况和新问题。特别是随着近年来持续不衰的英语风和英语热,部分院校在对英语专业课程设置不清楚、师资不足等办学条件有限的情况下,英语专业仓促上马。有些院校因连年扩招导致师资匮乏、教材陈旧、教学设施老化、教学质量徘徊不前。这些问题不同程度地存在,都不利于英语教学质量的提高和英语教学改革的深化。因此,如何在扩大规模的同时,遵循英语教学的科学发展观,确保英语专业的教学质量,这一矛盾变得日益突出,解决这一问题的重要性日益突显。对此,我们必须遵循英语专业和外语专业学科的特点和学科发展规律,在解决英语教学各环节中所存在问题的同时,增强宏观管理和质量监控。因此,对英语专业本科教学的各环节进行有效的评估,以评促建,这有助于诊断英语专业本科教学中现存的问题,并逐一改正,从整体上科学地调控我国高等院校外语专业的发展和教学质量。

为了彻底贯彻教育部的精神,"加强高等院校的教学工作评估,完善教学质量保障体系",将教学质量落实到教学各环节的具体工作中,受教育部高等教育司委托,高等院校外语专业教学指导委员会开始了高等院校外语专业本科教学评估的准备工作。高校外语专业教学评估率先从英语专业的教学评估开始,于2004年开始进行试评估,并在此基础上,进一步完善了评估方案,于2006年正式开始实施。计划在评估方案成熟后,逐渐扩展到其他语种。

至今,已对近60所院校的英语专业进行了评估。

自2004年开始,一些院校已经历了两次评估。如上海外国语大学在2004年接受了本科教学评估,2005年还进行了法律专业的专业教学评估,2006年进行了英语专业教学评估。

三、两个评估方案的比较

本科教学评估的专家组一般都会有一名英语教授,除负责正常的教学评估工作外,还要考核该校学生的英语技能。本科教学评估中对英语教学的重视可见一斑。本科教学评估与英语专业教学评估有何不同呢?两者对英语教学的影响和意义是否也不同呢?以下拟从两个评估体系的标准进行对比以说明不同。

由前面的介绍可以清楚地看出本科教学评估与专业评估的背景和目的各不相同,因此,两个评估有不同的评估指标体系或方案。普通高等学校本科教学工作水平评估指标体系有7项一级指标和19项二级指标,其中每项二级指标下又有不同的指标和权重。英语专业教学评估指标体系有5项一级指标和20项二级指标。本科评估涵盖了办学指导思想、师资队伍、教学条件与利用、专业建设与教学改革、教学管理、学风、教学效果，而专业评估的5项指标分别为学科规划、师资队伍、教学资源、教学内容与管理和教学效果，均与教学紧密相连，是专业教学各环节的具体细化和表现。由此可见，本科教学评估针对办学的硬件和软件条件进行全面的考核，而专业教学评估更注重对专业的学科内涵发展、教学管理的各环节和教学质量监控的手段和举措进行评估。

相比之下，专业教学评估中的二级指标比本科教学评估中的二级指标精细，更注重对专业定位、专业内涵教育和教学质量方面的考核。以下对两个指标体系进行简要对比分析。

在本科教学评估中，办学指导思想分为学校定位和办学思路；而在专业教学评估中，学科规划分解成学科定位、专业建设特色和发展目标三项，旨在检查办学单位有无具体明确的学科发展规划和特色定位。这是对学校宏观发展策略和规划与具体的专业发展规划的不同层面的具体表现。

在本科评估中，师资队伍分师资队伍数量与结构、主讲教师两个分指标，其中每项又可具体分为不同的指标，旨在检查整体的师生比、师资队伍结构、教师的学历和职称结构、合格教师上岗授课情况。而在专业教学评估中，师资队伍主要检查：(1) 教师的基本情况，如教师的数量、年龄、学位、职称、在校或国外学习和工作的经历；(2) 整体教师结构，如专业教师的配备和梯队建设；(3) 专任教师的教学和科研能力，如专任教师开课的能力、近三年发表的学术论文和出版的学术专著、近三年承担的科研项目和获奖情况；(4) 教师参与教学改革的情况，如教师是否进行教学研讨、参与校级教改项目的比例等。相比之下，专业评估中的不同指标更加立体地反映出教师的业务水平与学术素养。

两个评估中有关教学资源的指标略微相同,不同的是本科教学是对整所大学资源的考查。专业评估中的教学资源可细化为教学基础设施、图书资源、网络资源和国际、国内学术交流的情况。其中教学基础设施一项遵照教育部相关文件,对教学面积、语言实验室面积和多媒体教室等均做出具体明确的量化要求。这一项与本科教学评估相同,但不同的是更加倾向于英语专业教学的需求。

在教学管理方面,本科评估和专业评估具有不同的目的和对象,专业教学评估中教学内容与管理更加具体和深入。考查现有课程的教学计划:有无完整的专业教学总体计划和课程大纲,每门课程的教学目标、教学内容、教学要求、教材、教法、考核方式和有关参考书目的规定是否明确。考查专业的课程建设:有无明确的教学内容与课程体系的改革方案;课程设置是否符合专业教学大纲的要求;教材的选用情况是否科学合理;是否注意教学方法和教学手段的改革以及成效;高级职称教师是否给本科生开课。考查与课程相关的课外活动:是否有多样化的课外活动,是否有助于学生语言基本功的提高。考查这些课程的质量控制:有无健全的教学规章制度和相应的执行情况;对教学各环节如教案编写、作业批改、考试命题和试卷批阅等的监控是否得当,教学质量保证和监控体系是否健全;教学评估与检查方面是否有一些具体措施。本科评估和专业评估对教学各环节的具体情况的检查大致相同,但在专业教学评估中,专家组的成员均由同一专业的专家组成,可以相对较为集中、深入地检查专业教学主干课程的教学情况。

在教学质量这个环节,本科教学评估由于专业覆盖面较广,通常只测试学生的计算机技能和英语技能。而在专业教学评估中,教学效果主要查看:(1)学生的听、说、读、写、译的能力和基本功是否达到教学大纲的要求;(2)学生对外语专业知识的掌握是否宽泛;(3)学生的创新能力特别是学生参加相关赛事的情况和独立撰写的毕业论文的质量;(4) 学生的综合素质(其中包括学生的思想道德修养和心理素质;与本专业相关的知识面,是否了解相关学科的知识,特别是一些复合型专业;与本专业相关的社会实践活动;学生近三年的就业率及用人单位对毕业生的评价)。

通过上述分析与对比,可以清楚地看出英语专业教学评估是依托国家的本科教学评估指标,结合英语专业的教学大纲,综合检查英语专业的办学思想、学科发展和规划、教学质量与管理和教学效果。

与本科教学评估不同的是,专业教学评估中学风没有专门成项,也没设立特色项目。在本科教学评估中,特色项目指在长期办学过程中积淀形成的、本校特有的、优于其他学校的独特风貌。特色可体现在不同方面,如办学方略、观念、思路;教学管理制度、运行机制;教育模式、人才培养特点;课程体系、教学方法以及解决教学改革中的重点问题等。这项指标没有明确的二级指标,在专业教学评估中没有得到体现,使得一些院校的英语专业的特色没有得到彰显。

四、两项评估的实施与发现的问题

自 2003 年起至 2008 年 6 月,已对 600 所院校进行了本科教学评估,基本覆盖了不同类型本科高校。据最新消息,本科教学评估将暂时告一段落,专业教学评估除英语专业外都将暂停。

两项评估的实施有力地推动了我国高等教育的发展。这些评估在很大意义上切实促进了我国高等教育的规范化;树立了积极的办学理念——坚持党和国家的教育方针,牢固确立人才培养是高等学校的根本任务;明确了质量是高等学校的生命线,并将质量管理与监控的理念引入教学的各环节;牢固确立了优质教学在高等学校各项工作中的中心地位。因此,评估的意义是积极的、功不可没的。

然而在这些评估中也发现了一些问题,这些问题将是我们深化改革和提高过程中需要克服的困难和亟待解决的问题。主要有以下几个方面的问题，其中一些问题在专业评估中表现得更加明显。

（1）学生的英语语言技能有待进一步加强，基本功不过硬，技能训练的方法有待进一步改进。如近年来的英语专业四、八级考试的通过率在不同院校之间差异很大：有些院校考生能全部通过四级考试，90%以上学生能通过八级考试，而有些院校四、八级考试参加人数很多，通过率却很低，八级比四级更低。最令人担忧的是部分师范类院校，学生通过率很低——他们毕业后如何胜任教学工作？希望各位教师在英语教学改革中谨记基本功的重要性。掌握和提高基本技能是教学的根本，不能忽视学生基本技能的培养，必须重视基础课教学。

（2）另一突出问题是英语专业课程设置。大多数院校能够按照《高等学校英语专业教学大纲》（以下简称《大纲》）的要求排课，但主要以英语技能课为主，教学方法和教学手段都需进一步改进和提升。部分院校的专业课和选修课科目较少，这样学生的知识结构包括英语专业知识结构相对有限，培养出来的学生与《大纲》规定的有一定的差距，更不要提精英式的具有人文素养的复合型外语人才。目前许多英语院校（系）正在积极地进行这方面的尝试。今年外语专业教学指导委员也将按教育部要求努力制定新的外语人才培养规格和专业设置标准。

（3）英语教学方法的科学性和多样化以及课堂教学质量有待提高。这在专业教学评估中表现得尤为突出，因为在专业评估中专家相对集中，他们深入地听了不同课型的课程和不同教师的授课。以英语专业评估为例，课堂上师生互动、有效的提问、教师对课堂活动的掌控能力等在很多院校都是较为集中和突出的问题。课上师生互动和交际不强，教学方法和教学手段均需更新。

（4）在本科教学评估和专业评估中，均发现高校英语师资队伍建设有待加强,教师的业务素养有待于进一步提高,尤其是中青年骨干教师。我国高校有大量的年轻教师,某些学科甚至不同程度上出现了中年教师断层。同时,许多学校面临转型,即从教学型转向科研教学型或教学科研型,这对教师的科研能力提出了更高的要求。制订职称评审要求和各种奖励制度尤应慎重,以适当地把握教学和科研之间的平衡,鼓励教师切实将教学的重心落到实处,正确处理教学与科研的关系。

(5) 教学管理须全面提升,严格监控。如何将日常教学管理的各环节做到位,而不是应急式的补救工作;如何做好纪律考勤,实行何种奖惩制度调动学生的学习积极性,确保学生的基本技能和专业素养达到专业教学大纲的要求,培养优质的(合格的)有责任心和创新能力的大学生;如何把关才能培养真正合格的学生,这些如同产品的质检控制,值得认真对待。

(6) 另一突出问题是如何解决教学、就业和特色三者之间的矛盾,因为这已经对教学造成了一定的影响。这一问题与上述问题有一定的关联。如教学是否应对学生的实习和找工作让步,是否减少课时或减少学分,如何操作?如何既能确保学生的质量又能保留和发扬学校的特色教育?减少学时和学分,甚至降低毕业论文的撰写标准和质量,这显然对学生的能力培养不利。那么学生在大学三年期间应该学习什么,他们的学习如何调整?这些看似是难以调和的矛盾,却是我们改革和提升本科教学质量不可回避的必须解决的问题。这一问题需要深入调研,不少院校都在努力解决这个矛盾。

(7) 最后,还有一个值得人们注意的问题:如何解决大学生的德育教育?如何解决学生中的"轻学重效"?这直接影响到学风的好坏,英语专业的学生也不例外。

上述问题在不同程度上存在于各类院校,有些问题在本科教学评估中表现得较为明显,有些在专业教学评估中表现尤为显著。这些在不同程度上表明,我国的高等教育尚属上升和提高阶段。经过这次评估,我们充分认识到现存的问题,认识到教育质量提高过程中的瓶颈,并着力解决这些问题。

五、 对两项教学评估意义的反思

首先,这两种评估都是积极的,其意义和作用不容否定。近些年来,我国高等教育发展经历了历史性的飞跃,在人数和规模上已成为高教大国,但其整体质量、内涵、特色及以后的发展定位和规划,这些都需要认真地规划、调整、监控,需要教育部门的宏观掌控和管理。这是中华人民共和国成立以来第一次大规模地对高校的考核,评估指标体系不仅是第一个较为全面系统的考核体系,而且也规定了办学的各项具体指标。这对我国的高等教育发展的整体规划有益,对今后办学的规范化和教学质量的监控有益。

此外,本着"以评促改,以评促建,以评促管,评建结合,重在建设"的原则,各种不同类型的院校在迎评准备时得到了各级政府部门的重视,并获得一定的财政支持,使得各受评院校的硬件条件如教学楼、教学设备、教学资源(如图书资料等)得到极大的改善。同时,一些软件的教学指标,如师生比、教师结构特别是教师的学历和职称、教师的科研能力的体现等,促使一些院校重视专业内涵发展,引进人才;对教学各环节的要求促使教师改进教学方法、改进课堂教学,强调教师对教学的投入;对教学管理各环节的具体要求促使教务人员将教学管理各环节的工作做细做实。尽管在迎评时许多院校的老师补做一些材料,但这些要求都不同程度地向教师、教学管理人员和学生灌输了"质量"的概念。同时,这也是一种积极的凝聚力工程。

然而,理想与现实之间存在一些冲突,对这次评估也不是没有异议的。首先,由于准备迎评的工作量大,特别是因过去教学管理不到位所招致的大量补救工作,需要教师和学生全面配合,学校领导高度重视,这可能会给日常教学带来额外的工作,可能引起部分教师和学生的质疑。此外,由于这些评估的结果将与受评学校今后的地位及以后的财政拨款相关,具有一定的功利性,因此个别院校将精力放在公关上,而没有全心地投入教学,使得个别评估指标的得分公正性受到质疑。尽管在本科教学评估后有"回头看",但在评估结束大局已定的情况下,个别院校的教学和管理可能会一切回归原样。

值得注意的是,两个指标体系尽可能地兼顾了教学的各方面,而对不同学校的特色或教学特色的体现不够。尽管本科评估的方案提及特色项目,但没有明确说明其具体比重和作用,较为模糊,故引发了一些对我国高等教育的深层次的讨论。有人大代表提出一些质疑,比如"教学同质化,教育质量低"的问题。一些学校为了"升格",只有设法增加教授和专业的数量,在没有充分考虑市场需求的情况下开设新专业,因为似乎"只有综合性、研究性大学才是一流大学,专业化、有特色反而不入流了"。高校追求大而全,几乎所有的高校都开设法律、管理、计算机等学科,学科建设"趋同",一方面重复建设造成巨大的资源浪费,另一方面学科水平得不到保证。大学出现了"千校一面",与评估标准的单一性有直接的关系。这与多元化的教育理念和客观现实不吻合。如在实践中,各类高校被要求以相同标准来评价教学质量,以绝对数值来评价办学质量和效益,这显然对一些高校已形成的特色不利。例如在外语院校中,外交学院、解放军外国语学院和大连外国语学院办学特色各不相同,但在评估中没有得到完全的体现。

其次,谈谈对现有的一些评估指标的思考。教学评估是加强高校教学工作宏观管理、提高教育质量和办学效益的重要措施,现有指标的制订原是出于对各教学环节的监控,但在实际操作中,某些指标的检查变成了一种结果性的检查,对教学的过程重视不够。尽管在权重上对能体现教学过程的指标有所倾斜,但在实践中并没有全部落到实处。因此,这些检查多是结果性而不是过程性的检查,这就使得某些评估指标在操作中偏离了其原来的航道。另外,现有评估体系没有充分考虑到评估的后续性,尽管有回头看,但这对评估结果没有很大的影响。

最后,这两个评估指标体系在教师对教学的投入和敬业程度一项上还有待加强。尽管现有的指标已对师资有一定的量化标准,如学校重点学科的规模、学科点、学位点特别是博士点的多少、教授和副教授的比例等,但这并不能保证这些完全服务于教学。相反,由于对科研的偏重,更加可能导致教师专心科研,不专心授课。大学顾名思义是传授"大"学问的地方。"大学是研究学问、传承文明、探求真理的地方。"[①]梅贻琇先生在1931年11月就任清华大学校长时曾说,"办大学应有两种目的:一是研究学术,二是造就人才。……一个大学之所以为大学,全在于有没有好教授。"他这样评论教授的作用:"凡一校精神所在,不仅仅在建筑设备方面之增加,而实在教授之得人。……吾认为教授责任不尽在指导学生如何读书,如何研究学问。凡能领学生做学问的教授,必能指导学生如何做人,因为求学与做人是两相关联的。凡能真诚努力做学问的,他们做人亦必不取巧,不偷懒,不作伪,故其学问事业终有成就。"故桂苓和刘琅这样感叹:"有一流的教授、大师,才会培养出一流的人才;有一流的大师,才会有一流的学术成果。教授,确是一所大学的灵魂。"[②]归结到有关教师的评

[①] 桂苓、刘琅:《大学的理念与大学精神》,载桂苓、刘琅主编:《大学的精神》,中国友谊出版公司,2004年,第10页。
[②] 桂苓、刘琅:《大学的理念与大学精神》,载桂苓、刘琅主编:《大学的精神》,中国友谊出版公司,2004年,第14页。

估指标，大师不是单纯的科研成果的堆砌，而是他们对知识的孜孜以求和严谨科学的治学态度，是他们对生活的乐观积极和对工作的认真负责。他们是学生求学做人的向导，是言传身教的楷模。如果两个评估体系能在此方面有较为合理深入的体现，不仅对提高日常教学有很大的帮助，而且对引导大学的发展也极为有益。

六、结语与建议

综上所述，本科教学评估所带来的影响是积极的，对高等院校的教学环境和资源建设的作用是巨大的。这次评估重在建设，起到了促改、促建、促管和评建结合的效用，就这个意义而言，这次评估是成功的。参评院校的校园建设、教学设备和资源的建设都得到了极大的改进，特别是一些办学条件差、起点低或新成立的院校在这次评估中得到很大的支持和发展。此外，教学质量的概念深入到教学的各环节。对大学的宏观考核和对英语专业内涵和特色的评估对提升这些学校的整体实力和学科定位与内涵都是大大有益的。

教学评估究其根本，无论本科教学还是英语专业教学，为的是更好提高教学质量。因此，在办学中必须摆脱功利思想。每所学校在制定自己的发展和定位时，须实事求是、客观地尊重当地经济、文化、生源和专业的社会需求，结合自身的文化积淀、师资力量和特长、特点优势和社会声誉，在各自的层次和类型中争创第一。我们倡导多元化理念，教育体系在于提供完善的教学条件，明确的教学目标和学科定位，提供优质的以学生为本的教学服务，宽松的成才条件，这样才有利于人才的培养，有利于学生创造力的培养。这是优质教育的保证。故在教学评估中，要充分考虑到这些事实，制订较为详细、操作性强的评估方案和指标，才有利于将不同的教学侧面系统化和数量化。

同时，教学评估在实践中也得到发展。基于上述对评估的讨论，我们建议教学评估不一定是大而全，可以灵活多样。可以有专家直接见面的评估，也可以有不直接见面的评估；可以事前通知，也可以不事先通知；或者采取任意两种甚至是更多种形式的结合。比如，可以借鉴国外的做法，实行内部评估和外部评估。对评估指标体系中的某些指标进一步深入细化，将会更有利于教学的开展和教学质量的监控。除了突击性检查，可以建立常规的评估机制，使质量控制的概念深入到日常教学，落实到教学管理的各细节，而不是应时的检查和考评。我们建议评估结果尽可能不带有很重的功利性，只有摆脱了功利，才可能在评估中力争做到全面、客观、公正、无私、杜绝弄虚作假。对粉饰太平、以假乱真者，一经查明，即予以相应的惩处。

我国的高等院校数量大，如何进行公正、科学、有效、快捷的评估是一个重大的课题，值得我们深思。这是我国高等教育进一步发展、特别是质量控制发展的一个不可回避、值得我们认真思考和对待的问题。

搭建高水准教改交流平台，推动外语教师教育与发展[①]

由教育部高等学校外语专业教学指导委员会、教育部高等学校大学外语教学指导委员会和上海外语教育出版社共同主办的首届"外教社杯"全国大学英语教学大赛胜利落幕了。作为迄今为止规模最大、级别最高、影响范围最广的国家级英语教学竞赛，其成功举办具有深远意义，主要体现在以下几方面。

一、切实贯彻《国家中长期教育改革和发展规划纲要（2010—2020年）》，进一步推动大学英语教学改革

《国家中长期教育改革和发展规划纲要（2010—2020年）》（以下简称《纲要》）第十七章指出，教育大计，教师为本。有好的教师，才有好的教育。要严格教师资质，提升教师素质，努力造就一支师德高尚、业务精湛、结构合理、充满活力的高素质专业化教师队伍。

可以说，本次大赛切实贯彻落实了《纲要》。大赛历时三个月，覆盖全

---

① 原载《外语界》，2010年第5期。本文为笔者在首届"外教社杯"全国大学英语教学大赛颁奖典礼上的致辞，发表时作了修改补充。

国 28 个省、市、自治区，不仅得到各地高校的积极响应和参与，也引起教育部及各地教育主管部门的高度重视。教育部前副部长吴启迪教授担任大赛名誉主任，十几个省、市、自治区的教育主管部门担任赛区主办单位或指导单位。各省、市、自治区的教育厅、外文学会、大学外语教学研究会以及众多高校教学主管部门广泛支持比赛，形成合力，这对于创新教学管理、丰富教学形式、促进校际交流以及进一步深化大学英语教学改革，具有重要意义。

二、 有利于进一步提升教师业务水平，促进教学方法完善和教学手段更新，打造高素质师资团队

在教育改革发展的背景下，高校英语教师不仅应该爱岗敬业，还需要有扎实的英语基本功、渊博的专业知识和相关的教育教学理论，并且具备较强的教学能力和研究能力。本次大学英语教学大赛就是对教师整体素质的全面考察。大赛是全国层面的高水平竞技，包括授课、说课、回答问题等多种形式，从不同侧面呈现出教师们精湛的教学技巧和扎实的理论功底。大学英语教学的各种方法理念、信息手段、实施措施等也得到全面展示。我们有理由相信，每一位优秀教师的身后都有一个坚实的团队。因此，本次大赛也是对高校整个大学英语教学团队的综合素质、合作能力和创新能力的检验和提升。

此外，大赛覆盖范围广泛，全国不同地区、不同类型的高校都积极参与。此类校际及区域交流有利于进一步促进多媒体技术条件下大学英语教学模式和手段的应用与创新，也有利于进一步推广先进的教学理念与方法，进一步推进各高校培养与提升英语师资队伍综合素质，从而促进我国大学英语教学水平整体提高。

三、有助于加强教学能力与科研能力培养，建设高素质外语教师队伍

《纲要》第七章指出，应牢固确立人才培养在高校工作中的中心地位。教师是人才培养的关键，教师评估和专业发展问题值得广泛关注。一直以来，高校对外语教师的评价标准相对比较单一，主要看重学历和科研水平，存在一定的重理论、轻教学倾向，这不利于客观评价教师的综合能力，促进教师全面发展。事实上，教师专业发展是一个理论与实践、教学与科研共同发展共同促进的过程。教师，尤其是青年教师，既要研读相关教育教学理论，从事理论研究，也要通过教学实践、教学观摩、教学交流等提升自身的教学能力和科研能力。

这次教学大赛涌现出一批高素质、高水平、教学经验丰富、深受学生喜爱的教师。一方面，大赛使他们的能力得到认可和关注，有助于自身专业发展；另一方面，大赛在业内产生良好的"反拨"作用，促进更多教师关注教学与科研的有机融合，有助于教师队伍素质的整体提升。

四、本次大赛由教育部高等学校外语专业教学指导委员会、教育部高等学校大学外语教学指导委员会和上海外语教育出版社首次合作主办，形式新颖，权威性高，影响力深远

大指委和外指委一直致力于全面提升教师综合素质的工作，积极创设各种条件，例如通过建设精品课程、组织国际教学研讨会、鼓励在职教师进修和深造等形式提升教师的教学能力和科研能力。上海外语教育出版社作为全国最大最权威的出版基地之一，多年以来在促进学术繁荣、培养教学人才方面做了大量工作。由外教社创办的"全国大学英语暑期研修班"至今已有20多年历史。外教社还成立了教育培训中心，迄今已经成功举办了多期培训班、竞赛辅导班及研讨会。此外，外教社还筹建了外

语教师进修学院,专门开展师资培训。由外指委和外教社合作组织的"全国英语专业院系主任高级论坛"已经成功举办了四届,在业内产生了很大影响。

就主办形式而言,本次大赛自2010年3月启动以来,分初赛、淘汰赛、分赛区复赛和决赛、全国决赛和总决赛等不同阶段,涉及范围广,参与人数多,组织工作繁杂,外教社在整个过程中展现了出色的策划能力和组织能力,彰显出一个国家级优秀出版社的敬业创新精神。

总而言之,作为首届针对大学英语教师的全国性英语教学大赛,本次大赛具有开拓意义。我们希望,这样的比赛能够一直持续下去,通过搭建全国性的、高层次的教学改革交流平台,让更多的教师参与进来,了解新形势下的教学改革动态,掌握相应的教学理念、方法、手段,提高自身的教学技能和学术素养,全面促进外语教师队伍建设,进一步推动我国外语教师教育与发展。

外语专业四、八级考试的历史回顾[①]

一、背景

1976年10月,"四人帮"被粉碎之后,我国的外语教育进入了一个新的发展阶段。随着经济建设的发展和对外交往的扩大,国家对外语人才的需求与日俱增,对外语(主要是英语)人才需求之迫切远远超过历史上任何一个时期。于是,国内许多高等院校纷纷设立外语院系,外语专业学生人数大幅增加。然而,由于各种各样的原因,当时各外语院系的教学在培养目标、课程设置、教材使用和教学评估等方面存在较大的差异。为加强对外语专业教材的规范和教学的指导,1980年国家教委决定成立全国高等学校外语专业教材编审委员会(以下简称"教材编审委员会"),下设英语、日语、德语、法语和俄语教材编审组,审订推广各种外语教材,并对全国的外语教学进行指导、规划和提供咨询。

教材编审委员会自成立后就深入研究国内外外语教学理论、大纲和教材,深入各校进行调查研究和测试,编制各级学校的外语教学大纲,编审各种外语教材、参考书等,在教材建设、教学文件制订、教学改革等方面

[①] 原载《外语界》,2010年第6期,合作者冯辉。

做了大量工作。外语各语种专业的四、八级考试正是教材编审委员会以及在其基础上于1992年6月改组成立的高等学校外语专业教学指导委员会(以下简称"外指委")历任委员们辛勤劳动的成果和心血的结晶。

二、英语专业四、八级考试的开展及其相关工作

我国的外语专业四、八级考试是从英语专业开始的。这主要是因为1978年全国外语教育座谈会召开后,英语教育在我国外语教育中的主导地位进一步巩固,英语专业教学点不断增加,学生人数也居各语种之最。因此,许多教学改革方案都是英语专业开始尝试并实施的。

英语教材编审组在成立之初就提出了编制全国高校统一的英语专业教学大纲的设想,这项工作于1982年正式启动。1989年《高等学校英语专业基础阶段英语教学大纲》出版,1990年《高等学校英语专业高年级英语教学大纲(试行本)》出版,这标志着具有中国特色的英语专业教学体系日臻成熟。

这两个教学大纲的颁布,为各高等院校英语专业组织教学、开设课程和制订培养目标提供了依据,一方面对各校英语专业的英语教学起到了积极的指导作用,另一方面也为英语专业考试的开展奠定了基础。教学大纲提供了衡量校际教学水准的同一标准,而各校开展统一测试能检查其对教学大纲的执行情况。

在这种背景下,英语专业四、八级考试应运而生。

1. 考试设计和考试大纲

上述两个教学大纲都明确规定测试是检查教学大纲执行情况、评估教学质量、推动校际学习的有效手段,同时也能促进校际交流,提供改进教学的依据。根据这些意见,受国家教委高教司和外语专业教材编审委员会的委托,自1990年至1992年上海外国语学院(现在的上海外国语大学)和广州外国语学院(现在的广东外语外贸大学)的语言测试专家分头

负责组织英语专业基础阶段和高年级阶段的教学水平统测工作(即现在的英语专业四级考试和八级考试)。专家们投入了大量的精力,在考试总体设计、试题编写、预测和分析等方面做了一系列先期工作,为考试的顺利实施奠定了基础。1990年英语专业基础阶段统测开考,次年高年级阶段统测开始实施。自1990年至1992年,全国高校英语专业进行了三次四级统测和两次八级统测。1992年9月14日,在"首届高等学校外语专业教学指导委员会全体会议"英语组的讨论会上,委员们普遍认为"这几次测试是成功的,收到了预期的效果,积累了丰富的经验",一致认为这样的统一测试工作应该坚持下去,并确定在上海外国语学院设立一个工作班子,长期负责统测工作。与此同时,会议决定着手制定考试大纲,具体由英语组下设的大纲和测试小组负责初稿的撰写。1993年在外指委英语组的年会上,四、八级考试的考纲初稿提交大会讨论。经会议审定并报国家教委有关部门批准,1994年1月英语专业四、八级考试大纲(试行本)出版,这也标志着英语专业考试的正式实施。

考纲的制定,为英语专业考试的命题、试卷编排和组织实施提供了坚实的科学依据,同时也对英语专业评估和教学质量监控等产生了深远影响。在执行考纲(试行本)期间,有关测试人员对考试开展了全方位的效度验证工作,并根据研究结果对考试作了部分修订;1997年英语专业四、八级考试大纲(修订本)正式出版。

1998年12月,外语专业教学指导委员会在大范围调查研究全国外语专业的基础上,提出了《关于外语专业面向21世纪本科教育改革的若干意见》(以下简称《若干意见》),以指导外语专业进一步深化改革。根据《若干意见》的精神,外指委英语组专门组织力量修订了《高等学校英语专业英语教学大纲》,并于2000年由上海外语教育出版社、外语教学与研究出版社正式出版下发至各高校。根据英语专业新大纲的原则和精神,英语专业考试也作了相应调整。新版英语专业四、八级考试大纲于2004年出版,四、八级考试从2005年起开始按照新版考纲命题和实施。

1994年,外指委英语组决定在南京大学开展"英语专业四级口试可行性研究"。该项目经过多年试行,逐步解决了英语专业口试的形式、内容、评分标准和评分步骤以及大规模口试的组织与实施的具体操作等问题。2003年,外指委英语组成立了口试大纲编写小组。该小组于2004年7月起草了口试大纲征求意见稿,同年10月在英语组年会上审议通过,并上报教育部高教司和高校外语专业教学指导委员会。

《高校英语专业四级口试大纲》对英语专业四级口试的目的、性质、安排、内容和评分标准等分别作出了明确规定。实施四级口试旨在了解学生英语口语水平,检查教学大纲执行情况,评估教学质量,推动教学改革。

2005年,《全国英语专业八级口语与口译考试大纲》正式出版。

2. 考试的研究

英语专业四、八级考试是检查我国各个高校英语专业教与学水平的一种手段,各校因此也对其给予了充分重视。自考试实施之日起,考试组织者一直关注其科学性和合理性,随时进行研究和调整,使其更好地发挥对教学的"反拨"作用。1993年9月,在国家教委有关部门和外指委英语组的关心、支持下,上海外国语学院和英国文化委员会合作,制定了一个三年项目规划,开展考试效度和信度等方面的研究工作。该研究通过一系列科学的测量方法对英语专业四、八级考试进行了多方位、多角度评估,并在此基础上提出改进考试的建议,对考试作相应修改和完善。从1993年到1996年三年时间内,项目组成员对英语专业考试的内部效度、外部效度及理论效度进行了论证,开展了大量调查与统计工作,并在广泛调研的基础上完成了考试效度研究报告,研究报告于1997年由上海外语教育出版社出版。该报告阐述了英语专业考试的发展过程,详细介绍了其性质、目的、形式、内容、命题、实施和评分等，对考试今后的发展方向、自身的完善以及配套文件的充实等提出了科学合理的建议，其中的大部分在之后的考试中得到了实施并取得了良好的效果。这项研究所取得的调查数据充分论证和检验了英语专业四、八级考试的效度，说明考试具有科学性和规范性，从而提高了考试的权威性，使之成为衡量英语专业学生英语语言水平的有效手段。在这次项目研究过程中，一支具备先进测试理论知识并具有实际操作经验的测试队伍得以建立，从而使考试能够持之以恒地完善和进步。

和英语专业考试相关的另一项重大研究成果是由高等学校外语专业教学指导委员会主任委员、上海外国语大学原校长戴炜栋教授主持及上海外国语大学与其他十余所院校的外语专家和教师共同参与建设的"中国高校外语专业多语种语料库建设与研究——英语语料库"项目。该项目于2007年被批准为国家社科基金项目。2008年3月，该项目第一阶段计划即约100万词次（英语）的标注工作完成，成果由上海外语教育出版社出版。

中国高校外语专业多语种语料库建设旨在更全面、系统地反映外语专业学习者的目的语使用情况，以更好地为外语专业教学和研究服务。英语语料库子项目既是其中的主要组成部分，也是最先启动的部分，其语料由作文和翻译两部分组成，建成后将具有500万词次。语料除了来自英语专业四、八级考试的笔试作文和翻译外，还包括了大量不同等级语言水平和学习阶段的其他学习材料，如学习日记、课内和课外练习、汉英笔头翻译、不同于考试中限定题目的其他命题作文（具有不同的题材要求）、限时和不限时的非命题作文、随笔、网上聊天记录等语料。这些语料将按一定比例定时采取。同时，语料库进一步增加不同类型学校学生的语料，使得语料的种类和数量更具代表性，以充分反映、体现不同类型高校英语专业教学和学习的特征与欠缺,从而为全国高等院校外语专业教学改革提供科学的依据。该语料库项目在统观全国高校英语专业教学的基础上,采用跨时和纵时(cross-sectional and longitudinal)相结合的方式收集语料,因此语料库的语料具有较强的代表性和全面性,能够如实、全面地反映我国英语专业学习者英语水平纵向和横向的发展历程。

除了上述重大项目外,英语专业四、八级考试自开考以来不断促进推动了相关教学和科研活动,有关语言测试或四、八级考试的科研成果和教材不断涌现。可以说,考试孵化了教学和科研成果,而这些成果又为考试的可持续发展奠定了基础。

三、其他外语专业四、八级考试的开展情况

高等学校外语专业教材编审委员会以及之后在其基础上成立的高等学校外语专业教学指导委员会的一项主要工作就是指导和规划全国高校外语专业教学。各届委员会为此都做了大量工作。与英语专业一样,我国高校其他外语专业四、八级考试也是在制定大纲的基础上开展的,旨在检查全国高校各语种专业点的教学大纲实际执行情况和教学水平。其他外语专业四、八级考试在正式开考前都进行了大量的准备工作,如大规模的摸底考试以了解全国各教学点的实际情况并为正式开考积累经验,制定考试大纲以规范考试的形式、内容等以及开展考试研究以使其进一步科学化等。

各通用语种专业全国统测工作的开展有先有后,进展也有快有慢。虽然有些语种专业很早就进行了全国性专业水平统测的尝试,但大部分语种专业的四、八级考试是在2000年后正式开展的。因为2000年在全国高校英语专业四、八级考试实施经验的基础上,教育部批准对我国其他通用语种开展四、八级专业水平测试,以检查全国各主要语种专业教学点执行基础阶段教学大纲和高年级阶段教学大纲的实际情况和教学水平。

于是,一些通用语种,如日语、俄语、德语、法语、西班牙语等先后正式开展了全国性的专业四、八级考试。以下将逐一概述有关通用语种专业四、八级考试的情况。

1. 日语专业四、八级考试

日语专业四、八级考试分别于2002年6月、12月起正式实施,每年一次,考试对象分别为全国各高校日语专业二年级、四年级在校学生。考试范围包括教学大纲规定的听、读、写、译等四项技能。除写作、翻译等主试题外,考试其余试题均采用多项选择题形式。2003年,外指委日语组对当年的四、八级考试进行了项目分析研究,所得效度和信度表明,该考试达到了较全面评估全国各日语专业点水平和考生实际日语语言能力的目的。同时,研究也发现了考试大纲存在的一些不足。为此,日语组在2004年对原考试大纲进行了修订,制定了新的考试大纲,并于2005年按新考纲实施四、八级考试。

为了检验新考纲,2005年日语组又对当年的四、八级考试所有考试的答题情况进行了项目分析研究,并对其中的作文卷进行了抽样分析。结果表明,按新考纲实施的全国日语专业四、八级考试各项指标均超出了2003年水平,能较好地测试考生的日语语言能力和所学的各项知识,达到了全面考核各专业教学点考生的实际语言能力、语言知识等的预期目的。对考生作文中存在的许多文字表达问题,研究者们以论文的形式将其发表公布在相关学术杂志上,旨在引起全国各日语专业点的重视。

目前,全国日语专业四、八级考试在各日语专业点、有关人员以及相关方面的努力、支持和配合下已逐步走上了正轨并日臻完善,正逐渐成为我国日语界最权威的能力测试。

2. 俄语专业四、八级考试

全国俄语专业四级考试正式开考(颁发证书)始于2001年,八级考试则于2003年开考。目前这两项考试在外指委俄语专业教学分指委的领导下,由北京外国语大学负责组织和实施。北京外国语大学非常重视这项工作,多次召开专题会议讨论四、八级考试大纲的编写和题型的改革等问题。考试内容涉及词汇、语法、翻译和作文等,题型包括选择题、改错题、阅读题等主客观题型,注重对学生语言运用能力的考核。2008年俄语专业四、八级考试工作会议在南京大学举行,四、八级考纲的编写工作正在俄语教学大纲修订的基础上积极开展。

俄语专业四、八级考试开考至今,吸引了越来越多的院校和专业学生参加,已经在社会上引起了广泛关注,并逐步树立了其在我国俄语教学界的权威性。

3. 德语专业四、八级考试

为贯彻落实1988年颁布的《高等学校德语专业基础阶段教学大纲》(1992年出版),外指委德语组在1990年成立了以贾慧蝶教授为组长的全国德语专业基础阶段测试组,并在1993年和1994年连续两年组织了全国性的统测,为制定考试大纲做准备。1994年,《高等学校德语专业基础阶段考试大纲》制定完成,随后在当年的西安会议上获得原则通过,开始实施。1995年和1996年,各高校按照考试大纲的规定和样题的要求,自行命题进行测试,并将试题及考试结果报外指委德语测试组进行评估。自1997年起的连续五年,各校又进行了指导性的自测,即试卷和听写、听力磁带由德语测试组提供,各校自行测试、阅卷,并将测试成绩、部分试卷及分析总结上交测试组,供测试组每年根据各校提供的数据进行总结评估。2003年,在之前广泛听取意见的基础上并经多次讨论,全国高校德语专业基础阶段(四级)统一考试正式举行,各校德语专业本科二年级学生自愿报名参加,考试合格后获得德语四级考试证书。

经过多年实践,德语专业四级考试已经有了一定的规模,参考院校和学生不断增加,测试手段和阅卷方式也不断改进。这一方面为实行德语专业八级考试积累了宝贵的经验,另一方面测试结果也能够反映我国德语专业点的设置变化情况以及各校的德语专业教学现状,为外指委指导全国的德语专业教学提供了借鉴。

2007年初,《高等学校德语专业八级考试大纲》制定完毕,同年德语专业八级考试小组成立。2009年,德语专业八级考试正式实施。

4. 法语专业四、八级考试

法语专业四级考试于2003年正式启动,每年举行一次。考试内容包括听写、听力、词汇、语法、阅读理解和法语小作文等,基本涵盖了法语专业基础阶段大纲对二年级学生语言基本功的所有要求。每次考试后,外指委法语组都对试卷的各个项目进行详细的分析,检验试卷各项指标的信度,评估各院校学生在法语表达方面的能力,找出教学中的薄弱环节。在连续进行了六届学生的四级考试并取得了一定经验后,经多次讨论外指委法语专业教学分指导委员会于2007年决定法语专业八级考试正式开考,并于2008年12月在全国各法语专业教学点的四年级学生中正式实施,从而促成了法语专业本科阶段完整教学水平评估体系的建立。

5. 西班牙语专业四、八级考试

1998年,外指委西班牙语组正式颁布了《高等学校西班牙语专业基础阶段教学大纲》,并在宣讲学习大纲的基础上从1999年起举行全国高校西班牙语专业基础阶段(四级)水平考试。1999年10月,第一次考试举行,全国六所高校的125名1997级西班牙语专业学生参加了考试。同年11月,在上海外国语大学举行的西班牙语教学年会上,与会者详细讨论了考试的组织和结果,认为考试结果基本反映出学生的西班牙语实际水平和能力,表明西班牙语专业基础阶段大纲各项指标要求切实可行。同时,对考试中暴露出来的一些教学环节的问题,与会者认为各校需发动教师进一步熟悉大纲,促进教学,研究并完善考试项目。西班牙语专业考试根据自身特点,从一开始就注重主观题的比例,不少于总题量的三分之二。

经过多年专业四级考试的实践,在积累了一定经验的基础上,2003年外指委西班牙语组决定适时推出西班牙语专业八级考试。2004年2月,"高校西班牙语专业四、八级水平测试工作会议"在北京外国语大学召开,与会者讨论制定了专业八级考试试题框架方案。2004届西班牙语专业学生期末考试采用统一试卷进行了试考,2005届学生则正式参加了八级考试。

目前,西班牙语专业四级考试于每年的6月举行,八级考试则于每年的3月实施,从而构成了我国高校完整的、自成体系的西班牙语专业水平测试体系。外指委西班牙语专业分指委坚持每年考试后对命题、阅卷和考试结果进行研讨,以达到不断完善考试形式和内容、发现教学问题、提高教学水平的目的。

四、考试的影响

上述各外语专业四、八级考试的正式开展,不仅检查了我国各高校外语专业教学点相关教学大纲的执行情况,推动了教学改革和科研活动,还影响了我国外语专业教学的其他方面。

首先,外语专业四、八级考试促进了全国高校之间的交流和合作。例如,自1993年以来,每年的3月和5月来自全国各高校的英语专业教师汇集在上海外国语大学进行英语专业四、八级考试的阅卷工作。随着考试规模的扩大,近几年每年参与四级和八级考试阅卷的院校达200多所,阅卷教师达400多人。教师们在完成阅卷任务的同时,也借助阅卷的平台相互切磋,了解各自学生的英语学习特点,交流各自的英语教学经验,从而大致了解全国英语专业水平。通过阅卷,教师们结识了新朋友,甚至进一步开展了校际合作项目。各校之间也因此相互走动和学习，增进了友谊，加强了合作。

其他各语种专业考试的组织和实施也离不开校际合作和分工。例如，德语专业基础阶段考试组的成员包括来自南京大学、同济大学、华东师范大学、对外经济贸易大学等院校的五名教师。法语专业四、八级考试的两个相对稳定的命题组都由不同高校的教师组成，其中专业四级考试命题组由南京大学、广东外语外贸大学、西安外国语大学和上海外国语大学的各一名资深教师组成；专业八级考试命题组则由北京大学、北京外国语大学、武汉大学和上海外国语大学的各一名资深教师组成。西班牙语专业考试的命题和阅卷工作也由各校教师参与。这种多方参与的命题和阅卷模式一方面在一定程度上体现了命题的客观性和公正性，另一方面也加深了大家对测试体系的了解，从而推动了各校的外语专业教学。

其次，外语专业四、八级考试推动了相关专业的教学和科研等工作。除了上述英语专业已经开展的一些研究项目以外，外语专业考试也推动了一些科研成果和教材的不断涌现。例如，上海外国语大学已经开设了硕士研究生和博士研究生的语言测试课程，编写了语言测试教材；语言测试方面的博士学位论文达十多篇，论文数十篇；学校多次召开语言测试研讨会，教师科研人员在多个国际性和全国性会议上作主旨发言或专题发言。

此外，"中国高校外语专业多语种语料库建设与研究——日语语料库"项目于2009年获得国家社科基金项目的立项。其他一些语种专业，如俄语、德语专业等也开展了试题库建设和研究等工作。西班牙语专业由陆经生教授、郑书九教授等三人合作编写并于2005年出版的《高等学校西班牙语专业四级考试真题与解析》一书开了英语专业之外其他外语专业编写测试辅导书的先河。

最后，外语专业四、八级考试的开展有助于具有中国特色的外语专业评估体系的形成。作为外语教学的要素之一，反馈测试历来受到外语教学界的重视。世界各主要外语语种都有自己的水平测试体系，有的语种还有不止一种测试。我国的外语专业四、八级考试借鉴学习了各目标语原有的一些水平考试，并根据我国各语种专业教学的特点对考试内容和题型等作了有针对性的设计，以全面、客观、科学地检测学生的语言能力，反映各校专业教学大纲的执行情况，评估外语专业教学质量。目前，根据教育部有关文件的要求，各外语专业分别制定了各自的本科教学评估方案并于今年初上报了教育部，制定该方案的一个重要依据就是各外语专业已经开展或正在试验的四、八级专业考试。

五、总结

今年是实施英语专业四、八级考试的第 20 个年头，距教育部批准其他语种专业考试开展也已经有 10 年。这些考试的顺利实施离不开外指委历任委员和各校各语种专家的努力和付出，更离不开教育部高教司和各省市教育主管部门的支持。目前，各语种专业考试在不断发展和进步之中，其权威性越来越得到业内人士甚至社会的认可，声誉也越来越高。作为这一历史进程的见证者，我们真心希望各方人士能正确认识这些考试，维护考试影响，增强其对教学的积极"反拨"作用，从而进一步推动我国外语专业建设。

外语教育

回顾与展望[①]

——为《外语界》更名改版 10 周年而作

值此《外语界》更名改版 10 周年之际,谨向长期给予刊物热情鼓励和大力支持的海内外读者与作者表示衷心的谢忱和敬意。

过去的 10 年,是我国外语教育事业获得空前发展的 10 年。改革开放使我国与世界各国的联系日益加强,合作进一步扩大,在这个过程中外语作为媒介手段和信息转换工具越来越显出其重要性,越来越为社会各界所重视。社会上经久不衰的"外语热"即为一例。如何把握好改革开放给外语教育事业的发展带来千载难逢的好机遇,使我国的外语教育事业上一个新台阶以适应改革开放形势的需要,广大外语工作者为此作了不懈的努力。例如借鉴国外的教学理论结合我国的实际创造出适合我国国情的行之有效的教学方法,并编写了与之配套的各类外语教材,中小学已普遍开设了英语课,业余成人外语教学(包括远距离教学)更是遍及全国。20 世纪 80 年代中期起在国家教委指导下,高校专业外语和大学外语相继制订了统一的教学大纲,专业外语标准化测试(如英语专业四、八级考试)

[①] 原载《外语界》,1995 年第 1 期。

和大学英语四、六级考试已越来越受到各校和社会各界的重视。

我国地域广阔,各类学校众多,在普遍开设外语课的情况下,加强联系,互通情报,交流外语教学改革和科研的经验已成为广大外语工作者的迫切愿望。在过去10年中《外语界》突出了刊物的学术性、信息性、资料性和知识性,是一本反映外语界情况的刊物。《外语界》栏目众多,信息量大,涉及外语教学理论的专业外语、大学外语、中小学外语、成人外语、师范外语等各类外语教学和外语测试、国外高等教育、书刊评介等领域。《外语界》已成为外语界同行的忠实参谋和得力助手。

回顾过去的10年,我们对《外语界》所取得的成绩感到由衷的高兴,在未来的岁月里,希望刊物遵循办刊宗旨,集探讨、学习、交流于一体,介绍国内外外语教学与研究的最新成果,探讨外语教学的理论,从不同角度提供我国外语教学改革的信息及外语教学在改革开放的新形势下蓬勃发展的情况,探讨在教改中碰到的新问题,提出解决这些问题的新思路和新办法。目前国内有不少外语类刊物,衷心希望在这些众多的外语类刊物中《外语界》将在以上几个方面独树一帜,为我国的外语教育事业的兴旺发达作出应有的贡献。为了达到这一要求,编辑部必须一如既往,深入我国外语教学实际,密切联系广大外语教师与科研工作者;努力学习党和政府的有关方针政策,学习新知识新理论,不断提高业务素质;谦虚谨慎,学习兄弟刊物的长处,再接再厉,精益求精,开拓进取,使刊物再上一个新台阶。

我相信,在全体编委和编辑人员的努力下,在广大外语教育工作者的关心下,在读者和作者的支持下,《外语界》一定会愈办愈好,愈办愈兴旺。祝愿它为形成具有中国特色的外语教学作出新的贡献,以更出色的成绩向第二个10年迈进。

建设一流外国语大学　　培养跨世纪外语人才[①]
——在庆祝上海外国语大学建校45周年大会上的讲话

各位领导、各位来宾、同志们、同学们：

今天，我们怀着十分喜悦的心情，在这里隆重集会，庆祝上海外国语大学建校45周年。值此喜庆之际，请允许我代表校党委和校务委员会向应邀前来参加隆重庆典活动的各位领导、海内外来宾和朋友们，表示热烈的欢迎和衷心的感谢！向全校师生员工同志们表示节日的祝贺！向曾经在学校各个历史发展阶段、各个工作岗位上辛勤工作过的离退休老干部、老教师、老职工及其家属，表示崇高的敬意！

我校创建于1949年12月，是在老一辈无产阶级革命家、解放后第一任上海市市长陈毅同志的直接关怀下建立起来的。前身是上海俄文专科学校，1956年经国务院批准改为上海外国语学院，1964年列为教育部直属全国重点高等院校，以后又列为国家教委直属全国重点大学之一。今年2月5日，经国家教委批准改名为上海外国语大学。1994年4月，国家教委和上海市人民政府决定，将我校作为中央和地方实行双重领导、共同

[①] 原载《外国语》，1995年第1期。

建设的学校,为加快学校的改革和发展创造了良好的条件。

中共中央总书记、国家主席江泽民同志在我校建校45周年之际,为我校题写校名,这是对我校全体师生员工的巨大鼓舞。刚才在会上宣读的中央领导李岚清同志、李铁映同志和吴邦国同志对我校的题辞,是对我们的鞭策和期望。我们一定要以此为动力,把上海外国语大学办得更好!

各位来宾、同志们、同学们:建校45年来,在中央教育部门和上海市党政领导的关心、支持下,经过我校各届领导班子不懈的努力和广大教职员工的艰苦奋斗,我校的规模日益扩大,外语教育事业得到了很大的发展,教学质量、科研水平和办学整体效益不断提高,为国家培养了一批又一批高质量的外语人才,他们在社会主义建设和对外活动中发挥了积极作用,为母校赢得了良好的声誉。

党的十一届三中全会以来,我们抓住机遇,深化改革,勇于实践,大胆创新,学校的各项工作迈出了新的步伐,发生了根本性的变化,取得了良好的成效。主要表现在:

一、我校已由单科性语言学院发展成为多科性应用学科的外国语大学

我校原是一所设置单一的外国语言文学专业的外语学院,随着社会主义建设的发展,特别是党的十一届三中全会以来,为了适应改革开放的新形势,我们以邓小平同志提出的"三个面向"为指导,改革了外语教学模式,调整了专业结构,增设了涉外应用学科专业,将培养外国语言文学人才为主的外国语学院,向多科性应用学科的外国语大学发展,增设了国际新闻、国际经济法、国际贸易、国际会计、对外汉语、外事管理、教育传播与技术等新专业,使培养出来的学生成为能坚持四项基本原则,掌握两门外语,又具备应用学科知识和技能,能独立解决实际问题,身体健康的高质量的复合型外语人才,受到了社会用人部门和家长的普遍欢迎和好评。

为贯彻《中国教育改革和发展纲要》,推动教学改革的深入发展,对原有的专业设置和课程体系又进行了调整,新增了"国际金融""国际法"两个专业,扩大了专业口径,拓宽了专业方向,现在,我校的学科门类已有语言文学、新闻、国际经贸管理和法学 4 种主要学科。去年,在国家教委和市府的支持下,我们率先实行了招生制度的改革,得到了领导部门的好评。我们要继续完善以招生制度改革为龙头的一系列教学改革,为培养更多涉外型、复合型、应用型的高级外语人才而努力奋斗。

二、学校的规模有了很大发展

我校原有英语、俄语、德语、法语、日语、阿拉伯语、西班牙语、意大利语、希腊语、葡萄牙语等语言文学专业,与新增设的 9 个涉外应用学科专业分属 11 个系。近几年来,根据事业发展的需要和学校体制改革的要求,先后成立了成人教育学院、新闻传播学院、国际经济贸易管理学院、国际文化交流学院、英语学院,今年又增设了韩国语专业。并设有外国语言文学研究所、国际文化交流研究所、国际问题研究所、美国学研究中心、中东文化研究中心、拉美经济研究室、双语词典研究中心、新西兰研究中心、英国学研究中心、日本研究中心、加拿大研究中心、韩国学研究中心、上海外语教育出版社、上海外语音像出版社等 14 个研究出版机构;此外,还有出国留学预备人员培训部、出国人员集训部、上海外国语学校(附中)等。全日制在校学生已达 3000 多人,"八五"期间将达 3300—3500 人。

随着教育事业的发展,学校的规模还将不断扩大。由香港李嘉诚先生捐助 4000 万元,由浦东新区政府提供 100 亩土地,在浦东筹建我校二附中的基建项目,已进入实质性启动阶段。随着条件的逐步成熟,我们还将建立国际经济法学院、人文科学研究院。

三、我校与国际的交流合作日益密切

随着对外开放的不断扩大,我校与国外大学的交流合作日益密切,先后与18个国家60所大学建立了校际合作关系,每年招收各国留学生200多名,并互派教师进行学术交流。学校还聘请了一批国内外著名学者和企业家为名誉教授或兼职教授;同时,积极开展与国内著名大学的横向交流,为开拓学科建设,更新教学内容,提高师资水平,推动外语教育事业的发展创造了良好条件。

四、具有较雄厚的师资力量和较高的教学、科研水平

经过几十年的努力,我校已建立了一支600多人教学力量比较雄厚的师资队伍,其中教授58人,副教授167人,其他系列高级职称的有32人,讲师263人。我校每年还从十几个国家聘请几十名语言、文学和经济学专家在各专业任教。为加强师资队伍建设,我们从1984年起就建立了教师第二、三梯队,后又建立了第一梯队,充分发挥学科带头人和中青年骨干教师的作用。由于我校师资水平较高,英语、俄语、日语、德语、法语、阿拉伯语、西班牙语、语言学、比较文学等9个专业具有硕士授予权;英语、俄语、法语、语言学4个专业获得博士授予权。

为培养学生的综合技能和独立工作能力,扩大学生知识面,增强学生对社会的适应能力,我校开设了多种专业和文化选修课,建立了辅修专业,在新生中实行学分制,并通过教学质量评估和标准化水平测试,促进教学质量的提高,我校英语专业分级教学获得了国家级优秀教学成果奖。

科学研究密切结合教学,科研成果不断涌现,一批论文、专著、教材、工具书分别获国家级优秀教学成果奖,国家教委高校优秀教材奖,上海市哲学社会科学研究成果奖等。我校承接的"八五"期间科研项目有40余项,其中21项课题列入国家教委哲学社会科学重点项目和博士点社科基

金项目,已完成数十种辞书的编纂工作。《外国语》《外语界》《国际观察》《中国比较文学》等9种期刊在国内外发行。

我校图书馆藏书100万册,其中外文图书44万册,在全国高校中名列前茅,并设有国家教委上海外国语大学文献信息中心、牛津英语教学资料中心、计算机中心、美国亚洲基金会赠书中国高等院校分配转运中心等。去年,我们从教育发展基金中拨款55万元,建立了图书馆自动化管理系统。今年,国家教委和上海市人民政府共同承担的基建项目——16,000平方米的综合教学楼已完成立项,即将开工。这些必将为改善我校的教学环境,提高教学科研水平创造有利的条件。

各位来宾、同志们、同学们:45年来,我校的各方面工作取得很大的进展,但是我们也要清醒地看到,由于改革开放的进一步发展,当前国家和上海地方对优秀外语人才的需求量有增无减,供不应求的局面还将持续一段时间。对照国家教委"211工程"的要求,我校在发展过程中也还存在着一些问题和矛盾。在硬件建设上,我校占地面积偏小,办学经费短缺,导致校园建设落后,急需加快建设。虽然通过发展校产,实行招生制度改革后增加了学校的收入,但仍不能从根本上解决学校经费困难问题。在软件建设上,无论是新专业的巩固、发展和师资队伍的充实、提高,还是在研究生的规模上,都需精心筹划,采取有力措施,促进其发展。为此,我们已经制定了《争取进入"211工程"改革与发展纲要》。

我们的改革思路是:以邓小平同志"三个面向"为指导,以建成现代化和高水平外国语大学为目标,以教育改革为核心,以发展校产增强经济实力为后盾,以加强党的建设和思想政治工作为保证,全面贯彻党的教育方针,不断提高教育质量、科研水平和办学的整体效益,多出、快出高质量的外语人才和科研成果,更好地为社会主义现代化服务。

根据上述思路,结合我校现有的办学条件,到本世纪末,我校发展的总体目标是：把我校建设成为适应社会主义经济和社会发展需要的、面向21世纪的、国内一流、国际著名的具有自己特色的多科性外国语大学，成为我国培养涉外型、复合型、应用型高级外语人才的一个重要基地。

我们要继续大力抓好外语基础教育，充分发挥我校外语优势，大力巩固和提高已经开设的新型复合型专业，更新和优化语言文学专业的教学内容，增设专业方向，进一步完善已初步建成的双语型模式、主辅修制等多渠道并存、培养复合型外语人才的模式。

我们要引进激励机制，优化科研机构，促进教学、科研和管理人员积极搞科研，使科研工作与教学相结合、与学科建设相结合、与社会需要和经济建设相结合，使科研工作更紧密地为教学和学科建设服务，为社会主义现代化建设的主战场服务。

我们要切实加强师资队伍建设，在保证质量的基础上，不断扩大教师梯队成员的数量，特别是要逐步提高新专业师资入选梯队人数的比例；要改革教师职称评审工作，做好对外争聘人才的工作，采取一系列优惠条件继续吸引国内外优秀人才来校工作。

我们要按照国家教委和上海市人民政府共同管理我校的模式，推进学校内部管理体制改革，建立校、院两级制，进一步精简机构、理顺关系、明确职责、简政放权、提高效率，使学校的各项工作向科学化、规范化、现代化水平方向发展。

我们要继续积极开展国际交流与合作，积极引进、充分利用外国智力资源，加强与国外著名大学的校际交流和学术交流活动，除与国外高校合作外，可扩大到学术研究机构、教育基金会、金融财团、大型企业集团等进行人员交流和合作办学、合作培训和合作研究，并根据我校学科建设的需要，有计划、有重点地选派教师赴国外进修。

我们要加强德育工作，搞好校内精神文明建设。要在党委领导下，形成德育工作一体化格局，建立德育基金会，稳定德育队伍，为培养德、智、体全面发展的社会主义接班人，创造一个良好的育人环境。尽管经费很紧张，但学校下了很大的决心，决定今明两年，拨出200万元对校园建设作全面规划，花大力气改善校园环境和学生的学习和食宿条件。

要进一步发展校产，抓好基本建设和后勤服务工作。为了使校办产业形成规模生产、规模经营，从而产生规模效益，我校已组建了上外集团公司。要依托外语优势，不断开拓业务，为学校发展提供更多的资金。基本建设要抓好青年教工单身宿舍楼和18层高层住宅楼按时按质地交付使用，同时积极做好综合教学楼和兰花基地住宅楼的前期准备工作。后勤工作要在进一步加快内部管理体制改革的基础上逐步向校内社会化过渡，要坚持以服务为宗旨，更好地满足学校教学、科研和师生员工生活的需要。

各位来宾、同志们、同学们：回顾过去，使我们信心满怀，展望未来，更使我们感到任重道远。在快要结束我的讲话之前，我想再一次向所有对上海外国语大学的发展作出过帮助和贡献的社会各界的朋友们，向出席今天庆典的各位领导、各位来宾，表示最诚挚的谢意，并愿意就教学、科研、合作办学、校产协作等各方面与各界朋友们继续发展我们的合作，为外语教育事业的发展，培养跨世纪外语人才作出更大的贡献！

谢谢大家。

在上外"211工程"部门
预审闭幕式上的讲话[①]

各位专家、各位领导、老师们、同志们：

我校"211工程"部门预审经过两天来专家组的检查、评议，已经基本结束。国家教委专家组组长和全体专家对我校奋斗目标、规划、方案、措施及教学、科研、共建、开发、管理等各方面的建设情况都作了全面评议，给予基本肯定，并分别提出了极其宝贵的意见和建议。对此，我代表学校党委和全校师生对各位专家和领导表示衷心的感谢。

在这次部门预审中，我校汇聚了几代人的追求和全体师生向往、奋斗的建设总体目标与实施方案，基本得到了专家组的肯定与认可，这是值得高兴的事，说明学校的规划是实事求是而又具有前瞻性、科学性的。但是，我们也清醒地看到，写在规划上的目标与方案要变成现实，需要上外人凝聚在一起，继续解放思想，实事求是，开拓创新，扎实工作，抓住一切机遇，采取有力措施，切实保证2010年实现我们的奋斗目标。到那时候，我们才可以说是基本完成"211工程"。所以这中间的路还很长，要做的

---

① 原载《外国语》，1996年第6期。

事还很多，我们一点也不能松懈。

在这次预审中，专家们提出了多方面的意见与建议。这件事本身就是上外再度发展的一个机遇。试想如果不是"211工程"预审，我们还无缘请来这么多国内一流外语专家为学校的改革与发展进行会诊。专家组的意见为我们更好地校正目标、完善措施、修正规划也起了创造性的作用。比如认为我校应在保持和增强外语学科特色和优势的基础上，加强基础性研究，进一步提高科研水平；积极推进联合办学，探索新的办学形式；进一步提高非通用语种培养质量，以及加强教学手段现代化建设。专家们的意见和建议实事求是，有些是我们已经注意到并开始进行建设的，有些是我们想到了但还未及加强的，而有些则是我们尚未考虑的。这些都是真知灼见，是专家们智慧的贡献，它有助于我们进一步明确办学思想与方向，坚定我们坚持特色、注重基础、开拓进取、走一条建设社会主义的外国语大学新路的决心和信心。通过这次预审，我们要认真分解目标，层层抓紧，全面启动"211工程"的各项建设规划与措施，把学校的教学、科研等各项工作大大地推向前进。

各位专家、各位领导、各位同志，在这次预审中，专家组对我校改革与发展纲要的总体肯定，实际上是对我校几年来改革与发展建设历程的总体肯定，也是对我校今后一个阶段改革与发展趋向的总体期望。这充分反映了各位专家和国家教委、上海市有关领导对我校的关怀与鞭策，也是我校在新形势下，迎接跨世纪更大发展的一笔丰厚的精神财富和原动力。我们一定要在邓小平同志建设有中国特色社会主义理论指导下，在国家教委和上海市的关怀、支持下，在各位专家和全国外语教育界同仁的悉心帮助下，不负厚望，团结拼搏，一步步落实"211工程"的各项规划和奋斗目标，把学校真正办成国际同类高校中著名的外国语大学，为我国和上海市的经济、社会及文化发展培养更多高级人才，作出新的贡献。

最后，请允许我再一次代表上外党委和全体师生，对各位专家和领导的辛勤工作和对我校的关怀、指导表示最衷心的感谢！上外人将永志不忘！谢谢！

第一届高等学校外语专业教学指导委员会工作总结[①]

各位领导、各位专家、教授：

请允许我代表第一届高校外语专业教学指导委员会将五年来的工作作一简单的总结。

第一届高等学校外语专业教学指导委员会成立于 1992 年。五年来，在国家教委高教司及高教司外语处的直接领导下，在各专业指导组、各院校和各语种教学研究会的大力支持和配合下，开展了一系列的工作，并取得了一定成效。现将各专业指导组五年来的工作汇报如下：

一、英语指导组

鉴于英语专业基础阶段和高年级的教学大纲早已制定完成并付诸实施，因此，五年来的工作主要围绕以下几个方面展开：

1. 由组织教材编审转向对现有教材的评估。1994 年 10 月，英语教材组在北京举行了教材评估会，对近年来高校教材作了全面的考察与评估，尤其对各校广泛使用的有较大影响的数种教材，进行了科学、客观的

---

① 原载《外语界》，1998 年第 1 期。

比较，肯定了各种教材的长处，并提出了改进意见。通过教材评估，指导组达到了对各院校英语教学实施宏观指导的目的，扩大了指导组的职能和范围。

2. 制定了英语专业基础阶段和高年级的测试大纲，使统测工作有了较好的基础。切实搞好基础阶段和高年级测试，可督促各高校更好地执行和检查教学大纲，便于进一步修改和完善大纲，有利于促进院校的交流。几年来，英语专业基础阶段和高年级测试一直在有序地进行。经过这几年的实际操作和不断改进，英语测试工作不仅在规模上已覆盖全国，而且测试的命题、阅卷、组织工作也日趋规范。负责测试的同志，十分注重对测试工作的总结，专门召开了测试研讨会。一些院校也开展了对测试理论的研究。英语口试试点工作也已着手进行。应该说，英语指导组这几年所进行的基础阶段和高年级测试确实起到了促进教学的作用。

3. 在各条战线不断深化改革的形势下，随着我国社会主义市场经济的逐步建立，在国家教委的领导下，英语指导组成立了"面向21世纪外语专业课程体系和教学内容改革"课题组，在全国范围内展开了广泛的调查研究，并就"对我国外语专业教学的基本估计""21世纪外语人才的基本要求""改革的基本思路""对于改革方案的几点建议"等方面，向英语指导组1997年6月上海会议提出了初步报告。

4. 英语指导组还分别就英语专业复合型人才、跨世纪英语主干教材建设、21世纪外语人才定位等主题进行了深入细致的探讨；在外语指导工作条块化方面开展了一些具体工作，分别按理工院校英语专业、师范院校英语专业和少数民族地区英语专业等条块召开了数次教学研讨会议，在指导这些院校英语教学方面起到了一定的作用。

二、 日语指导组

自1992年成立以来，每年都组织一至两次学术研讨会。五年来日语指导组通过各种手段,对全国的日语专业的教学情况、各院校的课程设置、相应的教材建设、师资队伍结构以及科研情况做了大规模的调查,并分别写出了较详实的调研报告,为进一步开展教学指导工作奠定了良好的基础。近两年来,日语指导组还为研订高年级教学大纲开展一系列的前期摸底调查工作,为日后大纲的制定做好了充分的准备。

三、俄语指导组

成立之后首先就对俄语专业发展和改革方面的重要问题开展了专题调研。南方、北方、东方分别举行了地区调研会议,对俄语专业的布局、人才规格、教学内容、师资队伍建设等问题展开了深入的研讨。俄语指导组还开展了俄语专业高年级教学大纲的研订工作,该大纲通过三年努力已制订完毕,现正报请国家教委审批。为检查基础阶段教学大纲的实施情况,俄语指导组先后组织了两次全国有关院校的自行命题(按统一测试框架)水平测试,一次全国统一命题的水平测试,在此基础上已做好了建立俄语试题库的各项准备。此外,近两年来俄语指导组还组织有关人员就面向21世纪俄语专业人才培养、创建俄罗斯学、基础阶段教学大纲修订、教材编写等问题进行了研讨。

四、德语指导组

在此五年内主要在实施基础阶段和高年级教学大纲方面做了大量工作,并为检查大纲的实施情况和对各院校教学情况的评估进行了一系列的测试,在适当范围内开展了德语口试试点工作。德语指导组在1995年期间组织人员对各院校的教学情况和高年级教材进行评估,对德语专业高年级教材的编写提出了诸如以语言训练为主、突出分科教学、实行课程板块、因地/因校制宜等建设性的建议。此外,德语指导组还于1997年7月召开了"中国德语教学如何面向21世纪研讨会",就培养目标、体制结构、学科改革、课程设置、师资队伍建设、复合型人才培养等问题进行了深入的研讨。

五、 法语指导组

在此五年内完成了高年级教学大纲的研订，进行了法语语法单项测试，制定了法语专业本科生参考书目表。

六、 阿语指导组

在1992年9月成立后，首先组建了基础阶段教学大纲实施组，为宣传、贯彻、实施大纲做了大量的工作。针对各院校阿拉伯语专业学制的调整，组织了原大纲组成员对基础大纲的部分条目进行了修正。在此基础上与阿语教学研究会联手组建了测试委员会，制定了《全国高校阿拉伯语专业二、四级水平测试大纲》，于1995年在全国范围内组织了阿拉伯语二、四级测试。阿语指导组还组织和指导了高年级教学大纲的研讨。该大纲已于1997年11月通过了专家评审，可望在1998年年初将审定稿提交国家教委审批。此外，阿语指导组与阿语教学研究会联合举行了多次学术研讨会，就大纲实施、测试评估、教材评估和评奖等问题展开了广泛深入的探讨，在一定程度上促进了各院校的阿拉伯语教学。

七、 西班牙语指导组

自成立以来，主要围绕西班牙语基础阶段教学大纲的编写开展工作，为大纲的制定做了大量的调研摸底，先后召开了十次学术研讨会，至1996年底基础阶段教学大纲的研订工作已全部完成。

五年来，在国家教委高教司外语处的直接领导下，各指导组的工作进展是比较顺利的，成果也是可喜的。但是还存在着一些不足，如：个别语种的高年级教学大纲尚未开始研订；各语种在进行全国统测的基础上更应对题库建设有一较全面的构想；各专业的现行课程设置如何加以调整乃至改革等还未能形成较成熟并可付诸实施的方案。这些问题对进一步提高我国外语专业教学水平,使我国的外语专业教学能以崭新的面貌跨进21世纪是至关重要的。为此,我们建议,新一届指导委员会应对这些问题予以更多的考虑。

最后,请允许我代表本届指导委员会对国家教委高教司外语处和各院校对我们工作的支持和帮助,对各语种教学研究会的积极配合表示由衷的感谢。

第二届高等学校外语专业
教学指导委员会工作规划①

新一届外语专业教学指导委员会是一个跨世纪的委员会。受命于世纪之交,我们全体委员深感责任之重大,使命之光荣。在这样一个特殊的年份里,我国各领域的改革开放必将出现新的局面,社会主义市场经济将逐步走向完善,我国与世界各国的政治、经济、文化等诸方面的交流也将日趋频繁。与此同时,随着社会发展,各行各业对外语人才的培养也将提出新的要求。面对这一新形势,我国目前高校外语专业的办学体制、教学方法、手段,以及所培养的人才规格,显然已经难以满足时代发展需要。我们已经充分认识到改变高校外语专业教学滞后于社会经济发展的局面,深入进行外语专业教学的整体改革,已是刻不容缓。

教学改革是高教改革的核心,而教育思想和观念的转变则是教学改革的先导。为此,对新的教育思想和观念的认识和探讨,乃至确立符合可持续发展战略的教育思想、教育观念,将成为本届委员会研讨的主要课题之一。

---

① 原载《外语界》,1998 年第 1 期。

处于世纪之交,我国的外语教学面临来自各个方面的挑战。为迎接这一挑战,也为我国外语专业的建设更加适合于社会主义市场经济的发展,为更多地培养"宽口径、厚基础"的专业适应性强的外语人才,使我国外语专业教学在本世纪末之前再上一个台阶,外语专业教学指导委员会各专业组应分别对各自专业目前的布局、师资、教材、教学现状再作细致调查,并在此基础上,从知识、能力、素质三方面为本专业21世纪人才培养设计出切合实际的人才规格。

合格人才的培养,需要科学、合理的课程体系和教学内容的配套。为此,各专业组应以培养合乎规格的复合型人才为目标,对现行教学内容和课程体系再作进一步审视,要在广泛研讨的基础上,对教学内容和课程体系的改革提出合理的建议。

在培养复合型外语人才方面,国家教委倡议要遵循三大原则:1. 大胆尝试,不搞无效争论;2. 保持外语优势,加强语言基本训练;3. 坚持因地制宜、因校制宜。为此,各专业指导组的指导工作还应实行条块化指导方式,以使不同地区高校外语专业在制定复合型人才规格、培养模式和课程设置时,充分考虑地域的社会、经济发展特点,充分考虑自身的办学条件和师生质量。只有这样,才可能使我国各地区高校的外语专业纳入有序发展的轨道。在这方面,英语组已经在前几年开展了一些工作,并取得了一些经验,指导委员会建议各专业组可适当借鉴英语组的经验。

我国的外语专业教学居世界领先地位,通过几十年的教学实践,我们在培养外语人才方面已经积累了不少成功的经验。在对外语专业的教学实施重大改革的今天,我们显然不能墨守成规。但是,我们却必须认真总结经验,使我们在外语教学方面的长处、优势在深化改革的同时得以继续发扬。

本届委员会面临着新世纪的挑战,通过思想观念的转变,通过深化改革,使我国外语专业的教学以崭新的面貌跨入21世纪,这就是历史赋予本届委员会的责任。为能完成这一光荣的使命,指导委员会全体成员将在教委的领导下,以团结、务实的精神,继续努力工作。

本着强化"指导委员会的研究、咨询、指导职能"这一精神,全体委员在广泛协调、深入研讨的基础上,对指导委员会今后的工作要点达成共识,并决定围绕以下几个方面开展工作:

1. 各专业组继续开展"面向21世纪外语专业课程体系和教学内容改革"专题研讨;

2. 各语种根据自身特点,制定"面向21世纪外语专业课程体系和教学内容改革"具体方案;

3. 各语种根据自身的教改方案,提出推荐教材或教材编写计划;

4. 继续完善英语专业四、八级测试。已制定基础阶段教学大纲和高年级教学大纲的语种,视情况开展四、八级测试,以检查大纲的实施情况。其中有条件的语种,可进行题库建设的准备;

5. 教学大纲尚未制定的语种,继续做好大纲研订工作,争取在一二年内使大纲问世;

6. 以指导委员会名义不定期发行《专业外语教学通讯》;

7. 指导委员会每年召开一次研讨会(年会),以沟通各组之间的交流和联系。

关于面向 21 世纪培养复合型高级外语人才发展战略的几个问题[①]

培养复合型高级外语人才是外语院校新时期改革的一项重大成果。各地外语院校多年来都进行了各种不同的实践,初步总结了经验,走出了路子。但是,面向 21 世纪形势的发展,仍须重新对一些基本问题进行深入探讨,深化改革,以期进一步完善培养复合型外语人才的发展战略。

一、重新认识加快培养复合型高级外语人才的战略意义

1998 年 12 月教育部高教司转发《关于外语专业面向 21 世纪本科教育改革若干意见》(以下简称"白皮书"),迄今已一年。一年来形势发展很快,对高等外语专业教学又提出了一些新的问题与挑战,主要是:

1. 面临世纪之交,经济全球化浪潮方兴未艾,"由工业社会进一步向信息社会转化的时代"特征更加明显,从而促使学科综合化、人才复合化、培养融合化。"白皮书"提出的"社会对外语人才需求多元化的趋势"有增无减,并对外语院校的培养格局提出更加紧迫的要求。外语人才逐步由单一语言型过渡到语言型和复合型并存的局面。

---

① 原载《外语界》,1999 年第 4 期。

2. 全教会以后，我国高教系统产业化研究、运作与实践都有突飞猛进的发展。教育市场的研究与培育，以及各类教育对人才市场的重新划分与有针对性的扩大市场份额等都进入实质性操作阶段。培养复合型高级外语人才的市场适应性与前景也成为高等外语教学的现实性要求。

3. 新一轮高教改革和国家对部分重点院校的重点投入，将引起教育市场和大学之间的竞争，并且竞争力度加大，范围更广，差距会日益显现；同时由于社会上某些对外语院校的误解和种种议论，也会给外语院校的发展带来新的挑战。外语院校应重新审视新世纪的发展趋势和对外语人才的发展要求，重新研究并确立战略定位。

4. 随着人才需求曲线的变化（即对外语人才需求的相对高值与相对低值期），以及社会各行业对人才需求既有融合性、又具排他性特征，外语院校培养复合型特色人才对于相对延长高值期曲线和较好适应社会行业对人才特色需求的期望具有改革性、机遇性的时代意义。

重新认识加快培养复合型高级外语人才的战略意义，有必要重温李岚清副总理的有关指示：外语教育"不能只靠外语，要加大内容，增加外交、外贸等方面的知识，要培养复合型的人才。基础研究不能丢，但外语教学也要适应新形势的需要"。我们理解这个指示有三个要点：(1) 外语能力和语言研究等是基本功，是基础研究，这个"不能丢"，要巩固，要提高；(2) 外语教学"要适应新形势""要加大内容""培养复合型人才"；(3) 复合型教学的方向应是培养社会、经济建设的紧缺人才，"要增加外交、外贸等方面的知识"。应当说，这个指示准确反映了当前国家领导人和社会发展对外语人才培养方向改革的要求，也是我们应当遵循的，应作为外语院校统一认识、深化改革的基础。

二、 培养复合型高级外语人才的基准要点

1. 重新确认复合型外语人才的概念

"白皮书"说:"从根本上来讲,外语是一种技能,一种载体;只有当外语与某一被载体相结合,才能形成专业。"并指出:过去外语与语言学、外语与文学相结合的专业实质上也是复合型专业,而现在从经济与社会发展需要来看,更多的是需要"外语与其他有关学科——如外交、经贸、法律、新闻等——结合的复合型人才"。

严格地说,专业都有自己的名称,所谓"复合型专业"并非是两种专业的简单相加,而是指针对一定市场需求,对某一专业课程的特殊调整与设置,所以"复合型"更准确地说是表现为一种新的、区别于传统教学方式与课程设置的专业教育模式。

从外语来说,复合型人才主要是指具备掌握了两种专业实用技能的人才。

2. 培养复合型高级外语人才的基准要点

复合型培养方式、课程、内容可以多元设置,但从实践来看,以下三点应具显著特色:

一是要以语言能力为核心。"复合型高级外语人才"的全称定义中"外语"应为核心,不能废弃、削弱。外语院校得以立足、发展的生命线是外语专业能力的不可取代性,否则确实将有生存危机。因此建议在复合型外语教学要求中要强调三个基点:(1)所有学生应参加该外语专业等级测试(如英语的四、八级考试);(2)学生毕业论文应提倡或规定以外语书写与答辩;(3)授课教材应选择外语编撰的教材(原版或自编),或应达到教材总数70%。这些方面有的一时不能达到,也应作为近期主要努力方向,并配以具体措施落实。

二是要以应用能力为抓手,突出实用与即时性。在一定量的专业教

学时数与学分值条件下，不可能将两种专业课程作简单相加式教学，必须有所取舍。有的学校进行多年实践后认为应以应用能力为抓手，适当删削专业理论课和史论课程，保持应用能力课程，特别是适当加强应用性专业的实用性、操作性课程，增加学生适应市场即时需求的能力。我们认为这是可以借鉴的。

三是要以创新能力为动力，发展多维思维和自我学习、追求发展的能力。因为在专业教学中以有限的学时主要学习与掌握实用性知识，也可能产生另一弊端，即学生在踏上社会以后，由于理论底子薄，缺乏发展后劲。作为补救手段，也作为全面贯彻素质教育要求，应在复合型教学中大力研究和实践创新教学，主要包括改变单一灌输性教学、应试性教学及传统的考试方法，而大力提倡和发展讨论式、启发式、案例式教学，以及扩大多媒体教学；提倡学生较早参与专题研究，由教师指导写出研究报告与论文；提倡在学生社会实践中有目的地开展研究型实践活动，多种方式培养和锻炼他们的创新能力。所有这些，都是为使学生提高自我学习、追求发展的能力，在将来的社会竞争中适应力强、有所作为。

上述三种能力将有机构成复合型外语专业人才培养模式的特色，使其明显区别于其他同类专业人才，成为不可替代的"优秀产品"。

三、注重差异，因地、因校制宜，探索发展新路

1. 培养复合型高级外语人才从大的方面来说，主要有两个差异：一方面是复合型外语人才，如国际经贸专业人才、金融专业人才、新闻专业人才等与综合性大学同类专业人才的差异；另一方面是不同地域、市场对不同种类复合型外语人才需求的差异。

2. 重申并坚持各校培养复合型外语人才一定要贯彻实事求是的原则，从本地区社会和经济发展的现状出发，以市场需求的中长期预测为基础，因地、因校设置专业与课程。要充分注重沿海与内地的差异、南方与

北方的差异、特大城市与其他城市的差异、区域经济发展现状与目标的差异、不同地域对人才标准要求的差异以及市场需求与人才培养规律的差异。研究差异、适应需求、培育市场、推动发展是培养复合型外语人才的重要目的。

3. 复合型外语人才培养要坚持本科为本，提高层次。各校情况不同，实践较早的已经走过了15年，较晚的刚刚起步，由于复合型人才社会需求目前仍是热点，各校办学起点、规模、专业、方向各不相同，目前要特别防止急功近利，降低要求、标准，或以非计划办班冲击本科教学。一种特色专业的形成与发展，需要有一定的历史积淀，而本科教学正是外语院校培养社会复合型外语人才的主渠道，一定要坚持总结经验，提升理论，巩固特色，改革发展。社会对复合型外语人才需求是分层次的，但作为全国外语院校来说，在目前阶段似应明确坚持本科为本，兼顾其他的基本建设方针，这也是适应需求差异的基本策略，不应动摇。

同时，对于其他类型复合型外语人才培养，如专科生、高职生、研究生、培训生等，各校可以根据市场差异性制定各自的适应性标准，以市场细分为类型，直接瞄准和实施某种培养方案，防止照搬照抄，或变相"复印式"（放大或缩微本科教学方案式）教学。

4. 根据教育部高教司的指示，重点外语院校或有条件的院校（比如具有重点学科等），应更加注重市场的高级需求差异，以培养高精尖复合型外语研究人才为己任，投以更多的人才、物力、财力和精力。目前，应用类复合型外语人才培养中已有硕士学位授予点，尚缺乏博士学位授予点；在研究生教学中，尚缺乏在规模、质量方面的突破性进展；在研究生导师中，尚缺乏在全国同行中具有学科领先的大师级人物；在专业科研成果中，尚缺乏具有填补空白意义的大作品等。这四个"缺乏"的现状与国家对复合型高级外语人才的需求具有相当距离，应当开展超前性研究与建设，建议给予多方面的政策倾斜，力争在较短时间内形成一次高潮。例如在应用类专业中尝试开展"本—硕—博"连读，缩短学制，早出人才；在人才引进中，重点引进国外学有所成的博士研究生，列入教育部特殊人才引进计划，予以资助；在重点学科评审中，对外语类型应用专业评审与一般同类专业分开，另行组织；在招生中可以进行独立考试录取，培养费用似可按同类专业的1∶1.5倍收取；等等。培养高精尖复合型外语人才是社会长期的需求，是面向21世纪、经济全球化、教育国际化的需要，也是外语院校发展复合型外语人才培养战略的努力方向，我们一定要继续解放思想，深化改革，面向21世纪，把培养复合型高级外语人才的事业做大、做好、做实，为中国现代化建设的跨世纪发展提供更多的智力和人才支持。

我们相信，通过以上深入扎实的工作，培养复合型高级外语人才的改革实践将会再上一个大的台阶；而外语院校的建设，也将会在新世纪到来之际，迎来一个新的发展机遇，使我国高等外语专业教育更加充满生机与活力，为国家现代化建设输送更多更好的复合型优秀人才。

总结经验，发扬传统，以改革精神建设新型外国语大学[①]
——在上外校庆 50 周年大会上的讲话

各位领导、各位来宾：

你们好！

值此世纪之交，我们怀着无比激动和喜悦的心情，迎来上海外国语大学建校 50 周年纪念日。首先请允许我代表上海外国语大学党政领导和师生员工向教育部和上海市领导、市教委领导，以及来自五湖四海的校友们和来宾们致以最热烈的欢迎和最诚挚的感谢。

上海外国语大学诞生于 1949 年 12 月，经历了 50 年的风雨坎坷，白手起家，艰苦创业；特别是在新时期改革大潮中激流勇进，奋斗发展，努力建设成为一所具有重要国际影响的独具特色的多科性外国语大学。

回首 50 年前的今天，中华人民共和国刚刚诞生，百废待兴。但时任上海市市长的陈毅等老一辈革命家已经看到了中国的发展必须融入世界经济发展的未来趋势，高瞻远瞩地提出了要在上海建立一所培养外语人

[①] 原载《外国语》，2000 年第 1 期。

才的高等院校,并决定以华东人民革命大学四分部为基础,适应当时的外交形势,创办了上外的前身——"上海俄文专科学校"。

"俄专"基本是在"三无"的情况下——没有校舍、没有教师、没有教材——白手起家的。在陈毅市长的关心之下,由部队营区划出了一块土地让给"俄专";又从部队和有关单位陆续调来了60多位干部和工作人员,从社会上招聘了20多位苏侨教师和几位中国教师;于1949年12月招收了第一期学员。那时条件非常艰苦,建校的头三年,是学校师生艰苦奋斗、勤俭创业的三年,至今许多老同志都还清楚记得当时参加建校劳动和自编教材的情景。至1952年学校从无到有,已初具规模,建起了教室、宿舍和图书馆,培养毕业生300多人。陈毅市长对我校十分关心,多次到校作重要指示,要求校领导把眼光放远一些,不仅要培养俄语专业人才,还要培养其他语种专业人才;学生要又红又专,树立全心全意为人民服务的思想,刻苦学习,早日成才。根据陈毅同志的指示和国家外交外贸工作的需要,从20世纪50年代中期开始,学校增设了英语、德语、法语专业,并改名为"上海外国语学院"。其后,虽然几经曲折,但学校艰苦奋斗、勤俭创业、注重质量、又红又专的传统精神始终激励着上外人在探索中求发展,学校从单一俄语专业发展为俄、英、德、法、日、阿拉伯、西班牙语等7个外语专业,在校生达1600多人,为国家输送高质量毕业生达3800人;教师已达380人,初步有了自己的知名教授;学校的教学质量和毕业生质量得到广泛好评,为学校赢得了较高的社会声誉。我校经过14年坚持不懈的努力奋斗,于1963年被列为国家教育部重点院校。

新时期以来,党的工作重点转移到经济建设上来。我校继承革命办学传统,解放思想,大胆改革,抓住了两次大的机遇,推动学校两次大的发展:

第一次是在1983—1984年。党的十二届三中全会提出了改变计划经济一统天下,实行有计划的商品经济的新思想,全国教育工作会议也首次提出了教育要走出象牙塔，适应经济形势发展需求的新的指导原则。我校认真学习中央一系列文件精神，决定抓住机遇，大胆地调整学科建设方向，提出把单科性外国语学院转变为多科性外国语大学的重大决策。这在我国外语类院校中是第一家，也是当时我国高教界较早发出学科建设方向改革的声音。此后，我校开始了扎扎实实的改革，先后做了五件事。一是从1983年下半年开始增设复合型外语新专业，至1998年初已陆续开设了9种复合型专业，分别是新闻学专业、国际经济与贸易专业、工商管理专业、对外汉语专业、教育技术专业、会计学专业、金融学专业、法学专业、广告学专业。二是改革原有的单一语言专业教学为双语教学或主辅修制教学，实行弹性学分制，提高语言专业质量和适用面。三是调整师资队伍，先后建立了教师学术一、二、三梯队和实施了"跨世纪学科带头人计划"。四是加强学科点建设，重点建设语言专业博士点和硕士点，开拓建设复合型专业硕士点，加快发展研究生教育。五是建设多学科专业教材与新课程，按新形势需要更新语言专业教材和自编复合型专业教材。在复合型专业教材中，从最初的全部"舶来品"到目前已有9个专业80多个品种的自编教材，初步形成了具有外语多学科教学特点的教材系列。1994年，国家教委充分肯定了我校教育教学改革的成果，并批准我校改名为"上海外国语大学"。1996年，国家教委又顺利通过了我校"211工程"的部门预审，使我校的改革又上了一个新台阶。

　　第二次是在1993—1994年。在邓小平南巡重要讲话指引下，我国又掀起了新一轮全方位的改革高潮。高教战线也开始了以深化教育教学体制改革为特点的试点工作。我校深入学习领会邓小平教育思想，分析形势，大胆提出两项改革试点，其一是在全国率先进行收费招生改革试点，其二是率先进行国家教委和上海市人民政府共建共管上外的改革试点。这两项改革在当时都是具有一定风险的重大决策。在国家教委主管部门和上海市政府的大力支持和帮助下,改革获得了成功,并在全国引起较大反响。从我校其后的实践来看,成功并不仅仅在于两项具体改革,而在于我校将全国重点高校的服务面向作了大胆变革,即由服务全国为主改为以服务区域社会、经济发展需求为主。从1995年起,我校对全国与上海市的招生与毕业生选留比例,从70%∶30%逐步过渡到1998年的35%∶65%左右,而毕业生留沪在1998年更是达到了78%左右,是改革前的2倍多;我校还紧密围绕上海城市功能定位——建设国际化经济、贸易、金融中心城市,调整专业设置,先后设置了经济、管理、金融、法学等专业,并不断加大这些专业的培养计划。这次改革,使我校在全国率先实现了重点高校服务面向的战略转移,受到国家教育部和上海市领导的赞扬。

经过50年孜孜不倦的奋斗与改革,我校迎来了新时期的崭新面貌。截止到1998年统计,我校在6个方面取得了较好成绩:

在学科建设方面,我校按国家教育部1998年颁布的专业目录统计,从初创时的单一学科门类——文学(外国语言文学属其中一级学科),发展为现有的5大学科门类、8个一级学科、26个二级学科。5大学科门类为:文学、经济学、管理学、法学、教育学。可同时授予文学、理学、经济学、法学等学位。学校俄语专业为国家级重点学科,英语和日语专业为上海市重点学科。研究生教学从"文革"前的研究生班教学,到目前具有6个博士点、15个硕士点,占本科专业覆盖面的约50%。在学科建设中复合型专业点(本科与硕士点)共有11个,其中复合型硕士学位授予点有5个,占硕士学位授予点总数的33%,成为全国同类高校中第一家拥有复合型专业硕士点的高等外语院校。

在师资队伍方面,目前我校已有教师和科研人员500人左右,其中副高职以上人员约占40%,博士生导师有20人。已拥有一批具有很高知名度的教授、学者和一批省部级以上的高质量的科研成果,从1995年起,我校连续三年被评为语言类高校中科研排名第一位。目前我校是教育部全国高校外语专业指导委员会主任委员单位。

在学校规模方面,从我校第一期学员380人到目前合并在校生6000多人,增长了16.3倍;其中新时期以来的超常规发展,给我校面向新世纪的发展增添了动力。我校在"文革"前一直维持在校生规模约1500人左右,而到1999年统计已达6000多人,其中本科生3000多人,高职生300多人,研究生300多人,留学生350人,培训生600多人;成人教育学院本专科生1500多人。同时,学校为适应上海和华东地区对外语人才复合型、多层次需求的状况,还大力发展了其他教育和培训模式,主要有一所附属外国语小学、两所附属外国语中学、28个夜大学培训分部和上海市市民通用外语等级考试中心等,还和企业与国外大学合作建立了培训中心、合作教学点等,目前仅上海地区每年接受我校培训(短、中期)和考试的人次约达20万左右。

在教育教学方面,我校从初创之始就坚持"质量为本"的意识,50年来不断通过改革提高质量,使上外学子在国内外各条战线都赢得广泛声誉。我校英语专业学生和大多复合型专业学生在校期间均要通过英语专业四、八级考试,平均分数均列全国同类学校前茅,特别是经贸专业学生在近三年中参加英语专业八级考试,平均成绩也名列前茅,显示了复合型专业学生深厚的语言基本功底。学校对外交流不断扩大,至今已与世界上20多个国家80多所大学和研究机构建立了交流关系。至1998年已培养高质量各类毕业生3万多人。如今,无论在国际文化交流和经贸往来中,还是在国内经济界、管理界和政府部门中,都活跃着上外学子的佼佼身影。

在办学效益方面,我校初创时艰苦奋斗、自力更生的光荣传统在其后的新时期改革与发展中起到了重要作用。如今我校每年财务支出中1/4为国家财政拨款,而3/4为学校自筹和创收。我校的外语教育出版社和外语音像出版社是国内同类大学中最早成立的出版机构之一,如今发行网络已遍布全国,成为学校发展的最大支柱产业。我校十几年来减人增效的改革也使办学效益提高到一个新的层次,现在生员比(按1999年学生折算数6000人计)已达到1∶4.6以上,师生比已接近1∶14。

在精神文明建设方面,我校从初创时起就十分重视学生思想政治教育,具有良好的革命传统;新时期以来,学校始终坚持社会主义办学方向,努力抓好邓小平理论学习和"两课"改革,在大学生和青年教工中积极做好党的发展工作,近几年来,大学生党员保持在9%—11%的较高水平,基层党建主题活动已形成各具特色的格局;校园文化建设基本达到"月月有活动、院院有歌声",学生工作朝气蓬勃,1998年我校大学生组队首次参加"蓝带杯"全国大专辩论会即获得亚军的好成绩;校园文明、整洁、优美,基础建设得到很大发展,新建教学设施24,500平方米,图书馆12,700平方米,学生宿舍20,560平方米,还新建了食堂与道路,校园面貌发生了巨大变化。1996年学校获国家教委"文明校园"称号,1998年学校被评为上海市"文明单位"。回顾50年来取得的巨大成绩,我们要感谢国家教育部和上海市领导的关怀指导与大力支持,要感谢历届校领导和一代又一代上外人的辛勤努力和不懈追求。

承前启后,继往开来。面向21世纪,我们对学校的改革与发展充满信心。为此,学校提出了新的发展目标,这就是:高举邓小平理论伟大旗帜,深入贯彻《高等教育法》和全国教育工作会议精神,继续解放思想、深化改革,在21世纪初,把我校建设成为适应我国和上海地区经济社会发展需要的,能充分发挥外国语言文学学科优势,具有经济学、管理学、法学、教育学诸学科特色的,现代化的、高水平的、国际同类高校中著名的社会主义外国语大学,成为我国培养涉外型、复合型外语人才的重要基地。

为实现这一目标,学校近期的改革思路是:解放思想、实事求是,深入进行以学科建设、人事制度和后勤社会化三大改革为标志的学校综合改革,达到学科清晰、队伍精干、质量提高、管理有效、后勤剥离、制度规范的基本目标。从而使学校能在四个方面有所发展。一是在外国语言文学学科建设方面,要继续保持国内较高水平,争取扩大博士点专业范围,抓好重点学科建设,争取尽快建立国家级文科研究基地和博士后流动工作站,不断提高教学质量和科研成果的国际声誉和影响力。二是在复合型专业建设方面,要继续提高培养外语专业+应用型专业复合型人才的国内外地位,并力争使1—2个复合型专业在3—5年内尽快达到博士学位授予水平,努力率先成为可以培养复合型外语高级研究人才的大学。三是在规模方面,预计到2003年,我校日校生规模可达约8000人,其中本科生4000人、高职生1500人、各类研究生约1000人、培训生600多人、留学生850人左右;另外,成人教育学院本专科生可达4000人以上;合计共约12,000人。同时还要适时发展中外合作办学、异地办学和中小学外语教育等,为上海、华东地区和国家输送更多更好的外语人才。四是在教学质量方面,各类教育教学都要加强质量标准,确保在国家同类教学测试中都获得优良成绩。要组织学生参加校园文化和各种社会实践及科研创新活动,接受全面素质教育,使他们成为"思想合格、品德优良、专业过硬、技能领先、知识宽厚、发展有力"的一代创新型复合外语人才,为国家现代化建设作出新的贡献!

  各位领导、各位来宾,21世纪已在眼前。我们将以本次校庆为新起点,认真总结经验、发扬传统,在新世纪仍将深化改革、再创辉煌,为国家和上海市的经济发展输送更多更好的复合型外语人才,并希望继续得到上级领导和各方面人士的关心和支持。全校师生将团结努力,为把我校真正建设成为国际知名的新型外国语大学而奋斗!

  谢谢!

在第三届高校外语专业教学
指导委员会全体会议上的发言[①]

本届指导委员会于 2002 年 6 月 28 日正式宣布成立。根据教育部下发的有关文件,本届指导委员会的任期是从 2002 年到 2006 年,为期四年,目前正处在任期的中间阶段。为了能使指导委员会的工作开展得更好,也为了方便各指导小组、各委员之间的沟通,我们认为很有必要召开这样的全体委员会议。

本届指导委员会共有 97 位委员,比上届增加了不少,这说明我们高校外语专业的队伍正在不断地扩大,或者也可以说明,我们高校外语专业所面临的问题还很多,需要有更多的专家、教授参与指导。

两年以前在本届指导委员会成立大会上,教育部高教司的领导对我们这一届指导委员会提出了希望,也提出了课题研究方面的建议和要求。两年来,我们正是按照教育部领导的要求努力开展工作的。

本届指导委员会是新世纪成立的首届指导委员会,它担负着重大的责任。从宏观上来讲,面对新世纪我国各界、各阶层、各行业对外语人才

---

① 原载《外语界》,2005 年第 2 期。

的需求（如加入世贸组织、2008年北京奥运会、2010年上海世博会），我们必须加大对高校外语专业教学的改革，要更加重视外语教学，努力保证和提高外语教学的质量，使外语人才的质量再上一个新的台阶。

自本届指导委员会成立以来，至今已有两年多的时间。在这段时间里，各位委员在各指导组的领导和组织下，在百忙之中抽出宝贵的时间，做了大量的工作，也取得了可喜的成绩。这次全体会议，请大家来，就是希望各组进行一下总结，通过大会交流，相互学习、相互启发、相互促进。

指导委员会秘书处在两年多的时间里，也同样做了很多工作，如我们通过秘书处在2002年9月召开了"首届全国高等院校外语专业语言测试学术研讨会"。教育部高教司文科处的领导、语言测试专家及各语种主管测试的专家参加了会议，同时就测试手段、试卷设计、命题原则、试后分析、外语测试的正负面影响、外语专业标准化测试研究等专题展开了深入广泛的研讨，并对规范外语专业基础阶段和高年级阶段的测试达成了共识。

在2004年3月，指导委员会又与上海外国语大学合作，在上海外国语大学召开了"首届中国外语教学法国际研讨会"，教育部吴启迪副部长、高教司刘凤泰副司长，以及国际合作司的相关领导出席了会议。参加会议的中外专家、教授及教师达500多人，我们指导委员会就有好几位专家或在会上作了主题报告，或在小组会上作了中心发言。

除此之外，我们在上海外语教育出版社和对外经济贸易大学出版社的经费支持下，又开展了新一轮的科研活动。本次科研立项工作，根据教育部高教司有关领导的指示精神，也根据各指导小组的实际情况，我们设计并确立了20个科研项目。按计划，这些项目均已在2004年10月份进入了结项程序。根据我们所掌握的情况，至目前为止还有3个项目没有完成。

我们认为,从项目完成的总体情况来看,除了个别项目外,绝大多数项目的质量还是不错的,如英语组的"高等院校外语专业本科教学评估体系",该项目经过几上几下的讨论和征求意见,并报教育部主管部门批准,已在几所院校按照该评估体系对高校外语专业进行专业评估试点。我们认为,这一评估体系的制定完成,对规范外语专业的办学、保证外语专业教学质量的提高有着非常大的积极意义。经修订后的这个评估体系将作为一个模本,其他语种可以在这个模本的基础上,根据本语种的实际情况,进行适当的调整,予以实施。再如日语组的"全国日语四、八级测试的信度与效度研究",该研究报告运用科学并可靠的分析手段和统计方法,对实施两年多的日语专业四、八级考试的试题题型、内容以及测试结果进行了系统的分析与研究,并对今后如何进一步提高日语四、八级测试的信度和效度提出了具体建议。我们认为,日语四、八级测试开考时间不长,至今只有两年多的历史,属于初创阶段,而日语组的同志们能在初创阶段就注重对测试的研究,这种精神是十分值得提倡的。就各语种的四、八级考试,我们一贯认为,不是为了测试而测试,更不是为了排名而测试。我们认为,测试是外语教学的一个重要组成部分,是实施大纲的一个重要环节。因此,我们在进行四、八级测试的同时,更提倡对测试理论、测试方法、测试手段的研究,更呼吁测试的规范化。日语组所进行的这一项目的研究对测试工作的科学化和规范化是极为有益的。

另外,法语组、阿拉伯语组、非通用语种组的项目都是大型的调研报告。改革开放以来,这些专业在全国的布点情况、教师、教材情况以及在校生规模都有了相当大的发展。通过大量的问卷调查和实地考察,这些语种已基本摸清了家底,这为今后这些专业的进一步发展做好了基础工作。应该说,项目完成的总体情况是比较好的。

下面我想谈谈对今后工作的一些设想。近几年来,教育部高教司一直在对一些高校进行本科教学合格评估。与此同时,各专业,如法律、经贸、广告等专业也都在进行专业评估(我们外语专业的专业评估也已开始)。据我们所知,教育部的本科评估工作今后将作为一个常规工作,各校每隔数年就会轮到一次,为此,教育部还专门组建了"评估中心"。根据评估的经验和我们所掌握的情况,有很多学校的师资都存在一定的问题,包括师资的数量、师资的质量、年龄结构等。说得严重一点,在一些学校,师资的问题已经成为专业发展,或者说保持专业合格水平的障碍和瓶颈。我们在两年前曾经说过,教师培训,努力提高高校外语教师的质量,这将成为本届指导委员会的主要工作之一。目前我们的任期已经过去了一半,师资培训工作开展得如何,各组根据本专业的情况,有必要进行回顾和总结。各组是否可以制定一个切实可行的培训计划,请一些资深的教师,为青年教师开一些短训班,讲一点最起码的外语教学理论(有的地方学校的青年教师对外语教学理论并不熟悉),甚至可以搞一些示范教学。对英语组来说,开展教师培训的任务是很繁重的,可以分片、分期搞,由指导组出面组织。我们相信,各个学校还是会有积极性的。我们指导委员会的委员在培训工作中要起主要作用。其他组,教师的数量不是很大,任务相对轻一些,但也要开始做起来,要订出计划。我们相信,只要启动了,就一定会有好的成果。

近两年来,教育部在组织评审精品课程,我们也在考虑是否可以由指导委员会出面组织精品课程的制作与评选。各语种可以在这方面进行一下论证,确定一门可以共享的课程,以教育部精品课程的要求设计制作课程,通过评审后予以推广。我们认为,计算机和网络的普及,已经为课程网络化的实现提供了保证,以计算机为平台的远程教育、优秀课程的共享也将成为现实。但是,网络课程的选择、课件的制作绝对不是容易的事。我们认为,选择网络课程应该有一个基本的原则,这个原则至少有三点,那就是课程的通适性（可以是基础课程，也可以是知识性课程，更应该是该专业的主干课程）、教材内容的新颖性和执教老师的优秀性。至于课件制作，不应该是原始授课的照搬，而应该在综合考虑课文内容、知识点、教学法的基础上，合理编制、设计课件脚本。在大家的支持下，我们能够在一年内每一个语种推出一门网络课程，这对推动外语教学的改革将是非常有益的。关于经费的问题，我们还是想请上海外语教育出版社予以支持，也欢迎其他出版社参与支持这项工作。

关于教学法研究的问题。两年前，我们也曾经提到过，青年教师实际上很缺乏这方面的知识。为此，2004年3月，我们在上海外国语大学、上海外语教育出版社的大力支持下，组织召开了"首届中国外语教学法国际研讨会"。通过这样的会议能促进我国高校外语教学法的研究，鼓励更多的教师、特别是青年教师参与这样的教学法研究。最近我们去了一次台湾，我们感到，台湾高校外语专业的教师在外语教学法方面的研究还是比较投入的。为此，我们拟请各指导组根据本语种的特点，在2005年上半年组织召开一次与外语教学法相关的研讨会。我们考虑在各组召开教学法研讨会的基础上，选出一批好的教学法论文，争取在2005年年内再出一本论文集。在此，希望各组认真策划和组织，2005年7月份之前将论文收齐交秘书处，我们会在此基础上进行遴选、汇编。

关于测试工作。近几年来我们根据教育部高教司领导以及文科处领导的指示精神，不断加强了对测试工作的管理。大家知道，我们的测试工作以前只有英语，现在除了阿拉伯语和非通用语种，其他各语种在近一两年内都实施了四、八级考试。各语种的四、八级考试由于涉及的范围大（英语专业四、八级考试几乎涉及除西藏、台湾外的全国所有省市），而且参考人数年年有所增加，因此，四、八级考试的组织管理工作是相当繁杂的。为此，我们成立了负责考务工作的专门机构，投入了大量的人力和财力，力争不出差错。几年来，我们确实做到了这一点。但是，由于考点比较分散，在监考力度方面，个别考点没有严格按要求去做。为此，从今年开始，我们将每年召开考点负责人会议，让考点负责人签署考点纪律规范责任书，强化管理意识。我们希望，各语种必须加强对四、八级考试的管理，坚决杜绝考场舞弊，一旦发生违规现象，必须严肃处理。要不是这样的话，我们的考试将失去威信，不会被市场所承认。

除了考试管理以外，我们还积极倡导测试的理论研究。2003年我们在这方面做了一些工作，组织发表了几篇有关测试的论文。最近我们正在策划如何将测试的理论研究进一步深化下去，准备做一些案例分析和比较分析，从理论层面上来确立我们四、八级考试的地位。测试是外语教学的一个组成部分，必须引起每一位教师的关注。但是，关注的角度一定要正确，不能为了考试而考试，更不能在教学中视考试为中心。我们应该将考试视为整个教学过程中的一个环节，是对教与学的评估手段之一。科学、合理的测试可以帮助我们发现教学中的不足，可以促进我们的教学。相反，如果对测试不加以合理、科学地定位，那么它就会对教学带来极大的负面影响。据我们了解，为了达到较高的四、八级考试通过率，个别学校甚至放弃正常的教学，用大量的课时去做专门的辅导，这是不可取的。通过率的提升，不是靠辅导，更不能靠强化，而是靠平时高质量的教学。在这里也希望我们指导委员会的委员们在可能的范围内进行一些适当的指导。

关于复合型外语人才培养的问题。这是一个谈了十几年的老问题了，在这里我们依然要说，培养复合型外语人才是高校外语专业改革的方向。我们认为，2000年教育部高教司颁发的《关于外语专业面向21世纪本科教育改革的若干意见》依然是我们外语专业改革的指导性文件。这几年，我们专门成立了相关课题组，吸纳了近十所高校的有关专家，专门就复合型外语人才的培养模式问题展开了专题研究。对人才市场的大范围调查显示,复合型外语人才得到了市场的肯定,不仅比单一的语言人才更受欢迎,甚至比单一的专业人才更受欢迎(如同样是经贸专业,外国语大学毕业的经贸专业毕业生,就比财经类大学的毕业生更有竞争力),这已成了不争的事实。如果仅用"市场认可"这一把标尺来衡量的话,这种复合型外语人才培养模式无疑是成功的。但是,事情并非这般简单。尽管这些专业在培养复合型外语人才方面取得了成功,然而,一旦面临"专业评估",往往就会陷入尴尬。因为这些学科并不是作为外语专业来进行评估的,而是按照被复合的专业如经贸、法律、新闻等来进行评估的。评估专家往往会认为,作为经贸(或法律、新闻等)专业,至少专业课程的课时量不足,且课程不够,仅这两条就可以判你专业评估不合格。他们往往不会考虑,或者很少考虑你培养的学生在市场上远比他们培养的学生更有竞争力,而是以专业的要求对你进行严格要求。因此,他们就会提出一个"入流"的问题,即复合型专业首先要入专业的流,要被该专业所承认。我个人认为,这些专家所提的意见是对的,既然你发的是这一专业的文凭,你就要符合这一专业的要求,哪怕是最低的要求,这就是我们以前所提出的"复合型外语人才的专业结构定位"的问题。我个人认为,至少到目前,我们还不可能在外语专业与被复合专业之间寻找到一条中间道路,设计出一种介于两者之间的专业。既然如此,我们就必须做到"入流",即必须在课程设置、课时分配上做到基本符合被复合专业的要求。目前有的学校正在考虑复合型专业实行五年制、双学位模式,我个人认为可以对此做一下探索。

对于双专业式的复合型外语人才培养,我们感到必须有几个先决条件:第一,生源必须好;第二,师资力量必须强;第三,学生自主学习能力必须强;第四,学校对该专业的建设必须有大的投入,如实验、实习用设备等。显然这不是所有的外语类院校在近期内都能做到的,但是,这并不是说,做不到以上几点,就不能搞复合型外语人才培养了。我们以前一直强调,外语专业人才培养模式的改革,坚决不搞一刀切,复合型外语人才的培养,各地区、各学校要根据自身的条件进行探索,尚未有条件搞双专业模式的,可以搞"外语加专业方向",可以搞"外语加专业辅修",可以搞"外语加外语"等模式。我们认为,面临新世纪人才市场的需求,高校外语专业必须不断地进行改革,以适应时代的需要,而走复合型外语人才培养的道路,就是我们改革的方向。

在此我们非常希望大家能在培养复合型外语人才方面多做研究,多做实践,不断地总结经验,争取有所突破,比如在复合型外语人才培养的方法上、在复合型外语人才培养的教材选用方面、在教材编写方面等等。同样我们也吁请教育部领导能给我们更多的支持。

总之,在本届指导委员会任职期间,根据我们高校外语专业的实际情况,我们想围绕以下几个方面开展工作:

1. 组织精品课程的申报和评审;
2. 开展对青年教师的培训;
3. 开展外语教学法的研究;
4. 开展外语测试理论方面的研究;
5. 进一步探索复合型外语人才培养的方法,力争在教材编写方面有所创新和突破;
6. 继续规范四、八级考试的管理。

开展这些工作都需要经费的投入,为此我们希望上海外语教育出版社能继续对我们指导委员会的工作予以资金方面的支持,也欢迎其他出版社给予资金的支持。

建构具有中国特色的外语教育体系[①]

一、引言

随着 21 世纪知识经济的迅猛发展和我国改革开放的不断深化,对外语人才的需求量越来越大,对我国外语教育的要求也越来越高。在教育部领导下,我国实施了基础教育新课程改革、大学英语教学改革、英语专业本科教学评估等一系列措施,极大地推动了我国外语教育的发展。如英语专业本科和硕、博士点的增加;大学英语教材的修订或编写(如《大学体验英语》、《大学英语》[全新版]、《新视野大学英语》和《新时代交互英语》等);英语专业教材的编写与修订完善(如外教社、外研社、高教社所出版的语言学、文学、听、说、读、写等教程);大量语言学、应用语言学、文学原版书籍的引进(如外教社、外研社、北京大学出版社等分别引进的《牛津应用语言学丛书》《外语教学法丛书》《当代国外语言学与应用语言学文库》《英美文学文库》《西方语言学原版影印系列丛书》等);在职英语教师的学历提升(如截至 2004 年,初中专任教师 350.05 万人,学历达标 93.75%;普通高中 119.07 万人,学历达标 79.59%);外语教师科研热情

[①] 原载《外语界》,2006 年第 4 期,合作者王雪梅。

的提高和研究成果层次的提升(如大部分教师已经认识到科研的重要性并积极投稿,所刊论文在论点、论据、论证方法等方面都更加规范);等等。但随着改革的进一步发展,我们发现在外语课程设置、教学方法、教材选用、教学手段、教学评价、师资质量等方面仍然存在一定问题,虽然有不少学者尝试对此进行分析①,但从宏观角度,结合外语在我国的教学研究现状而进行的探索尚不多见。鉴于此,笔者从分析外语教育的内涵和目标入手,针对我国外语教育理论研究与教学实践中所存在的问题,尝试以本土性、多元性、发展性为原则,建构具有中国特色的外语教育体系。并从外语教育研究、师资教育、外语人才培养三个维面进行具体阐释,以切实发展我国的外语教育,培养适应时代需求的高素质外语教师和创新型外语人才。在具体阐述之前,笔者先明确一下外语教育这一概念。虽然部分学者将外语教育与外语教学相等同,但两者在研究范围与研究性质上有所不同。就研究范围而言,外语教育涵盖宏观、微观等不同教育教学层面的研究,而外语教学更侧重于语言(外语/二语)的教法学法。就研究性质而言,我们所进行的外语教学研究有更强的教育属性,而不是语言学属性。随着我国教育改革的发展,素质教育和人本教育的理念越来越重要。我们在外语教学研究中不能仅局限于教法探讨,也不能仅注重拓展学生的语言知识,培养其语言技能,还应涉及学生情感态度、学习策略和文化意识的培养(目前广为推行的《英语新课程标准》的教学内容即涵盖知识、技能、情感、策略、文化等方面);而这些理念与教育学、教学论、心理学、教育科研理论等密切相关。所以笔者认为如果从宏观角度探讨相关教育教

---

① 戴炜栋、张雪梅:《探索有中国特色的英语教学理论体系——思考与建议》,《外语研究》,2001年第2期;包天仁:《章兼中教授访谈录》,《基础教育外语教学研究》,2004年第10期;包天仁:《桂诗春教授访谈录》,《基础教育外语教学研究》,2005年第1期;张正东:《探讨我国英语课程的目标》,《课程·教材·教法》,2005年第9期;束定芳:《呼唤具有中国特色的外语教学理论》,《外语界》,2005年第6期。

学研究、教师教育、人才培养等问题,宜采用外语教育一说。

二、建构外语教育体系的必要性、目标与原则

1. 建构外语教育体系的必要性

虽然我们在基础教育改革、大学英语教学改革、外语/英语专业教育改革等方面取得一定成绩,但改革过程中所出现的课程设置、教材评估、师资培训、教学质量等方面的问题也要求我们立足我国国情,切实建构外语教育体系。

众所周知,目前基础教育课程改革正在轰轰烈烈地进行。按照《基础教育课程改革纲要(试行)》中的总体规划,2000—2005年,完成新课程体系的制定、实验和修订;2005—2010年新课程体系将逐步在全国全面推行。据报道,2004年在全国范围内已有近2500个县(市、区)实施新课程,约占全国总县数的87%;70%—80%的小学一年级和初中一年级学生使用新教程。2005年义务教育阶段起始年级已经全面进入新课程。新课程改革在为教育理念、教育方式等带来可喜变化的同时,也产生了一定困扰。尤其是英语新课程标准所倡导的培养语言应用能力、任务型教学法、过程性评价等与我国传统的知识传授、大班教学、中/高考体系等存在一定矛盾,对此不同学者见仁见智,各抒己见[1]。而为了统一认识,确保基础教育改革的成功,有必要在充分调研的基础上,结合我国的外语学习环境,对基础阶段外语教育的特点、目的及相应课程设置、教学过程等进行研究。

探索具有中国特色的外语教育体系也是大学外语/英语教育改革的需要。大家知道,自1998年以来,我国高等教育已经由精英教育向大众

---

[1] 张正东,《外语教学的创新与发展》,《基础教育外语教学研究》,2004年第10期;包天仁:《何广铿教授访谈录》,《基础教育外语教学研究》,2005年第7期。

教育发展，不仅本/专科生招生规模扩大，研究生也连年扩招。据权威数据统计，研究生规模年递增26.9%，1998年研究生招生规模为7.2万人，而2004年是32.6万人；2005年，全国计划招收研究生36万人左右，其中博士研究生5.3万人，较前年增长8%左右。而外语作为专业共同必修课，其地位不可忽视。为了改变"聋子英语""哑巴英语"的局面，教育部2004年正式颁发了《大学英语课程教学要求（试行）》，明确指出："大学英语的教学目标是培养学生英语综合应用能力，特别是听说能力，使他们在今后工作和社会交往中能用英语有效地进行口头和书面的信息交流，同时增强其自主学习能力、提高综合文化素养，以适应我国经济发展和国际交流的需要。"这种由原来强调阅读能力到重视听、说、读、写、译等英语综合应用能力的改变对外语教育教学提出了更高的要求，而我国语言应用环境的相对匮乏、教学资源不足、学生缺乏互动等问题也成为新的研究热点。

英语专业的教学评估和教学改革也需要与我国外语教育实际密切联系。目前各高校纷纷增设本科英语专业，英语语言文学的硕、博士点也在增加，英语专业教学规模快速发展。这固然在一定程度上有助于英语专业建设，但也带来了师资比较匮乏、教学手段落后、教学质量堪忧等现实问题。为了切实提高英语专业本科教学的质量，高等学校外语专业教学指导委员会从2005年下半年起已经正式对全国部分院校的英语专业本科教学进行评估，从学科规划、师资队伍、教学资源、教学内容与管理和教学效果等方面进行全面评定。如何保证评估的公正性、科学性，如何解决评估中所发现的问题等都需要我们关注。而且，在本科教学评估的基础上，尝试进行外语专业研究生教育评估，提升专业教师素质，提高教学科研质量等问题也值得我们探索。

2. 外语教育体系的目标与建构原则

如上所述,建构具有中国特色的外语教育体系关系到我国基础教育、高等教育等不同层次教育的长足发展。鉴于任何教育都涉及理论研究、教师与教育实践这三方面,因此,笔者将针对我国外语教育理论研究、师资教育、人才培养等方面所存在的实际问题,结合我国外语教育研究和实践的环境、资料、人力等因素,建构立足于我国国情、为我国教育长足发展服务的外语教育体系。之所以强调立足我国国情,是因为一方面宏观外语教育政策的制定需要考虑到我国地域广阔、外语教育资源分布不均、师资、学生素质有别、对外语人才需求不同等问题;另一方面在微观教学方面也要考虑到我国学生的个体差异、学习语言的特点及策略、教师教学风格与学生学习风格的契合等问题。之所以提出该教育体系要为我国教育长足发展服务,主要是考虑到我国经济文化发展对研究型人才和应用型人才的不同需求,非通用语种与通用语种的比例,师范专业与非师范专业的侧重问题等。也就是说,所建构的外语教育体系必须要适应国家教育的长远发展需求,有助于发展我国外语教育研究,培养研究型外语师资和创新型外语人才。

建构这样一个外语教育体系应该坚持本土性、多元性、发展性原则,其中本土性主要体现其性质;多元性说明实施该体系的各种方式;发展性主要表明该体系是开放的,是不断演变的。具体阐述如下:

所谓本土性原则,就是指建构外语教育体系时应该立足于我国外语教育实际,所进行的教育教学研究、所主张的师资培养、人才培养模式等都要适合我国国情,符合我国外语教育教学特点,有助于我国外语教育的发展。如教育研究中以社会对外语人才的具体能力需求、不同学习者学习外语的目标、我国学生学习外语的特点等为研究课题;师资培养中可以采取加强校际交流、扩大教育硕士培养等措施;外语人才培养中可以根据不同教学需求,探索师生互动、多媒体教学、大班课堂教学等具体问题。只有突出本土特色,才能够切实发展外语教育。

所谓多元性原则,就是指外语教育体系所建构的研究范式、教师教育模式和外语人才培养模式应具有内容和形式的多样性。随着行动研究理念(即反思教学实际,在反思中发现问题、解决问题并上升到理论层次的研究)的普及,发现学习、探究学习、研究学习等学习方式的推广以及师生互动、教学相长、个别化教学等教学理念的发展,人们越来越注重对自身与他人创新能力的开发,注重针对不同问题,采用不同方式,从各个层面进行教学、学习与研究。

所谓发展性原则,就是强调以终身教育观为依据,结合不同层次外语教育改革的需求,注重教育目标的时代性、教育内容和教育形式的开放性。我们知道,无论是教育研究、教师教育还是人才培养,都是不能够穷尽其理论与实践研究层面的。任何宏观的(如研究思路、培训思路、培养理念等)或者微观的研究(如教材、教法、教学评估等)都不是"放之四海而皆准"、经久不变的真理,而是动态的,是随着社会需求、外部环境、个体差异等因素而变化的。

三、建构具有中国特色的外语教育体系

1. 外语教育体系的框架

笔者以本土性、多元性和发展性为原则,尝试从外语教育研究、教师教育和人才培养三个维面建构外语教育体系。之所以涉及这三方面,在一定程度上受威多森关于教学中理论与实践协调模式的启发。[①] 他区分了应用语言学家与教师的不同作用,指出前者主要在理论层面上对教学

---

① G. Widdowson, *Aspects of Language Teaching*, Oxford: Oxford University Press, 1990.

原则进行解释和概念性评价,后者主要在实践层面上对教学技巧进行应用,并从实证角度评估其效果。笔者将这一观点引入教育领域,鉴于教育理论最后总是要通过教师在教育实践中得以验证,因此将教师作为最重要的因素,教师教育体系作为外语教育体系的重心,如图3所示:

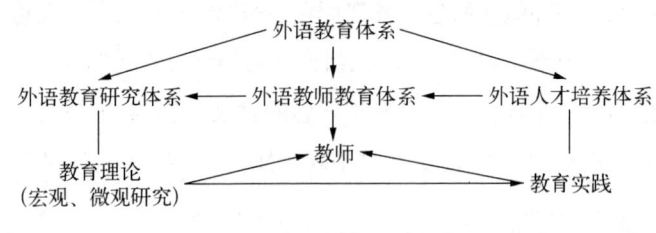

```
                    外语教育体系
                   ↗     ↑     ↖
        外语教育研究体系 ← 外语教师教育体系 → 外语人才培养体系
             ↓              ↓                    ↓
          教育理论    →    教师              教育实践
        (宏观、微观研究)
```

图 3　外语教育体系框架

从图3可以看出,外语教育理论研究旨在对我国外语教育教学进行理论探讨(如宏观的教育改革、教育理念、外语教学理论研究以及教材评析、教学管理等微观研究等);外语教师教育旨在提升教师的学习与教研能力,培养合格的外语教师;外语人才培养强调在教育实践中达到培养创新人才的目标。外语教育理论的研究成果通过教师在教学实践层面予以检测和反馈。

2. 外语教育体系的三个维面

(1) 外语教育研究体系

之所以建构外语教育研究体系,一方面因为它对外语教育实践起到一定指导作用,另一方面是因为我国外语教育在研究人员、研究层次、研究内容等方面都存在一些问题。如致力于外语教育研究的专业人员较少,存在重视本体研究、轻教学研究现象(如有的高校流传着"教学研究难登大雅之堂"的说法);重高校教改研究,轻基础教育研究的现象(如高校中关注新课程改革的教师很少,以至于有的教师参与高考出卷时,对高中英语教学的目的、学生的水平等感到很困惑);研究成果中感悟性阐述较多,实证研究基础上的理论分析相对较少,即便运用一定研究方法,也多以问卷调查为主(这一点在各大外语期刊所发表的外语教育教学论文中可见一斑);微观层面的研究较多,宏观教育理念、教育思路、教育管理方面的研究较少,以至于部分一线教师在教学教改中不明确教学目标,见树不见林(这可能在一定程度上归因于教学管理者很少从管理角度进行研究,而一般外语教师又不熟悉宏观管理);吸收引进的多,结合中国教育教学实际的较少(如部分学者将二语习得的原则方法直接应用到我国英语教学中)。这些问题有些学者已经有所论述[①],他们均指出这将会在很大程度上影响到我国外语教育的长足发展。

为了解决这些问题,笔者认为应该从以下几个方面做出努力:

第一,创设激励机制,鼓励更多的教师进行外语教育教学研究。具体说来,应该对致力于教学改革研究(尤其是实验性研究)的教师提供支持,并在职称评定、评优评先时给予一定倾斜政策,从而确保更多的教师参与教育教学研究。一般说来,所从事的研究理论性越强,参与的人数就越少。笔者受斯特恩的外语教学模式启发,利用图4来说明问题:

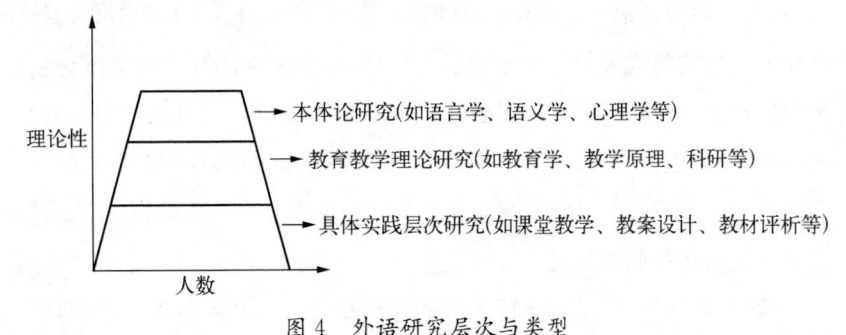

图 4　外语研究层次与类型

---

① 戴炜栋:《对外语教学"一条龙"改革的思考》,《外语界》,2002 年第 1 期;张家骅:《也谈高校专业外语教育改革》,《外语研究》,2003 年第 1 期;张正东:《外语教学的创新与发展》,《基础教育外语教学研究》,2004 年第 10 期。

从图 4 可以看出,在外语语言学与应用语言学界,研究可以分为具体实践层次的研究、教育教学理论研究以及本体论研究。从实践性研究到本体论研究,其抽象性、理论性越来越强。一般说来,理论学家多侧重于本体论研究,应用语言学家多侧重于教育教学理论层次研究,教师多侧重于教学实践研究。鉴于目前我国大部分语言学研究者同时承担着博士/硕士研究生导师以及本科教学任务,或者担负一定教学管理任务,因此他们在搞好本体论研究的同时,也应该涉猎教育教学研究,以提高管理及教学效果。只有三者兼顾、各有侧重,才能够切实提升教育教学质量。

第二,完善我国外语教育研究体系,分别成立国家级、省级、校级等教育研究中心,办好专门的外语教育教学刊物,召开国际性教学研讨会等,以扩大学术交流合作,切实推动我国的外语教育改革。这些方面我们已经取得一定成绩。如设在北外的"中国外语教育研究中心",上外的"外语教材教法研究中心"以及北师大的"基础教育课程教材发展中心"等都为我国的师资发展、教育研究等贡献了力量;《外语教学与研究》《外国语》《外语界》《中国外语》《现代外语》《课程·教材·教法》等刊物也对外语教育研究的导向与成果的推介起到很大作用;而全国性的教学法类研讨会相对比较多,规模、层次和效果也比以往有很大发展。但总体说来,部分省级(特别是边远省份)、校级(如新上本科院校)的外语教育教学研究组织还不够完善,存在受经费、时间等限制而很少举办学术活动的现象。这些都应该引起我们的重视。

第三,倡导求真务实、开拓创新的科研精神。所谓求真务实,有两层含义,一方面要根据自己的研究兴趣,明确自己的研究方向,确定具体的研究重心。有些研究生或青年教师喜欢跟风研究,没有主攻方向,结果样样通,样样不精,这样只会限制自己的学术发展。另一方面要结合我国的实际情况进行研究。王宗炎先生曾经指出,目前对国外语言学的学习和借鉴"搜集采购之功多,提炼转化之功少"。这种现象在外语教育教学研究中也仍然存在。目前有些学者已经尝试从文化传统、地域分布、价值观、方法论等方面分析我国外语教学的目的以及外语教育的国情特点[①],另外一些学者结合中学教改试点,提出循序直接法、外语立体化教学法、立体式科学形态外语教学法、"四位一体"教学法等,这些都是有益的探索。笔者建议研究者可以结合本体研究的一些成果,选取一些有意义的课题进行研究。如在教育教学理论方面考虑我国对外语人才的需求、汉语语境下的外语教育原则、教育理论、教育评估等问题;在微观操作层面上考虑外语课堂教学模式、学生语言综合应用能力培养、阶段性测试等问题,通过踏实深入的调查分析,得出有价值的结果。

所谓开拓创新,即在外语教育研究中跳出学科与经验的限制,合理吸收其他学科的研究成果,尝试在理论研究和实践层面有所创新。大家知道,在语言学研究发展过程中,新理论的产生总是以否定或补充原有理论为基础,如心智主义对行为主义的挑战、认知主义对心智主义的补充、批评话语分析的兴起等。同样,在外语教育研究中,新理论新方法的产生总是对传统的继承和革新。以语言教学而言,网络环境、多媒体等现代教育技术与教材、教学模式、教学策略等的有机结合就可以作为有实用价值的创新点来探索,而新课程改革背景下的具体教学策略、教学评估、教材分析、教师信念等也值得探究。

应该指出的是,开拓创新是以求真务实为基础的,只有立足我国国情、教情和学情,结合自己的兴趣进行研究,才能在研究内容、研究方法、

---

① 张正东:《关于多种英语教材的思考》,《基础教育外语教学研究》,2005 年第 11 期;张正东:《我国外语教育的国情特点》,《基础教育外语教学研究》,2005 年第 12 期。

研究结果等方面有所突破,并使研究成果对教育教学的理论发展和实践应用有一定价值。

(2) 外语教师教育体系

随着我国基础教育新课程改革和高等教育改革的发展,提升外语教师的整体素质,发展教师教育已经成为外语教育的关键问题。目前我国高校和中小学外语师资在学历、年龄、科研成果等方面仍然存在一定问题。戴曼纯、张希春通过调查全国 40 所高校的外语师资情况,发现高校英语教师存在着工作负担较重、年龄结构不合理、男女比例失衡、无研究生教育背景者比例较大、科研实力有待提高等问题。[①] 我国中学英语师资就其整体素质而言,也存在理论水平较低、教育观念相对滞后、教学模式比较固定、科研能力相对薄弱等问题。[②] 而相关的外语教师培养大多以"知识"为中心,教学方法和教学素质的培养相对滞后。[③] 因此,有必要明确教师教育目标、完善教师教育体系、培养适应时代需求的外语教师。

唐朝大文学家韩愈在《师说》中谈到"师者,传道、授业、解惑者也",这表明教师应该对学生讲授道理、传授知识、答疑解惑,突出了教师所应具备的知识与能力。而随着教育教学改革的发展,师德和终身学习能力的重要性也凸显出来。教育部周济部长在"全国师德论坛"中强调"百年大计,教育为根本;教育发展,教师是关键;教师素质,师德最重要"。而教育部师范教育司司长管培俊则指出,在一个建设全民学习、终身学习的学习

[①] 戴曼纯、张希春:《高校英语教师素质抽样调查》,《解放军外国语学院学报》,2004 年第 3 期。
[②] 王雪梅、康淑敏:《从新课程改革角度探索中学英语师资培训思路》,《基础教育外语教学研究》,2005 年第 6 期。
[③] 陈冠英:《〈第二语言教师教育〉导读》,外语教学与研究出版社,2000 年。

型社会的伟大进程中,教师应该成为终身学习的典范。① 综合考虑这几种观点,同时结合对外语教师语言技能、教研能力等方面的要求,笔者提出我们的外语教师教育旨在培养爱岗敬业(有责任心和爱心)、专业知识渊博(如外语语言本体、教育教学理论等)、综合能力强(如语言技能、教学与研究能力等)的教学+科研型外语教师。当然,对于中小学外语教师与高校外语教师在知识、能力等方面的要求会略有不同,如对中小学外语教师更强调教育教学实践能力,高校外语教师更注重科研能力等;在学历、知识面、科研成果层次等方面也会有所区别。

有了明确的目标,笔者认为应该从以下几个方面完善教师教育工作,切实提高在职教师的学历层次,拓展其知识面,提升其教学与研究能力:

第一,就教育部、省教育厅、市教委、县教育局等各级教育管理部门而言,应切实重视师资教育,搞好在职教师的学历教育和非学历培训工作。目前,针对中学外语教师所进行的本科函授和教育硕士培养已经取得很大成效。而高校外语教师可以通过正规硕、博士教育、硕士学位班、博士学位班等提升学历层次。至于非学历培训工作,目前基础教育改革中的各种培训比较普及(如新任教师岗位培训、中小学骨干教师培训、新课改通识教育、教材培训班、计算机培训、骨干教师高级研修班等),效果也比较好。而高校除了进行新任教师岗位培训和计算机网络应用培训外,主要通过出国或者在国内访学,参加专题性学术会议、科研方法、策略培训班等提高自身的能力,尚需切实考虑教师的实际需求,继续丰富培训形式、充实培训内容、优化培训效果。

第二,坚持以所在学校为本,建立校本研修制度。目前,校本研修作

---

① 管培俊:《今天怎样当教师——教育部官员网上访谈录》,《外语教学与研究》,2004 年第 10 期。

为新课程改革中教师专业发展的重要形式,在中小学搞得比较好,相关教育理论和教学实践研究也比较多。① 但在高校还没有得到充分重视,制度不够系统完善。笔者认为在高校也可以由科研处、教务处牵头,以教师所在院系为基地,以教研小组为单位,通过申报并从事科研教改课题研究、开展教学竞赛、定期进行学术研讨、作专题报告、上公开课、开学术沙龙等形式,营造浓厚的教研氛围,提高在职教师的教研能力。同时也可以实施结对子活动,由资深教师或者硕士、博士生导师与青年教师合作,针对教学实际需求,进行科研或教改课题研究。对于教师而言,参加科研或教改项目是最好的培养合作精神、提升教研能力的途径之一,对于教师自身的专业发展大有裨益。

第三,就教师本身而言,应该树立终身学习理念,确定明确的专业发展目标(如师德修养、学历提升、知识拓展、教研能力提高等),制定近期、中期、远期计划并逐步付诸实施。穆尔肯和特坦布姆认为终身学习是每个教师培养计划的中心观念,实践性、自主性和灵活性是关键部分。② 教师作为教师教育的主体,能否发挥主观能动性,主动进行反思并积极进取是决定自身专业发展水平的重要因素。教育管理机构和所在院校的作用只是外部因素,而教师自我成长的动机才是内因。教师在制定专业发展计划时首先要注重自身学历的提高。目前高校对教师学历的要求越来越高,如上海外国语大学在《高级专业技术职务申报条例》中明确规定43岁以下的教师必须具备博士学位才能参评正教授;而部分中学也加大了学位在职称评定中的比例。因此,在职教师可以通过各种继续教育形式攻

---

① 刘尧:《教师"校本培训"模式构想》,《教育发展研究》,2001年第3期;康淑敏、王雪梅:《"级部校本"式中学英语教师教育模式探讨》,《基础教育外语教学研究》,2004年第1期。
② A. Mulkeen & J. Tetenbaum, "An Integrative Model of Teacher Education and Professional Development", *Educational Horizons*, Vol. 65, No. 2, 1987.

读更高层次的学位,如博士、硕士、专业硕士、教育硕士等。但是,学历教育并不完全等同于能力培养,教师必须针对自身的研究兴趣,坚持进行语言本体、教育教学理论或者实践研究,从而切实提高自己的教学研究能力。

当然,教师教育的发展涵盖面非常广,既涉及宏观的教师教育制度创新、《教师教育条例》的制定、现代教师教育制度的构建等问题,也涉及教育理念的明确性、具体教育内容的合理性、教育方式的多元性、评估方式的可操作性等问题。但这一类探讨相对较多,限于篇幅,本文就不再详述了。

(3) 外语人才培养体系

目前,创新是21世纪大力弘扬的理念;创新型人才是国家建设的关键,而创新教育是当代教育的主旋律。前教育部长陈至立曾指出:"加入WTO以后,学校应顺应教育发展的世界潮流,把提高人才培养质量放在突出地位。改革课程、教材、教学策略、考试和评估体系,大力推进素质教育,培养学生的创新精神和实践能力。"[①]可见,如何开展教育教学改革,培养高素质创新人才已经成为学术界的研究热点。就外语教育而言,新课程改革、大学英语教学改革、英语专业本科教学评估等正在蓬勃开展,由此也引发了学界对不同层次外语人才的培养目标、相关课程设置、教材编写、培养方式、评估方式等的一系列探讨[②],笔者也分别针对大学英语教学、英语教学"一条龙"体系、外语教学理论、外语教学模式、英语本科评

---

① 陈至立:《我国加入WTO对教育的影响及对策研究》,《中国教育报》,2002年1月9日。
② 李荫华:《继承、借鉴与创新——关于〈大学英语〉系列教材(全新版)的编写》,《外语界》,2001年第5期;高远:《外语教学改革要科学论证和放开搞活》,《外语教学与研究》,2003年第3期;张绍杰:《教—考分离——大学英语四、六级考试改革的必由之路》,《外语教学与研究》,2003年第5期;束定芳:《外语教学改革:问题与对策》,上海外语教育出版社,2004年。

估、英语专业教材建设等问题作了一定分析和阐释,在具体课程、教材、教法、考试等方面提出了自己的建议①,这里就不再赘述了。鉴于在本文前几部分我们主要讨论了外语教育研究体系、外语教师教育体系的建构,而外语人才培养的质量又是检验相关研究水平和教师素质的最佳方式之一,因此下面笔者主要以高校外语人才培养为主(因为基础教育阶段的外语教学主要是为进一步学习打好基础,并初步培养在学习中发现问题、分析问题、解决问题的能力),结合现代教育技术的发展,从我国外语人才培养的多样性、系统性、现代性等方面谈几点看法,希望对建构具有中国特色的外语人才培养体系有一定启示意义。

第一,我国外语人才培养的多样性。考虑到我国地域、经济、教育等发展情况的差异,笔者曾提出要注重点与面、质与量的有机结合,根据社会需要,因材施教,培养出不同层次、不同专业和不同种类的外语人才。②现在笔者仍然坚持这一看法,但认为在考虑多样性的同时,要突出其共性,也就是说,我们所培养的人才(无论是学术研究型还是应用职业型)都同样受到内外两方面因素的影响,具备一定的知识、能力和品德(周济部长在2004年12月于北京召开的第二次全国普通高等学校本科教学工作会议中也强调了这三个方面的协调发展)。如图5所示:

---

① 戴炜栋、张雪梅:《探索有中国特色的英语教学理论体系——思考与建议》,《外语研究》,2001年第2期;戴炜栋:《构建具有中国特色的英语教学"一条龙"体系》,《外语教学与研究》,2001年第5期;戴炜栋:《外语教学的"费时低效"现象——思考与对策》,《外语与外语教学》,2001年第7期;戴炜栋、刘春燕:《学习理论的新发展与外语教学模式的嬗变》,《外国语》,2004年第4期;戴炜栋、张雪梅:《谈英语专业教学评估和学科建设》,《中国外语》,2005年第2期;戴炜栋、王雪梅:《前瞻性、先进性、创新性——关于"新世纪高等院校英语专业本科生系列教材"建设》,《外语界》,2005年第3期。
② 戴炜栋、张雪梅:《探索有中国特色的英语教学理论体系——思考与建议》,《外语研究》,2001年第2期。

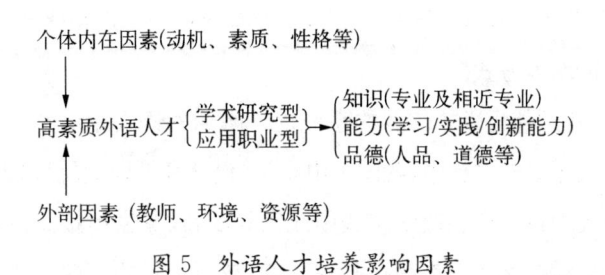

```
个体内在因素(动机、素质、性格等)
            ↓
高素质外语人才 { 学术研究型    { 知识(专业及相近专业)
              应用职业型      能力(学习/实践/创新能力)
            ↑                品德(人品、道德等)
外部因素(教师、环境、资源等)
```

图 5　外语人才培养影响因素

从图 5 可以看出,外语人才的培养受到一定个体内因(如动机、素质、性格等)和外部环境(如教师、环境、资源等)的共同影响,而高素质的外语人才又可以粗略地分为学术研究型和应用职业型。这两种人才都具备专业及相近专业知识、学习/实践/创新等能力以及高尚的人品、道德等,只不过在知识领域、能力侧重、创新研究能力强弱等方面存在一定差异。值得注意的是,我们既重视知识拓展和能力培养,也强调品德修养,这一方面是出于教育自身的育人功能,另一方面源于人才的道德修养是学校和用人单位的重要评估标准之一。[①] 同时大家还要注意学术研究型和应用职业型外语人才的界限并不明显,两者之间可以是个连续体,包括那些处于学术型与应用型之间的各种外语人才。以英语专业博士生、研究生、本科生、专科生为例,很可能层次越高,就越倾向于进行学术研究,反之则相反。

在外语人才培养过程中,一方面要考虑到人才在知识、能力、品德等层面的共性,另一方面也要考虑到外部因素与内在因素的具体差异,在了解国家、社会、市场等对外语人才能力、知识等需求的基础上,结合地域、院校、专业等特色,突出个性,培养多样化的外语人才。如上海外国语大学的专业结构即分为复合型(语言+专业)、双语型(非通用语种+英语)

---

① 束定芳:《外语教学改革:问题与对策》,上海外语教育出版社,2004 年。

和方向型(英语+专业方向)三大类,还设有专业硕士点和博士点,拓展了外语人才的培养方式。

第二,我国外语人才培养的系统性。所谓外语人才培养的系统性主要指外语人才培养过程中,我国大中小学(包括高等职业院校)外语/英语教学在相关理论研究和教学实践中应密切配合、紧密衔接。在我国高等教育与基础教育之间一直存在条块分割、缺乏传承的问题。从理论研究层面来说,高校教师呆在大学的象牙塔里,沉浸在语言学本体研究中,很少留意基础教育改革状况,也不大关心中小学教师的水平与学生的需求;而小学和中学教师等多以高考、中考为中心,没有时间也没有兴趣了解语言学及应用语言学的理论发展。从教学实践来看,英语基本功,特别是听说能力的培养在基础教育阶段非常重要。许多学生的口语表达方式因为在中学已经发生"石化",到了大学很难纠正,直接影响了交际能力的培养。从教育管理来说,基础教育与高等教育分属不同部门,彼此合作性尚待加强。针对这些问题,笔者曾经建议教育部全面统筹规划,处理好各阶段之间的衔接问题,以避免不必要的重复和浪费。① 当时基础教育改革正在试点阶段,而现在新课改已经在全国范围内展开。相关的教材编写、教学方式、教师教育、教学评估等都已经发生很大变化。如目前中小学所用英语教材有了人教版、外教版、冀教版等不同版本;教学中大力倡导任务型等教学,注重发现学习、探究学习、研究学习等;在教师培训方面,1000万中小学教师将于2003—2007年实施新一轮全员培训,200万中小学教师将参加学历学位提高培训,同时实施100万骨干教师培训;教学评估强调过程性评价,并尝试进行高考/中考改革,给予一些省份高考自主命题

---

① 戴炜栋、张雪梅:《探索有中国特色的英语教学理论体系——思考与建议》,《外语研究》,2001年第2期。

权。这些变化对于高校外语教育发展和人才培养意味着什么呢？第一届参加新课改试点的学生将于2007年参加高考，升入大学。这批学生又将对高校外语人才培养带来哪些教育理念、教育方式、教育手段等的变化呢？这些都是值得研究的问题。如果不解决好这些问题，就很难保证外语人才培养的一体性，也必然会对人才培养质量产生一定影响。因此，笔者建议继续深化外语教育教学改革，将基础教育与高等教育的理论研究与教学实践相融合，一方面搞好高校对中小学教师的培训和教研指导工作，提升中学英语教师层次；另一方面可以通过成立教研机构，共同承担教改项目、参加教学研讨会等方式密切高校教师与中小学教师之间的联系，使他们一起关注教育理念、教学大纲、教学理论、教学方法、教学管理、测试体系、教法试验、教材编订等问题，共同为之出谋划策，切实推动外语人才培养的进程。

第三，我国外语人才培养的现代性。所谓外语人才培养的现代性，主要指现代教育技术（如网络、多媒体等）对于外语教学、人才培养方法与手段的影响。大家知道，目前我国部分地区的外语教育教学在教育理念、教学方法、教学手段、教学内容等方面上还存在一些问题，特别是农村的中小学英语教学，质量更是堪忧。而充分利用网络、闭路电视、光盘等资源，不仅可以对落后地区的教学有直接的辅助和提升作用，还有利于发展教师教育。根据《2003—2007年教育振兴行动计划》的要求，教育部将加快推进全国教师教育网络联盟计划，尝试构建开放高效的教师终身学习体系。目前网校规模扩大，招生人数不断上升，截至2004年底在校生总数已超过170,000人。现代教育技术在外语教育中的重要作用可见一斑。

事实上，随着信息时代的迅猛发展，多媒体、网络等手段在很大程度上改变了外语人才培养的方式、方法等。传统的外语教学中，教师往往占据权威地位，从事授课、测试、评估等活动。而随着信息技术的飞速发展，电脑已经从"辅助"全面走向了教学前台。① 如某些外语教学软件内容丰富、形式多样,为学生自主学习创设环境。又如大量开放的超文本信息资源有利于培养学生的终身学习理念;电子布告板、邮箱、网站、聊天室等不仅提供了多样化的外语学习与交流机会,也有助于学习中的互动合作。而上海外语教育出版社和中国科学技术大学联合研发的"外教社大学英语口语考试系统"甚至可以代替教师进行口语测试并实施相应组织与管理。可以说,现代教育技术所带来的方法手段的变化将成为外语教育现代化的突破口。②

我们在外语教学和人才培养过程中,一方面要认识到多媒体、网络、光盘等先进教育媒介所具有的优势(如信息来源广、学习自主性增强、教学形式多样等),并充分运用这些教育资源来改善教育教学环境、丰富教学信息、提升教学效果、提高所培养人才的综合素质。另一方面也要考虑到它的不足,如对硬件设施要求比较高,网络很容易出现故障或者网速过慢,或者很难与其他网站链接,某些学习网站信息太少等;又如运用网络进行组内或组间合作活动时互动性不足等。③ 针对这些问题,应采取一定措施,以切实发挥现代教育技术对外语人才培养的优势,避免其不足。

四、结束语

目前我国外语教育在教育研究、师资教育、人才培养等方面都存在一定问题,而解决问题的主要途径就是立足我国国情,建构具有中国特色的外语教育体系。鉴于此,笔者在分析我国外语教学以及教师教育现

---

① 陈坚林:《大学英语网络化教学的理论内涵及其应用分析》,《外语电化教学》,2004年第6期。
② 何高大:《论外语教学现代化、信息化、智能化和多元化》,《中国外语》,2005年第6期。
③ 张建伟、卢达溶:《关于网络协作探究学习及其影响因素的实证研究》,《电化教育研究》,2002年第8期。

状的基础上，借鉴国外相关教育理论框架，尝试以本土性、多元性、发展性为原则，建构外语教育研究体系、教师教育体系和人才培养体系；主张进行有本土特点的外语教育研究，培养反思研究型教师以及具有学习能力、实践能力和创新能力的学术研究型、应用职业型等外语人才。当然本文只是初步探索，具体教学环境、教学方法、教学评估、教师教育模式等方面的研究尚需进一步深入，希望外语界同仁能够共同努力，关注外语教育研究，为切实发展我国的基础教育、高等教育和继续教育等尽一份绵薄之力。

第四届高等学校外语专业教学指导委员会工作思路[①]

教育部高等学校外语专业教学指导委员会的前身是教育部高等学校外语专业教材编审委员会,1992年更名为高等学校外语专业教学指导委员会,受教育部领导并接受教育部委托开展高等学校本科教学的研究、咨询、指导、评估、服务等工作。

本届指导委员会与以往有很大的不同,不仅委员人数有所增加,更重要的是在组织形式上采取了各语种教学指导分委员会制,以前的各语种指导小组,升格为分指导委员会。此外,本届教学指导委员会和各语种分指导委员会共有177位专家,比上届指导委员会的97位专家,在人数上有很大的增加。仅从这些变化上我们就能体会到,高校外语专业的队伍正在不断扩大。2005年,全国共有英语本科专业点790个,日语293个,俄语91个,德语58个,法语60个,西班牙语19个,阿拉伯语10个,朝鲜语43个,越南语9个,意大利语8个,全国高校中除英语外的语种已经达到45个。这是2005年的统计,不包括近两年新建的专业。据我们掌握

[①] 原载《外语界》,2007年第6期。

的情况,近两年来各地方高校新建外语专业的速度并没有减缓。例如,英语专业点已有900多个,日语360个,德语100个,西班牙语40个,阿拉伯语24个。专业点多了,需要有更多的专家参与指导,尤其是一些新办的专业,存在的问题还不少,这就更需要专家予以指导。我们每一位指导委员会委员都肩负着重要的责任。

今年年初,教育部连续下发了教育部1号文件和教育部2号文件,这两个文件一个是有关进一步深化本科教学改革、全面提高教学质量方面的,一个是有关实施高校本科教学质量与教学改革工程方面的。在年初连续下发两个内容相关的文件,这说明教育部对提高高校教学质量的高度重视。我认为,今后一段时期内高校的中心工作就是"抓质量"。同样,我也认为,我们新一届指导委员会近期的工作中心也应围绕"改革、发展、质量、内涵"这几个关键词开展。

一、关于改革与发展

就高等教育而言,无论哪一个国家都始终面临着改革与发展的问题,而发展中国家的高等教育改革与发展的任务就更重。外语专业教学作为高等教育的一个组成部分,也同样面临着改革与发展的重任。

关于复合型外语人才培养的实践,我们已经有了十几年的成功经验。事实表明高校外语专业在打好外语基本功的同时加大某一领域专业知识的传授量,使培养的人才既有较高的外语水平又有一定的相关专业知识,从实践角度来看,这样的人才培养模式是切实可行的,而且,确实受到人才市场的认可。我们认为,培养复合型外语人才仍然是高校外语专业改革的方向。复合型外语人才培养模式是非英语国家在特定的发展时期特有的产物,虽然,实践是成功的,但还应不断总结经验加以提升。另外,我们还应就"复合型外语专业人才的专业结构定位"这一关键问题,从理论的角度做更多、更深的研究。

如果说，前几年我们的改革与发展是围绕着确立新世纪外语人才培养目标和模式进行的，那么，今后几年的改革与发展应该将优化外语人才培养结构、质量和具体实践操作为主线，在开展对社会需求与学科点特色调研的基础上，提出适合我国国情的高校外语专业人才培养优化方案，在如何进行复合的操作上进行更加深入的探讨，注重探讨培养和提高外语人才能力的方法。与此同时，鼓励外语人才培养模式的多元化，我们既要培养高素质的外语精英，也要培养优秀的复合型外语应用人才。此外，我们也鼓励在外语人才培养模式和方法上，在现有的经验和基础上，进行跨学科创新人才培养的实验性研究，从理论上、方法上对外语院校培养跨学科创新人才的可能性进行科学论证。

此外，就以上教学改革问题，外语专业教学指导委员会将向教育部高教司文科处作专项请示，在征得文科处同意的前提下设立课题组展开调研。

二、关于质量与内涵

"提高教学质量"是教育永恒的主题，高校外语专业同样面临着提高教学质量的任务，且分量更重。自进入新世纪以来，中国高等教育的发展是惊人的，外语专业尤其是英语专业几乎成了每个新办高校的首选专业，专业点的急骤增加在一定程度上使教学质量的提高难以得到保证，尤其新办专业点更是如此。根据我们掌握的情况，教学质量得不到保证的专业点，无论是新办的还是老的，其主要原因是：1. 师资严重不足；2. 教师水平与相关要求相去甚远；3. 教学方法、手段落后，对外语教学法了解甚少。提高教学质量、加强学科的内涵建设根本在教师。为此，我们清醒地认识到，提高高校外语教师的业务素质已迫在眉睫。鉴于这一事实，本届指导委员会的重要任务之一就是继续积极倡导青年外语教师的培训，协同各语种分指导委员会制定切实可行的培训计划和工作方案，并在经费上予以支持,使青年教师培养做到制度化、经常化。培训结束后,由指导委员会统一颁发培训证书,切实提高青年教师的业务水平和教学水平。

青年教师是我们的未来。青年教师的业务水平、敬业精神直接关系到我国高校外语专业的可持续发展。在做好青年教师培训的同时,我们还将积极倡导开展外语教学研究,让更多的青年教师参与教学科研,参与思考外语教学改革。为了鼓励青年教师的全心投入,我们将继续谋划为青年教师搭建科研舞台。除了进行教师培训,我们将举办一些科研研讨会,对一些科研项目公开招标,通过让青年教师参与项目研究的方法,激发青年教师对科研工作的热情,从而从根本上提高他们的科研能力,并将他们的研究成果择优出版。我们将在已经出版一本论文集、行将出版两本高校青年教师优秀论文集的基础上,继续评选优秀论文,提高论文集的学术含金量,并将形成机制。论文集将定期出版,从中择优,形成品牌。就教育而言,其内涵建设的关键就是师资队伍的建设。如果青年教师培养能出效果的话,那么,内涵建设其他方面的完成也就有了保障。因此,请各位委员在如何做好青年教师培养方面多做调研,多出主意。

为贯彻教育部提高高等学校教学质量的精神,我们将继续进行精品课程建设。根据教育部安排,指导委员会每年认真做好外语专业精品课程推荐申报工作。新一届指导委员会将加大力度,继续做好这项工作。

三、关于重大项目

在教育部高教司文科处的大力支持下,在过去几年中我们通过上海外语教育出版社、对外经济贸易大学出版社的资助在各语种中开展了一些项目研究。我们根据高教司有关领导指示精神,也根据各语种指导小组的实际情况,设计并确立了20多个重大项目,其中包括一些适应形势需求的课题,如西部大开发与英语教学、加入世贸组织与英语教学等。这些项目一定程度上推动了各语种的教学和科研。但是,我们认为,已经完成的那些项目，大多属于基础性研究，创新成分相对较少，对中国外语教学手段和方法改革的促进作用还不够明显。为此，新一届指导委员会将在项目设计上有所突破，除对外语人才培养模式和具体操作的探讨外，更应该注重展开课堂教学方法、教学手段和教学效果的探讨，注重学生学习能力的培养，增大外语专业中实践课的比重和建设，提高外语人才培养的质量和内涵。课题的设计尽可能地具有前瞻性，并公开课题和项目，面向广大的教学第一线的外语教师进行招标。项目立项后，具有批文和批号。在这一理念指导下，由指导委员会秘书处负责实施的"中国外语学习者语料库"建设项目已经正式启动，并已通过国家社科项目评审。参加这一项目的有来自十余所大学的教授和专家，第一期工程约需两年时间。届时，该语料库将拥有数百万字的容量，我们相信在这些语料的基础上加以各种应用开发，肯定会对我国高校的外语专业教学带来巨大促进作用，将有助于外语教学手段和方法的改进，使"基于计算机的教学"更富实践意义、更富科学性。今后，一些涉及跨语种的课题将由指导委员会秘书处组织立项，如介绍英语专业教学评估的课题和研究讨论各语种四、八级考试的共性问题等。

四、关于专业评估和小语种基地建设

根据教育部高教司文科处的安排，英语专业的评估工作在2003年制定评估方案和2004年在广东省和湖南省4所高校英语专业试评后，已在2006年正式开始评估工作。在英语指导组的努力下，评估工作进行得很顺利，并已经出现了一批评估专家。在今后几年内，我们将在教育部高教司文科处的领导下继续做好英语专业的评估工作。与此同时，其他语种也应做好评估的准备工作，一旦时机成熟即可启动。

进入新世纪后，在教育部高教司文科处指导下，我们已经在全国8所高校建立了近9个非通用语种本科人才培养基地，支持非通用语种本科教学工作和科研工作。基地的建立对非通用语种的本科教学起了巨大的推动作用。指导委员会将配合教育部高教司文科处做好非通用语种本科人才培养基地的验收工作,并在广泛调研的基础上,为基地的下一阶段建设提出建议。

五、关于各语种的四、八级考试

自1991年英语专业四、八级考试开考至今,除阿拉伯语四、八级考试均无开考外,其他各语种的四、八级考试情况是:有四级考试的语种为英语、俄语、日语、法语、德语、西班牙语;有八级考试的语种为英语、俄语、日语、西班牙语;我们将继续敦促各语种在条件成熟的前提下,尽快推出还未开考的八级考试。对阿拉伯语来说,也应尽快起步,适时推出四级考试。

由于各语种四、八级考试的覆盖面广,参考人数年年有所增加,四、八级考试的组织管理工作是相当繁重的。为此,我们每年举办考务人员培训,并成立了专门负责考务工作的机构,投入了大量的人力和财力,力争不出差错。几年来,经过努力我们确实做到了这一点。今后几年内我们将继续强化管理,推行各环节的责任制,强化制度落实。

今后,除了进一步加强考试管理以外,我们将大力倡导测试的理论研究,并策划召开有关这方面的专题研讨会。

六、关于通过调研、评估对新建专业进行宏观监控

这几年高校外语专业的专业点数量增长比较快,无论是英语还是其他语种如日语、德语、法语,乃至阿拉伯语等专业点数量增长之快确实是前所未有。但是,如何确保新办专业的教学质量是我们十分关心的问题。我们建议,各语种的教学分指导委员会,应根据本语种的实际情况,制定相应的计划,对新办专业进行调查,摸清家底,并在此基础上予以教学方

面的指导。如英语专业，目前英语专业在全国高校几乎可以说是"遍地开花"，无论是外语院校，还是综合型大学、理工院校或者师范院校，几乎都有英语专业。另外，全国高校中的53%是大专或高职院校，而这些学校开设英语专业的也不在少数。如何对这些不同类型、不同层次学校的英语专业予以专业化的教学指导值得我们认真研究。为此，我们建议，对理工院校、综合型大学的外语专业现状分别进行调研，对大专、高职院校的外语（主要是英语）专业进行调研，在此基础上提出指导意见，并向高教司的主管部门及领导汇报。

七、关于《指导委员会通讯》

我们建议秘书处恢复《指导委员会通讯》的编辑工作。《指导委员会通讯》我们曾一直坚持办了6年，但是后来由于稿源的原因没有继续办下去。我们感到《通讯》对我们全体委员来说是一个很好的交流平台。现在委员人数多了，我们不可能经常让大家来开会，恢复《通讯》有助于大家对各分委员会工作的了解。这项工作希望得到各分委员会的支持，每两个月各分委员会的秘书长必须向指导委员会秘书处上报工作动态或情况汇总，我们将在此基础上编辑发行《高校外语专业教学指导委员会通讯》。

总之，在本届指导委员会任期内，我们将按照教育部有关提高高校教学质量文件的精神，围绕高校外语专业的内涵建设这一中心，并根据高校外语专业的实际情况开展工作。在此，谨希望各位委员能为我们指导委员会的工作献计献策，同时我们也希望能继续得到各委员单位对我们指导委员会的支持，继续得到上海外语教育出版社、外语教学与研究出版社、高等教育出版社及其他出版社对我们资金方面的支持。

继往开来　创新发展[①]
——祝贺《外国语》创刊 30 周年

　　时光荏苒,转眼之间已是《外国语》30 周年华诞。如今《外国语》在诸多专家学者的精心呵护和广大读者的支持鼓励之下,已经成长为外语界的一棵参天大树,显示出勃勃生机,为推动外语学术研究,培养学术人才发挥了重要作用,确是可喜可贺之事!

　　回忆 30 年前杂志创办之始,正是改革开放之初,学术界倡导百花齐放、百家争鸣。本着繁荣学术研究、促进外语教学发展的宗旨,《外国语》编辑部克服了人力、物力、时间等各方面困难,坚持集思广益、博采众长、勤勉办刊。30 年来刊物不断发展,得到老中青三代专家学者的厚爱,受到业内学者和外语教师、研究生的广泛赞誉。

　　所谓"删繁就简三秋树,标新立异二月花",《外国语》自创刊以来,一直以把握学术动态、严格学术规范、倡导学术创新为特色,具体表现在栏目内容精辟、文章学术价值高、印刷排版规范等方面。浏览《外国语》各期目录,就如翻阅一部外语语言文学和教育(包括语言学研究、应用语言学研究、翻译研究、

[①] 原载《外国语》,2008 年第 4 期。

文学研究等)的 30 年研究史，切实体会到各分支学科的嬗变与发展。《外国语》一方面荟萃国内外的优秀思辨成果(如海外名家的新理论、新方法等)，另一方面鼓励有启发意义的实证研究(如社会语言学调查、翻译研究等)，同时为各类学术交流提供平台(如名家访谈、会议报道、会讯等)。

30 年的殚精竭虑、务本求真换来丰硕成果。《外国语》不仅在学术性、权威性等方面一直保持领先地位，还积极主办国际性学术会议(如国际对比语义学与语用学研讨会、认知语言学会议等)，对于我国外语学术研究产生了深远的引领和导向作用。她不仅连续两次获得"全国百强社科学报"称号，还荣获"全国三十佳社科学报"称号，成为获得这一殊荣的唯一一家外语类学报，同时多次被评为"上海市最佳学报"。这些成绩的取得和历任主编、编辑的不懈努力密不可分。创刊以来，各位主编、编辑勤勤恳恳，潜心办刊，甘为学人作嫁衣。他们一方面不断丰富自身专业内涵，把握学术新动态；另一方面与广大作者读者保持联系，开辟信息渠道，扩大稿源(如吸纳海外作者)；同时坚持规范审稿、用稿程序(如扩大评审人员覆盖面、完善匿名评审制度等)，以切实保证刊物的质量，保持刊物的活力。这一传统一直延续至今，并且得以不断发扬光大。

百尺竿头，更进一步，适逢《外国语》而立之年，我在为《外国语》衷心祝福的同时，也希望她继往开来，创新发展，不断彰显个性，提升层次，打造国际化名刊；为引领学术导向，繁荣学术发展，促进学术交流，丰富学术争鸣，培养青年学者发挥更大作用。我相信《外国语》的未来会更加灿烂辉煌！

中国高校外语教育 30 年[①]

改革开放 30 年来,中国外语教育在取得了令人瞩目成绩的同时,也存在着相当突出的问题。外语界的当务之急是:从当前我国外语教育实际需要、各级各类学校外语教育目标和加速培养高层次外语人才的目标出发,合理借鉴国外语言教学的最新理念和先进模式,不懈探索并最终建立起相对健全的具有中国特色的外语教学实施体系和外语教育评估体系。

一、 中国外语教育 30 年的回顾

改革开放 30 年来,中国外语教育改革突飞猛进,其基本特点可用 16 个字概括:持续升温,飞速发展,成就巨大,问题犹存。1970—1978 年,即我国高校招收第一批工农兵学员至恢复高考的 8 年间,外语学习是工农兵学员的专利。而目前,从小学、中学到大学,上亿学生在学习外语。过去,语种很少,主要开设联合国除汉语外的其他通用语种和少量的非通用语种。现在大学里开设的外语语种达 45 个,更重要的是每个语种的教学点大量增加:如英语达 900 多个,日语有 300 多个,西班牙语有 50 多个。

[①] 原载《外语界》,2009 年第 1 期。

非通用语种进入新世纪后获得了跨越式发展，教学点布局不断拓展，已在全国建立了9个本科教学基地。根据有关部门的发展规划，国家重点扶植的非通用语种教学点将达到30多个。同时，以外语为背景的外国语言文学专业硕士、博士学位授予点也大幅度增加。目前，全国的英国语言文学硕士点已达到200多个，外国语言文学博士点（包括外国语言学及应用语言学）已有40余个。可以说，在外语教育的各个环节中，我们都取得了令人瞩目的成就。其中，最为突出的是办学理念的转变和人才培养模式的变化；学生的知识和能力结构得到拓展，从以前单纯强调阅读能力转化为重点培养学生语言运用能力、跨文化交际能力和写作能力。

二、外语教育改革：六个方面的显著成就

外语教育由六大要素组成，即教师教育、大纲设计、教材建设、教学方法、教育手段和测试。30年来，中国外语教育在这六个方面进行了广泛而深入的改革，成效显著。

一是师资教育水平明显提升。过去，外语教师教育的研究一直未引起外语教师自身以及相关部门的足够重视。近年来，我国外语教师的学历层次有了大幅度提高，使得外语教师与外语教育研究者的角色合二为一，也使得外语教师从外语教学法的理论高度解决课堂教学实践的问题成为可能。现在，我国绝大多数大学要求新进外语教师具有硕士学位，很多"211工程"院校要求新进外语教师具有博士学位。同时，教育部高等学校外语专业教学指导委员会对师资的继续教育也极为重视，每年均举办涉及各个语种的外语师资培训。教育部组织师资培训的重点不是单一地传授专业理论，而是选拔一部分骨干教师，进行教学方法、教学理念的探讨。

二是大纲设计的改革。从一支粉笔、一本书到一个体系，教学大纲不仅仅是对课堂教学的规范，也是教学法的直接体现。一份较为完整的教

学大纲至少应包括以下几个方面的内容:课程教学目的、培养能力、教学的具体内容和顺序、教学方法和评估方式等。

以前我们教外语,无论哪个语种,基本上没有教学大纲。一支粉笔、一本书构成了课堂教学的全部内容,随机性、随意性很大。在过去的30年里,我们不仅制定了教学大纲,而且还就大纲的内容组织了宣讲,对各校实施大纲的情况予以检查,并在此基础上对大纲进行了反复的修订;对每个专业学生所修学分数量、课程安排、毕业时应具有的能力和知识结构进行了明确的规定,为各个学校的外语教育提供了很好的参考。

近年来,随着人们对语言本质认识的深入,对语言教学的认识也日益加深,语言教学法得到不断的拓展,在课堂实现的方式上也不断推陈出新。

三是教材建设的升级。经过30年的发展,外语教材建设突飞猛进、成果斐然,"一纲多本"成为最显著的特点。基于一个大纲的教材种类繁多,每门课,包括翻译、文学、综合英语、泛读、听力等都有各种各样的教材。除此之外,各出版社还从国外引进了很多教材,但外国人编写的教材并不能完全适应我们中国人学语言的需要。中国人编写的"本土教材",虽然在语言水平上有所欠缺,但教学适应性更强。因而,为兼顾教学适应性和语言纯正性,我们采用了折中的方法。基础语言学习教材大多由中国人自行编写,采用自己的编写体系,但教材内容篇章则请本族语者撰写,真正做到了在提高学生语言水平的同时,拓宽学生的思路,帮助学生了解西方国家的历史、地理、文化,有利于提高其人文素养。对于洋教材,拿来—甄选—改造—应用是我们的策略。

四是教学方法的贯通。国内的外语教育,从20世纪50年代起,受语言学研究的影响,经历了很大的转变。从20世纪50年代初到改革开放前,受苏联的影响,我们的外语教育大都停留在静态的教学上,主要采用语法-翻译法(grammar-translation approach)。它是用母语教授目的语的一种方法,培养了大批符合当时社会需要的外语人才。这些人才的特点是外语阅读能力较强,但相比之下,其语言交际能力较为薄弱,导致"哑巴"英语在非英语专业学生中较为普遍。1978年之后被称为"公共外语"的大学英语渐渐受到教育行政部门和各大学领导的重视,作为公共外语的英语教学水平有了很大提高。1987年,大学英语四级考试正式开考,大学英语教学进一步规范化。然而,由于考生过分注重四、六级考试的成绩,而学校也同样视通过率为检验本校英语教学水平的重要依据,大学英语教学的应试成分甚浓。应试教学的结果就是生产出一大批"高分低能"的"畸形人才",这明显有悖于我们外语学习、外语教育的初衷。

1985年前后,直接法、听说法、交际法、沉浸法、暗示法等国外教学法被大量引入中国,并对中国外语教育界产生了巨大的冲击。人们逐渐认识到,好的教学方法应当是各种教法的灵活运用与整合。教师在注重教学方法的同时,更应当及时反思自己的教学思想。因此,结合语言形式准确性和语言交际目的性的结构-功能法(structural-functional approach)应运而生,在侧重学生语言交际能力的同时,努力减少语法错误。我们认为,教师使用哪一种教学方法不应该是教条的,一个好的教师会根据学生的需求(学习目的)而灵活使用各种教学方法。

五是教育手段的多元化。计算机辅助语言教学(computer assisted language learning,CALL)是外语教育发展的新趋势。它与传统教学模式有着本质的不同。传统教学模式侧重教师的"教",强调通过教师的最佳教法获得最佳教学效果,而CALL注重引导学生借助计算机来学习语言,通过教学内容、教学过程和计算机辅助的有机结合,求得最佳学习效果。CALL学习手段非常丰富,可以进行交互式教学,信息量大。CALL虽然比传统的教学手段有许多明显的优势,但也有它的局限性。一方面,尽管计算机技术能够提供人机交流,甚至可以通过机器人实现实时交流(如chatroom),但它毕竟是人与机器的交流,其真实度、自然度是无法与人与人之间的交流相比的。尤其是计算机对很多语言现象的处理还无能为力,更无法分析学生深层次的认知能力。CALL教学材料存在局限性。CALL所采用的教学软件大都是商业机构开发的,商业机构提供的所谓教学软件更多的只是"课本搬家",与原有的教材相差无几,难以调动学生的学习积极性;而有些编程人员因为不了解语言教学理论,所编的程序也无法切实满足实际教学需要。因此,业内学者普遍认为,CALL虽是外语教学今后发展的方向,但在任何时候、任何情况下,教师的作用是不可替代的。

六是测试手段的多样化。从大学英语四、六级考试到英语专业四、八级考试,语言测试作为一门独立的学科,具有自己的研究领域和方法。目前国内门类繁多的英语考试的确在很大程度上促进了外语学习,但随着社会要求的不断提高,测试中一些不利于学习者外语运用能力发展的问题也逐渐显露。因此,我们在介绍和展示有关外语测试理论和方法的基础上,应该向人们传递这样一种理念:测试是外语教育过程中的一个重要环节,语言教学是第一性的,语言测试服务于语言教学。语言教学的目的是培养学习者实际运用语言的能力,而语言测试作为语言教学的重要组成部分,其目的是提供一种科学的测试工具,公正、准确、客观地评价学习者的语言能力,而它提供的反馈信息又有助于教学质量的提高,产生正反拨作用(positive washback effect)。

高校外语测试的反馈旨在检查外语教学的质量。大学英语从1987年开始四、六级考试,英语专业的四、八级考试分别是在1990年和1991年正式开考的。英语专业四、八级考试的主要目的就是检查教学大纲的执行情况,因而被称为"学业考试"。随着人才市场对就业者英语水平要求的不断提高,近年来参加大学英语四、六级和英语专业四、八级考试的人数逐年上升。特别是英语专业八级考试,被认为是全国英语考试中最权威、难度最大的一种。值得一提的是,英语专业四、八级考试委员会适应外语教育教学观念的变化,对考纲和考试的结构进行了调整,加大了反映学生真实语言水平的主观题比例,着重考察学生的语言运用能力和创新能力。

三、中国外语教育：亟待解决的问题

改革开放30年来,中国外语教育事业的确取得了令人瞩目的成绩,为经济建设、对外交往和社会发展等领域培养了数百万的外语人才。但是,冷静而客观地正视中国外语教育的现状,问题依然存在。在基础理论研究方面,外语语言学理论研究还缺乏突破性的、具有国际影响的标志性成果;教学实践方面,外语教学中偏重语言知识的传授,轻语言交际能力的培养,长期以来的"费时低效"与"哑巴英语"等问题依然没有得到彻底解决;人才培养模式方面,不少外语人才知识面过窄、技能单一、社会适应性不强等等。就我国高校外语专业而言,所存在的问题主要表现在以下三个方面。首先是外语专业招生数量和教学质量的矛盾。由于外语专业生源较好,就业形势较为乐观,导致高校外语专业持续扩招,短时期内学生数量的快速增长使得师资力量相对薄弱,致使教学质量难以得到有效保障。其次,高等学校急需建立外语专业的教学规范。外语专业教学规范是对高校外语专业设置条件的规定,这些规范的确立有助于外语专业创新型人才的培养。最后,我国高等学校外语教育还存在地区差异不断扩大的问题。目前教育部正通过建设精品课程,将优秀教师的课程或上网或制作成光盘,最大限度地普及优质教育资源,使贫困地区的高校也可以分享优质教育资源,以缩小各地高校外语教育水平差距。

当今世界已进入全球化新时期,对于外语院校和外语教学工作者而

言,这无疑是一次考验和希望并存的历史契机。随着经济发展对人才培养要求的提高,单向度的外语人才已经越来越难以适应经济和社会的要求。外语界人士普遍认为,在新的历史时期,优秀的外语专业学生应该具备以下能力:缜密的外语思维能力;适应经济全球化以及各种社会挑战的中外文运用能力;批判的、系统的推理能力和跨文化沟通能力;敢于创新、独立开展与外语相关工作的能力;具有适应涉外工作的思想道德素质及对外竞争与合作的能力;具有对外国文化的评判能力和辨别能力;熟悉中外不同的思维方式,观察不同学科、文化、理念并且融会贯通的能力;等等。因此,能否培养出既有深厚的理论功底,又有宽广的知识面和出色的跨文化沟通能力的新一代国际化外语人才,是中国外语教育改革,尤其是高校外语专业教学改革必须解决的问题。

我国外语专业教育60年[1]
——回顾与展望

一、引言

今年是中华人民共和国成立60周年,亦是《中国外语》创刊5周年,值得庆贺。5年来,《中国外语》坚持前瞻性、学术性、实践性,锐意改革、不断创新,刊出了许多方家力作,为我国外语学人创造了一个良好的学术交流平台。作为编委之一,我为她的茁壮成长而感到高兴,并衷心祝愿她百尺竿头,更进一步。在此应张后尘先生之约,对60年来我国外语专业教育的发展进行历史回顾,并在讨论所取得成绩与存在问题的基础上,分析宏观教育规划的必要性和重要性,提出相应发展战略。

二、我国外语专业教育发展60年

1. 60年发展历史回顾

中华人民共和国成立以后,我国外语教育大致经历了三个发展阶段,第一阶段为中华人民共和国成立初期到"文化大革命"开始(1949—1966),第二阶段为"文化大革命"开始至"十一届三中全会"召开(1966—

---

[1] 原载《中国外语》,2009年第5期。

1978),第三阶段是"十一届三中全会"至今的改革开放时期。

在第一阶段,我国外语专业教育受国际政治和外交关系变化影响较大。譬如中华人民共和国成立伊始,在全国范围内兴起"俄语热",英语专业教学点在1952年的全国高校院系大调整中,由原来的50多个减少到9个。20世纪50年代中期随着我国与苏联外交关系的恶化,英语专业逐步恢复发展,俄语专业招生人数减少,1956年全国有23所高校设立英语系科。60年代初我国与古巴及部分阿拉伯国家建立外交关系,西班牙语和阿拉伯语教学得以发展。而在周恩来总理出访亚非14国之后,相关语言也列入大学教学计划中。1964年教育部制定了《外语教育七年规划纲要》,对外语专业的学科发展和师资培养起到很大推动作用。在"文化大革命"开始前,全国高校共教授41种外国语,有74所高校开设英语专业。

在第二阶段,尤其在"文化大革命"期间我国外语教育受到严重冲击,正常教学一度陷入停顿。我国由于在70年代初期同许多欧洲、亚洲国家建立了外交关系,1971年10月恢复在联合国的合法地位,1972年又发表《中美上海公报》,对外语人才的需求比较迫切。1970年11月20日,周恩来总理作了《关于外语教学的谈话》,指导外语人才培养工作。1971年、1972年一些外语院系(如北京外国语学院、上海外国语学院等)相继恢复招生,1972年恢复留学生外派工作,截至1976年底,我国先后向49个国家派出留学生1629人。"文革"结束后的1978年8月28日至9月10日,在北京召开了全国外语教育座谈会。会上廖承志副委员长作了《加紧培养外语人才》的讲话,呼吁搞好外语教学,大力培养外语人才。此次会议提出的《加强外语教育的几点意见》于1979年3月下发全国各相关院校具体实施,推动了我国外语教育发展。

在第三阶段,我国外语教育经历了恢复发展(20世纪70年代末至80年代初)、多元发展(20世纪80年代中期至90年代末)、可持续发展(20

世纪90年代末至今)等时期,取得很大成就,对此笔者曾经专门撰文探讨。① 目前相关外语专业咨询、指导机构比较完善。如高等学校外语专业教学指导委员会(以下简称外指委)1992年以全国高等学校外语专业教材编审委员会(1980年成立)为基础成立,主要承担外语专业调研、咨询、指导和服务等工作。同时教学大纲得以逐步发展。早在1989年和1990年就相继制定并颁布了《高等学校英语专业基础阶段教学大纲》和《高等学校英语专业高年级英语教学大纲》。后来法语、俄语、日语、阿拉伯语、德语等的基础阶段和高年级教学大纲也得以制定颁布。为了适应新世纪对外语人才的需求,教育部1998年颁布了《关于外语专业面向21世纪本科教育改革的若干意见》,制定了本科教育改革的基本思路。此后各专业教学大纲得以进一步完善,如《高等学校英语专业英语教学大纲》(2000)、《高等学校俄语专业俄语教学大纲》(2002)、《高等学校德语专业德语教学大纲》(2006)等的颁布实施对相应专业教学起到很大指导作用。至于学科、人才、教师、研究等方面的发展情况,笔者将在下文进行具体阐述。

2. 外语专业教育成绩斐然

笔者在回顾改革开放30年时,曾经从微观视角指出我国外语教育成绩斐然,如师资教育水平明显提升、大纲设计改革完善、教材建设"一纲多本"、教学方法融会贯通、教育手段多元化、测试手段多样化等。② 这里将从相对宏观的专业发展、人才培养、教师队伍建设、学术研究等角度探讨我国外语专业教育的巨大成就。

(1) 外语专业不断发展,外语教育形式多样

中华人民共和国成立60年来我国外语教育随外交、经济、文化、军事

---

① 戴炜栋:《解放思想,实事求是,推动我国外语教育事业发展》,《外语界》,2008年第5期。
② 戴炜栋:《中国高校外语教育30年》,《外语界》,2009年第1期。

等的发展而变化,总体呈发展态势。尤其是改革开放30年中,各类理、工、医、农、商等高等院校开办了外语专业,规模不断扩大。2007年教育部的学科目录上,全国具有英语学士学位授予权的高校有899所,日语380所,俄语109所,法语78所,德语72所,西班牙语25所,阿拉伯语16所等。目前我国高校英语专业点总数达到900多个,英语专业学生总数达到大约80多万人。据统计,目前全国高等院校共教授53种外国语,其中45种非通用语种教学分布在71所高等院校,主要集中在北外、北大、上外、解放军外国语学院、中国传媒大学等,外语专业教育的迅猛发展可见一斑。

在扩大规模的同时,外语专业层次不断提升,由单一本科教育发展到本硕博一体的人才培养体系。在1981年国务院批准的首批博士和硕士学位授予单位中,英语语言文学博士点5个,硕士点28个。截至2007年,全国208所高校有英语语言文学或外国语言学及应用语言学硕士学位授予权,其中的29所具有博士学位授予权;超过60所高校有日语硕士学位授予权,其中15所院校具有博士学位授予权;49所院校有俄语硕士学位授予权,其中8所具有博士学位授予权等;20余所高校具有法语硕士学位授予权,其中6所具有博士学位授予权。其他外语学历教育与非学历教学等也蓬勃发展。除全日制公办高校之外,还存在民办高校、成人高校、高等教育自学考试、电视大学、网络学院等多元形式,涵盖专科、本科以及研究生等不同层次,各类外语培训机构和项目也较多。

(2) 倡导教学改革,培养更多外语人才

60年来我国外语教育为外交、经贸、金融、法律、文化、科技等部门培养了大批外语人才。特别是改革开放以来,外语专业教育通过加强教学硬件和软实力两个方面的建设,不断提升人才培养质量。

在教学硬件方面,许多高校加大了对数字语言实验室、视频点播阅览室、学生多媒体自主学习中心、卫星接收系统、同声传译设备等的投入,丰富图书期刊资源,改善教学条件。在教学软实力方面,一直坚持教学改革,在课程教材建设、教学方法探讨、测试评估等方面取得很大发展。在课程改革方面,20世纪80年代主要进行复合型外语人才培养,采用"外语＋专业""专业＋外语""外语＋相关专业课程"等模式,培养应用型人才。20世纪90年代以来受国际化趋势影响,倡导培养具有深厚人文底蕴的国际化人才,各级精品课程评审工作也得以加强。在教材建设方面,早在20世纪80年代就将引进、编写、修订相融合,编审出版了各类外语专业教材、词典等。后来随着现代教育技术的发展,教材逐步走向立体化、网络化。外语教学改革也呈现多维化态势,具体表现在从对不同教学流派的对比到对教师、学习者、教学过程、教学环境等的多元研究,从单纯引进国外教学方法到探讨具有中国特色的教学法,从运用单一的"黑板＋粉笔"教学手段到网络、多媒体等在教学中的融合等。在测试评估方面,为了检查教学大纲执行情况,英语专业早在20世纪90年代初期就率先进行四、八级考试,后来此类考试又在日语、俄语、法语、西语、德语等专业推行。同时各类考试(如PET、BEC、翻译证书考试、中高级口译资格证书考试)等蓬勃发展,切实促进了对高素质外语人才的评估选拔工作。

（3）外语师资队伍扩大,结构渐趋合理

从中华人民共和国成立初期直到改革开放,我国外语师资在数量、质量等方面都存在一定的局限性。1949年中华人民共和国成立初期设立外语系科的学校或独立外语专科学校共67所,其中北大外语教师人数最多(东方语文系教师34人,西方语文系教师41人),而有些学校只有1位教师。[①] 1964年的《外语教育发展计划》为了满足新建和扩建的16所院

[①] 李传松、许宝发:《中国近现代外语教育史》,上海外语教育出版社,2006年。

校需要，计划7年内补充外语教师23,580人。但由于"文革"的影响，不仅没有实现既定目标，原有师资队伍也遭受了很大破坏。改革开放之后，为提高师资质量，实施了"1980年至1983年高校英语教师培训计划"，由16所院校培训英语专业教师，9所理工院校外语系培训大学英语师资。同时选派优秀教师出国进修，这些措施极大地提高了我国外语师资队伍的质量。

20世纪90年代至今，我国对外语师资队伍建设更加重视，师资培训形式也更加丰富。一方面各高校做好教师职前教育，提升未来教师的职业素养，另一方面加强教师在职教育，通过鼓励教师攻读国内外硕士博士学位，参加不定期的骨干教师培训或出国进修，进行学术研究和学术交流活动（如研讨会、学术讲座）等，提高其学历、学位以及教学研究水平，取得很大成效。尤其是实施《2003—2007年教育振兴行动计划》之后，进一步加强了对高校高层次创新人才的培养。譬如国内部分重点高校不仅对校内学科带头人、骨干教师等进行重点培养，同时还举办不同专业方向（如语言学、文学、文化、翻译等）的研修班，提高全国外语教师的整体素质。同时外指委从2008年起组织全国性高校外语专业骨干教师培训，取得良好效果。

(4) 学术研究受到重视，学术交流活跃

中华人民共和国成立60年来，特别是改革开放后，我国外语学术研究日益受到重视，学术交流活跃。早在1979年3月下达的《加强外语教育的几点意见》中，就明确提出要加强外语学术研究和学术交流工作，并为高校开展外语教学、语言科学研究、出版学术刊物等指明具体方向。而进入新世纪之后，随着我国对建设创新型国家理念的推广，外语学术研究群体不断扩大，研究内容日益多元化，研究层次不断提升。就研究者而言，教师、编辑、教学管理人员等都意识到进行教学研究的重要性，积极参与到各项教学改革、课程建设以及科研项目中。研究内容体现出跨学科的交融特色,无论是语言学、文学、文化、翻译等本体研究还是语言教学研究等都注重研究思路、研究方法等的创新,出现更多基于语料库和实证的研究。同时注重研究成果层次的提升,一些研究成果在国际学术界产生良好反响。

在外语研究机构、协会和学术期刊建设方面,早在20世纪80年代初,一些重点高校就成立了各类语言、文学、文化等研究机构,一些学术协会得以创立,一些重要学术刊物得以复刊或创刊,推动了业内的学术交流。据不完全统计,目前国内正式编辑出版的外语类学术期刊40余种,繁荣了学术研究。同时,学术资源日益丰富(如电子图书资源、学术网站等),国内外学术交流活动(如学术会议、学术培训等)广泛开展,切实促进了我国外语学术研究发展。

3. 外语专业教育所面临的问题

60年来我国外语专业教育在取得辉煌成就的同时,也面临一些问题。胡文仲从教育质量和规划角度指出我国外语教育尚缺乏真正高水平的外语人才,不同地区学生的入学水平和各院系办学条件、师资水平差距不小,各语种之间缺乏统一规划等。① 笔者也从教育规划及各组成要素角度指出我国外语教育存在整体布局尚不够科学、人才培养目标定位不够清晰、学生知识结构/专业能力尚需规范提升、新建专业点师资相对缺乏、缺乏国际标志性成果、教学评估体系尚不够完善等问题。② 综而观之,以上问题主要体现出一些关系的失衡:外语专业规划的全局性与地域性、外语专业发展的共性与个性、外语教育的投入与产出等。

---

① 胡文仲:《中国英语专业教育改革三十年》,《光明日报》,2008年11月12日。
② 戴炜栋:《解放思想,实事求是,推动我国外语教育事业发展》,《外语界》,2008年第5期。

我国外语专业规划中尚存在全局性与地域性失衡现象。譬如各专业在整体布局、地域比例等方面不够合理，部分专业学科建设缺乏长远目标和中长期规划；又如900多个英语专业点中，地域差别较大，有的过分集中于个别省份，有的新设点存在教学资源匮乏、师资素质较差、教学质量不高等问题。外语专业发展中的共性与个性问题需要解决。目前存在部分院校不考虑自身院校类型、学科优势和特色，盲目追求专业的大而全，急于申报硕士点、博士点等现象。各类院校（如外语类、综合类、财经类、师范类、理工类）在人才培养理念、培养目标、培养模式等方面特色不够明显。而且在进行教学评估时，如何结合不同高校、不同外语专业、不同层次（如本科、硕士、博士）等的实际情况做出科学合理的评价问题，尚需认真思考。外语教育的投入与产出问题主要涉及"费时低效"现象。虽然多年来我们已经培养了大批外语人才，但人才数量和质量之间存在一定矛盾，优秀的笔译、口译、创新型研究人员等仍然比较缺乏；有的外语专业学生知识面较窄，创新能力较差，听说读写译等能力也不够扎实。

总之，上述各种问题不利于进一步深化我国外语专业教育改革，有必要对其进行科学规划，促进其可持续发展。

三、科学规划我国外语专业教育的重要性和必要性

随着社会国际化及信息化的发展，各国政治、经济、文化、科技、军事等方面的交流日益频繁，外语人才培养的重要性也日益凸显。科学规划外语专业教育是我国外语教育战略发展和外语专业学生的需求。

2008年8月，党中央、国务院决定制定《国家中长期教育改革和发展规划纲要》，从我国现代化建设的总体战略出发，全面规划部署未来12年教育改革和发展。外语专业教育作为外语教育体系的重要组成部分，其科学规划对于培养优秀外语人才，提高全民外语水平至关重要。同时，我国外语专业在发展中所遇到的一些问题，如学科定位和优势，复合型专业

与语言类专业人才的区别,新设置的翻译、商务英语等专业的学科建设,英语专业与其他外语专业之间的比例,通用语种与非通用语种的比例,师资的教研矛盾等,都需要在调查研究、科学规划的基础上,进行战略性分析和解决。

科学规划外语专业教育也是广大外语专业学生专业和职业规划发展的需要。据笔者了解,由于小语种就业率较高,而英语专业本科生、研究生的就业优势较弱,因此学生对语言类专业的认识存在一定误区,学习中存在一定功利思想。有必要根据不同类型的高校、不同地域特色、不同层次的学习者明确相应教学规范或教学要求,并进一步倡导教学改革,实施人本教育和通识教育,培养其创新思维和综合素质,提升其跨文化交际能力。诚如刘利民所言,对外语教育进行科学的规划,既是优化教育之策,也是培养人才之道。[①]

四、我国外语专业教育发展战略

为了推动我国外语专业教育的可持续发展,有必要针对我国对外语人才的战略需求,结合不同专业教育层面,制定具有前瞻性、科学性的规划,同时加强宏观引导和管理评估,切实提升人才、师资、学术研究等的质量。

1. 科学规划、统筹兼顾,推动外语专业教育稳步发展

要做到科学规划、统筹兼顾,就要立足国情,在了解我国外语专业教育现状(如外语人才需求、人才分布、各专业建设、师资状况等)的基础上,结合国家战略进行整体部署。具体而言,可从纵向方面制定中长期改革与发展规划,对外语专业教育的发展方向、发展重点、发展目标等进行合理规划,出台相关外语专业教育政策和规定。从横向方面针对不同地区、

[①] 刘利民:《科学规划外语教育 切实服务国家战略》,《光明日报》,2009年3月3日。

不同专业、不同院校、不同阶段的外语人才需求以及教育发展现状,明确相应人才比例及规范要求,以免产生人才失衡与质量滑坡问题。

就不同专业语种(如英语、日语、俄语、德语、法语、西班牙语、阿拉伯语、非通用语种)的比例、开设范围和规模等问题而言,可以综合我国外交和经济发展需求,结合地域优势和学科传统,予以通盘考虑。如在东北三省可重点建设俄语、日语等传统学科;在广西、云南等地可发展越南语、泰语、老挝语等非通用语种。在规划中一方面要体现英语等重要国际性语言的地位,另一方面要注意各语种的平衡发展,强调"百花齐放",而不是"一枝独秀"。同时要慎重对待翻译专业(2006年开始试点,目前近20所院校设置该专业)和商务英语专业(2008年开始试点,目前教育部批准9所院校设置此专业)等英语衍生专业,理顺英语专业和这两个专业的关系。

我国不同类型高校发展历史和学术传统不同,其学科特色亦应有所不同。温家宝总理强调:"高校办得好坏,不在规模大小,关键是要办出特色,形成自己的办学理念和风格。"①就外语专业教育而言,各院校要在学术研究和人才培养方面有一定传承,突出特色。譬如重点综合院校和外语类院校要拓展专业视野,培养精英型、通识型、国际化人才;师范类院校主要培养高素质外语师资;财经类、理工类院校注重复合型人才培养;高职高专主要培养技能型应用型人才。同时各校的全日制外语专业教育与自考、成教、网络外语教育,以及大学外语教育等亦应均衡发展,从而避免产生各高校专业定位相似、人才缺乏特色的现象。

至于外语专业与大学外语、高职高专、基础教育外语之间的层次性和一体性问题,需要进一步规划协调。其中外语专业研究生教育和本科教

---

① 温家宝:《百年大计 教育为本》,《光明日报》,2009年1月5日。

育之间的有序衔接问题应得到充分重视。在研究生教育评估工作中避免以学位点数考评办学质量，而是关注学科发展、课程设置、大纲制定等具体环节，切实加强教育管理，提高研究生培养质量。

2. 明确相应教学规范和要求，深化教学改革，拓展培养渠道，促进人才多元化发展

我国外语教育的目标主要在于提高教学质量，培养知识面宽广、跨文化沟通能力强、具有创新思维及竞合能力的国际化人才。而为了做到这一点，就需要明确相应教学规范，进一步深化教学改革，提升外语人才的综合素质。

一方面要明确外语各专业教学的相关规范和要求。如前所述，60年来我们制定了各类教学大纲，促进了外语教学发展。但随着国家外语战略需求以及社会经济、文化等的变化，相应外语规范和要求也应有所调整和补充。目前英语专业已经着手制定英语专业规范，对人才培养规格、教育内容、学制、师资、教材、图书资料、实验室、实习基地、教学经费等方面予以规定。其中人才培养规格注重多样化，主张不同院校根据学科定位和社会需求，在应用型、应用研究型、研究应用型、研究型中选择一个或多个培养规格，各类人才在素质结构、能力结构、知识结构方面要求有所不同。该规范规定了英语专业设置的条件，有助于保障学科点合理发展，在此基础上可进一步修订教学大纲。笔者认为，无论是标准、要求还是大纲，均要考虑到整体与个体的协调，使我国外语教学在相关规范的指导下更加稳步、有序地发展。

另一方面要进一步深化教学改革，提高外语人才培养质量。具体而言，高校外语教学改革涵盖不同层面（专科生、本科生、硕士生、博士生）的各个教学环节，如课程设置、教材建设、教学方法、测试评估等。就课程设置而言，各院校可以结合培养目标，突出素质教育，以模块形式建设课程群,其中要注重强化跨文化类以及汉语类课程。因为外语人才不仅要借鉴国外先进文化,还要推广自身文化。同时要加大外语专业精品课程的建设力度。据统计,在目前已建的国家级60门左右精品课程中,一半以上为英语类课程,其中大学英语精品课程的总数超过英语专业精品课程总数,英语专业个别课型尚无精品课程。应将所建设精品课程上网或制作成光盘,最大限度地普及优质教学资源,缩小课程建设的地区差距。在教材建设方面,目前尚存在"多"(品种)、"平"(质量)、"少"(专业精品教材少)的现象。当务之急是编写出高质量的外语主干课程教材,切实发挥教材承载知识、激发思维的作用。在教学法方面,既要强调借助现代教育手段加强听说读写译等基本功,培养跨文化交际能力,又要结合不同课型、不同阶段、不同类型学生探索培养创新能力的教学模式。在测试评估方面,外语专业四级、八级考试为检查教学大纲的执行发挥了重要作用。今后可以进一步改进题型,使其能够更加客观地测出学生的语言基本功和语言应用能力、跨文化交际能力等。就英语专业四级考试而言,可以适当扩大口试范围(口试试点从1995年开始,范围相对较小),并通过机器阅卷、实施机考等方式进一步提高其信度和效度。

3. 抓好职前教育,完善教师资格认证制度,建构师资教育体系

中华人民共和国成立60年来,我国的外语师资在数量、质量等方面都大有提高,在学历、年龄、知识结构等方面渐趋合理。但也存在外语师资队伍不够稳定,部分院校教师教学、科研水平偏低的问题。为了进一步加强外语教师队伍建设,要注重职前教育和职后教育的结合,加强师范生培养工作,并进一步完善教师资格制度,建构师资教育体系。

首先要切实抓好外语专业教师职前教育,切实规范完善外语专业硕士生、博士生的培养体系,提升其教学能力和研究能力,为外语专业教育

培养优秀师资。其次要完善教师资格认证制度，确保教师质量。教育部可以组织相关专家学者制定外语教师的专业等级标准，涵盖教师的汉语和外语知识、语言运用能力、教学能力、研究能力等，对于符合要求者颁发外语教师资格证书。最后要建构教师教育体系，有计划有步骤地对各类外语教师进行学历教育和非学历培训，使在职与脱产、国内与国外、校内与校外、长期与短期等各种形式互为补充，切实提升教师的综合素质。尤其要注重发挥国家级外语教师研修班的作用，一方面引入一些国际外语教师职业资格认证（如TESOL、TESL等）课程，另一方面结合我国外语教师的实际需求，分层次、分阶段、分类别进行学术研究和教学培训。同时各校要充分发挥学术带头人、优秀教师的引领作用，提高教师的整体素质。

4. 创设良好学术环境，进一步提升学术研究层次，繁荣学术交流

在建设创新型国家的战略目标导向下，我国外语学术研究和学术交流得到很大发展，但仍然存在标志性成果较少，部分研究低水平重复等现象。为了切实解决这些问题，有必要创设良好的学术环境，进一步提升学术研究层次，繁荣学术交流。

首先要创设良好的学术环境。由于外语教师教学负担相对较重，外语类学术期刊相对较少，外语类成果评定有一定偏颇等原因，有些教师科研积极性不高，科研能力也比较薄弱。鉴于此，可以一方面为其提供时间、资源、交流平台（如学术研讨、学术网站）等，加大科研资助力度，另一方面完善相关科研制度，严格学术规范，鼓励团队研究，使广大教师勤于学术、精于学术、乐于学术。当然，教师本身也要提高认识，明确学术定位，避免将教学与科研相割裂。

其次要进一步提升学术研究层次。我国外语学者处于中西方文化之

间，多年来在学术引介、评述等方面做了大量工作，但与理工科相比，在创新研究方面尚有差距。即便与人文社科等其他学科相比，外语类成果的数量和质量也不能令人满意。可以对一些重点高校、重点项目加大资助力度，提高目标定位，鼓励国际性及实证性研究。此外还要注重吸纳借鉴与应用创新的结合，不要削足适履，盲目照搬国外理论，而是要洋为中用，取其精华。同时要加强学术成果评价管理，提高学术质量，避免出现以量论质、以刊代文的现象。

最后要繁荣学术交流。学术交流不仅包括学术报告、学术研讨等活动的召开，还包括学术成果的出版、刊载等。有专家建议适当增加外国语言文学类期刊，为外语教师提供更多发表成果的机会。笔者认为，扩大论文发表园地固然重要，但更重要的是要推介具有创新性的学术精品，展开富有成效的学术探讨。

5. 充分发挥英语专业评估等教育质量监控手段的宏观调控作用，推动外语专业良性发展

我国外语（英语）专业本科教学评估始于2004年（2003年制定相关指标），当时在4所高校试评，并在此基础上于2005年修订评估方案，2006年正式评估。计划在评估方案成熟后，逐渐扩展到其他语种的本科教学评估。2006—2008年共评估院校103所，其中2006年评估37所，2007年28所，2008年38所。该评估本着以评促改、以评促建、以评促管、评建结合、重在建设的原则，对英语专业本科教育的规范化起到很大推动作用，不仅促进了相关教学硬件、图书资料等的建设，而且有助于丰富其学科内涵，提升其整体实力。

在评估过程中我们也发现评估方案和评估方式等方面存在一定不足之处。譬如，用同一指标评估各类高校的英语专业，在一定程度上忽略了学科特色和传统，产生千人一面现象。又如评估时间较短，专家很难全面了解整个教学过程。而且评估对象较广（包括所有有两届本科毕业生的英语专业），很容易产生均衡用力、重点不明的问题。鉴于此，建议首先修订评估指标，结合不同院校类型、学科特色等细化评估体系，并尝试建立常规的评估机制，使评估常态化。其次要丰富评估形式，不一定仅采用专家组进校形式，可以有针对性地使用通讯评审、调查访谈、突击抽查等办法。此外还要突出重点，主要评估独立学院（含二级学院）、专升本院校和新设置本科院校，将评估结果与招生人数等挂钩，对不符合评估指标中规定办学条件的院校，要求减少招生、暂停招生甚至撤点。总之，评估等教育质量监控手段是外语专业教育的重要组成部分，只要做到指标科学、操作得当，就能充分发挥其宏观调控作用。

五、结语

60年来，我国外语专业教育经历了风风雨雨，取得了显著成就，但同时也存在一定失衡现象。因此，有必要结合国情，科学规划，切实繁荣学术研究和交流。相信只要广大专家学者和外语教师同心协力，坚持不懈，我国外语专业教育的前景一定会更加辉煌。

立足国情,科学规划,
推动我国外语教育的可持续发展①

适逢中华人民共和国成立60周年,上海外语教育出版社即将推出"新中国成立60周年外语教育发展研究丛书",我有幸被邀请从学科发展角度讨论一下我国外语教育的发展战略。60年来,我国外语教育发生了翻天覆地的变化,在学科发展、人才培养、师资建设、学术研究等方面取得了举世瞩目的成就,为我国经济文化的发展作出了巨大贡献。目前我国21世纪第一个教育规划纲要《国家中长期教育改革和发展规划纲要》的制定工作正在有序开展。而就外语教育而言,有必要立足国情、科学规划,实现可持续发展。因此,在回顾外语教育60年发展史的基础上,我尝试进一步探讨科学规划我国外语教育的重要性、科学规划的内涵,并在分析外语教育国情的基础上提出相关战略性建议。

一、科学规划我国外语教育的重要性

1. 我国外语教育发展的必然

我国外语教育发端于1862年(清朝同治元年)设立的京师同文馆,内

---

① 原载《外语界》,2009年第5期。

设英文馆、法文馆、俄文馆、德文馆等以培养外交和翻译人才,为我国外语教育奠定了一定基础。1903年颁布的《奏定学堂章程》中规定中学以上各学堂均开设外语课,使外语教育得以普及。1913年中华民国临时政府颁发了《中学校课程标准》,规定中学学制为四年,外语为中学必修课程。1922年实行"新学制"后,中小学外语教育在教材、教学法等方面得以发展,高校的外语专业主要培养外国文学教学和研究人才。1949年中华人民共和国成立以后,外语教育的发展大致可以分为三个阶段:第一阶段为中华人民共和国成立初期到"文化大革命",第二阶段为"文化大革命"开始至"十一届三中全会"召开,第三阶段为改革开放至今。

纵观60年来的外语教育发展史,我们发现只有客观规划、科学指导,才能促进外语教学研究的蓬勃发展,反之则会对外语教学事业造成损害。以外语教育史上的几个规划纲要为例,它们在不同阶段推动了外语教育的全面发展。如为了改变中华人民共和国成立初期"俄语一边倒"的倾向,1964年10月教育部会同有关部门制定了《外语教育七年规划纲要》,提出专业教育与共同外语教育并重,学校和业余外语教育并举,英语为学校教育第一外语,在大力发展数量、调整语种比例的同时特别保证质量等外语教育方针,并提出一些具体的发展指标。正是根据这一规划纲要,北京第二外国语学院、北京国际关系学院等院校得以建立,北京外国语学院、上海外国语学院等院校得以扩建,北外附属外国语学校、上外附属外国语学校等14所外国语学校得以成立,加大了外语人才培养的力度。"文化大革命"结束后召开的全国外语教育座谈会(1978年)则出台了《加强外语教育的几点意见》,制定了加强中小学外语教育,大力办好高等学校公共外语教育和各种业余教育,集中精力办好一批重点外语院校,语种布局要有战略眼光和长远规划,大力抓好外语师资队伍的培养和提高,编选出版一批相对稳定的大中小学外语教材,加强外语教学法和语言科学的研究，尽快把外语电化教学搞上去等指导方针。这为"文革"后外语教育的恢复发展指引了方向，促进了各类教材的编审、教学大纲的制定等工作。同时为了适应21世纪对外语人才的需求，1998年在广泛调研的基础上制定了《关于外语专业面向21世纪本科教育改革的若干意见》，指出我国外语专业本科教育存在5个"不适应"，涉及思想观念、人才培养模式、课程设置和教学内容、学生知识结构、能力、素质、教学管理等方面，并进一步提出外语专业本科教育的基本思路，如思想观念的转变，复合型人才的培养，课程体系改革和课程建设，教学方法和教学手段的改革，教材建设，非通用语种建设，师资队伍建设等。这为各种外语专业教学大纲的制定和相应教学改革的开展提供了依据。新世纪以来又制定了有关中学、大学和研究生外语教育的文件，如2001年颁发了《全日制义务教育普通高级中学英语课程标准》《全日制义务教育俄语课程标准》《全日制义务教育日语课程标准》，并印发了《关于积极推进小学开设英语课程的指导意见》，促进了中小学课程改革试验和教材编审工作；2007年颁发了《大学英语课程教学要求》；2008年颁布了《非英语专业研究生英语（第一外语）教学大纲（试行稿）》，推动了相应的教学改革工作。

  在我国外语教育史中，也存在因规划不当而发展不平衡或停滞的现象。如中华人民共和国成立初期大力发展俄语教育，忽视英语和其他语种教育。结果在1952年的全国高校院系大调整中，英语专业教学点由原来的50多个减少到9个，许多英语教师转教俄语，外语教育片面发展。而1954—1959年一度取消了初中外语，使整个民族的外语水平大幅度下降。"文化大革命"中，"不学ABC照样闹革命"的观点比较盛行，大中小学外语教育处于无序状态。这些历史事实从反面印证了外语教育规划的必要性。

2. 国家教育战略发展的需要

众所周知,2008年8月,党中央、国务院决定制定《国家中长期教育改革和发展规划纲要》。该纲要明确了到2020年我国教育改革发展的指导思想、总体目标、发展思路和基本政策取向,提出了到2012年教育改革发展的阶段性目标和重大政策措施。外语教育作为国民教育体系的重要组成部分和跨文化交际的主要媒介,其科学规划有助于培养富有创新能力的多语人才,促进国际交流和合作。同时,我国教育的战略发展也离不开科学的外语教育规划,因为只有了解国家政治、经济、外交、科技、文化、军事等对外语水平的不同需求,结合我国外语教育的国情,才能进一步完善我国教育的整体发展规划,并切实提高我国公民的道德、人文、文化水平和综合素质,将我国建设成为人力资源强国。

在经济全球化和文化多元化的背景下,世界各国对于外语教育在国家战略发展中的重要地位认识比较一致,亦非常重视国民外语能力的培养。譬如《美国2000年教育目标法》明确提出"努力提高学生的全球意识、国际化观念"的战略目标,强调学生要具备跨文化交际能力。2006年1月,美国联邦政府又正式颁布了"国家安全语言行动计划",大力培养外语人才。日本政府早在2002年就发表了《培养"能使用英语的日本人"的战略构想》报告,2003年又出台了《培养"能够使用英语的日本人"的行动计划》,以期提高外语人才培养的质量。而我国外语教育近年来进行了系列改革,如基础教育新课程改革、高等教育外语教学改革等,这对于提升人才的国际化素质,促进教育国际化发展具有重要意义。

总之,我们要切实明确培养国民外语能力的重要性,认识到外语教育在国家政治、经济、文化发展中的重要作用。目前我国已经成为一个外语教育大国,学习者众多,教育形式多元化。而科学规划外语教育、将我国建设成为外语教育强国不仅是外语教育发展的必然,也是国家教育战略发展的必要。

二、科学规划我国外语教育的内涵与国情分析

1. 科学规划外语教育的内涵

就科学规划外语教育的内涵而言,可以用"立足国情,科学规划,实现可持续发展"来概括。其中,立足国情是前提,科学规划是措施,可持续发展是目标。

立足国情,就是要在深入调研的基础上了解我国外语教育的整体布局和发展情况,综合考虑国家战略需要(如对外语人才数量、层次、水平等的需求)、外语教育传统、外语教育环境、外语教情与学情等。科学规划即科学定位和规划外语教育,具体包括纵向和横向两个维度:在纵向方面要有科学预见性,营造良好的外语教育生态环境,明确我国外语教育发展的短期和中长期目标;在横向维度上要突出协调性,促进全国外语教育各模块(如基础外语教育、高等外语教育、职业外语教育等)、各地域、各高校的和谐发展。可持续发展即保持外语教育的活力,促进外语教育的稳步发展。发展中应将当前和未来的国家外语教育发展战略密切联系起来,注重外语教育发展的阶段性、公平性、和谐性等,实现外语学科建设、人才培养、师资发展和学术研究等方面的全面发展。

如前所述,立足国情为科学规划的前提。而若想做到这一点,就必须在全国层面进行充分调研,深入研究。譬如可以整理外语教育年鉴,梳理外语教育史,统计全国外语本科专业、硕士点、博士点情况和各高校外语教师的学历、学缘、职称、学术研究情况等,了解各高校外语专业的学科特色,调查不同学习阶段、不同地区、不同类型外语学习者的学习需求等,在此基础上进行科学规划。外教社 2008 年出版的"改革开放 30 年中国外语教育发展丛书"比较全面地记载了高校外语专业教育、大学外语教育、高职高专外语教育、基础外语教育等的发展情况,为外语教育规划提供了

相关资料。此类研究值得倡导。

2. 我国外语教育国情分析

中华人民共和国成立60年来,我国外语教育在规模、形式、教学、师资、研究等方面取得了很大成就,但亦存在一定不足。在一定意义上,我国虽然是一个外语大国,但还不是外语强国。下面进行具体分析。

(1) 教育规模扩大,教育形式多元,但规划不足,布局尚不够合理

60年来,特别是改革开放30年来,我国外语专业、大学外语、高职高专外语、中小学基础外语教育等规模扩大,蓬勃发展。就外语专业教育而言,不仅语种丰富(全国高校共教授53种外国语),而且办学点大幅增加。在2007年教育部的学科目录上,本科英语教学点899个,日语380个,俄语109个,法语78个,德语72个,西班牙语25个,阿拉伯语16个。同时外语教育的专业层次也有所提升,有些高校已经建构了本硕博一体的人才培养体系。截至2007年,英语专业共有208个硕士点,29个博士点;日语专业共有60余个硕士点,15个博士点;俄语专业共有49个硕士点,8个博士点;法语专业共有20余个硕士点,6个博士点。[1] 大学外语教育内容丰富(包括英语、俄语、日语、德语、法语等),学习群体庞大。高职高专外语教育虽然起步于20世纪80年代,但发展迅猛。在1168所独立设置的高职高专院校中有1144所开设了英语类专业。[2] 至于基础阶段外语教育,不仅包括中学外语教育(英语、俄语、日语等),还包括小学外语教育(以英语为主)以及中等职业学校外语教育等。除全日制公办高校之外,不同类型、不同层次的在职教育和外语培训机构众多,自学考试、电大、网院、民办高校、夜大等丰富了办学形式,推动了人才培养工作。

---

[1] 戴炜栋主编:《高校外语专业教育发展报告(1978—2008)》,上海外语教育出版社,2008年。
[2] 刘黛琳:《高职高专外语教育发展报告(1978—2008)》,上海外语教育出版社,2008年。

但是，我国外语教育在规划方面尚有不足，布局不够合理。学科布点的数量和范围与国家对外语人才的战略需求尚不能完全吻合，东部沿海和中西部等地域差异明显，各层次的外语教育发展不够平衡。各外语专业比例（如英语和其他外语专业）、新设置专业（如翻译专业、商贸英语专业等）与传统语言类专业的定位和学科优势发挥、全日制外语教育与各类外语培训之间的关系等问题尚需解决。目前已经存在一些规划不当的现象。如个别院校追求专业大而全，盲目申报硕士点、博士点；一些新升本科专业教学资源匮乏，质量堪忧；某些地区语言类专业人才过剩；社会上各类外语培训机构定位不清，互抢生源等。

（2）外语人才数量增加，质量提升，但高层次精英人才、特色人才比较缺乏

我国目前在校以及在各个层面的外语学习者群体庞大，有学者估计仅英语学习者就有2亿之多。据笔者估计，现在英语专业学生有80多万。随着我国改革开放的进一步深化，外语教学资源日益丰富，教材选择面较广，课程建设多样化，教学评估和测试更加规范，教学质量也有所提升。目前无论是高等外语教育还是基础外语教育，电化教学设备、多媒体语言实验室等都得以广泛应用。尤其是在东部沿海发达城市，部分高校通过借助卫星接收系统、视频点播阅览室及开放网络数据库等方式不断丰富教学资源。各类外语专业、大学外语教学、基础外语教育的教材、词典等得以出版，为学习者提供了更多选择。而通识教育、人本主义等理念的推广使课程开发得以发展，精品课程等的建设进一步推动了教学改革。目前外语教学倡导网络环境与教学理念的融合以及对有中国特色外语教学法的探讨，力图解决实际教学问题。外语专业四/八级、大学外语四/六级、PET、BEC、托福、雅思、中高级口译资格证书等相关考试蓬勃发展，有助于检查本科外语教学质量，选拔高素质外语人才。同时，各类国际性合

作办学为更多外语学习者提供了求学深造的机会,也在一定程度上提升了人才培养质量。

虽然就整体而言,外语人才数量增加,质量有所提升,但高层次、高素质的精英人才或特色人才相对较少。受教学环境、教学方法、教学手段、师资等不同因素影响,无论是外语类院校、综合类院校、财经类院校,还是师范类院校、理工类院校,培养出来的外语人才仍存在千人一面的现象,对学校或学院特色的传承不足,具有丰富知识和创新精神的高素质翻译人才(笔译和口译)、跨文化交际人才等比较匮乏。基础外语教育中仍存在学生两极分化、语言基本功不够扎实及应试教学等现象。

(3) 师资数量增加,结构渐趋合理,但创新型研究者相对较少,基础教育师资仍有不足

随着外语教育的不断发展和跨文化合作交流的日益密切,基础教育和高等教育中的外语师资数量增加,质量提升,队伍结构(学历、职称、年龄、学缘等)渐趋合理,高学历、高职称教师所占比例增加。改革开放以来,特别是实施《2003—2007年教育振兴行动计划》之后,外语教师教育工作得到很大发展。各高校一方面鼓励在职教师在国内外攻读相关学位,提升学历层次;另一方面为骨干教师提供国内外访学、参加学术会议和学术研修的机会;同时开展不同层次的人才引进和培养工作,吸纳国内外优秀外语人才从事教育工作。教育部下属的高等学校外语专业教学指导委员会自2008年起就组织专家针对不同专业方向、不同课程类型的外语骨干教师进行培训,效果良好。同时自2006年起,开展大学英语教学改革巡讲活动,共举行了47场报告,反响良好。中小学教师数量亦大幅增加,如小学外语教师从2003年的167,263人发展到2006年的245,432人,增

幅达到30%以上,其中专科毕业以上的由68.11%上升到84.69%。①

虽然师资队伍整体素质提高,但创新型研究者和大师级外语人才相对较少。部分教师因认识不足或社会、生活压力等原因,产生故步自封或者过分功利的思想,对教学研究关注不够,导致教研水平停滞,创新能力缺乏。就基础教育而言,师资尚有不足。随着我国小学外语教育的发展,2002年我国小学外语教师缺口数比例9.07%,2004年13.72%,2006年26.78%,呈增长趋势,而且有的教师无暇顾及教学质量。② 换言之,中小学外语教师在数量和素质方面仍有较大发展余地。

(4) 学术研究蓬勃发展,但认识误区犹存,标志性成果较少

随着我国建设创新型国家理念的逐步深入和相关投入的增加,我国外语学术研究日益繁荣。国家、教育部以及各省市、各高校加大了对学术研究和教学改革的投入,鼓励科研人员从事具有创新意义的研究,提高我国学术研究的国际地位;同时支持一线教师进行教学改革实验,提升教学质量。目前,研究群体日益扩大,不仅包括高校和中小学教师,还包括民办学校教师、出版人员等。研究范围也比较广泛,涵盖传统语言文学的不同层面以及跨学科性、边缘性研究。研究方法比较丰富,质化研究和量化研究相结合,文献法(包括网络资源)、比较法、问卷调查、访谈、个案研究、语料库研究等有助于提升研究的客观性。值得一提的是,部分课题组进行跨校、跨学科、跨国研究,它们不仅吸纳了本学科、本校的研究人员,而且还包括美国、英国等其他国家的研究人员,强强合作,提升研究成果的层次。同时,学术交流蓬勃发展。各高校、各研究机构的协会(如中国外国文学学会、中国修辞学会、中国英语教学研究会、翻译工作者协会等)和

---

① 刘道义:《基础外语教育发展报告(1978—2008)》,上海外语教育出版社,2008年。
② 陈琳:《以科学发展观规划我国外语教育》,《光明日报》,2009年1月21日。

不同的外语类学术期刊(目前有 40 余种)为学术研讨、学术成果发表等提供了良好的平台。

虽然我国外语学术研究蓬勃发展,但在研究动机、研究重心、研究成果等方面均有一定不足。在研究动机方面,尚存在一定的认识误区:或者将教学与科研相割裂,认为非此即彼;或者认为科研是阳春白雪,遥不可及;或者为职称而敷衍著述;或者认为自己缺乏相应的资源(如部分地方院校或西部院校教师),无法进行研究。在研究重心方面,或食洋不化,或厚古薄今,或削足适履,以他人理论片面分析国内语言与教学现象。在研究成果方面,重量轻质、低水平重复现象仍然存在,这从不同层次的课题内容及期刊文章中可见一斑。各类文章多刊登在国内期刊上,影响较小。能在国际期刊上发表,在业内产生较大反响的标志性成果较少。

三、对科学规划我国外语教育的建议

以上阐述了科学规划外语教育的重要性和必要性,并分析了其内涵和外语教育国情。下面在此基础上,结合我国外语发展目标,提出一些建议,希望能够促进我国外语教育的健康发展。

1. 实现全国外语教育管理一体化,注重各专业、各地区协调发展

众所周知,外语教育的发展离不开相应管理机构的指导。就外语专业教学而言,1992 年成立的高等学校外语专业教学指导委员会(前身为高等学校外语专业教材编审委员会)承担了相关调研、咨询、指导和服务等工作。就大学和高职高专外语教学而言,1991 年成立的高等学校大学外语教学指导委员会(前身为大学外语教材编审委员会)和 2005 年成立的首届高职高专英语类专业教学指导委员会、高职高专其他语言类专业教学指导委员会,在精品课程建设、人才培养等方面发挥了重要作用。1986 年 9 月成立的全国中小学教材审定委员会则对中小学外语教学改革

起到了指导和推动作用。各机构虽然有序工作,但彼此之间的协作性尚需进一步提高。

目前我国尚需一个外语教育统筹管理机构协调各部门的工作。胡文仲指出可成立类似国家语言文字工作委员会的组织,通过政府和专家的工作制定相应政策和规划。① 陈琳提出可参考美国政府成立国家外语中心(National Foreign Language Center)的做法,在国务院的领导下,由教育部、科技部、外交部、国家发改委、国防部、安全部等部门代表人员以及主要外国语大学校长共同组建一个机构。② 金莉则建议成立国家外语教育统筹工作委员会,负责相应外语人力资源的普查、需求与使用情况,制定相关国家政策。③ 亦有专家学者提出恢复外语处,加强全国外语教育的一体化管理工作。在我看来,无论是设立新的管理机构还是恢复原有机构,关键要坚持系统性和科学性原则,实现我国外语教育管理一体化。

具体而言,各外语专业之间,大学外语教育各个语种之间,高职高专各语种之间,基础教育各语种之间应协调发展。应在充分调研的基础上,结合国家需求、地域特色和学校优势来确定不同比例,并进一步明确发展目标和规模。既要避免一种外语片面发展,也要避免平均用力,脱离实际。在我个人看来,英语等其他联合国工作语言的重要性不可忽略,基础教育、大学外语教育和外语专业教育中应该对英语的全球性地位予以考虑。当然,在部分具有某种外语教育传统的地区(如东北三省俄语和日语的教学),也可以发挥优势,推广该语言。就东西部共享优势教育研究资源,实现教育公平而言,一方面可在教育部相关部门的协调下,鼓励优秀

---

① 胡文仲:《我国外语教育规划的得与失》,《外语教学与研究》,2001年第4期。
② 陈琳:《以科学发展观规划我国外语教育》,《光明日报》,2009年1月21日。
③ 金莉:《外语教育应实行"一条龙"式课程标准》,2009年4月2日,http://www.93.gov.cn/html/93gov/lxzn/czyz/jyxc/1681698620529839015.html。

教师到西部从教或支教；另一方面大力发展网络资源，落实网络培训工作，通过精品课程建设、网络资料库建设等促进西部地区的教学科研发展。总之，无论是外语教育短期规划还是中长期规划，无论是国家规划还是地域规划，都要统筹兼顾和科学论证具体发展目标、发展重点、发展步骤等，实现可持续发展。

2. 明确定位，注重大中小学有序衔接，抓好外语人才培养的质量

外语人才培养是外语教育的重要组成部分，人才质量的优劣在一定程度上直接体现我国外语教育的成败。因此，各专业、各高校、各教育阶段应明确外语人才培养目标，注重大中小学的有序衔接，倡导创新型教育，提高人才培养质量。

各高校的外语专业、各阶段的外语教育要明确定位，确定人才培养目标。譬如基础外语教育应该夯实学生的语言基本技能，培养其初步的外语交际能力，增进其对外国文化的了解，并形成一定的学习策略。高职高专外语教学主要提高学生跨文化交际能力，培养技能型、应用型人才。大学外语教学应培养学生的英语综合应用能力和自主学习能力，提高其综合文化素养，以适应社会发展和国际交流需要。外语专业教学应培养知识丰富、思维创新、具有跨文化交际能力的国际化外语人才。而且，不同类型的院校（如外语类院校、综合类院校、财经类院校、师范类院校、理工类院校）可以根据学校特色，制定更加细化、有特色的目标。非外语专业研究生的外语教学可进一步提升其跨文化交际能力，强调阅读写作能力的提高。英语专业研究生教学应着重培养其创新能力，夯实其语言基本功，拓展其知识面，提升其研究能力。只有明确目标，才能有效避免定位不清、人才培养缺乏特色等问题。

确定目标后，要制定相应的规范、标准或要求。譬如英语专业所制定的专业规范对英语专业的设置条件进行了限定,有助于保障学科的合理发展。基础教育的一些专家已经制定了《学生学习效果检测与评价标准》(Student Academic Achievement Evaluation, SAAE),并在上海等几个大城市进行了实验,取得了示范性成果。同时有些学者建议制定一个涵盖小学、初中、高中直至大学英语教学的"一条龙"式的《国家英语课程标准与教学要求》,并在此标准试行有成后,视需要制定其他语种的国家课程标准。在我看来,基础教育、大学外语以及外语专业等的课程要求应有一体性,形成"一条龙"式的外语教育体系,即在教学目标、教学方式、教学内容、教学要求等方面整体衔接,避免各阶段出现脱节或重复现象。

为了进一步提高人才质量,教学中要倡导创新思维,探索创新型人才培养模式,力求培养专业基础扎实、视野宽阔、富有国际竞争力的高素质外语人才。在基础教育、高职高专、大学外语、外语专业等不同的教学层面,应抓好教学资源、教学方法、教学手段、评估测试等基本环节:运用网络、多媒体等丰富的教学资源;融合建构主义、自主学习、合作学习等理念,根据不同的教学目的、不同课型、不同层次学生的实际情况探索教学策略,同时借助互联网增强与学生之间的互动;加强院际、校际之间的合作,为学生提供更多实践机会,使学用结合、学研结合;倡导过程性评估与终结性评估相结合,确保评估的客观公平性。当然,教育部与相关部门对不同层次的学科建设和教学质量亦应制定相应的评估标准(如英语专业本科评估标准),以保障外语教育的稳步发展。

3. 促进教师专业发展,倡导创新研究,繁荣学术交流
(1) 采取不同措施,促进教师专业发展

为进一步提升教师质量,促进教师的专业发展,有必要加大对师范生培养的投入,确定外语教师专业等级标准,建构教师动态评估体系,抓好在职教师的教育工作。

针对目前中小学教师数量不足和质量不够好的问题,在师范院校外语专业招生、投入等方面采取一定的政策倾斜,采取相关措施吸引优秀生源报考师范院校,加大对未来外语师资(主要为中学外语师资)的培养力度。

为了明确不同层次教师的入职水平,除了对其年龄、学历等有所规定之外,还可以制定不同层次(包括学前、小学、初中、高中、大学等)的外语教师专业等级标准,对符合要求者颁发相应的外语教师资格证书。目前教育部所属的"中国教师教育学会"正在组织进行《教师教学业绩评价标准》(Standards for Teachers of English in Primary and Secondary Schools, STEPSS)的研制,其研究成果对于教师教育的开展(如课程设置、教材建设等)具有一定的应用价值。

为促进教师专业发展,应依据终身教育理念。一方面尝试建构教师动态评估体系,对教师的教学能力、研究能力等进行定期评估;另一方面丰富教师学历教育方式和非学历培训方式,发挥相关学术带头人、学术骨干、优秀教师等的引领作用,借助国家级培训、校际观摩交流、国内外学术研讨等方式提高在职教师的教研能力。

(2) 倡导创新研究,繁荣学术交流

目前,世界各国纷纷将创新作为提高国家竞争力的重大战略,譬如美国曾出台《2005年国家创新法》,以确保其在创新、研究与开发方面的引领地位。相对于发达国家,我国外语界的高层次创新成果比较匮乏,在国际学术界引起的反响较小。因此,有必要倡导创新研究,繁荣学术交流。

就外语学术研究而言,创新多涉及研究内容、研究方法、研究结果等,譬如对原有语言学理论的修正或者发展,对文学文本的跨学科解读,语言教学的新理念和新策略等;而从单纯运用思辨性质的文献法到以定量数据为基础的实证研究也体现出一定的创新。有些研究者对创新存在一定的误解，或者认为前人研究较深、无法超越；或者断章取义，对前人大加批判；或者盲目嫁接，以离奇为创新。在我看来，创新不是凭空而来的，而是在扎实的知识积累和反复思考中产生的，需要有深厚的语言功底和理论基础，需要有问题意识和发散性思维，需要恪守研究规范，而且其研究成果需业内同行、实践和时间的考量。

为了促进创新研究，有必要营造研究氛围，繁荣学术交流。目前教育部以及各省市、各高校对于科研的支持力度较大，在资金、时间、国际性合作交流等方面均有投入。各类学术研讨会、学术论坛、期刊网站等学术交流形式也蓬勃发展，为研究者提供了较好的客观条件。以我之见，这仅是创新研究的外因，最主要的内因还在于研究者本身。换言之，研究者应有明确的学术定位，提高对学术的认识，摆脱功利思想，潜心向学，乐于研究，争取形成研究特色，出高质量的研究成果，避免产生以量代质、以刊代文的问题。

4. 进一步丰富外语教育形式，全面发展，提高全民外语水平

如前所述，在全球化、国际化背景下，我国外语教育的重要地位不容忽视，外语人才培养工作举足轻重。为了切实提高全民外语水平，有必要进一步明确认识外语教育的重要性，丰富教育形式，全面发展外语教育。

首先，要使社会各界人士认识到外语在我国教育中的重要地位。在一定意义上，外语有助于我国在国际政治、经济、文化等舞台上发挥更加重要的作用。目前我们已经成功举办了2008年奥运会，且即将举办2010年世博会。事实上，一个开放的、发展的中国需要具有多语能力和跨文化沟通能力的人才。

其次，要切实认识到正规教育与学历培训之间、全日制教育与业余大学培训之间的互补关系。对培训学校和机构予以适当指导和支持，使其更加丰富、更有针对性和实效性。特别要加大继续教育和成人外语教育的工作力度,密切与各外语用人单位的联系,加强对公职人员、企业人员等的岗位外语培训,提升其外语能力。

最后,要促进全民外语教育的发展,鼓励外语能力认证机制的建立,加大网络教学资源建设,密切国际交流与合作,充分挖掘相应的教学资源(如图书、资料、报纸等),创设外语学习环境,为全民外语教育营造良好的氛围,进一步提升全民外语水平。

四、结语

60年来,我国外语教育为我国经济建设、文化交流、外交发展等作出了重要贡献。随着改革开放的进一步深化,科学规划外语教育不仅成为一种必要,也成为一种必然。鉴于外语教育规划涉及政治、经济、文化、外交、军事等方方面面,我们应立足国情,统筹兼顾,客观分析,反复论证,使其具备科学性、全面性和系统性,符合我国的国家和教育战略需求,从而推动我国外语教育的可持续发展。

我国外语学科发展的约束与对策[①]

改革开放以来,我国经济建设和社会发展取得的成就举世瞩目,外语教育事业也发生了深刻变化。尽管老一辈的外语教育与研究专家为外语学科的发展奠定了很好的基础,一大批中青年学者在继承和发扬前辈工作的基础上,将高校外语学科发展不断向前推进,但受制于教学与研究基础的相对薄弱,我国高校外语学科建设仍有诸多不成熟、不完善之处。本文在简要回顾高校外语学科发展历史的基础上,着重分析我国高校外语学科发展的现状及存在的问题,并结合外语学科在21世纪的发展趋势,提出关于我国高校外语学科发展战略的政策建议,以期早日形成具有国际普适性又不乏中国特色的高校外语学科发展范式。

一、 我国高校外语教育的成就与问题

改革开放和经济全球化为我国的高等教育特别是高等外语专业教育事业提供了前所未有的发展机遇。无论是经济建设还是文化交流,都离不开语言这一媒介。随着信息技术的发展、互联网的不断扩展与完善,各国经济、文化等各方面的交流日益便利和扩大,国际社会相互依存的关系

[①] 原载《外语教学与研究》,2010年第3期,合作者吴菲。

日益密切,也推动了教育的国际化,外语(特别是英语)的"桥梁"作用日益凸显。外语水平已成为衡量人才综合素质不可缺少的方面,也成为高校加快国际化办学进程的重要条件。

在这种环境下,外语教育受到空前重视,在改革开放大潮中蓬勃发展。综观改革开放以来我国的高等外语专业教育,可以看到,一方面,它以服从和服务于国家经济和社会发展为己任,为国家培养了大量高素质、多层次外语人才;另一方面,高等外语专业教育遵循自身教育规律,已形成具有中国特色的高等外语专业教学体系。特别是进入 21 世纪以来,随着我国高等教育的快速发展,外语专业也迎来了新的发展周期,主要表现在外语专业学科点布局更广更全面。目前,国内高校教授的外语语种已超过 50 个。每个语种的教学点大量增加,如开设英语专业的高校达 900 多所,开设日语专业的 400 多所,开设俄语专业的 100 多所,开设法语专业的有 80 多所,开设西班牙语专业的也有 50 多所。作为高校外语学科重要组成部分的非通用语种,进入新世纪后也获得了跨越式发展,教学点布局不断拓展,目前已在全国建立了 9 个非通用语种本科教学基地。预计国家重点扶植的非通用语种教学点将达到 30 多个。同时,以外语为背景的外国语言文学专业硕士、博士学位授予点也大幅增加。目前,全国的英国语言文学硕士点已达到 200 多个,外国语言文学博士点(包括外国语言学及应用语言学)已有 40 余个。①

然而,若冷静而客观地审视我国高校外语教育的现状,可以看到问题依然存在。如在基础理论研究方面,外语语言学理论研究还缺乏突破性的、具有国际影响的标志性成果;教学实践方面,长期以来的"费时低效"与"哑巴英语"等问题依然没有得到彻底解决;人才培养模式方面,不少外

---

① 戴炜栋:《高校外语专业教育发展报告》,上海外语教育出版社,2008 年,第 21 页。

语人才知识面过窄、技能单一、社会适应性不强;等等。① 通过 2006—2008 年对 102 所高校进行的英语专业评估和近几年所作的调研,我们发现不仅在英语专业教学中,在其他语种的教学中也都存在外语专业招生数量与教学质量的矛盾,高校外语专业的持续扩招致使一些学校教学质量难以得到有效的保障,部分高校外语大班授课问题极为严重,外语学科师资队伍出现"青黄不接"的现象,欠缺具有国际视野、能够把握学科前沿发展方向且具有团队协作能力的领军人才。部分院校对复合型外语人才培养目标把握不够准确,存在专业知识课程设置不够规范和相关复合型专业课时所占比重过大等突出问题。此外,我国高等学校外语教育还存在地区差异不断加大、部分外语院校学生语言基本功不够扎实的问题,相当一批院校特别是经济欠发达地区院校英语专业的学生在语言技能上没有达到大纲的要求,语言基础薄弱,缺乏用英语连贯表达思想的能力,特别是英语写作和口语应用能力较弱。而造成这些问题的深层次原因在于高校外语学科发展中长久以来存在的一些制约因素。

二、我国高校外语学科发展的制约因素

综上所述,制约我国高校外语学科发展的因素主要有以下三点:

1. 定位不明

毋庸置疑,外语作为中外文化沟通的桥梁有其不可或缺的功能性定位。特别是在经济全球化的背景下,外语不仅有着广阔的应用空间和发展空间,更是中国执行对外经济文化战略的重要工具。但是,近 60 年来,外语在发展过程中往往受到中外关系亲疏冷热的影响,表现在高校外语教学与研究中经常出现专业发展的大起大落,原先积累的良好发展基础可能因为两国关系降温而受到冷落,而过去不受重视的某些语种也可能

---

① 戴炜栋:《中国高校外语教育三十年》,《文汇报》,2008 年 8 月 31 日。

由于中国和这些国家之间政治经济关系的日益紧密而格外受重视。其实,从国家的对外经济文化战略来看,不宜用工具价值的目光看待外语本身的价值,应该明确外语作为中国对外经济文化战略的重要组成部分所享有的独特地位,制定切实可行的外语发展战略规划,力求保持一支较为稳定的教学与研究队伍,确保外语专业可持续发展。

2. 投入不够

改革开放以来,外语在整个国民教育体系中的地位和作用得到了空前提高,各个层次的教育均将外语列为重点发展对象。全社会亦形成了重视外语、学习外语的风潮。但就高校外语学科发展所获得的资源支持与要素投入来说,仍存在着资源分配不均、要素投入明显不足的问题。除了外语院校和部分高水平大学以及其他类型的部分高校重视外语的学科定位并强化资源支持外,大部分高校的外语学科在本校的学科体系中尚处于弱势甚至边缘化地位。学校主要是基于任务需要或者是功能弥补的考虑来设立外语学科,实质性的投入明显不够,使得部分从事外语教学与研究的教师处境相对尴尬,既影响了工作积极性的调动,也不利于外语教学与研究水平的提高。基于此,有关高校应从促进外语学科发展的中长期战略考虑,适当加大对外语学科的投入,营造学科发展所需要的机制环境与舆论环境。

3. 高端人才欠缺

从对接国家战略来看,高校外语学科无疑拥有广阔的发展空间。但是应当看到,随着中国全面参与并争取积极主导国际经济与金融体系建设的发展,以及中国文化走向世界大潮的来临,国家对外语人才的培养提出了新的更高的要求。过去那种单向度的外语培养模式已经难以适应经济发展和国家战略的需要。① 而就存量外语人才来说,中国可能并不欠缺

---

① 胡文仲:《新中国六十年外语教育的成就与缺失》,《外语教学与研究》,2009年第3期。

一般的外语教学与研究人才，但具备国际化视野、全球化意识并且熟练把握学科发展动态，掌握最新研究方法的战略性高端外语人才的欠缺，却是当前和今后一段时期制约外语学科发展空间扩大的瓶颈。以中国参与国际金融体系改革为例，既需要一流的银行家和金融家、金融风险管理师（FRM）、金融理财师（CFP）和金融分析师（CFA），也需要大批高级金融外语人才。如高校外语教育能够在这方面取得突破，不仅将大大提升外语学科的应用平台，也将拓宽外语学科发展的行为空间。因此，我们应以前瞻性的意识与实质性的行动接轨国家战略，争取在保持高校外语学科传统优势的前提下，在外语专业基础知识培养扎实的基础上加强战略性高端复合外语人才的培养，更好地为国家经济建设和对外经济文化战略服务。

三、高校外语学科发展的战略建议

我们要正视中国高校外语学科发展面临的诸多问题与制约因素，更要看到广阔的发展前景。在新的历史时期，只要我们以改革的精神针对业已呈现的问题，结合国家中长期教育改革和发展规划，强化中外高校外语教学与研究者之间的交流，完全有可能形成既具有国际普适性又不乏中国特色的高校外语学科发展范式。基于此，笔者提出促进外语专业在新世纪可持续发展的十条建议：

1. 重视外语专业提升我国软实力的作用

在我国历史发展的各个时期，外语教育发挥了不同的作用：从 19 世纪末通过外语人才培养向西方学习，到 20 世纪 50 年代照搬苏联，再到 70 年代末改革开放后参与世界经济一体化进程，当今 21 世纪我国的外语教育还应肩负起向世界推介中国文化的重任。我们认为，具体到实践中，除了鼓励我国高校外语教师积极参与由国家组织的、旨在向海外介绍中国文化的重大课题外，外语教学也应作适当的调整：在本科教学中要注意克服学生的"中国文化失语症",培养学生主动对外宣传我国文化的意识;同时,还应在教学实践中大力加强中译外的训练,使我们的学生有能力用准确、地道的语言承担起传播中国文化的重任。

2. 制订我国外语教育中、长期发展规划

改革开放以来,针对高等学校外语教育的纲领性文件是经教育部高教司审核批准并于1998年下发的《关于外语专业面向21世纪本科教育改革的若干意见》,它至今仍是指导外语专业教学、制定各语种外语教学大纲和开展外语专业本科教学评估的重要依据。但是,1998年以来,我国的外语教育也出现了一系列新的变化,例如:中学外语教学水平近年来有了长足进步,许多高校向综合性大学方向发展的趋势使外语专业学科建设要在多学科的背景下进行,外语专业学科点的急速增长都对我国外语专业教育提出了许多新的问题和挑战。因此,我们认为,应该配合《国家中长期教育改革和发展规划纲要》,在《若干意见》的基础上制定一个符合我国国情的外语教育发展中长期规划,以便为今后20到30年我国基础阶段外语教育、中等教育和高等院校的外语教育构画出一个既有一定前瞻性,又切实可行的发展蓝图。

3. 制订外语专业规范,为专业建设设必要门槛

高等学校外语专业教学指导委员会目前正着手制订外语专业本科指导性专业规范,这是在认真总结我国高校外语专业教学的历史经验和广泛调查研究的基础上产生的一个指导性文件。专业规范比较集中地体现了中国高校外语专业教育的基本规律,对于高校设立外语专业的软硬件基本条件都有明确的规定,对于应开设的课程、基本教学方法和教学手段、学生评价指标体系等也都提出了指导性的意见。针对目前有些地区盲目设立外语专业点的做法,建议教育主管部门将审议后的外语专业规范作为新建外语专业点的准入门槛,严格把好外语专业学科建设的第

一关。

4. 建立健全各级外语教师资格认证制度

外语专业教学改革和教学水平提高的关键在于外语教师。因而,加强外语专业教师的资格认定和培养成为外语学科建设的重中之重。为了解决新设教学点和经济欠发达地区院校教师教学、科研水平偏低的问题,建议在我国建立起各级外语教师资格认证制度,针对各级外语教师的外语实际运用能力、外语基本知识、汉语水平和教学能力等,制定出明确的资格标准和切实可行的考核办法;向通过相应考试的教师颁发外语教师资格证书。

同时,为了帮助外语教师了解所教语言对象国的风土人情、人文风貌,从根本上教好外语、教地道的外语,我们建议国家在逐步扩大对教育投入的同时,国内高校可在教育主管部门的指导下,积极创造条件,分期分批为高校外语专业教师提供一年左右赴对象国进修学习的机会,将国外先进的教育理念带回国内。近年来,教育部高等学校外语专业指导委员会在有关学校协助下,为提高国内高校外语教师实际教学能力和科研能力,定期举办课程教学或科研方法研讨班,取得了一定成效。

5. 发挥外语专业评估的宏观调控作用

从 2004 年开始,英语专业率先在外语专业中开展了教学评估。评估工作在加强英语教学质量保证体系建设方面起到了积极作用。从对近 60 所院校的英语专业评估效果来看,尽管在评估等级划分、评估方法与手段等方面确实存在一些有待改善之处,但被评估院校普遍反映这项工作对规划专业建设、整合教学资源、提升专业整体实力和学科定位和内涵等方面均有较大促进作用。根据 2005 年教育部《关于进一步加强高等学校本科教学工作的若干意见》的精神,今后要做的是针对前一阶段评估过程中发现的问题,完善评估方法,提高评估效果,使其可以发挥规划外语专业学科点建设、遏制部分院校盲目扩招的作用。要重点关注对独立学院(含二级学院)和新设立的外语本科、专科升本科院校的监控和管理,定期检测,严格标准;同时改变过去评估指标过于单一的做法,针对外语类、师范类、经贸类、理工类等院校的英语专业制定不同的评估标准;进一步完善评估方案,并积极探索由被评估院校教学状态数据发布、专家进校评估和社会评价相结合的评估机制,从而真正提高外语专业各语种和每个语种的不同学科点的办学水平。

6. 进一步加强非通用语种的学科建设

2001年开始建设的非通用语种本科人才培养基地为我国非通用语种的教学提供了一个极好发展契机。截至2008年10月,全国共有71所高校、231个学科点承担了46种非通用语言的人才培养任务。这样的教学规模和教学水平,在很大程度上得益于教育部建立非通用语种本科人才培养基地这一重要举措。

从20世纪60年代起,非通用语种的教学就与我国的外交政策紧密相连,在推动我国与发展中国家的友好往来方面做出了独特贡献。希望教育部将建设非通用语种本科人才培养基地这一做法坚持下去,进一步加大对非通用语种建设的支持力度;同时考虑到各个非通用语种之间的发展差别,在建设中认真探讨每个语种的实际社会需求与学科基本建设的关系,在投入时不搞一刀切,在学科建设上更不能追求整齐划一。

7. 进一步发挥外语专业教学指导委员会的作用

改革开放以来,教育部高等学校外语专业教学指导委员会在教育部的指导下,在深化高校外语教学改革、提高外语教育质量、加强教育行政部门对高校外语教学工作的宏观调控、推进高校外语教育宏观决策的科学化和民主化等方面发挥着建设性的作用。近年来,外语专业指导委员会无论是在组织和开展学科教学领域的理论与实践研究,还是在加强专业建设与规范，乃至组织专业评估提高本科教学质量以及加强师资队伍建设和把握外语战略发展方向等方面，都进行了一些积极的探索，也取得了相当的进展。我们建议，今后一个时期，外语专业指导委员会可在完善现有工作的基础上，加强对各层次外语教育的统筹工作，适当拓宽高等学校外语专业教学指导委员会的工作范围，使其在统筹全国高校外国语言文学专业（本科和研究生）教育方面发挥更大的咨询和指导作用。同时，邀请有实际教学经验的资深外语专家参与有关外语教育、教学的重大决策，加强我国外语教育管理的科学性。

8. 加强科研，以原创性研究提升学科地位

中国高校外语学科要提升自身的学科地位，首先必须拿出原创性的研究成果。如仍像过去那样介绍和罗列国外外语教学经验和做法，或按照某个先验的标准来进行比较和研究，很难得出多少原创性研究成果。从国内近年出版的有关研究成果看，不少是对国际上（尤其是美欧）教学研究成果的消化，至多加上对中国外语教学实践的相关分析，因而普遍缺乏原创性。今后除了要加强中国高校外语学科的基础理论研究外，更要面对实际进行有创见性的研究。显然，国内高校外语界在这方面还有相当长的一段路要走。

其实，在当前的情势下，中国高校外语学科教学与研究是有很大发展空间的。改革开放以来的探索与创新为中国高校外语学科的发展打下了较为坚实的基础，经济建设与社会进步亦为外语学科提供了广阔的应用平台与极具价值的试验样本。另一方面，由于近年来中外文化交流空前活跃，世界文化出现东移趋势；中国外语学科发展水平的不断提高，使得外语学科发展有可能在中国获得某种程度上的后发优势。

9. 在中外学科融合中找到发展突破口

要发展中国外语学科，进而使之在国际外语学科体系获得一定的地

位,重要的是在把握当今语言教学与研究发展趋势的基础上,抓住中外学科发展日渐融合的趋势,寻找突破口。中国外语学科并非一个封闭的自循环的体系,而是植根于中国外语教学与研究实践,不断吸取世界各国语言教学与研究的精华,进而形成为一个开放的学科发展体系。中国外语教学与研究之所以未受到国际学术界的足够重视,不仅是因为国内学术界没有充分利用国际外语界长期形成的现代语言学规范,来研究中国外语教学与实践的发展,更由于中国外语界尚未形成自己独特的理论。中国外语学科发展要在世界语言学科体系中占有一席之地,就必须研究中国外语教学实践过程中的现实问题,也就是说要有自己独特的东西,有自己独特的理论范式和理论框架。过去 30 年我们大量引进了西方的语言学理论与方法。目前要做的是,应该结合中国自己的特点,研究中外语言学方法论相结合的问题。要强调研究的规范性,要注意定性与定量的结合,不可偏重,也不可偏废。笔者认为,随着中外学术交流的日渐活跃,以及中国学者对外语前沿理论的理解和驾驭能力的不断提高,中国学者在掌握运用现代语言学发展的最新成果的基础上,是完全可以缩小与国外同行研究的差距的。

10. 主动对接国家战略,争取学科更大发展

20 世纪 80 年代提出的外语专业复合型人才的培养战略,对于改善高校外语专业学生的知识结构,拓展外语专业的学科内涵起到了一定推动作用,受到了学生、教师和用人单位的欢迎。当然,十几年的实践过程中也出现了一些偏离。建议教育主管部门在审批外语衍生专业时,在新专业论证过程中要从严把关,对很多明显不符合申报条件的学校限制审批;设立新的专业时,从教学计划、大纲设置、课程设置、测试评估、师资安排、教学教法等基本环节一步一步、稳妥有序地推进,客观科学地促进外语专业体系的完善。

对国家急需的战略性高端复合外语人才的培养，则要整合相关资源，力争在较短时间内取得实质性成效。这是主动对接国家战略，拓展外语学科应用与发展空间的重要突破口。目前，国家正在实施"千人计划"，力争在不太长的时间内从国外引进一批世界级的应用性人才。以推动国内相关学科发展，促进经济和社会的进步。在此进程中，掌握专业知识又能熟练运用外语的高级人才无疑是极为稀缺的人力资本。而从国内相关存量外语人才来看，符合国家战略发展需要的这方面人才非常欠缺。鉴于此，各有关高校应该通过培养和引进两种途径，加大投入，力争在短期内造就一批契合国家需要的战略性高端复合外语人才，扩大外语学科的发展空间，提升学科的应用价值和社会地位。

四、结束语

我国的外语学科在改革开放尤其是进入新世纪以来获得了长足发展，但其整体水平依然落后于高等教育与社会发展的要求，亦与中国全面融入世界、强化各国之间经济文化交流的趋势有不相适应之处。早日形成具有国际普适性又不乏中国特色的高校外语学科发展范式，是中国外语教学和研究者面临的重要课题。

中国高校外语学科必须在把握学科发展规律、掌握前沿理论与方法的基础上，提高对学科发展的理解和驾驭能力，寻找促进中国高校外语学科发展的突破口，力求建立具有中国特色的外语教学体系和方法论。同时，中国高校的外语教学与研究工作者，还应该能在国际语境下进行交流，能够进行"跨情景的学术对话"，这样，才既有国际普适性又不乏中国品格。

第四届高等学校外语专业教学指导委员会中期工作报告[①]

第四届高等学校外语专业教学指导委员会成立于 2007 年 9 月,迄今已有两年半时间。在此期间,我们在教育部领导下,围绕成立之初确定的工作思路,在高等学校本科外语教学的研究、咨询、指导、评估等方面做了大量工作。在此次任职中期召开的全体会议上,有必要对工作情况做一下总结和展望。

本届指导委员会与前数届相比在组织形式、组织规模等方面均有所不同。在组织形式上,指导委员会在高教司指导下组建了各语种分指导委员会,从而使各语种的活动相对独立,而且更具针对性。事实证明,这一新的组织形式有力推进了各语种的工作。在组织规模上,指导委员会也有了较大发展。目前指导委员会人员总数(包括各分指导委员会人数)已达 197 人,人数的增加使指导委员会的工作更具活力。

一、本届指导委员会取得的成绩

本届指导委员会成立两年半以来,在教育部高教司文科处的领导下,

[①] 原载《外语界》,2010 年第 3 期。

在各分指导委员会和各位委员的大力支持下，各项工作都取得了可喜成绩，其中最为重要的是以下几项。

1. 学科发展战略报告的制定

根据教育部高教司文科处的安排，2007年底至2009年元月，我们各分指导委员会围绕专业现状、存在的问题、对今后发展的建议三大主题展开了大规模的调研。各分指导委员会在调研的基础上都形成了一份专业发展战略报告。我们指导委员会秘书处又在各分指导委员会报告的基础上，起草了《高等学校外国语言文学学科发展战略报告》。该报告经两次主任委员会议讨论、审定，于2009年元月正式定稿并上报教育部高教司，得到了高教司的初步认同。

2. 学科专业规范的制定

专业规范的制定工作起步较早。早在2007年10月，我们就强调了各专业制定专业设置基本标准和专业人才培养规格的必要性。之所以提出制定专业规范，是因为我们在上一届指导委员会工作期间发现，随着高校规模的扩大，各省市一些高校在专业设置方面控制得不够严，专业设置相对比较随意，设置前的条件认证相对简单。譬如，设置外语专业时根本不考虑基本条件，认为只要有数名懂外语的教师就可以开设。一些外语专业匆匆上马，软硬条件都较差，其教学质量可想而知。鉴于此，我们深感有必要为专业设置制定一个门槛（即行业准入标准）。我们的这一想法与此后不久教育部高教司的工作计划不谋而合。因此，根据教育部的要求，我们在广泛调研的基础上于2009年9月正式完成了"高等学校外国语言文学学科专业规范"的制定，其中包括英语、日语、俄语、法语、德语、西班牙语、阿拉伯语、非通用语等各语种的专业规范。每个语种的专业规范又分别包括"专业概述""本专业培养目标和规格""专业教育内容和知识体系""专业教育条件""本专业规范主要参考指标"等五大板块。专业规范的制定作为教育部科研项目,已经提前结项。据我们了解的情况,教育部有关司、处对我们所制定的专业规范还是比较满意的。

3. 外语专业评估方案的研制

2009年11月教育部教高函[2009]20号文件指出,"外语专业评估方案研制"已被列入"2009年度本科专业认证(评估)项目"名单。文件要求在2010年3月31日前完成该项目的研制,并将成果报送教育部高等学校本科教学质量与教学改革工程领导小组办公室。因此,各语种分指导委员会根据已制定的"专业规范"研制了相应的专业认证(评估)指标体系(主要参考了英语专业已经实施的《外语专业评估方案》),各语种分指委全体委员会议将对其进行审定。

4. 关于科研工作

在两年半的时间内,我们在科研立项、学术研究、学术交流等各方面取得了较大成绩。这里我主要谈一下上海外语教育出版社分别于2008年和2009年出版的两套丛书。为了纪念改革开放30周年和中华人民共和国成立60周年,高等学校外语专业教学指导委员会在上海外语教育出版社的支持下,策划了两套丛书的编写与出版。其中,有两本主要是由外指委的专家参与编写的,一本为《高校外语专业教育发展报告(1978—2008)》,另一本为《中国外语教育发展研究(1949—2009)》。前者全部是与高校外语专业有关的,共62万字;后者共95万字,其中与高校外语专业有关的内容约44万字。通过编写这两本书,我们将中华人民共和国成立后中国高校外语专业的发展历史,尤其是改革开放后中国高校外语专业教育的发展进程做了一次比较系统的梳理。作为中国外语教育的参与者、见证人,我们有责任和义务尽可能地详尽记录我国外语教育发展的点点滴滴。因此,在编写完这两本书之后,我们更加深切地感受到这项工作的重要意义。虽然文献、资料的收集工作难免有些疏漏,但是我们毕竟描绘和展现了中国高校外语教育的发展轨迹。我们相信,至少到目前为止,这两本书所提供的有关中国高校外语专业教育发展的史料、信息是最全的,也是最权威的。教育部有关部门领导对我们这项工作也给予了充分肯定。

5. 关于教师培训工作

教师培训工作是教师教育、教师专业发展(teacher professional development)非常重要的一个方面。实际上,我们在上一届任职期间就已经开始实施教师培训工作。2007年新一届指导委员会成立之后这项工作一直没有间断。

目前,外语专业的教师培训工作主要分为两个层面。第一个层面的培训是由指导委员会秘书处组织的,在2008—2009两年间共进行了多期教师培训。培训专题涉及跨文化交际、翻译研究和翻译教学、英语写作、英语词汇研究与教学、语料库与英语教学等。据统计,共有20余位指导委员会委员参与了培训的指导与教学。这一培训工作策划科学、内容全面、效果良好,受到学员的一致好评。

第二个层面的培训是由各分指导委员会组织实施的。通过汇总整理相关培训资料,我们发现各语种的培训工作同样都做得非常扎实。例如:

(1) 英语专业　英语分指导委员会于2009年以讲师团的形式,分别对宁夏、甘肃、陕西等西部地区高校英语专业约200名一线教师进行了培训。

(2) 日语专业　2008—2009年共培训日语骨干教师240余人。

(3) 法语专业　2009年专门举办了以"基础法语教学与研究"为主题的教师培训班,全国41所院校的55名一线教师参加了培训。

(4) 德语专业　2008—2009年共举办了3期青年教师培训,参加培训的青年教师共129人。

（5）俄语专业 2009年举办了教师科研工作研修班，许多青年教师参加了培训。同年5月俄语教学分指导委员会还参与组织了与俄罗斯高校联合举办的俄语教师教学比赛。

（6）西班牙语专业 2008—2009年共举办了两期青年教师培训，参加培训的教师达180余人。

（7）阿拉伯语专业 2009年在西安外国语大学和上海外国语大学分别举办了两期青年教师培训，参加培训的教师达60余人。

（8）非通用语种专业 2008年在洛阳解放军外国语学院举办了非通用语种青年骨干教师高级研修班，培训教师121名。另外韩语、意大利语等语种专业还分别与韩国、意大利合作举办了青年教师培训。

以上是本届指委会成立以来所开展的几项规模较大的工作。除此之外，一些日常工作也进行得比较顺利，其中最主要的是加强了对专业四、八级考试的管理，如扩大了巡视员队伍，与有关部门合作实时监控网络作弊（所谓出售试题答案等），计算机辅助阅卷（如英语专业四级、八级考试分别于2009、2010年实施计算机辅助阅卷）等。这些措施的落实使专业四、八级考试的管理工作日趋科学化。

在过去两年半中我们所做的工作、所取得的成绩归功于教育部领导和各位外指委委员对我们的支持，归功于我们这一团队的团结、合作精神。在此，我谨代表指导委员会全体主任委员，代表我们秘书处向教育部领导、各位委员表示由衷的感谢。

二、高校外语专业的现状和存在的问题

下面就高校外语专业的现状和存在的主要问题简要地谈几点看法。

1. 目前高校外语专业的现状

（1）外语专业规模迅猛发展。改革开放30年来，我国的高等教育发展迅速，高校总数已达2000多所，其中本科院校多达1100余所。而据

2007年教育部官方统计,在这些院校中设有英语专业(具有学士学位授予权)的学校为899所,据估计现在已经超过了1000所。除英语专业以外,其他各语种专业根据专业点的数量排名依次为:日语(380所)、俄语(109所)、法语(78所)、德语(72所)、西班牙语(25所)、阿拉伯语(16所)。而非通用语种专业中韩语专业的教学点增长速度也比较快(目前非通用语种专业在校生约5000人,包括24种语言专业,韩语专业的学生几乎占了一半)。可见改革开放以来,高校外语专业规模得到空前发展。

(2) 外语专业办学层次极大提升。外语专业办学层次不断提升,由单一的本科教育发展到本硕博一体的人才培养体系。就英语专业而言,截至2007年,具有英语语言文学或外国语言学及应用语言学硕士学位点的高校是208所,其中有博士学位点的高校是29所。超过60所高校的日语专业有硕士学位点,其中15所高校有博士学位点。有近50所高校的俄语专业有硕士学位点,其中8所有博士学位点。办学层次的提升有助于培养更多高素质外语人才。

(3) 外语专业办学理念力求创新。外语专业在规模和层次得以发展和提升的同时,办学理念也力求创新变革。20世纪末教育部颁发了《关于外语专业面向21世纪本科教育改革的若干意见》。在这一文件的指导下,高校外语专业的办学理念发生了深刻变化。一方面,外语专业人才培养模式更加多元、科学。各专业在培养人才的过程中,倡导在夯实学生基本功的前提下,通过方向型、辅修型、复合型等多种模式培养具有较强跨文化交际能力、国际化的高素质创新型外语人才。另一方面,在教学中正确处理教与学的关系,倡导以学生为主体,最大限度地调动他们的学习主动性,努力培养他们的批判性思维能力、获取知识的能力以及逻辑论证能力。目前随着计算机和网络的普及,教学资源更加多元化,学生的学习空间得以很大拓展,网络环境下的外语教学模式研讨、现代教育技术与外语教学的结合等已经成为各高校教学改革的重点和热点。

以上阐述了高校外语专业的现状，主要是积极的方面。但客观而言，外语专业也存在一些问题。

2. 存在的最主要问题

（1）部分院校外语专业教师缺编。随着各院校招生规模的扩大，英语以及其他外语专业出现了专业教师缺编的问题。有的院校外语专业的师生比很难达到教育部的明确规定。教师数量相对不足导致现有教师承担的教学任务过重，超负荷工作成为常态。尤其是大多数青年教师一方面教学经验不足，另一方面没有时间和精力通过学术进修、参加科研项目等提高自己的业务水平。有些院校的外语专业教师队伍年龄、职称、学缘结构等颇不合理，缺乏优秀的中青年教师，这不利于教师队伍的优化组合。

（2）部分院校课程设置相对不够规范。目前，部分院校因师资短缺等原因，课程设置不够全面科学，缺乏高质量的专业精品课程。众所周知，外国语言文学学科的专业属性决定了语言和文学为其核心，因此与语言、文学相关的课程为这一专业的主干课程。目前有些学校的外语专业或者过于关注语言技能方面的课程，或者在复合型人才培养过程中过于关注那些"国"字头课程，如国际贸易、国际金融、国际新闻等，而文学课程等主干课程或大大缩减课时，或以讲座代替授课，或干脆不开设，结果导致外国语言文学学科的毕业生文学、哲学等人文素养相对较低。因此，有必要结合专业特色，加强课程建设。

（3）部分院校学生的外语基本功有待提高。随着外语专业规模的扩大和学生数量的增加，对教学质量的监控评估日益重要。以英语专业为例，从前几年英语专业教学的评估及英语专业四、八级考试的阅卷情况来看，部分院校外语专业学生的基本功有待提高，外语教学质量还有很大的上升空间。据统计，在 2009 年英语专业四级考试中，本科类学校的全国通过率是 58.62%，其中通过率低于 20% 的学校占参考学校总数的 5.8%，通过率低于 10% 的学校占 2%；英语专业八级考试中本科类学校的全国通过率是 47.33%，其中通过率低于 20% 的学校占参考学校总数的 13%，通过率低于 10% 的学校占 4.6%。外语基本功的提高依赖于许多方面，其一是生源，其二是教师的教学水平、教学方法。生源问题主要涉及中学阶段的外语教学，而教师的教学水平、教学方法与外语基本功（如听、说、读、写、译）的训练成效密切相关。

三、对策建议

以上几方面的问题具有一定的普遍性。为了贯彻党中央、国务院关于"把高等教育的重心切实转移到质量上来"的精神，推进我国高等教育"质量工程"的实施，针对以上问题我们尝试提出几点建议。

针对外语专业教师缺编的问题，呼吁教育部尽快出台专业规范，通过专业规范的贯彻实施，使学校相关领导意识到解决教师缺编问题刻不容缓，并采取相应的师资队伍建设措施。

针对课程设置不规范的问题，建议各语种分指导委员会近期就各专业点的课程设置进行全面调查，按照各专业规范对专业点提出的课程设置要求进行整改，加大精品课程的建设力度，并运用现代教育技术普及优质教学资源。

针对学生外语基本功尚需提升的问题，一方面进一步倡导创新改革，加强教学质量监控；另一方面继续加大对青年教师的培训力度，提升教师素质。建议各语种结合实际开展不同层次、不同专题的培训，由老教师通过培训指导或上示范课的方式参与培训，逐步形成青年教师培训的常态机制。同时，各专业点可以课程或者课程群为核心，组建相应的教学团队（如综合英语教学团队、文学教学团队），使青年教师能够融入教学团队，在科研和教学方面取得进步。外语专业的发展以及外语教学质量的提高关键在于教师,而青年教师的成长关系到外语专业的长远发展,因此提高青年教师的专业基本功、教学能力、科研水平已经成为业内专家的共识。

众所周知,《国家中长期教育改革和发展规划纲要》征求意见稿已经颁布,这是教育界的头等大事。其中,第七章为"高等教育"。这一章主要涉及全面提高高等教育质量、提高人才培养质量、提升科学研究水平、增强社会服务能力、优化结构办出特色等五点。在我看来,这五点对我们外语专业发展具有重要的指导意义,尤其是增强社会服务能力、优化结构办出特色这两点,非常重要。目前外语专业发展很快,但也有一些问题尚未解决,例如如何根据不同地域、不同院校类型办出专业特色,如何使外语专业积极为地方经济建设服务等。这些问题与我们的办学定位密切相关,需要我们进一步深入思考。

总而言之,本届指导委员会将根据国家外语教育的战略规划,积极开展各项工作,切实提高外语专业教学质量,推动外语专业科学发展。在此谨希望各位委员献计献策,提出宝贵建议。同时,希望继续得到各委员单位的大力支持以及上海外语教育出版社、外语教学与研究出版社、高等教育出版社及其他出版社和机构的鼎力支持。

对经济全球化背景下
我国外语教育规划的再思考[①]

一、引言

在经济一体化和全球化浪潮下,教育规划的重要性已经被世界各国普遍认识。目前21世纪以来我国第一个教育规划纲要《国家中长期教育改革和发展规划纲要(2010—2020年)》(以下简称《规划纲要》)已经颁布实施。就外语教育而言,业内专家学者从不同角度分析了我国外语教育的成就和缺失、所面临问题、解决对策等。[②] 笔者曾在梳理我国外语教育发展60年的基础上,倡导立足国情,科学规划,推动我国外语教育可持续发展,并就外语教育规模和格局、教师教育、学术环境建构、专业评估等方面提出相应建议。[③] 这里笔者将从经济全球化角度出发,对我国外语教育规划进行再思考。限于篇幅,本文主要探讨外语教育规划在提升国家文

[①] 原载《中国外语》,2011年第2期,合作者王雪梅。
[②] 胡文仲:《新中国六十年外语教育的成就与缺失》,《外语教学与研究》,2009年第3期;庄智象:《中国外语教育发展战略论坛》,上海外语教育出版社,2009年;戴炜栋、吴菲:《我国外语学科发展的约束与对策》,《外语教学与研究》,2010年第3期。
[③] 戴炜栋:《立足国情,科学规划,推动我国外语教育可持续发展》,《外语界》,2009年第5期。

化软实力中的重要性,分析外语教育规划原则和规划方法问题,以及外语教育规划的主要层面(如语言规划、学科规划、人才培养、教师教育、学术研究)等。希望本文对外语教育发展研究有一定启发意义。

二、经济全球化、文化软实力和外语教育规划

1. 经济全球化和文化软实力

随着社会生产力的发展,国家、地域、民族等所造成的障碍日益减小,世界各地的经济、社会和文化相互联系、相互依赖、相互渗透,呈现全球化趋势。学界一般认为迄今全球化现象经历了四波发展:第一波是美洲殖民和横跨大西洋的贸易(1492—1600);第二波是从非洲到美洲的黑奴贸易(1650—1790);第三波是资本主义扩张所带来的资本、技术、物资和人口等的国际大流动(1800—1930);第四波始于二战结束,一直延续至今。[①]经济全球化一方面促进了资本、技术等在全球范围内的整合,推动了各国的经济发展,另一方面形成文化多元趋势,促进了各国人民之间的交流。

"软实力"(soft power)这一概念由美国学者约瑟夫·奈(Joseph S. Nye)于20世纪90年代初提出。他在《美国定能领导世界吗?》中指出一个国家的综合国力既包括由经济、科技、军事实力等表现出来的"硬实力",也包括以文化和意识形态吸引力体现出来的"软实力"。后来在《软实力——世界政治制胜之道》中,他进一步明确指出软实力有三种主要来源:文化、政治价值观及外交政策。换言之,软实力是一个国家意识形态、价值体系的认同力,社会制度的吸引力,文化的感召力以及外交事务的影

[①] J. Coatsworth, "Globalization, Growth, Welfare in History", in M. M. Suarez-Orozco, D. B. Qin-Hilliard (eds.), *Globalization: Culture and Education in the New Millennium*, Berkeley: University of California Press, 2004; J. Dator, "What is Globalization?", in J. Dator, D. Pratt, Y. Seo (eds.), *Fairness, Globalization, and Public Institutions: East Asia and Beyond*, Honolulu: University of Hawaii Press, 2006.

响力等。其中文化为软实力的主要来源，被称为文化软实力。

在经济全球化推动下，文化软实力概念得以普及。因为在经济发展和信息技术的推动下，世界逐渐成为一个共同的社会空间，不同文化、认知、价值原则等互为影响。同时，经济全球化发展也依赖于语言文化等的沟通，语言文化等作为民族认同标志的作用得以突显。目前世界各国都已逐步认识到文化软实力的价值及其无形的影响力。

2. 外语教育规划与文化软实力

众所周知，语言是文化的载体，而文化是语言所承载的重要内容。因此，语言也是衡量文化软实力的重要指标。语言作为无形的社会资源，对于传播民族文化和价值观具有重要意义。譬如美国之所以能够将其不同的文化产品在世界各地推销，与英语这一"全球语言"的优势不无关系。在一定意义上，外语教育的发展有助于提升国民素质，促进经济发展，提升国家的文化软实力。有鉴于此，各国一直在努力扩大自身语言的国际影响。如日本借助基金会形式推进日语的国际传播，我国通过孔子学院等形式发挥语言价值，推介汉语文化，增强国家软实力。

目前许多国家已经将外语教育提升到战略地位，并制定相关规划。以美国为例，早在2004年的全美语言大会上，美国就提出"向所有学生提供学习对国家最为重要的外语的机会"。2006年1月，时任总统布什在全美大学校长国际教育峰会提出的"国家安全语言倡议"中，进一步明确了鼓励公民学习国家需要的8种"关键语言"的政策，强调外语能力的重要性，并试图通过提高美国公民外语能力保证美国在21世纪的安全和繁荣。而法国于2004年在《为了全体学生成功》中提出"必不可少的共同基础"这一核心概念，该基础是知识、能力和行为准则的整体，由两大支柱、两大能力和民主社会中共同生活的教育构成。其中两大支柱为语言和数学；两大能力即英语和信息技术。英国2003年也在其《外语教育发展战略》中提出建立新的全国语言能力认证体系。日本则于2003年出台《培养"能够使用英语的日本人"的行动计划》，提高外语人才培养质量。

我国目前正处于国际化进程中，一方面要推介自身的民族文化，另一方面要吸纳国外先进文化。而且随着政治经济等实力的发展，我国将在国际经济合作、教育文化、外交事务中承担更大的责任，这对外语人才的数量和质量、语言类服务水平等提出了更高要求。特别是中国文化的翻译和推介，更需要对外语资源的调查和应用等方面进行科学规划。鉴于此，有必要结合外语教育的不同层面，制定具有前瞻性的规划，同时加强宏观引导和监控，切实促进外语教育发展。作为《规划纲要》的重要议题，我国外语教育规划也受到业内学者和社会各界的重视。在由《21世纪英文报》联合专家学者、21世纪英语网站网友共同评选出的"2009中国十大英语教育新闻"中，"外语界为《规划纲要》献计献策""两会代表热议英语教学"这两条新闻名列其中。

三、外语教育规划原则与方法

1. 外语教育规划原则

2009年9月28日教育部副部长郝平在新闻发布会上透露，《规划纲要》取得阶段性成果，具有立足于国情，以改革为主线，以人为本，明确近期目标和任务等特点。这一特点在一定程度上体现出规划的原则。就外语教育规划而言，笔者曾经提出其内涵为"立足国情，科学规划，实现可持续发展"。这里笔者尝试从规划的影响因素、规划目标、规划过程、规划内容等角度分析其原则。

第一，本土性原则。我国外语教育规划需要立足国情，全方位考虑不同因素，如我国外语教育职能、外语教育资源现状（外语、汉语与少数民族语言）、外语教育传统、外语教育环境、外语人才需求、现代信息技术给教育目标及教育模式等带来的变化等。在经济全球化背景下，外语教育的人才培养、学术研究以及为社会服务等职能都具有一定国际化趋势。国家和民族认同感、社会语言状况、语言权力、需求分析、文化软实力等问题均需通盘考虑，并进行相应调查研究，从而制定出符合我国战略需求的规划。

第二，可持续发展原则。在规划外语教育目标时，要充分考虑国家教育战略发展的需求，注重外语教育短期目标与长期发展目标的平衡性、外语教育发展的阶段性，从而促进外语教育各模块、各地域、各高校之间的和谐发展，切实实现外语学科建设、人才培养、师资发展和学术研究等的全面发展。

第三，科学性原则。就外语教育规划方法而言，有必要集各方专家学者与研究人员之力，科学运用定性与定量方法，在分析调查的基础上制定相关规划，并在实施过程中进行动态监控和微调。在这一过程中要注重充分发挥调查研究和专家反馈的作用，从而确保规划定位明确，具有前瞻性、全局性和可行性。

第四，系统性原则。就规划内容而言，应以人为本，系统规划。譬如国家、地方与各高校之间的外语教育规划科学合理，外语专业、大学外语、高职高专外语、基础外语教育规划等密切衔接，国家需求、社会需求和个体需求和谐一致，充分考虑教育的战略价值，建构具有我国特色的外语教育体系。

2. 外语教育规划方法

如前所述，外语教育规划方法应具有科学性。这里笔者尝试从规划制定者、研究方法、规划评估监测等角度进行具体阐释。

首先，规划制定涉及不同层面的人员，如决策者（教育主管部门）、研究者（专家学者）和实践者（教师和教学管理人员）等。其中相关教育部门的支持和协调能有效保障规划的科学制定。各领域的专家学者则共同合作,在文献分析、调查研究的基础上制定适应我国国家战略需求的规划,为决策者提供参考。各级教育管理人员和教师切实落实规划内容。鉴于外语教育涉及不同学科,而所调查因素涵盖宏观经济、社会需求、教育环境、教育质量等不同方面,教育学家、语言学家、数理统计专家、社会学家等可以密切合作,共同参与。

其次,规划制定中定性研究应与定量研究相结合。笔者认为外语教育规划的主要流程为:专家学者进行专题调研——撰写规划文本——反馈修改——形成文本定稿。在进行外语教育专题调研中,定性研究与定量研究相辅相成,前者对后者起到提供目标、方向、确定范围等指导作用,后者对前者起到完善、支撑作用。具体而言,外语专家学者可以在文献阅读的基础上搜集、整理分析相关资料,进而归纳并对外语教育的发展动向、目标等进行预测分析。数理统计学家等可在搜集定性信息的基础上提出一定模型结构(如预测模型、优化模型、决策模型),然后分析定量信息,构建最佳模式并进行检验,做出结论。当然,具体方法包括问卷(如对外语教育部门、重点区域的问卷)、访谈(如访谈教学管理人员、家长、学生)等,最后的规划则是不同结论的科学整合。

最后,在对规划的评估监测中,要了解不同类型院校、不同层次、不同方向的反馈意见,并根据实际情况进行动态调整,避免产生不公平倾向。如 2010 年 1 月 11 日至 2 月 6 日,国务院先后召开五次座谈会,就正在制定的《规划纲要》听取社会各界人士的建议。与会论题涉及高等教育、职业教育、基础教育领域及教育管理体制等,参与者包括各级各类学校校长、教师代表、教育专家学者、大中学生以及学生家长等。这样有助于客观全面地进行规划。

四、外语教育规划的主要层面

1. 语言规划：外语教育布局、外语教育与多语教育、对外汉语教育

针对外语教育管理和布局问题，笔者曾经提出要实现全国外语教育管理一体化，注重各专业、各地区协调发展。① 换言之，我们需要一个外语教育统筹管理机构协调各部门的工作，制定相关外语教育规划。同时，政府和高校也可以设置相应战略研究机构，为国家制定外语教育政策和外语管理方面提供咨询与服务等。就语言规划而言，主要涉及外语教育布局、外语教育与多语教育的关系、对外汉语教育等问题。

在外语教育布局方面，通用语种与非通用语种之间，各类外语的区域性布局问题值得关注。笔者认为一种外语的战略地位往往涉及经济、文化、外交、军事、科技等不同因素。譬如英语作为全球化语言，在各国外语教育中占据重要地位。目前我国约有3亿人在学习英语，而在多语国家瑞士，英语已逐步取代意大利语，被认为是最有用的外语。同时随着俄罗斯经济的发展和中俄关系的深入发展，我国俄语教育得以发展。全国有100多所高校开设俄语专业，各类高等俄语教育在校学生数超过2万人；120多所高校开设公共俄语课程。② 因此，在规划外语地位时，应根据国家和社会需求设定关键语言，关注外语人才需求层次、语种数量等，培养和储备不同类型的外语人才，尤其是非通用语种人才。同时关注外语布局的区域性，发挥区域资源优势。如东北地区的朝鲜语、日语优势等，香港的英语、澳门的葡萄牙语优势，西南地区的越南语、泰语优势等。当然，

---

① 戴炜栋：《立足国情，科学规划，推动我国外语教育可持续发展》，《外语界》，2009年第5期。
② 刘利民：《新中国俄语教育六十年》，《光明日报》，2009年9月25日。

还要关注同一外语在不同地区的科学布局,如在上海、北京等国际化都市,对各类外语服务需求较多,且涉及交通、通讯、金融、旅游、新闻、教育等不同领域。而在个别省市,可能外语需求仅限于某一领域。

在经济全球化背景下,单一的外语教育逐步向多语教育趋势发展。我国语言可以分为国家通用语(如普通话)、地区语(如维语和藏语)和地方语(如汉语方言),语言资源比较丰富,具有一定的多语教育优势。从发展角度来看,双言(普通话、方言)、双语(母语、外语)有助于提升国民应对国际事务的外语能力,促进国际化进程。当然,在双语(多语)教育推行中也存在一些师资、教学方法、教学效果等方面的问题,建议充分运用海外华人、留学人员、边疆地区公民等的双语或者多语优势,加强与国际教学组织、国际语言推广机构等的合作,培养双语或者多语人才。同时,在外语和双语教育中,要注意外语文化学习与本族文化认同之间的关系,避免学习者产生民族身份的缺失。

对外汉语教育是我国语言战略规划的重要部分。截至 2010 年 10 月,已有 90 多个国家和地区建立了 600 多所孔子学院和孔子课堂,世界各国学习汉语的人数已超过 4000 万。截至目前,国家汉办向 109 个国家派出了汉语教师。[①] 同时,在 2010 年 11 月召开的第五届中国北京国际文化创意产业博览会上,相关媒体报道"中国图书对外推广计划"已经资助了 50 多个国家和地区的 200 多个出版机构,翻译出版中国图书 2000 多种,涉及 30 多个语种。我国对外汉语教育与推广中国文化的力度由此可见一斑。鉴于对外汉语教育的成效不仅涉及师资的汉语水平,也涉及其外语水平,因此,笔者认为我们在规划外语教育时,也需要考虑对外汉语

---

① 刘修兵、翟群:《为外国人学习汉语提供园地孔子学院已遍及 81 国》,2009 年 3 月 18 日,http://culture.people.com.cn/GB/22219/8983900.html。

教育问题,建设相关教学和教师资源库,使两者相辅相成,提升我国的文化软实力。

2. 学科规划:新兴学科与传统学科、优势学科与特色学科、外语学科与其他学科

在我国外语教育规划中,学科建设规划往往涉及对该学科远景发展的科学论证和设计,具有整体性和前瞻性。随着外语语言文学学科的发展,一些新兴学科如翻译学、商务英语等逐步发展。以翻译学科为例,自教育部于2006年批准复旦大学、广东外语外贸大学与河北师范大学设立翻译本科专业,截至2010年9月已经有31所院校获准设立翻译本科专业。2007年,国务院学位委员会又批准设置翻译硕士专业学位,首批15所院校获准设置学位点,2010年扩大至158所院校。上海外国语大学、广东外语外贸大学和北京外国语大学分别于2004、2006、2008年在外国语言文学一级学科内自主设置了翻译学学位点,培养翻译学的博士生和硕士生。目前已经形成了一个由本科、硕士、博士教育和博士后研究组成的完备的学科体系和翻译实践与翻译研究人才的培养体系。[①] 又如在教育部公布的2008年备案的以及学科范围内自主设置的二级学科中,广东外语外贸大学申报的外国语言文学一级学科下的二级学科——"外语教学与技术评估"是目前国内高校中首设的硕士研究生招生专业。该专业以第二语言习得、外语教学法、语言测试学和计算语言学等几个专业方向为基础。对于新兴学科,我们一方面要认识到其出现具有交叉性,有助于调整原有学科结构,形成新的研究方法和成果,培养适应国家和社会需求的人才;另一方面也要认识到新兴学科往往会带来相应学科定位、师资、教学、课程、教材、评估等相关问题,而且新兴学科与传统学科之间的关系也

---

① 许均、穆雷:《中国翻译研究(1949—2009)》,上海外语教育出版社,2009年。

需要进一步厘定,区分各自的专业定位和培养目标,避免产生定位不清、缺乏特色等问题。

至于优势学科与特色学科问题,主要涉及高校学科规划。就外语教育而言,各高校应结合自己的教学资源、学术传统、地域需求等确定优势学科和特色学科。一般而言,办学历史悠久、资源雄厚的学科(如北京外国语大学的英语语言文学、德语语言文学、外国语言学及应用语言学、日语语言文学,上海外国语大学的英语语言文学、俄语语言文学、阿拉伯语语言文学等国家重点[含培育]学科)往往为优势学科,而具有一定特色的(如非通用语种)往往为特色学科。各高校在学科规划时应明确定位优势与特色,并在师资队伍、人才培养、学术研究等方面进行相应规划。当然,如果各高校(如北京外国语大学和上海外国语大学)的优势学科或者特色学科能够合作,形成优势学科群体或者特色学科群体,则有助于强强联合,加快国家优势学科建设。

在经济全球化背景下,学科之间的联系日益密切。外语学科与中文、历史、哲学、教育、数学等其他学科之间互相融合,给语言学习、教学、学术研究等带来新视野。加强不同学科间的合作有助于广大师生吸纳相关学科知识,培养综合能力。譬如外语与汉语教学之间存在一定共性,两者在教学理念、教学模式等方面可以互为借鉴,同时教育学、心理学、语言学等相关理论和方法对于外语教学也有很大启迪。

3. 人才培养:精英教育与大众教育、学术型与应用型、教学改革与质量监控

随着我国高等教育的发展,精英教育已经逐步演变为大众教育。统计显示,我国目前总人口中大学以上文化程度的已超过8000万人,位居世界第二;至2008年,全国普通高等学校达2263所,各类高等教育总规模为2907万人,居世界第一;高等教育毛入学率继2002年突破15%进入大众化阶段后，2008年达到23.3%；目前，我国高等教育总规模占据世界的份额已从中华人民共和国成立之初的1/46提高至目前的1/7。[①] 高等教育的发展可见一斑。而就外语专业教育而言，根据2007年教育部的学科目录，全国具有英语学士学位授予权的高校有899所，日语380所，俄语109所，法语78所，德语72所，西班牙语25所，阿拉伯语16所。各高等院校共教授53种外国语，其中45种非通用语种教学分布在71所院校。目前我国高校英语专业点总数达到900多个，英语专业学生总数达到大约80多万。这一发展为我国外语人才培养带来新挑战。

在高等教育逐步向大众化发展的过程中，社会对人才的需求也呈现出多样性，出现学术型与应用型的分类，相应各高校的培养机制也逐步呈现分类分层的特点。研究型大学（如"985工程"高校）以研究生教育为主，主要培养高层次创新人才、不同领域的精英。教学型高校（如地方普通本科院校、独立学院、新建普通本科院校等）多以本科教育为主，培养为地方区域经济建设服务的应用型人才。高职高专院校主要承担职业技能型人才的培养。而有些定位为教学研究型（如广东外语外贸大学）或者研究教学型（如上海外国语大学）的高校可以根据学校特色进一步细化人才培养规格，在培养应用型人才的基础上，注重高层次创新人才的培养。如广东外语外贸大学将"培养全球化高素质公民"作为学校在经济全球化时代的新使命，上海外国语大学则倡导培养国际化创新人才，注重对高层次复合型人才的培养。鉴于社会对高层次精英人才和学术型人才需求比例较小，对从事大量实际工作的应用型人才需求比例较大，目前我国人才培养向应用型方向调整。如教育部下发的《关于做好2010年招收攻读硕士学位研究生工作的通知》中有一项招生政策："各具有专业学位授权的招生

[①] 丰捷：《教育奠基中国》，《光明日报》，2009年9月1日。

单位应以2009年为基数按5%至10%减少学术型招生人数,调减出的部分全部用于增加专业学位研究生招生。"就外语教育而言,原有语言类研究生相应比例减小,专业硕士(如翻译硕士)比例增加,体现出对实践和应用的重视。同时,这一调整给相应课程体系、教学模式、评估方式、师资队伍等带来一些挑战,需要进一步改革完善。

经济全球化背景下,外语教学需要不断创新改革,完善质量监控体系,从而切实培养不同类型的人才。对外语教育而言,首先要认识到教学中的国际化趋势,加强国内外高校之间的交流与合作,营造国际化人才培养氛围,吸引国际化师资和生源,加大学生之间的国际性学术交流。其次,倡导多媒体、多模态互动学习,借助计算机网络等将丰富的网络资源与教学过程相结合,建设一个开放的学习系统,同时调整教学内容、教学方式、课程体系、教学评估等,尤其是应用网络学习平台建设跨学科的精品课程群,促进师生互动,使教学与社会实践(如第二课堂、实习等)相结合,开发计算机辅助测试系统并对教学质量进行实时监控等。最后,为切实保障教育质量,有必要制定不同层次的学业标准和教学规范。如目前英语专业规范已经制定,将对建构专业教学体系起到指导作用。同时鼓励应用相关外语等级证书(如全国翻译专业资格证书、上海市外语口译证书等)辅助评估,完善相关评估方案(如外语专业评估),根据专业、层次等分类进行评估,修订评估指标,丰富评估形式,突出评估重点,切实发挥评估的宏观调控作用。如对于办学历史悠久的专业采用自我质量评估制度,对已经评估的专业则重点检查相应整改工作,对于新建专业重点评估其是否符合专业要求。

4. 教师教育:入职资格与专业等级标准、多元化在职教育、教学与科研

随着外语教育的发展,我国外语教师在数量和质量方面都大有发展。

根据"改革开放30年中国外语教育发展丛书"统计数据,早在10年前,全国大学公共英语教师人数已超过1.35万人;截至2006年,全国约有小学外语教师24.54万人,约有中学英语教师74.6万人。各类型外语教师的学历、学缘等也日趋合理。笔者认为,为了促进外语教师的专业发展,有必要严格入职资格,确定专业等级标准,实施多元化的在职教育,同时从教学与科研角度对教师进行分类评估。

就教师入职而言,应一方面注重教师来源多元化,另一方面严格实施教师资格制度。从师范生培养的数量规模看,2007年我国高等学校师范生数量达178.6万人,其中非高师院校在校生82.1万人,占高校全部在校师范生的46%;中等师范生69.1万人,其中非中师院校在校生47.3万人,占全体在校中等师范生的68.5%。可见有越来越多的非师范生加入教师队伍。同时,我国自2000年全面实施《教师资格条例》以来,截至2007年底,全国共有1963.63万人取得教师资格。① 笔者认为,除了基本的教师资格考试之外,外语教师亦应有相应的专业资格证书和专业等级标准。该标准可由教育部组织专家学者结合学科特色制定,涵盖对教师知识、能力(如教学能力、科研能力、跨文化交际能力)、素质等方面的要求。对于符合要求者可以颁发外语教师资格证书。

就在职教育而言,应树立终身教育意识,丰富培训形式,提高其职业认同度,提升其专业化水平。首先是国外访学与国内培训的有机结合。在经济全球化背景下,到海外留学、访学等已经成为发展趋势。譬如,教育部日前已经实行"国际区域问题研究及外语高层次人才培养项目",通过选派师资和区域问题研究专门人才赴海外研修或学术交流、选派青年

---

① 管培俊:《我国教师教育改革开放30年的历程、成就与基本经验》,《中国高教研究》,2009年第2期。

骨干教师赴国外一流高校攻读博士学位、选派急需人才出国研修、支持本科生留学等形式,培养出一批新一代国际化人才和高水平国际区域问题研究专家。此类政府、高校以及民间的国际合作交流涉及高等教育与基础教育等不同层面,有助于促进我国外语教师的专业发展。其次是教师教育的专题性和有效性。近年来,教育部连续实施"中小学教师全员培训计划"(2003—2007年)、"中小学骨干教师国家级远程培训"和"西部农村教师远程培训计划"(2006—2008年)、"外语专业中青年骨干教师研修班"(2008年始)等项目,取得较大效果。笔者认为,为了提升培训效果,应在需求分析的基础上,根据受训教师的层次和类型,合理规划培训内容和形式,使其有针对性和实用性,促进教师的教学理念和教学方式的改革。最后是教师教育的常态化和长效性制度,无论是国家级、省级还是县区级培训,均应逐步形成定期培训制度,同时借助现代远程教育手段,保障培训的长远效果。

就教学与科研而言,两者之间应是相辅相成的关系,但目前也存在一些认识不够端正的现象。如吴秋生指出高校教师中有以下几类科研观:无为科研观、职称科研观、功能科研观等。① 换言之,有的认为科研无用,有的只为职称做科研,有的为课题经费、科研奖励等做科研。笔者认为,就外语教师而言,一方面要正确认识两者的关系,立足实际做教研;另一方面根据学校要求和自身专业需求,确定不同侧重点。所谓立足实际,主要指结合研究领域,进行独立或者合作研究,并将相关研究成果运用到教学实践中。从事应用研究的教师可以将所建构教学模式应用在实践中,而从事基础理论研究的教师可以将研究成果充实到教学资源中去。所谓确定不同侧重点,主要是考虑到学校类别和教师层次的不同。譬如研究

---

① 吴秋生:《高校教师要树立正确科研观》,《光明日报》,2009年8月13日。

型高校侧重于教师的科研能力,高职高专院校偏重于教师的教学能力和实践能力等。

5. 学术研究:学术成果的创新、学术成果的交流、学术成果的转化

对于外语界学术研究而言,低层次成果重复、标志性成果缺乏、在国际上影响较小的现象仍然存在。为了解决这一问题,应尽力营造良好的学术环境,鼓励学术创新,促进学术成果的交流和转化。

众所周知,高水平的科研成果往往产生于一个有高水平带头人的科研团队。而我们目前的外语研究者队伍中,个体研究者较多。他们局限于个人的精力和能力,很难在短时间内产出高水平的学术成果。因此,有必要鼓励科研团队的建构,使不同学科、不同院系的研究者以相关科研项目为依托,对具有战略意义的前沿性学术问题进行研究。在科研团队的建构中,"大师"级的学科带头人至关重要,有时需要在海内外进行遴选。科研梯队的建构也应注重年龄、学历、学缘、职称等的合理布局。在科研课题的选择上,要注重学科交叉性,与自身研究基础相结合选择学术前沿问题或者具有国家战略意义的选题。在 2010 年国家社科基金的 28 个语言学选题中,涉及外语学科的有 8 项,包括中国跨境语言的现状及其语言规划研究、外语学科建设与教学法研究、语言类型学视角下的汉外语言对比研究、翻译理论与翻译实践相结合的综合研究、中国人和西方人话语方式比较研究、中小学英语学习与教学研究(包括不同汉语方言与常用外语的语音系统比较研究)、汉外词典编纂研究、国家多语言资源平台建设研究等。这些选题对于研究团队进行相关研究具有一定导向作用。在科研环境方面,要进行科学的绩效考核,营造良好的学术氛围,鼓励创新研究。目前我们的科研绩效考核制度仍然存在考核指标"重数量、轻质量",考核年限较短等问题,需要进一步改进。笔者认为,学术成果创新水平的提高自然就避免了低水平重复研究、抄袭等学术不端现象的产生。因为一个创新的学者不会单纯重复他人的观点，而会从理论、方法、角度等方面寻求突破。

我国的学术成果主要以著作、期刊、会议论文等形式进行交流。虽然目前我国有40余种语言类期刊，但与广大师生的发表要求仍然存在一定差距。笔者认为一方面研究者可以借助网络交流平台、电子资源库、小型学术论坛、博客等形式将自己的成果与业内专家学者分享，另一方面，广大师生也可努力向相关国际学术期刊投稿，以扩大学术研究的国际影响。对于一些教研机构，也可以尝试创办海外学术期刊，推介我们的学术成果。

我国外语学术研究成果需要与实践相结合，切实发挥外语教育为社会服务的职能。譬如对外语教学理论、教学模式、教学策略等的研究可在教学实践中应用，并以多媒体课件、案例等形式呈现。对大学生英语自主学习语料库的研究有助于充分发挥网络优势，提高网络教学效率。又如，对外语生活的调查研究可以应用在国家和区域性语言战略规划上，国家多语言资源平台建设则为广大外语师生及社会各界提供了外语学习和研究的平台。笔者认为，在外语研究中，基础性理论研究固然重要，但结合国家和社会需求而进行的研究更有应用价值。

五、结语

在经济全球化背景下，外语在提高我国文化软实力中的战略地位日益突显。如何科学规划外语教育，优化外语教学环境，促进外语教育的整体性、全局性、可持续发展至关重要。本文主要从宏观角度探讨了外语教育规划的若干层面，一些相对微观的战略与战术性问题尚有待进一步研究。相信在教育管理部门、业内专家学者和广大师生的共同努力下，我国外语教育规划研究将会取得更大成果，我国外语教育事业将会更加辉煌。

我国外语专业教育的定位、布局与发展[①]

一、引言

在国际化和全球化的背景下,文化软实力和竞争力的教育战略地位已成为社会共识。而外语专业教育作为培养各类外交人才、翻译人才、跨文化交际人才的主力军,其可持续性发展至关重要。目前,我国普通高校开设英语专业点900多个,日语专业点400多个,俄语专业点100多个,法语专业点80多个,西班牙语专业点50多个。[②] 外语专业教育规模的扩大带来了规划、布局、质量、社会需求等方面的问题。如根据2013年6月麦可思研究院发布的《2013年中国大学生就业报告》,英语、动画、法学、生物技术、生物科学与工程、数学与应用数学、体育教育等专业连续三年入选"就业红牌专业"。目前业内学者们已从不同角度对外语教育的规划、战略、布局等进行探讨。比如:庄智象探讨了外语专业(主要是英语专业)建设与发展的数量与质量、标准与特色、教学与科研、回归与发展等关系[③];戴炜栋和王雪梅以相关教育政策为依据,从教育教学和科学研究两

[①] 原载《当代外语研究》,2013年第7期。
[②] 戴炜栋、吴菲:《我国外语学科发展的约束和对策》,《外语教学与研究》,2010年第3期。
[③] 庄智象:《我国外语专业建设与发展的若干问题思考》,《外语界》,2010年第1期。

个层面对外国语言文学学科战略规划进行分析①;束定芳则提出将外语人才作为一种重要的政治、外交、文化、教育、经济和军事等的资源,从长远和现实两方面进行合理规划与布局②。本文结合外语专业教育所面临的问题,从定位、布局与发展等层面进行探讨,期望能够为外语教育改革与发展提供一定思路。

二、外语专业教育的定位

外语专业教育作为外语教育不可分割的一部分,在"中国文化走出去"战略中具有重要地位。众所周知,语言是文化的载体,也是文化的组成部分。无论是母语还是外语,都是一种重要的资源,体现出一个公民的整体素质。世界上许多国家都重视外语学习,如 2003 年欧洲委员会通过"语言学习和语言多样性行动计划(2004—2006)",其中一个主要目标是让所有欧盟公民可以使用两种外语进行交流。事实上,欧盟绝大多数成员国要求中学生毕业时必须掌握 2 门外语。卢森堡、荷兰和丹麦等国则规定高中生应学会 3 门外语。③ 英国 2002 年出台的"外语教育发展战略"将外语学习定位为全体国民均可享有的一项基本权利和应该掌握的基本技能。美国 2006 年实施"国家安全语言行动计划",资助从幼儿园到大学的外语教学,培养高级外语人才。随着我国国际地位的不断提升,外语作为跨文化沟通的媒介,有助于进一步提升我国的文化软实力,促进国际交流发展。因此,有必要提高全民的外语水平,充分发挥语言的资源作用。需要指出的是,学习外语既是国家发展的需求,也是个人发展的需求。外语学习与母语学习并不是一对矛盾,而是相辅相成的关系。学习者有必

---

① 戴炜栋、王雪梅:《对外国语言文学学科战略规划的思考》,《外语界》,2012 年第 3 期。
② 束定芳:《关于我国外语教育规划与布局的思考》,《外语教学与研究》,2013 年第 3 期。
③ 傅荣:《论欧洲联盟的语言多元化政策》,《四川外语学院学报》,2003 年第 3 期。

要在学好汉语的基础上，根据自身情况选择所学外语的种类和层次，培养全球化意识和跨文化交际能力。

外语（如英语、俄语、德语等）作为一个独立的专业，具有人文学科属性。早在1998年，《普通高等学校本科专业目录》就明确指出外国语言文学为文学门类下的一级学科，各外语专业为二级学科。与专业这一概念相对比，学科建设比较宏观。刘龙根和伍思静指出学科建设包括专业建设，专业建设是学科建设与职业分工相结合的学科门类和类别建设，主要包括人才培养目标制定、专业分类、课程设置、教材建设、师资建设、教学手段建设等方面。① 长期以来，关于外语的工具性和人文性多有争议。外语界当前存在人文学科定位和工具技能定位两种观点。② 我们认为，就外语专业而言，其主要研究对象为语言、文学和文化，与历史、文学、哲学等相关专业关系密切，具有一定的人文性质和内涵，旨在提升学生的人文修养，培养思维、思辨能力，而非单纯强调其交际功能、听说读写译等语言技能。当然，外语作为一种跨文化交际的媒介，也有一定的工具性。这一性质对于非外语专业的外语教育而言，更加明显。譬如非英语专业的学生注重ESP（English for Specific Purposes）教学，尤其是EAP（English for Academic Purposes）教学，而高职高专的非英语专业学生则强调英语教学的EOP（English for Occupational Purposes）转向，注重职业需求。

外语专业教育具有层级性和多样性。就人才培养而言，外语专业包括本科、硕士、博士等不同层次。当然，由于语种的不同，有的非通用语种专业仍然停留在本科人才培养层次，每隔两年或者四年招一届学生。如

---

① 刘龙根、伍思静：《难以释怀的"徐烈炯之问"——关于外语学科专业建设的若干思考》，《当代外语研究》，2011年第6期。
② 蓝仁哲：《高校外语专业的学科属性与培养目标——关于外语专业改革与建设的思考》，《中国外语》，2009年第6期。

目前200余所高校具有英语语言文学或外国语言学及应用语言学硕士学位授予权，40余所具有博士学位授予权。但只有一两所普通高等院校开设豪萨语、梵语、巴利语、普什图语等本科专业。本科和研究生教育之间应有一定的衔接和发展，避免重复设课等问题。同时，由于院校性质、学科传统、地域差别等，外语专业的建设也具有多样性，所培养人才亦可以分为高端外语类、复语类、复合型等不同类型，避免同质化现象，不能千校一面、千人一面。

三、外语专业的布局

从横向来看，外语专业布局表现为不同语种、不同区域的分布。目前无论从全国范围，还是从地域范围来看，外语专业仍然存在语种相对比较单一，各语种分布不够均衡，人才培养与社会需求存在一定脱节的问题。我国目前设置最多的外语专业为英语专业，但是根据《2013年中国大学生就业报告》，英语、法学、计算机科学与技术、会计学、国际经济与贸易、工商管理等六个专业，连续三届处于本科失业人数最多的前十个专业中。这与英语专业的盲目扩大规模和缺乏规划不无关系。而上海市教委于2013年4月22日发布年度本科预警名单中，在被预警的15个专业中，日语排在第一位。这些预警专业在上海市高校中重复设置多，连续多年招生第一志愿录取率低，调剂和征求志愿录取率高，且毕业生签约率和就业率低。汪晓莉和胡开宝通过对中部六省外语高等教育的调研发现，中部六省语种结构严重失衡，英语专业设置数量过高，其他语种专业严重不足；专业设置同质化现象严重；本、专科层次专业设置比重过高，而外语类研究生教育，尤其是博士生教育严重滞后，六省之间的发展状况亦处于严重失衡状态。① 由此可见,在语种设置方面,一方面应考虑国家外交、政治、经济、文化发展的需求,储备相应非通用语种人才;另一方面考虑地域优势和需求,有计划地发展相应语种。譬如目前在上海,日语、法语、德语等专业规模已经能够满足市场需求,可以在有条件的院校增设非通用语专业,并稳步开展地区或者全国性的外语专业布局的调研工作,在此基础上确立优先发展的语种,规划不同语种的重点发展区域(如东北三省发展俄语、日语等,云南、广西等地发展泰语、越南语等),加强外语教育的统筹工作。目前这一方面已经有所发展。如在2012年教育部批准备案的小语种专业中,广东外语外贸大学开设了柬埔寨语、老挝和缅甸语专业,云南大学开设了泰语专业,新疆大学开设了阿拉伯语专业,这与其地域特色密切相关。

从纵向来看,外语专业布局是不同层次之间(本科、硕士、博士)人才的分布。刘燕等通过对上海市用人单位的调查发现,对拥有本科学历的外语人才需求量最高(70%),其次分别是硕士研究生(31.3%)和高职高专生(22.5%),对博士研究生的需求量很小(3.8%)。② 一般而言,外语专业博士研究生(特别是小语种博士生)主要在高校或者研究机构从事教学或者科研工作;硕士生主要在高校做辅导员、行政人员,或者进入中学、外企、外语培训机构、银行等(小语种硕士生也会在一般高校从事教学工作);本科外语人才则进入各类企业(如外资、合资、国企等)、行政事业单位、中小学等。就英语专业而言,缺乏具有国际影响力的高端科研人才和口译人才,一般文秘类人才已经饱和;而对于小语种而言,拥有硕士/博士

---

① 汪晓莉、胡开宝:《我国中部六省外语高等教育学科专业存在的问题调查》,《外语与外语教学》,2011年第1期。
② 刘燕、华维芬、束定芳:《外语专业改革与发展战略——上海市高校外语专业布局与外语人才培养情况调查研究》,《外语研究》,2011年第4期。

学位的人才亦比较缺乏。当然,外语专业教育的布局也需考虑到学术型和专业型人才的比例。《教育部关于做好2013年全国硕士学位研究生招生工作的通知》(学[2012]9号)指出,各招生单位要按照"以增量促存量"的原则,做好学术学位和专业学位研究生招生计划安排的结构调整。原则上2013年硕士生招生计划的增量主要用于专业学位,要将存量部分中的学术学位计划按不少于5%的比例调减,用于增加专业学位计划。可见,专业应用性人才培养已经成为研究生培养的一个重要导向。就外语专业而言,主要涉及翻译专业硕士(MTI)的培养。截至2011年底全国已有159个翻译硕士培养单位,其扩展幅度是否科学,分布是否合理亦需探讨。同时,外语专业教育的布局亦需考虑不同研究方向。譬如在中国文化走出去的战略导向下,翻译专业的本科生或者翻译方向的硕士生需求量增大。曾有统计表明,北京、上海、江苏、浙江四地的语言服务类企业数量占到全国的76%,其中北京就有9000多家。[①] 而这些语言服务类企业多涉及各类语种的翻译工作。总之,外语专业教育发展应该对接国家和地域发展战略,以社会调研为基础,制定具有前瞻性、科学性的规划,合理布局,确保其可持续发展。

四、外语专业教育的发展

1. 外语专业规范和专业评估

如前所述,我国外语专业各语种数量不够均衡,英语(超过900个)、日语(超过400个)等扩展规模过大,翻译和商务英语这两个外语衍生专业也发展迅猛。譬如,2006年全国仅有3家高等院校试办翻译本科专业,截至2011年4月共有42所高校获批开设翻译本科专业。商务英语专业于2007年在对外经济贸易大学试点招生,截至2010年全国有32所高校

[①] 樊丽萍:《语言服务业崛起,翻译须重新定位》,《文汇报》,2013年6月4日。

获批开设商务英语本科专业。在2011年度经教育部备案或审批同意设置的高等学校本科专业中(2012年3月公布)，翻译专业点15个，商务英语专业点31个。而根据《教育部关于公布2012年度普通高等学校本科专业设置备案或审批结果的通知》(教高[2013]4号)，在2012年经教育部备案的普通高等学校本科专业中，翻译专业点49个，商务英语专业点83个。新兴专业的发展速度可见一斑。在这一发展背景下，有必要严格入门条件，规范专业建设。目前英语专业已经制定了《高等学校本科英语专业规范》(修订稿)，对培养目标和规格、专业教育内容和知识体系、专业教学条件(如师资、教材、图书资料、实验室、实习基地、教学经费)、学制、学时等均有明确规定，同时对课程、基本教学方法和手段、学生评价指标体系等亦有指导性意见。其他外语专业和衍生专业均可以根据专业特点和教育规律制定相应专业规范，明确专业建设基本条件，严格审批新建专业，避免盲目设点、无序扩张。

外语专业规范旨在把好入门关，而外语专业评估则注重建设过程中的质量监控。高等学校外语专业教学指导委员会于2006—2008年间对全国102所院校的英语专业进行了评估，取得良好反响。就新一轮本科教学评估而言，2011年教育部颁布了《教育部关于普通高等学校本科教学评估工作的意见》，确定了以学校自我评估为基础，以院校评估、专业认证及评估、国际评估和教学基本状态数据常态监控为主要内容的高等教育教学评估顶层设计。2012年初，教育部下发《普通高等学校本科教学工作合格评估实施办法》《普通高等学校本科教学工作合格评估指标体系》。2013年正式启动试点本科教学评估新方案，取消统一指标，采取分类评估，针对"985高校""211高校"以及一般本科院校将制定不同评估标准。就新一轮外语专业评估而言，也应以专业自评为主，对不同外语专业或者同一专业不同院校进行分类指导和分类评估。评估要结合教学基本状态数据和专业建设自评报告,检测该专业是否明确定位,是否有优势和特色,是否以提升人才培养质量为核心,办学条件是否符合要求,是否有良好的社会影响和声誉。同时将政府、学校、专门评估机构、社会评价(包括行业和用人单位评价)相结合,推进专业建设的科学化和规范化。

2. 外语专业教学大纲和国家教学质量标准

外语专业教学大纲是组织开展所有教学活动的纲领性文件,在教学质量监控和评估中发挥了重要作用。早在1989年和1990年就相继颁布了《高等学校英语专业基础阶段教学大纲》和《高等学校英语专业高年级英语教学大纲》,俄语、日语、法语、阿拉伯语、德语、西班牙语等的基础阶段和高年级教学大纲也相继颁布。后来进一步颁布了修订的《高等学校英语专业英语教学大纲》(2000)、《高等学校俄语专业俄语教学大纲》(2002)、《高等学校德语专业德语教学大纲》(2006)等。目前根据教学大纲制定了《高等学校英语专业四级考试大纲(2004年版)》《高等学校英语专业八级考试大纲(2004年版)》《高校英语专业四级口试大纲(2008年版)》《高校英语专业八级口试大纲(2007年版)》以及俄语、日语、法语、西班牙语、德语等四、八级考试大纲,这些教学大纲和考纲有助于确保外语专业教学质量。如前所述,大纲主要包括通用语种(七个语种)和非通用语种两类。在通用语种的大纲中,英语、俄语、德语的专业教学大纲将基础阶段和高年级阶段相融合,日语、法语、阿拉伯语、西班牙语的专业教学大纲仍分为基础阶段和高年级两个阶段。鉴于目前有的专业教学大纲(如英语)已经面临修订工作,我们认为,有必要理顺学科发展与专业建设的关系,结合外语专业规范修订教学大纲,进一步明确课程、教学内容和要求、教学评估与测试等,切实提高人才质量,培养国家和社会所需求的高素质外语人才。

教育部在"十二五"期间启动了"高等学校本科教学质量与教学改革

工程",并将制定约100个本科专业类教学质量国家标准,其中文科类专业约占40%。这一国家质量标准主要包括教学质量评估等内容,并将作为扩大高校专业设置自主权的一个参考。就外语专业而言,也有必要组织专家学者、行业组织和部门,调查研究、充分论证,制定专业教学质量国家标准。我们认为,就整个外语类专业而言,可以在确定总原则的基础上制定统一的指标体系,包括一般要求、较高要求、更高要求等层次,各外语专业、各高校也可以根据专业特色、学校性质、地域差异等调整自己的标准,以进一步规范教学,提高专业教学质量。

3. 外语专业人才培养

在国家和社会发展的大背景下,外语专业人才培养的规格总是在不断变化的。胡文仲指出就全国而言,外语人才的需求至少有以下几种:(1) 研究型人才,在文学、语言学、文化研究、对象国研究方面能够从事研究的人才;(2) 高层次的翻译人才,包括文学翻译、外交翻译、同声传译、双语翻译等;(3) 师资;(4) 一般翻译;(5) 复合型外语人才,指掌握一些基本的经贸、金融、法律、新闻、管理等知识的外语人才,可以在相关领域从事业务工作或其他工作。[①] 徐真华和马绍壮则以广东外语外贸大学为案例,提出培养全球化高素质公民。[②] 该定义包含两个层面:第一个层面是一个"人人都能做到、人人都必须做"的现实目标;第二个层面是培养一专多能,"双高"(思想素质高、专业水平高)、"两强"(外语实践能力强、信息技术运用能力强),能直接参与国际竞争与合作的国际通用型人才。我们认为,对于外语专业而言,所培养人才虽然规格不同、层次有别,但均有较强的跨文化沟通能力和信息素养,符合国家经济和各项事业发展需要。

---

① 胡文仲:《新中国六十年外语教育的成就与缺失》,《外语教学与研究》,2009年第3期。
② 徐真华、马绍壮:《从外语教育到全球化高素质公民教育——广东外语外贸大学的实践与探索》,载庄智象主编:《中国外语教育发展战略论坛》,上海外语教育出版社,2009年。

鉴于在"中国文化走出去"过程中，我们尚缺乏大批高端的研究人才、优秀的经典著作翻译人才、国际会议同声传译、国际组织工作人员、金融法律外语人才等，各专业有必要对接国家和地方发展战略，结合自身的办学条件和学术传统，培养有历史、文化、文学的深厚学养，科技、经济、金融、法律等方面的基础知识以及跨文化交际能力的人才。具体而言，一方面可以发挥传统外国语言文学学科优势，培养人文视野宽广的、通识型的通用语种和非通用语种高端语言人才（包括师资、研究人才、翻译人才），同时通过外语＋外语（如通用语种＋通用语种、非通用语种＋通用语种）、外语＋专业，专业＋外语等不同形式，培养国际化复语型、复合型人才。对于外贸类、理工类、财经类、法律类、农林类等院校，培养具有跨学科专业素质的复合型人才是一种值得推介的模式。在生源优异、学术积淀深厚的高校，可以培养高端人才。如外语类高校往往从外国语中学招收具有双语背景的学生，如果将其语言优势与国际关系、外交学等专业优势相结合，借助本硕连读、国际合作办学等模式可以培养高素质的国际职员。

4. 外语专业课程设置和教材建设

蒋洪新指出现代课程改革主张"5I"方案：信息（information）、兴趣（interest）、质疑（inquiry）、智慧（intelligence）和直觉（intuition）。[①] 就各外语专业而言，有必要根据培养目标，借助网络教育技术，设置相应课程模块，建构科学的课程体系，为学生提供丰富的学习资源和语言实践活动，培养外语能力强、知识面宽广、具有创新思维的外语人才。《高等学校英语专业英语教学大纲》(2000)规定，外语专业课程分为专业技能课、专业知识课和相关专业知识课程。各高校在设置课程时，可以根据不同的人才培养目标和规格，调整各类型课程的布局。譬如上海外国语大学英语

[①] 蒋洪新:《人文教育与高校英语专业建设》,《中国外语》,2010年第3期。

学院以培养通识型外语专业人才为目标，建构了具有贯通性、系统性和进阶性的英语专业人文通识课程体系，除常规专业技能和知识课程之外，还开设了比较文学、中西文化比较、英语史、欧洲文化入门、西方哲学精华、西方文明史、英美历史、英美社会与文化、文化研究入门、社会问题圆桌讨论、西方艺术史等专业延伸课程和通识教育课程。同时增设包括语言学、文学理论、哲学、历史学、心理学、政治学等学科知识在内的"人文社会科学原著导读"系列课程，定期举办"英华人文系列讲座"，从而提高学生的批判性思维能力，开阔其人文视野。

外语专业课程建设要坚持精品意识，培育国家级、省部级等各类精品示范性课程。根据孙玉华统计，在2003—2009年间，共有38门外语类专业课程被评为国家级精品课程，其中英语21门、俄语5门、法语4门、日语2门、朝鲜语2门、德语2门、阿拉伯语和西班牙语各1门。[①] 作为具有一流教师队伍、教学内容、教学方法、教材和教学管理特点的精品课程，其建设有助于提升教学质量，培养相关人才。当然，在精品课程（尤其是国家级精品课程）建设过程中，应结合各专业特点，避免同质性，处理好必修课与选修课、理论课与实践课之间的比例；加强过程管理，设立合理的评估和退出机制，注重建设和推广，切实体现精品课程的优质资源性。

外语专业教材主要以纸版教材为主，以不同语种、各种类型的课程为核心，虽然教材数量较丰富，但也存在各语种、各类型教材建设不够均衡的问题。譬如在第一批"十二五"普通高等教育本科国家级规划教材中，与外语有关的有49种。这些教材仅涉及英语、日语、德语、法语、葡萄牙语、韩语、阿拉伯语、西班牙语等语种，所涵盖课程类型包括专业技能课（如综合教程、听力教程、听说教程、口语教程、泛读教程、写作教程、阅读

---

① 孙玉华：《高校外语专业课程建设刍议》，《外语与外语教学》，2010年第1期。

教程、英语语法、口译教程、新编英汉翻译教程、新编汉英翻译教程等）、专业知识课（如语言学概论、英语词汇学教程、文学导论、英国文学简史等教材）等。相对而言，专业技能类课程的教材较多，专业知识类和人文学科类教材较少。就教材形式而言，也并不限于纸质材料。汤姆林森和增原仁美指出教材包括任何有助于语言学习的材料，可以是语言的、视觉的、听觉的或者动觉的，可以通过出版、现场表演、演示、磁带、CD、DVD 或者网络等形式呈现。① 换言之，教材包括课堂内外师生使用的课本、练习册、活动册、辅导材料、自学手册、报纸杂志等纸质材料，也包括录音带、录像带、广播电视节目、幻灯片、教学实物、计算机软件等。我们认为外语专业教材开发本身是一个系统工程，应该由高等学校外语专业教学指导委员会组织知名出版社、教材开发专家一起统筹规划，组织业内学者和教师结合相关理论，针对不同类型的课程，分门别类进行教材编写或者改编（同时要注重电子教材的开发），经过试用和修订后，予以推广使用。在使用过程中，注重定期汇总一线教师和学生的反馈，并对授课教师进行相应培训。当然，教师自身在使用过程中，也可以对教材进行改变和调整，以适应不同的教学需求。

5. 外语专业教师教育

建设高素质专业化的教师队伍一直是我国教育事业改革创新的重要保障和关键任务。《教育部关于全面提高高等教育质量的若干意见》(2012)第 26 条和第 27 条强调：要加强师德师风建设，引导教师潜心教书育人。要提高教师业务水平和教学能力，提升中青年教师专业水平和教学能力，探索科学评价教学能力的办法。就教师教育而言，一般包括职

---

① B. Tomlinson & H. Masuhara, *Developing Language Course Materials*, Beijing: People's Education Press, 2007.

前、入职和职后教育三个部分。职前教育主要指各师范类高校对师范生进行学科知识和教学能力培养,以及教育学与心理学等的相关培训。入职教育主要针对新任教师(特别是任职一年的教师)进行岗前培训,使其了解教师职业,掌握教育教学理论和教育政策法规,适应教学工作。相对而言,职前和入职教育仍属于教师成长的起始阶段,职后教育则贯穿于教师的教学生涯中,对于教师专业发展至关重要。

就外语专业教师而言,一直存在教学任务重、队伍相对年轻化、科研究能力相对薄弱的问题,这在一些新设专业点中更加突出。如何刚强指出,目前的翻译专业教师绝大多数都脱胎于外语专业,缺少客观、科学、严谨的译著赏析能力,有些教师缺乏翻译实践经历,不能形成有个人特色的翻译见解。[①] 鉴于此,有必要加强教师教育工作,提升教师整体素质。为了解决这些问题,我们认为一方面要切实规范完善外语专业硕士生、博士生的培养,做好职前教育。另一方面鼓励老教师发挥"传帮带"的作用,做好入职教育。最重要的是完善在职培训制度,倡导自我规划(如提升自身学历)、自我反思等理念,借助网络平台和学术共同体等形式,促进教师的自主发展。在教师专业发展过程中,教师专业等级标准、学术共同体、全球化等列为关键词。

外语教师的专业等级标准与教师资格证书密切相关。在澳大利亚TESOL协会委员会(Australian Council of TESOL Associations)2006年授权的TESOL教师能力标准中,专业素质包括两个维度。第一个维度是专业知识(包括dispositions、understandings、skills),第二个维度是专业教育(包括orientation to a multicultural society, orientation to second language education、orientation to TESOL practice)。结合我国的教育情

---

① 何刚强:《本科翻译专业建设理念摭谈》,《当代外语研究》,2012年第2期。

况，我们的专业等级标准可以涵盖教师的汉语和外语知识、语言运用能力、教学能力、研究能力等，对于符合要求者颁发外语教师资格证书。

学术共同体可以包括教学和科研两类，成员可以来自同一院校或同一地域，也可来自海内外不同院校。前者以精品课程建设为主线，由担任同一门课或者同一年级课的教师构成，主要通过课程平台和合作交流提升教学能力。后者以学科带头人为首，由同一研究方向的教师构成。学科带头人指导本研究方向的教师参与科研项目、学术交流、学术研讨等活动，产出有创新性、标志性的学术成果，提升学术团体的整体地位和影响力。

在全球化背景下，外语教师的专业发展与国际合作密切相关。无论是出国访学还是参加国际会议，无论是参加骨干教师研修班还是自主发展，均要考虑国际化的影响。目前各类教师培训班不仅注重培训课程和教材的针对性，还关注培训专家的国际化和权威性，相关课程和学术环境的国际化，通过海外研修和实习等提升教师整体素质。在教师教育过程中，还可以引入一些国际外语教师职业资格认证（如 TESOL、TESL 等）课程，结合我国外语教师的实际需求，分层次、分阶段、分类别进行教学和科研培训。

五、结语

在全球化和国际化的背景下，我国外语专业教育面临机遇和挑战。只有明确专业定位，科学布局，突出质量内涵，科学建构课程，编写完善教材，完善评估体系，注重学科、科研、人才三位一体，才能切实培养出有特色的高端外语人才，推动外语学科的可持续发展。

坚持英语教育的重要性，
稳步推进高考外语改革[①]

《国家中长期教育改革和发展规划纲要（2010—2020）》提出"有的科目一年多次考试的办法，探索实行社会化考试"。党的十八届三中全会决定也指出要逐步推行普通高校基于统一高考和高中学业水平考试成绩的综合评价多元录取机制，提出"全国统考减少科目、不分文理科"。《教育部关于2013年深化教育领域综合改革的意见》明确阐述研究高考英语科目一年多次考试实施办法之后，北京、江苏、上海、山东等省市纷纷酝酿高考改革方案，讨论英语一年多考、降低高考英语分数等问题。教育部2014年的工作要点也包括"改革考试招生制度。探索全国统考减少科目、不分文理科、外语等科目社会化考试一年多考"。由此可见，教育部以及各省市相关政府部门十分重视高考英语改革，社会化考试成为改革重点。就外语（英语）在高考中的地位、社会化考试的具体方案等问题，学界和广大师生尚存在不同观点。在此背景下，笔者认为有必要坚持英语教育的重要性，多方调研论证，科学设计改革方案，结合区域层次差别，选择部分省份或高校试

[①] 原载《外国语》，2014年第6期。

点,同时重视高考外语改革的研究工作,成立全国性的外语测试研究机构,提供专业指导和咨询,并推动测试评估领域的国际国内合作。

一、对接国家发展战略,坚持英语教育的重要性

建议对接国家发展战略,坚持英语教育的重要性。首先,英语作为一种国际通用语的地位已经被广泛认同。据统计,全球讲英语的人口达17亿,说英语的国家国内生产总值占全球的40%,全世界半数以上的科技书刊和译著所用语言为英语,全球开设国际广播电台的86个国家中,只有8个没有英语广播,互联网上80%以上的网页使用英文。其次,英语教育符合学习者的个体需求。学习者无论是申请到各类国外学校深造、参加国际交流,还是出国旅游、经商或者阅读原版文献、看原版影像资料等,均需要掌握英语。此外,我国公民的英语水平整体较低,需要进一步提升。根据2013年《英孚全球英语熟练度指标报告》对全球60个国家和地区中成人英语熟练度的排名,全球范围内,瑞典以68.69分稳居第一,中国大陆以50.77分排名34位,属于"低熟程度"。最后,英语学习与汉语学习并不矛盾,也不是导致汉语水平下降的"罪魁祸首"。学习者汉语水平的降低与社会整体学习环境、年轻人的碎片化阅读习惯、英语教学内容、汉语教学方式、学生课业负担的影响等不无关系,并不能将其简单归因为"英语热",更不能将社会、家长和学生引入"英语无用论"的误区。事实上,在英语教育中可以融入中国文化、文学、哲学等内容,提升学生对母语文化的认同感。

二、多方调研论证,科学设计改革方案

建议多方调研论证,即教育部、各省级教育主管部门或教育考试院对业内专家学者、教师、学生及家长等进行调研、座谈。应该注意调研的全面性,譬如对专家学者的调研应涵盖教育界、外语界等专家学者,特别是

从事外语教育、外语评估测试的专家。至于教师，应源于不同类型的大学、高职高专、不同层次的高中等。学生亦应根据其成绩、性别等进行抽样，家长应有一定代表性。

建议科学设计改革方案，即从基础教育人才培养目标出发，结合基础教育的英语课程标准和要求，明确高考英语选拔性测试的定位，在广泛调研和深入研究的基础上拟定改革方案。教育部所出台的改革方案应具有宏观指导性，要考虑以下三方面的问题：一是该方案是否有助于选拔不同高校所需求的合格生源，二是该方案是否有助于推动基础教育改革，切实培养学生的跨文化交际能力，三是该方案是否体现教育公平原则，给予高校和学生更多选择权。各省高考改革方案应在教育部方案基础上，体现区域特色和层次差别，涵盖具体思路和措施。如高考外语是否只考英语？高考英语分值是否需要降？是否需要退出统一高考（听力、口语部分是否有必要独立出来进行一年多考）？如果实施社会化考试，由谁来实施（教育考试院还是第三方评估机构？如何确保其公正性）？如何实施（具体组织和实施）？考试频次如何（一年考两次还是多次）？考试具体时间（是高二还是高三）？具体考试题型是什么（主观题与客观题比例如何）？是否像全国英语等级考试（Public English Test System，简称PETS）一样，实行分级测试？如何对接《高中英语新课程标准》四个级别的课程目标要求（6—9级）？如何建设题库？考试成绩如何计入总分，百分制还是等级制？如何与各高校自主招生对接（不同层次、不同类别的高校对于英语等级要求如何不同）？如何保证测试的信度效度，使不同批次测试的难易程度一致？这些问题必须在方案中得以解决，从而提高其可操作性。

三、个别试点，稳步推进

建议教育部根据经济、教育、地域等指标体系，选取不同代表性省市进行分类试点。既可以包括东部经济发达省份,也可以包括西部欠发达省份,当然也要考虑直辖市和少数民族自治区的情况。同时,亦应选取综合类重点大学、外语类大学、师范类大学、理工类大学等不同类型的高校,或者"985 工程"、"211 工程"、省属重点高校、高职高专等不同层次的高校进行试点。而且试点省份和高校不宜太多。改革方案和试点省份与高校一经确定,应及时通过新闻媒体进行发布和正确解读,确保公众了解并且理解改革的动向、具体方案和实施步骤。

四、成立全国性的外语测试研究中心,关注高考外语改革

建议成立全国性的外语测试研究中心,汇聚高等教育、基础教育和相关考试机构的专家学者,对高考英语,英语专业四、八级,大学英语四、六级等各类测试进行一体化研究。借助网络平台等方式交流研讨,密切高校与中学、社会评估机构之间的合作,形成合力,对高考外语改革进行专业化研究,提交研究报告和咨询报告,使研究成果服务于国家考试改革和人才选拔的需求。高校的博硕士生也可以围绕高考外语改革,从理论和实践层面研究题型、信度、效度、反拨效应以及对基础英语教育变革、大学英语教育改革的影响等问题,学以致用。

五、树立国际意识,推介研究成果,提升国际话语权

鉴于目前基础教育实践缺乏理论总结与升华,建议鼓励更多研究者树立国际意识,对基础教育进行深入研究,一方面向 Language Testing 等国际测试期刊投稿,通过研究报告、论文形式推介研究成果(包括对高考改革的探索),逐步提升国际学术话语权;另一方面鼓励我国测试研究学者加入国际语言测试协会,密切与国际同行的合作交流。同时,在国内以《外国语》《外语界》等知名期刊,《外语测试与教学》等测试类专业期刊,

《中小学外语教学》等基础外语教育类期刊为媒介,邀请国际知名测试专家担任编委,搭建学术交流平台,推动高考改革、外语测试以及外语教育研究的发展。

"双一流"背景下的我国外国语言文学学科发展战略[1]

一、引言

2010年颁布的《国家中长期教育改革和发展规划纲要(2010—2020年)》(以下简称《纲要》)明确提出,加快创建世界一流大学和高水平大学的步伐,培养一批拔尖创新人才,形成一批世界一流学科,产生一批国际领先的原创性成果,为提升我国综合国力贡献力量。2015年8月,中央全面深化改革领导小组第15次会议审议通过《统筹推进世界一流大学和一流学科建设总体方案》(以下简称双一流),决定统筹推进建设世界一流大学和一流学科,推动实现我国从高等教育大国到高等教育强国的历史性跨越。这是继"211工程""985工程""2011计划"之后,我国高等教育改革发展的又一重大举措,亦被纳入国家的"十三五发展规划"中,具有战略意义。"双一流"所涉及的世界一流大学与一流学科密切相关。王大中指出,学科是大学发展的核心,对大学的发展具有基础性、全局性的影响。[2]

---

[1] 原载《北京第二外国语学院学报》,2016年第5期,合作者王雪梅。
[2] 王大中:《大学学科建设和专业结构调整的实践和体会》,《中国大学教学》,2002年第11期。

田建国指出,学科是高校发现、应用、传播知识的基本单元,是实现各类办学功能的基础。① 笔者认为,大学以学科为基础,学科是大学的加速器。换言之,一流学科促进一流大学的发展,没有一流学科的大学不可能成为一流大学,而一流学科丰富到一定数量,构成一流学科群,大学自然成为一流大学。在一定意义上,学科作为人类知识体系的基本单元,是大学的核心,也是大学发展的龙头,办大学就是办学科。

就外国语言文学学科(以下简称外语学科)发展研究而言,涉及学科研究范式、存在问题、发展路径等方面的问题。如南佐民和范谊提出,外语学科研究范式应创新,以传统的语言文学研究为内涵,以交叉学科研究为外延,以国际化、国别化以及涉外经济文化交流及商务操作问题研究为特色。② 彭青龙指出,外语学科主要存在四方面问题:(1)人才(主要指学术型和专业学位研究生)培养质量整体不高;(2)科研自主创新能力薄弱,科研成果影响力较小;(3)国际化程度不高,国际化主要是指学生的国际化、师资的国际化、课程的国际化、国际合作与交流等;(4)激励机制尚未完全建立,教师投身教学和科研的动力没有被充分激发出来。③ 戴炜栋和王雪梅从"文化走出去"背景视角探索了学科发展的路径,涉及孔子学院战略平台、高端跨文化人才培养、海外文化中心和智库、数据库和网络资源建设、外语研究体系、文化产品外译、跨文化交流活动、区域与国别研究智库等八个方面。④ 在"双一流"背景下,剖析一流外语学科内涵,探索外语学科如何结合全球化和信息化趋势,提升学科水平与国际影响力具有重要意义。基于此,本文将结合国内外相关研究,在分析"双一流"内

---

① 田建国:《努力打造世界一流学科高峰》,《山东经济战略研究》,2015年第9期。
② 南佐民、范谊:《论外语学科的研究范式创新》,《外语界》,2007年第1期。
③ 彭青龙:《论学科评估新趋势和外语学科内涵建设新路径》,《外语界》,2016年第3期。
④ 戴炜栋、王雪梅:《"文化走出去"背景下的我国外国语言文学学科发展战略》,《解放军外国语学院学报》,2015年第4期。

涵的基础上,剖析一流外语学科的内涵与发展战略。

一、一流大学、一流学科、一流外语学科的内涵

1. 一流大学的内涵

就一流大学的内涵而言,国内外学者的观点既有共性又有不同。如阿尔特巴赫和巴朗提出,一流大学本质上是以美国大学为典范的研究型大学,其典型特征是科研卓越(有广为同行所认可的、能够推进知识前沿的科研成果)、学习自由与知识氛围浓郁、有效的院校管理、充足的设施(图书馆、实验室、办公室、生活设施及互联网和其他电子资源)和足够的资金。① 夏尔马认为,世界一流大学的共性在于人才的集中、高经费的投入和自由的学术氛围。② 萨尔米指出,一流大学包括三个要素:人才(员工和学生)的聚集、支撑学习和研究的丰富资源、良好的管理机制。③ 王晓辉提出:"衡量一流大学要看其是否具有一流的学科和一流的师资,是否能够产生一流的研究成果和培养出大批一流人才,以及是否能够为本国和本地区的经济社会发展服务等。"④ 波斯蒂廖内在分析中国大陆和香港地区高校教育政策及管理模式的基础上指出,中国要建设世界一流大学,须推进国际化进程、扩大高校自主权、实现科学研究和教学的平衡协调发展。⑤ 刘金秋则认为:一流大学应具备一流的国际声誉、办学理念、基础设

---

① G. Altbach & J. Balán, *World Class Worldwide: Transforming Research Universities in Asia and Latin America*, Baltimore: The Johns Hopkins University Press, 2007.
② Y. Sharma, *How to Create a World-class University*, University World News, 2016, pp. 1-7.
③ J. Salmi, *The Challenge of Establishing World-class Universities*, Washington, D. C.: The World Bank, 2009.
④ 王晓辉:《一流大学个性化人才培养模式研究》,华中师范大学教育学院博士论文,2014年。
⑤ A. Postiglione, "Research Universities for National Rejuvenation and Global Influence: China's Search for a Balanced Model", *High Education*, Vol. 70, No. 2, 2015.

施、科研条件、教学科研团队;能够产出一流的学术成果和育人成果;具有一流的管理体制和运行机制,并能不断创新;具有厚重的校园文化和自由探索的精神氛围。① 刘继安和冯倬琳指出,世界一流大学的主要标准特征包括高质量的师资队伍、优秀的生源、卓越的研究、高质量的教学、充裕的经费、学术自由、自主治理结构以及精良的基础设施等。② 2016年QS大学排名评价指标包括学术声誉(40%)、雇主声誉(10%)、师生比(20%)、师均(著作)引用率(20%)、国际教师比例(5%)和国际学生比例(5%)。综上所述,世界一流大学涉及一流学生、一流师资、一流学术、一流资源、一流管理、一流服务等,其中学生、师资、学术为共性。相对而言,国外学者重视资源设施和院校管理,国内学者更强调社会服务等。

在厘定具有中国特色的一流大学时,既要考虑人才培养、学术科研、师资水平等共性特点,也要考虑现代大学治理、国家需求、社会服务等个性特点。至于经费资源等问题,鉴于我国公立高校经费渠道比较单一,此处不将其作为主要因素。综上所述,笔者认为具有中国特色的世界一流大学应具备以下条件:一流的教学(培养高水平拔尖人才)、一流的科研(产出系列高水平成果,解决国际学术领域的重要问题,具有广泛的国际影响力)、一流的师资(国际引领作用的学科带头人与学术团队)、一流的社会服务(对接国家和区域战略需求,发挥资政咨商启民作用)以及一流的管理(优质高效的现代大学发展机制)。当然,各类高校因性质与定位不同,侧重点应有所差别,以彰显独特的大学文化和优势特色。

2. 一流学科的内涵

为深入解读一流学科的内涵,有必要厘定学科这一概念。目前学界

---

① 刘金秋:《国家创新体系视野下的世界一流大学建设——以北京大学为例》,《北京教育》,2016年第3期。
② 刘继安、冯倬琳:《世界一流大学的主要特征和建设策略》,《中国青年报》,2016年3月25日。

关于学科内涵的阐释主要包括知识观和组织观。如莫兰(Morin)认为："学科是科学知识领域内的一个组成部分,在科学范围内确定自己的研究领域和特长,迎合科学各方面的需要。"①克拉克指出,学科既包括"围绕学科建构起来的院系、研究所、学会等实体性组织机构",也包括"具有学科认同感的教师、学生、研究者等构成的虚拟性组织"。②孔寒冰认为至少可从三个方面理解学科:(1)教学的科目(subjects of instruction),即教的科目和学的科目,是一种传递知识、教育教学的活动;(2)学问的分支(branches of knowledge),即科学的分支和知识的分门别类,是一种发展、改进知识和学问研究的活动;(3)学术的组织(units of institution),即学界的或学术的组织,是从事教学与研究的机构。③周光礼提出:(1)学科是一种知识体系,不同的学科就是不同的知识体系,学科的发展不仅包括知识的发现,而且包括知识的整合和系统化;(2)学科是一种学术制度,它以分门别类的制度安排来追求知识,学科的建构实质上就是学科从知识体系转化为学术制度的过程。④常文磊结合知识观与组织观提出,学科一般须具备下列要素:独特的研究对象、独特的研究方法、独特的研究领域或者知识体系、作为物化形态的学术组织。⑤刘小强指出,学科含义包括四大部分:逻辑范畴和知识体系;浸润其中的学科精神和学科制度、规范;学科的具体社会组织,如学院、学系、研究所等;更广泛意义上的学科

---

① 江小平:《法国的跨学科性研究与模式》,《国外社会科学》,2002年第6期。
② R. Clark, *On Higher Education*: *Selected Writings*, *1956 - 2006*, Baltimore: Johns Hopkins University Press, 2008.
③ 孔寒冰:《高等学校学术结构重建的动因》,载胡建雄等:《学科组织创新》,浙江大学出版社,2001年。
④ 周光礼:《反思与重构:教育法学的学科建构》,《高等工程教育研究》,2007年第6期。
⑤ 常文磊:《大学学科制度发展史简议》,《大学·研究与评价》,2009年第2期。

的社会分工、管理、内部交流机制等。① 由此可见,学科的内涵可以从教学科目、知识分支和学术组织等进行阐释。笔者认为,学科既是涵盖相关学术领域的知识体系,又是从事教学研究的学术组织,包括教师、学生、研究人员、教学管理人员以及贯穿其中的运行机制等。

就一流学科的内涵而言,李春林和丁云龙指出,一流学科具有很强的知识传播、知识生产和知识应用能力,并且这种作用是双向的,每一职能都是对其他两个职能的强化。② 宣勇认为,世界一流学科建设即建设世界一流的学科组织,提高学术产出能力,在人才培养、科学研究、社会服务以及文化创新与传承上生产出世界一流的学术成果。③ 周光礼从学科的学术性与实践性标准入手,提出世界一流学科的中国标准:一流的学者队伍、一流的学生质量、一流的科学研究、一流的学术声誉、一流的社会服务。④ 以上观点虽然各有侧重,但均强调了人才培养、科学研究、社会服务等要素。笔者从学科是知识体系和学术组织这一观点出发,提出一流学科主要体现在人才培养、科学研究、师资队伍、社会服务方面,而一流学科管理提供了制度和资源保障。换言之,笔者主要从学生质量、师资水平、科研层次、社会服务、学科管理等来判断该学科是否已经进入一流行列。通过对比一流大学、一流学科的内涵发现,两者基本一致,可见大学建设在一定意义上就是学科建设。

3. 一流外语学科的内涵

戴炜栋和王雪梅提出,外国语言文学学科的学科内涵可从知识观与

---

① 刘小强:《学科建设:元视角的考察——关于高等教育学学科建设的反思》,广东高等教育出版社,2011年。
② 李春林、丁云龙:《创新型大学一流学科及知识网络建设研究》,《价值工程》,2012年第23期。
③ 宣勇:《建设世界一流学科要实现"三个转变"》,《中国高教研究》,2016年第5期。
④ 周光礼:《聚焦"两个一流":世界一流学科的中国标准是什么》,《光明日报》,2016年2月16日。

组织观两方面进行解析:一方面该学科涵盖外国语言文学学科领域知识,另一方面包括从事外国语言文学知识传承与研究等学术活动的教师、学生、研究人员、研究机构等。① 鉴于不同国家将语言类专业置于不同院系内,譬如英美国家有专门的语言系、英语系等,日本的外语类专业多设在文学研究科或综合国际学研究科,我国除外语类高校之外,英语语言文学等二级学科多设在外国语言文学学院中,因此相应组织机构与运行机制有所不同。

  结合上述一流学科的内涵,笔者认为外语学科建设本质上亦是知识的生产、传播与应用,涉及科研、教学与社会服务等方面,其"一流"应体现在人才培养、科学研究、师资队伍、社会服务等层面,而学科管理贯穿其中(见图6)。同时考虑到目前高等教育呈现国际化与信息化趋势,如2015年11月,联合国教科文组织举行第38次大会并发布"教育2030行动框架",提出教育的使命是全纳、公平和全民终身学习。笔者认为国际化和信息化理念是人才培养、科学研究、师资队伍、社会服务、学科管理的重要指导原则。结合国家战略与外语学科特色可见,一流外语学科的人才培养应突出"多语种+"特色,培养国际组织人才、非通用语种人才、来华青年杰出人才、国别和区域研究人才等;科学研究方面应强调多语种跨学科的区域国别研究,打造具有中国特色的标志性成果并提升国际话语权;师资队伍方面应突出多语种国际化特色,学科带头人与团队互为支撑;社会服务方面应注重在中外人文交流中的资政、咨商、启民作用;学科管理方面应注重学科文化的传承培育、学科的国际合作交流与学科制度的规范完善。需要注意的是,建设世界一流学科并不意味着亦步亦趋,盲目照搬

---

① 戴炜栋、王雪梅:《"文化走出去"背景下的我国外国语言文学学科发展战略》,《解放军外国语学院学报》,2015年第4期。

国际标杆学科的定位与发展模式,而是要异曲同工,突出中国特色,在特色中发展一流。

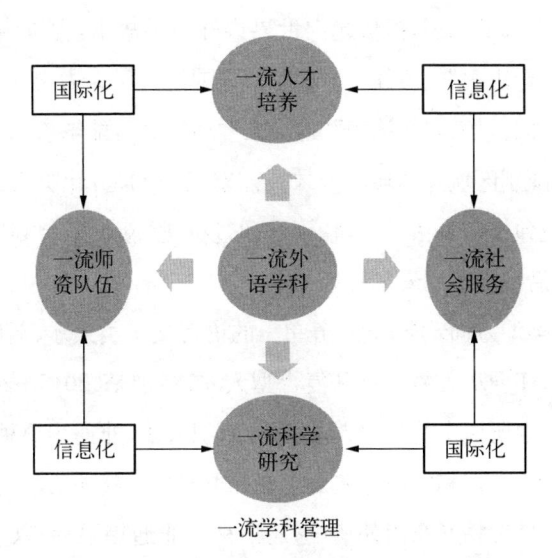

图 6 一流外语学科的内涵示意图

三、一流外语学科发展战略

1. 一流人才培养

"双一流"背景下,拔尖创新人才的培养成为高校和学科建设的重要任务。2015年新修订的《高等教育法》明确指出,高等学校应以人才培养为中心,开展教学、科研、社会服务。在全国第四轮学科评估指标中,人才培养质量亦被置于首位。笔者认为,对一流外语学科而言,无论是本科教育还是研究生教育,均应突出"多语种+"特色,培养卓越国际化人才。

在人才培养目标方面,《纲要》指出,要"培养大批具有国际视野、通晓国际规则,能够参与国际事务和国际竞争的国际化人才"。就外语学科而言,应培养具有全球视野、中国情怀、人文精神、创新实践能力、外语特长的"多语种＋"卓越国际化人才,其中"多语种"即要求学生至少精通两门以上外语,具有出众的跨文化沟通能力;"＋"即强调"融会贯通",融会相关国别、区域、领域知识,担负起向世界讲好中国故事,促进中国文化"走出去"、企业"走出去"的重任。譬如上海外国语大学大力倡导"多语种＋"人才的培养理念,培养"会语言""通国家""精领域",能够参与全球事务的通才和通晓国别区域与领域的专才。需要指出的是,此类人才并不限于中国学生,也包括来华留学生,特别是通过推进"新汉学计划",培养更多"一带一路"沿线国家的爱华友华学生。

在人才类型方面,不仅要培养单一的语言文学类人才、翻译人才与商务英语人才,还要培养复语型和复合型人才,特别是《2015—2017 留学工作行动计划》中所提出的尖端人才、国际组织人才、非通用语种人才、来华青年杰出人才、国别和区域研究人才等五类人才。就外语学科而言,应发挥语种优势,打造精通两门外语(通用语种＋非通用语种)以上的卓越人才,特别是高级翻译人才。譬如上海外国语大学高级翻译学院在硕士培养阶段,逐步增设阿汉英、朝汉英、西汉英、泰汉英、日汉英等多个三语对的翻译人才培养项目。就复合型人才而言,主要指综合外语学科与新闻传播、政治学、法学、经济学等学科的优势,培养国际传播人才、国际组织人才、国际法律人才、国际金融人才等。

在语种专业方面,外语学科应紧密对接国家和社会需求,储备培养非通用语种人才。按照"一带一路"目前的规划线路,沿线其他国家达到 64 个,各国家使用的国语及官方语言总共约 60 余种,而我国目前尚未有高校开设的语种有 18 种。① 各高校,特别是外语类高校,可结合学校定位,

---

① 吴跃龙:《语言智库如何建? 学者:推进"一带一路"语言沟通是基础》,《文汇报》,2015 年 12 月 13 日。

布局非通用语种专业,打造卓越非通用语种人才培养基地。据报道,2020年前,北京外国语大学将开设所有与我国建交国家相关的语言专业,届时语言专业种类将突破100种。上海外国语大学2015年成立了"卓越非通用语种人才培养基地",培养适应国家战略发展的非通用语种人才。

在教学改革方面,应倡导国际化、信息化理念。首先,开设学科交叉课程、国际化课程、体验式课程、创新创业课程等,以海外孔子学院为平台,与海外相关院系密切合作,设置海外实践基地,开展交换生、实习生等项目,开拓学生视野,提高其解决实际问题的能力。其次,结合学生的学习方式、思维方式、教学媒介等,探索CBE(Competency Based Education)、CBI(Content Based Instruction)、研讨式、项目式、任务型、工作坊等教学模式,倡导新理论、新知识、新技术,打造慕课、翻转课堂、卓越人才实验区、国际教育园区等,培养学生的创新能力和批判性思维。同时通过多语种网站、校园网络、社交网络软件等,促进学习共同体、学术共同体的建构,推进教育教学改革。最后,完善教学质量评估机制,使过程性评估与终结性评估相结合,自评与互评相结合,客观评估与主观评估相结合,提高教学评估的客观性与公正性。需要指出的是,在教育教学改革中,对学生责任感、使命感与核心价值观的培养也很重要。有的高校(如上海外国语大学)贯彻立德树人的价值导向,尝试用外文学习重要时事文献,挖掘中华优秀传统文化的精华,营造浓厚的育人环境。

2. 一流学术研究

根据2016年5月召开的哲学社会科学工作座谈会的精神,构建中国特色哲学社会科学体系要体现继承性、民族性、原创性、时代性、系统性、专业性。这对一流外语学科的研究定位、研究内容、研究人员、研究评估等方面具有指导意义。

在研究定位方面,长期以来"西学东渐",外语学界主要强调对接国际学术前沿，引介应用多，本土原创性、系统性研究不足。鉴于一流学科应处于学术研究的前沿，拥有大批原创性成果，且享有很高的学术声誉，笔者认为，一流外语学术研究不仅要对接国际前沿，而且要打造系列标志性成果，建构自己的学科学术体系和话语体系，促进国际理解，提升成果的应用价值与影响力，提高学术话语权并逐步引领国际学术前沿。当然，在学术研究过程中，要理清数量与质量、理论与实践、国际化与本土化、传统与特色、科研与教学之间的辩证关系。

在研究内容方面，传统上主要涉及英语、法语、德语、俄语、阿拉伯语、日语语言文学等二级学科各领域，以语言、文学、翻译、文化等本体研究居多，对接国家战略需求的跨学科应用性研究较少；对欧美等国家研究体系与研究方法的引介应用较多，本土创新研究较少。一流外语学术研究意味着一方面要进行外语语言文学前沿领域研究，引领发展趋势；另一方面要立足外语教育教学现状，结合我国语言文学文化特色，进行对比研究、翻译研究、本土化研究等，发现新问题、新趋势，提出新观点并构建新理论，向国际学术界推介研究成果；此外，还要对接国家和社会需求，加强多语种跨学科的区域国别研究，从国际视角讲好中国故事，促进中外人文交流。

在研究人员方面，外语学科多以个体研究为主，团队协作较少，且研究人员多集中在高校。一流学术研究要求研究人员协同创新，竞争合作。一方面依托各类国际性或全国性学术团体、协会等构建学术共同体，另一方面各院校以学术方向或学术项目为平台，打造学术团队。同时促进高校、政府部门、中小学、出版社、语言培训等服务行业之间的合作，共同完成重大课题。特别是对接我国"一带一路"战略，可提交相关咨询报告、研究报告等。针对文化"走出去"等重大课题，可组织国内外专家学者集体攻关，借助现代教育技术，打造多语种网站，促进成果的国际发表、国际出版、国际交流等。需要指出的是,有必要倡导高水平的国际科研合作,积极引领或参与国际科研合作网络,提升团队的国际影响力。

在研究评估方面,目前各高校外语学科顺应国际学术主流,以 SSCI、A&HCI、CSSCI 等收录的国内外核心期刊论文作为考核标准,这一做法虽有其可取之处,但也要考虑专著、研究报告、咨询报告、课程、教材、译著等不同成果形式,同时避免单纯数豆子式的考核,实行代表性成果制度,强调成果的社会应用及影响力。目前,虽然外语学科在 SSCI、A&HCI 等期刊发表的成果有所增长,但亦存在生硬照搬西方理论体系与话语体系的问题,未能关注本土研究,其引用率、影响力等仍需提升。此外,有必要打造网络学术期刊群,运用网络平台将重要成果外译,并将国内有影响力的外语期刊进一步打造为 SSCI、A&HCI 来源期刊。特别要强调的是成果在学科发展与教育教学实践中的应用价值,注重成果创新、知识应用、再创新这一良性循环,避免将研究成果束之高阁,造成学术资源浪费。

3. 一流师资队伍

一流师资队伍是人才培养与学术研究的保障。笔者认为一流外语学科应突出多语种、国际化特色,打造结构合理、水平一流、具有较大国际影响力的师资队伍,学科带头人与各层次教学科研团队互为支撑,潜心教学科研。为达到这一目标,应处理好教学与科研、引进与培育、激励与监督的关系,这就分别涉及教师职责、教师发展、教师评估等方面。

在教师职责方面,鉴于高等教育以提升人才培养质量为核心,教师亦应以教学为本、科研为基。教育部副部长林蕙青 2016 年 5 月 6 日在"一流大学本科教学建设高峰论坛"上指出:"一流本科是一流大学的重要基础和基本特征,各高校要大力发展建设一流本科教育,将建设一流本科教育纳入'双一流'建设方案,不断提升教学水平和创新能力。"笔者认为,无论是一流学科建设,还是一流大学建设,本科与研究生教育均占有重要地位。这就意味着教师(特别是教授)应积极参与到本科生、研究生的教学指导工作中,同时亦应将科研成果应用到教学实践中。

在教师发展方面,无论是引进学科领军人才、高水平学术团队,还是培育青年拔尖人才,均应突出国际化理念,考虑教师的国际化学术背景。譬如香港科技大学网罗了一支享誉国际的优秀教师队伍——拥有教授、副教授约450名,来自全球35个国家,其中75%的教授从北美62所一流研究型学府取得博士学位。① 一个学科的发展与学科带头人及高水平团队关系密切,譬如MIT的语言学发展与乔姆斯基及其语言学研究团队密不可分。因此,各外语学科有必要围绕重点科研或教学改革任务,在全球范围内引进学科带头人和拔尖人才,并建构由学科带头人、中青年教师构成的科研或教学团队,促进其专业发展。田建国指出,领军人才的条件有五个:第一,有很强的创新能力,能开创某一新领域;第二,有很高的学术声誉,在自己研究领域是公认的学术领袖;第三,有很宽的知识面,而不是只有某个狭窄领域的知识;第四,有很强的组织协调能力,带领队伍攻关拼搏;第五,有很好的学术道德、很强的团队意识。② 就外语学科而言,带头人亦应具有外语创新能力、学术领导力和团队意识,成果出众,学术影响力大。此外,各高校外语学科可依托学校的教师发展中心,与各外语类出版社合作,丰富本校培训内容和形式,拓展国际学术交流的广度和深度。需要指出的是,高端外籍教师的比例与水平也是一流学科建设的重要因素。譬如四川大学已全面实施"高端外籍教师聘任计划",力争引进20—30位高端外籍教师。③ 对外语学科而言,考虑到学科特点,提高外国专家的层次和比例是一流学科发展的要件。

---

① 李祖超、马陆亭:《世界一流大学有何建设路径可循》,《光明日报》,2016年1月9日。
② 田建国:《努力打造世界一流学科高峰》,《山东经济战略研究》,2015年第9期。
③ 谢和平:《国际化视野 国际化人才》,《光明日报》,2013年9月30日。

在教师评估方面，要完善评估机制，营造良好的教学、学术、生活环境，提升教师的获得感。教育部2016年9月印发的《关于深化高校教师考核评价制度改革的指导意见》明确提出，将克服唯学历、唯职称、唯论文等倾向，坚持师德为先、教学为要，注重凭能力、实绩和贡献评价教师。鉴于教师的个体差异，可以实施分类设岗，探索常任轨、年薪制、旋转门等制度。目前有的高校设置教学、科研、教学/科研、社会服务等岗位，建议进一步细化岗位职责，实行目标管理，充分发挥教师的主观能动性。许国璋曾针对《中国高校英语本科教育抽样调查报告》所提到的教育问题发出如下感慨：愿未来的十年是安定的十年，让广大教师生活在桌净、书多、馈足、菜香、心舒、理达、词明、论畅，中外交流，上下相通的环境中。[1] 从中可以看出，高校既要为教师提供丰富的学术资源和物质保障，更要营造良好的学术环境，提升其归属感与成就感。

4. 一流社会服务

一流社会服务作为一流学科的重要组成部分，主要体现知识的应用功能。全国第四轮学科评估中文学门类的社会服务指标规定参评学科要："提供学科在社会服务方面的主要贡献及典型案例：弘扬优秀文化，促进社会精神文明建设；举办重要学术会议，创办学术期刊，引领学术发展；推进科学普及，承担社会公共服务，即发挥智库作用，为制定政策法规、发展规划、行业标准提供咨询建议并获得采纳等"，并要求提供"四个代表性案例"，由同行专家评估。就外语学科而言，有必要发挥多语种、跨文化优势，提供资政、咨商、启民服务，引领学术发展，提升社会外语能力，促进中外人文交流。

一方面，一流外语学科要发挥智库作用，资政、咨商、启民，为国家与地区政治经济决策与发展提供智力支撑。有调查显示，美国约75％的智

---

[1] 王克非、韩宝成编：《许国璋文集》（外语教育卷），外语教学与研究出版社，2015年。

库附属于世界一流大学。① 语言作为一种软实力,具有基础性、社会性和全民性的特点,而外语更是中外人文交流的桥梁纽带和战略资源。在"一带一路""文化走出去"的战略背景下,外语学科的人才培养和学术研究可围绕中国企业"走出去"、孔子学院发展战略、"一带一路"沿线国家社会文化概况等进行,通过调研报告、咨询报告等形式解决现实问题,以促进中外文化交流,传播中国优秀文化。譬如上海外国语大学突出"多语种+"特色,加强区域国别研究平台建设,打造具有较高战略地位和较强国际影响力的高端智库,不仅服务于上海"四个中心"和科创中心建设需求,而且为国家相关部委及企业提供决策咨询、政策建议、形势分析、案例分析等智力支撑。

另一方面,一流外语学科要发挥引领辐射作用,搭建高水平教学学术平台,提升学科的国际国内影响力,促进社会整体外语能力的提升。外语学科在多语种人才培训、跨文化培训、职业培训、社区教育等方面亦可发挥重要作用。具体而言,外语学科可以发挥学科研究机构与知名专家的影响力,举办顶级国际学术会议或论坛,引领学术发展;与权威出版基地合作主办国际或全国性外语教学大赛、全国性外语骨干教师高级研修班,出版"文化走出去"系列出版物;构建高级翻译服务平台,提供一流的同声传译、会议口译以及学术精品翻译等服务;加强非通用语种等普及化外语培训,针对不同学习对象提供不同层次的外语服务,构建多语种知识服务平台;加强公益性外语服务,为大型国际活动等提供一流的志愿者;打造多语种网站,加强外语数据库等优质数字化资源的共享等。

5. 一流学科管理

学科管理融于学科建设中的人才培养、学术研究、师资队伍建设与社

---

① 李祖超、马陆亭:《世界一流大学有何建设路径可循》,《光明日报》,2016年1月9日。

会服务过程中。宣勇指出,从文化角度来看,学科组织在本质上是一种以学科文化为"范"的学术组织,学科组织的存在及发展即对文化学术范式的遵从,既遵循知识的逻辑,又在根本上维护知识的尊严。① 笔者认为,从学科的组织论角度来看,一流外语学科管理应坚持规范性、服务性、国际化、信息化原则,注重学科文化的传承培育、学科制度的完善规范、学科的国际合作交流以及学科的可持续发展。

首先,一流外语学科应充分发挥学术委员会在学科发展中的指导规范作用。教育部于2014年发布《高等学校学术委员会规程》,旨在推动高校建立起更加完善的治理体系,更好地发挥党委、校长、教师、学生等几个主体的作用。建议各高校外语学科设立一级学科与二级学科学术委员会,根据相关规程或章程发挥能动作用,规划学科布局与发展思路,促进教学改革、学术研究、教师专业发展和学风建设。

其次,一流外语学科管理应提倡服务意识,即推行服务性管理。在高校教育体系中,学生、教师、科研人员是最重要的因素,也是学术生产力的决定因素。虽然学校行政管理部门有评估监督职责,但最终目标在于促进教学与科研发展,提升学科的国内外影响力。这就需要行政管理人员在规范常态评估、引入第三方评估、实施学科建设问责机制的过程中,树立专业服务意识,提供相应保障支持,营造良好的教学、学术环境和学术文化,以培养一流人才、产出一流科研、培育一流师资、提供一流社会服务。

再次,一流外语学科管理坚持国际化原则。目前外语学界很少关注学科管理,更遑论从国际视角探讨外语学科管理的理念、方式与路径。他山之石,可以攻玉,有必要加强国际对比研究,归纳总结国际一流学科的管理经验,探讨间接管理、宏观管理、教育治理等理念,并将之融入外语学

---

① 参见宣勇:《大学变革的逻辑》(下),人民出版社,2010年。

科管理中。同时积极参与国际学术交流，推介我国的外语学科管理成果。需要强调的是，在对各二级学科进行评估管理时，可适当引入国际评估办法，对社会需求少、培养质量差、就业率低的学位点，及时进行调整。

最后，一流外语学科管理应坚持信息化原则。《美国2016教育技术规划》倡导，技术为重塑学习打开想象空间，提供现实支持，以培养面向21世纪全球化世界中具有竞争力的人才，实现教育公平的美好愿景。教育技术的重要性从中可见一斑。在"互联网＋"背景下，在数据密集和驱动性研究的范式下，学科孤岛难以为继，学科大数据平台建设与共享势在必行。事实上，无论是教学改革还是学术研究，大数据的支撑至关重要。各高校外语学科有必要确定统一的技术标准，完善技术服务体系，促进资源的共享与交流。

四、结语

学科生产力是一流大学的基础，在"双一流"背景下，外语学界有必要探讨如何打造具有中国特色的一流外语学科，提升其国际影响力。本文讨论了一流大学、一流学科、一流外语学科的内涵及发展路径，强调人才培养、学术研究、师资队伍、社会服务为学科建设重点，学科管理提供相应保障支持。希望该研究对一流外语学科与一流外国语大学建设有一定启示意义。至于一流外语学科与一流大学之间的关系，不同类型大学外语学科的发展定位、路径、评估机制等，尚待进一步探讨。

励精图治　再铸辉煌[①]

我非常高兴来参加《外语教学与研究》创刊60周年纪念会。

首先向《外语教学与研究》60年华诞表示祝贺，祝贺期刊长期以来为提升我国外语教学质量和研究水平、为繁荣和发展我国外国语言文学学科所做出的卓越贡献。《外语教学与研究》是我国创办最早的外语类学术期刊，水平高、影响大，在全国四大评价体系中均连续多年稳居相关学术领域首席，是我国现有约50种外语刊物中公认的权威期刊。多年来这本刊物已形成学术性强、风格严谨、编排规范、文字流畅的特色，深受广大外语教师和外语研究工作者厚爱。

我本人与《外语教学与研究》有不解之缘。早在20世纪60年代，我从上海外国语学院英语系毕业后不久，就在《外语教学与研究》上发表了第一篇文章，至今已有半个多世纪。90年代末外语专业博士生培养进入了新时期，考生越来越多，招生人数也有较大增加，如何处理好"质"与"量"之间的关系，把握好博士生的培养质量成为一个迫在眉睫的问题。为此《外语教学与研究》审时度势，及时开设了"博士生导师访谈"专栏。

[①] 原载《外语教学与研究》，2017年第4期。

刘润清教授邀我撰文,谈谈博士生的培养体会。这是一件好事,不仅有助于向广大读者介绍我国外语界博士生培养现状,也有利于广大博士生导师交流心得体会,以便更好地培养出高质量博士生。一些决心报考的读者亦可从这个栏目中获取有关信息,做好考前准备。当时我欣然从命,撰写了《潜心向学　勇于探索——谈博士生培养》一文,发表在进入21世纪后第一年的《外语教学与研究》上。

特别值得一提的是,从20世纪80年代中期开始,我进入现在教育部外语类专业教学指导委员会前身——外语专业教材编委会任职,并在主任委员许国璋教授指导下工作。许先生从80年代中期起经常为《外语教学与研究》撰写"编者的话",在我国外语学术期刊中独树一帜,我非常喜欢阅读这些评述。许先生的"编者的话"不仅推荐好文章,还以精辟语言纵论古今中外,并对我国的外语教育提出许多中肯评述。记得在80年代末、90年代初,教师的收入相对较低,当时社会上充斥着"造原子弹、导弹还不如卖茶叶蛋"之类的说法。对此许老在"编者的话"中语重心长地写道:"近来,人们多处听到弃学厌学之声,也听到教书所得不如某某行当的话,偏是我们五六十位教书先生来到会上不说这些,只说文化前途、教育前途之事。"这些话激励外语教育工作者认清形势,克服暂时的困难,砥砺奋进。

改革开放40年来,我国的外语教学和研究取得了举世瞩目的成就,我国的外国语言文学学科发展迅猛,但也碰到许多发展中的问题,今天的庆典活动,不仅是《外语教学与研究》创刊60周年纪念会,也是一次全国性的外语教学与研究专家论坛,使各位同仁有机会为解决这些问题建言献策,研究外语学科如何能更好地承担起输入和走出双重职责,如何更好地对接和服务"一带一路"等国家战略。

20年前,也就是1997年,在《外语教学与研究》创刊40周年之际,我曾应编辑部之邀撰写了贺词,其中有这样一句话:"学报是一所学校的教学和学术窗口,并同全国教学和学术的发展密切相关,具有一定的导向作用。"相信在今天的庆典活动后,《外语教学与研究》一定会更好地发挥这种窗口和导向作用,为繁荣我国外国语言文学学科,为加快我国的外语教育和教学改革做出更大的贡献。

高校外语专业 40 年改革历程回顾与展望[①]

转眼改革开放已近 40 年。与其他领域一样,我国外语教育事业迅猛发展,取得巨大成就。作为外语专业改革的亲历者、倡导者和推动者,作为从事外语教学研究近 60 年的老教师,在这里我将撷取让我最难忘的事例,梳理 40 年来高校外语专业发展的历程,阐述改革开放对外语学科发展的影响,并展望外语教育发展的未来。

一、发挥外指委指导作用

我在 1997—2013 年间担任教育部高等学校外语专业教学指导委员会(简称外指委)的主任委员。众所周知,这一委员会的前身是教育部高等学校外语专业教材编审委员会(简称外语教材编审委员会)。外语教材编审委员会成立于 1980 年,王佐良先生任第一届主任委员,许国璋先生任副主任委员。屈指算来,我在这个机构工作了近 30 年,亲历我国外语专业的发展与变革,也见证了外指委所发挥的指导咨询作用。下面按照时间的脉络扼要梳理一下。

1985 年下半年我进入外语教材编审委员会,与胡文仲教授一起负责

---

① 原载《外国语》,2018 年第 4 期。

英语专业工作。当时许国璋先生一再告诫我们要抓好两件事，即外语教材和教学大纲，同时组织广大教师队伍使用统一的教学大纲和教材。为适应当时的高等教育发展需求，我们建立了英语专业教材编审体系，并尝试编写英语专业教学大纲。我负责基础阶段的教学大纲编写工作。在编写过程中，我们不仅学习相关国内外最新教育教学理论，总结外语教学经验，而且还深入调查，组织测试，收集数据，为大纲制订提供了可靠的依据。20世纪80年代末，《高等学校英语专业基础阶段教学大纲》与《高等学校英语专业高年级教学大纲》相继完成。我曾就大纲的推广应用工作提出三条建议：第一，根据当时形势宣讲、贯彻大纲，提高教师落实大纲的水平；第二，启动英语专业四、八级教学测试，以检查大纲执行情况，提高英语专业教学质量；第三，根据大纲精神推行英语专业分级教学理念，并在上外试点(1990—1993年)。以上建议得到王佐良先生和许国璋先生的大力支持。1990年全国英语专业四级统一测试开考，1991年英语专业八级统一测试开考。我主持的"英语专业基础阶段分级教学理论和实践"1988年获国家社科基金项目立项。该项目尝试对上外英语专业入学新生进行英语水平测试，并将其分别纳入第二级(一年级下)、第三级(二年级上)或第四级(二年级下)阶段的学习。这一分层教学充分考量了学生的个性化发展需求，相关研究成果于1991年荣获高等教育国家级优秀教学成果一等奖。

1992年，在当时的国家教委高教司领导下，外语教材编审委员会更名为高等学校外语专业教学指导委员会，胡文仲任第一届外指委主任委员。我于1992—1996年任外指委副主任委员兼英语组组长，重点抓好英语专业教材编审，教学大纲修订，英语专业四、八级教学测试，四、八级题库，教务管理完善等工作。英语界一批德高望重的专家、学者都参加了英语专业四、八级教学测试的业务指导，包括李筱菊、陆国强、何其莘、黄源深、秦秀白、吴国华、钱瑗、姚乃强等。

1997年成立了第二届外指委。1997—2013年,我任第二、三、四届外指委主任委员。其中第二届外指委重点完成了以下工作。(1)面向新世纪制定了我国外国语言文学发展规划、战略等。(2)修订完成英语专业和各语种的新版教学大纲,做好各语种的专业四、八级教学测试工作。1999年开始,英语以外的其他语种,如西班牙语、俄语、日语、德语、法语陆续开考专业四、八级统一测试。(3)大力扶植非通用语种专业发展,根据《关于批准北京大学等高等学校建立外语非通用语种本科人才培养基地及下达基地建设经费的通知》(教高函[2001]4号)、《关于解放军外国语学院、国际关系学院建立外语非通用语种本科人才培养基地的批复》(教高函[2001]14号)文件精神,在全国首批建立10个非通用语种本科人才培养基地。我们还从教育部争取到给非通用语种教师的补贴,即教育部给每位老师每月补贴100元,学校出100元,切实提高教师待遇。(4)世纪之初提出"中国外语教学一条龙"理念,旨在提高学生的外语应用能力,提升外语教学的有效性,减少"哑巴英语"现象。

在第二届外指委(1997—2001)期间,需要特别指出的是面向21世纪的教学大纲修订工作。1998年英语组由何其莘、何兆熊等10位教授组建了英语教学大纲修订小组,1999年6月起草了新大纲的征求意见稿,在听取200多所院校意见并在年会上逐条审阅修订后,1999年12月将《高等学校英语专业英语教学大纲》送教育部高教司审批通过并于2000年颁布。该教学大纲不仅将基础阶段与高年级英语教学大纲合二为一,明确了英语专业必须开设的专业技能、专业知识与相关专业知识三类课程,还提出许多新理念,譬如跨文化交际能力、复合型外语人才培养以及在教学中要正确处理语言技能训练和思维能力、创新能力培养关系等,这些理念至今仍没有过时。

第三届外指委(2002—2006)主要完成了以下工作。(1)紧跟国家形势发展需求,支持指定学校对接国家战略,结合地域优势,进行立项研究。如,对外经济贸易大学的"WTO与中国外语教育",四川外国语大学的"西部大开发和中国外语教育"等项目均获得外指委支持。(2)根据2003年启动的高校本科教学评估中所发现的外语教学不足之处(如学生思辨缺乏、创新不足等),建议教育部启动高校英语本科专业教学评估,明确评估标准等。外指委根据教育部的统筹安排,2003年制定《高等学校外语专业本科教学评估方案(试行)》,2004年对4所不同类型的院校进行试评,了解本科教学现状。(3)基于试评估的经验,2005—2008年对102所院校本科英语专业进行评估,重在以评促建、以评促改,规范英语专业办学和管理,保障教学质量。

第四届外指委(2007—2013)重点完成了以下工作。(1)在组织形式上采取各语种教学指导分委员会制,以前各语种指导小组升格为分指导委员会,专家数量也有很大增加。(2)起草了高等学校外国语言文学学科发展战略报告,包括教学质量标准、专业规范、专业设置、教学大纲、专业评估、人才培养、教师发展、学术研究、社会服务等。2009年1月正式定稿并上报教育部高教司。(3)基于广泛调研制定了高等学校外国语言文学学科专业规范,包括英语、日语、俄语、法语、德语、西班牙语、阿拉伯语、非通用语等专业。(4)重视骨干教师培训工作。2008年始由外指委组织全国性高校骨干教师培训,同时通过各类教学研讨会、科研立项、科研成果出版等提高教师的教学能力和科研水平。(5)完善外语专业教学测试体系。2009年阿拉伯语开考专业四级统一测试,2010年成立外语专业四、八级教学测试专家委员会,为测试提供咨询和指导。成员是各语种的资深专家,如何其莘(英)、邹申(英)、孙玉华(俄)、谭晶华(日)、曹德明(法)、贾文键(德)、陆经生(西)、周烈(阿)、蔡伟良(阿)等。

外指委作为教育部专业咨询机构,汇聚了全国外语学界的知名专家与学者,他们发挥专业优势,群策群力,为外语专业本科教学的研究、咨询、指导、评估等工作做出了重要贡献。

二、推动上外改革发展

我 1958 年进入上外学习,1962 年留校任教,此后历任英语系基础教研室主任、英语系主任、副校长、校长、党委书记等职。其中 1990—2006 年任校长,1995—2004 年任党委书记。1995 年获宝钢教育基金优秀教师特等奖,2002 年获上海市"员工信赖的好校长"荣誉称号。60 年来,我学于斯、教于斯、研于斯,与所有上外人一起,推动、参与了学校的改革发展,见证了上外如何从单一的俄文专科学校,发展成为多语种、跨学科,进入国家"211 工程"和"双一流"建设的全国重点大学。而今回望,不禁感慨万千。这里主要选取几件重大事例进行阐述。

首先,上外率先启动并深化了外语类院校复合型人才培养的教育改革。早在 20 世纪 80 年代初,随着改革开放的发展,传统方式培养的人才已不能满足社会对复合型人才的需求。1983 年,时任英语系主任的我与同事们在充分调研的基础上,在英语系率先开始"英语+新闻学"的双学位试点。为了确保人才培养质量,我们一方面聘请优秀师资,另一方面在选拔考试的基础上遴选部分三年级学生。他们通过两年新闻专业主干课程的学习,毕业时获英语和新闻专业双学位。这一试点取得很大成功。1984 年始,我们开始培养"人文专业+英语""外语专业+英语"以及"英语专业+人文专业"的三类复合型人才,从应届高中毕业生中直接招生。90 年代中期,复合型人才培养已经得到国家教委和社会的广泛认可,其理念被纳入 2000 年版《高等学校英语专业英语教学大纲》。此后上外一直在探索副修、辅修、双学位等机制,不断深化复合型人才培养改革,业内反响良好。

其次,上外在全国高校中首家实行收费改革。1993年实行改革试点时我和学校领导班子成员感觉压力很大,担心每年2400元的学费会影响学生的质量和学校的声誉。为了确保改革顺利,我们不仅广泛宣传,突出办学特色亮点,而且从课程设置、教材、人才培养方式等方面进行一系列的改革,提高办学质量,同时为学生设立新的奖学金、贷学金制度,实施"绩点学分制"和新课程基金制度等,坚决避免出现高玉宝现象(因家境贫寒辍学)。教育部、上海市政府给予我们很大支持。我还上电视、电台与广大家长直播讨论收费改革的重大意义。改革的结果是生源的质量和数量都很好,社会认可度也很高。1993年底我代表学校在全国校长书记咨询会议中介绍了经验,并得到国家教委的表扬。

最后,上外在近70年的发展历程中,抓住了两次机遇。一次是从"上海外国语学院"升格为"上海外国语大学"。记得当时是1994年,我们基于学校建设基础和改革经验,向国家教委申报更名且很快获得批准。可以说,这为学校发展带来了更大的空间和更多的机遇。另外一次是顺利成为国家"211工程"建设院校。这一工程1994年5月启动部门预审,我们当时积极申报并于1996年顺利通过预审。目前在全国外语类院校中,只有北外和上外进入"211工程"。这也为2017年上外进入"双一流"打下了坚实的基础。

抚今追昔,不胜唏嘘。作为一个老上外人,我真心希望学校适应国家和社会需求,发挥学科传统优势,在人才培养、科学研究、社会服务、文化传承创新等方面取得更大辉煌,而对她的每一步发展,都充满了期待和热盼。

三、 促进学术交流发展

改革开放40年来,在高等教育国际化的发展趋势下,外语教育研究也得以不断深化。我认为对于教师而言,教书育人工作最重要。从教近

60年，我教过本科生、硕士生和博士生等阶段的不同课程，做过班主任、导师，培养了近百位博士生，深感教师对于学生成长具有春风化雨的作用。而为了提高人才培养质量，做好学术研究，吸纳最新研究成果也至关重要。自1965年在《外语教学与研究》上发文以来，我已经在各类学术期刊上发表了130余篇文章，出版20余部语言学、语言教学、汉英百科等方面的著作、词典、论文集等，主编多套国家级规划教材，主持国家级、省部级课题多项，主要涉及外语人才培养、外语教育发展改革等，涵盖大中小学等不同学段，旨在解决实际问题，丰富相关外语教育教学研究。

在我所主编的学术丛书中，有两套具有重要的史料价值。这就是上海外语教育出版社出版的"改革开放30年中国外语教育发展丛书"（2008）和"新中国成立60周年外语教育发展研究丛书"（2009）。前者由前副总理李岚清作序，包括高校外语专业教育、大学外语教育、高职高专外语教育、基础外语教育、外语教育名家谈等内容。后者由我与胡文仲主编，入选2009年中国十大英语教育新闻，涵盖外语教育发展研究、外语教育发展战略、翻译研究、国外语言学研究、外语教学理论研究等领域。两套丛书都注重对历史的回顾、对现实的分析以及对未来的展望，总结了我国外语教育改革的成就与问题，并提出相应对策。所谓"读史使人明智"，此类丛书有助于我国外语教育政策的制定与教育教学改革的发展。

我在做好教学研究工作的同时，还积极参加各类学术组织和学术活动，促进学术交流发展。除了1997—2013年间担任外指委主任委员之外，我于1998—2008年担任国务院学位委员会外语学科评议组召集人，2003年起担任人事部全国博士后科研流动站外语学科评议组召集人，2004年起担任教育部社科委员会委员暨语言文学学部召集人。曾担任中国翻译家协会副会长，上海翻译家协会会长，上海市文联副主席，迪士尼英语中国顾问委员会主席。多年来，我还一直担任国家社科基金评委和教育部长江学者会议评委,经常主持或参与教育部组织的评审活动,如国家级教学改革优秀成果奖、国家精品课程、社科类科研项目等,为推动外语学术交流贡献力量。2013年我获得教育部高等学校英语专业教学指导分委员会颁发的"中国英语教育特殊贡献奖",2017年获上海市外文学会首届"外语教育终身成就奖",我将之作为对我多年致力于外语教育改革发展与学术交流工作的鼓励。

四、展望外语教育未来

回顾40年来外语专业教育的发展历程,我深切感受到,随着国力的强盛和社会经济的发展,我们的外语教育环境更加优化,教学资源更加丰富,而相关理论与实践研究尚待完善。早在世纪之交,我就曾发文提出要建构具有中国特色的外语教育体系。而今,在文化"走出去""双一流"建设的背景下,这一倡议更为重要和必要。下面基于历史经验,结合现实情况,就我国外语教育发展谈几点看法。

第一,对接国家战略,服务国家需求。

2015年8月中央全面深化改革领导小组第15次会议审议通过《统筹推进世界一流大学和一流学科建设总体方案》,决定统筹推进建设世界一流大学和一流学科,促进我国从高等教育大国跨越到高等教育强国。2017年9月21日,教育部公布了"双一流"建设学科名单,其中有六所高校的外国语言文学学科入围,分别为北京大学、北京外国语大学、上海外国语大学、南京大学、湖南师范大学(自定)、延边大学(自定)。在我看来,一流的外国语言文学学科建设无论是人才培养、科学研究,还是师资队伍建设,一定要对接国家战略,服务于国家的外交、外事、政治、经济、文化、教育等发展需求。其中人才培养为学科建设的核心。早在2015年7月,为响应国家"一带一路"倡议,教育部、外交部、财政部等五部委就印发了《2015—2017年留学工作行动计划的通知》,明确提出培养拔尖创新人才、非通用语种人才、国际组织人才、国别和区域研究人才、来华杰出人才等五类人才。我们外语教育改革也要发挥多语种、跨学科优势，紧密对接国家的战略需求，做好相关卓越国际化人才培养等工作。同时可针对中国企业"走出去"、孔子学院发展战略、"一带一路"沿线国家社会文化概况等问题，为国家相关部委提供决策咨询、政策建议、案例分析等，促进中外沟通交流。

第二，立足教育实践，适应社会需求。

在高等教育国际化和"互联网+"的背景下，外语教育在多语种服务、咨商启民、知识共享等方面将发挥更加重要的作用。我一直认为，外语教育绝非空中楼阁，自娱自乐，而是要立足教育实践，适应社会对多语种人才、多语种服务的需求。各高校外语学科不仅要在人才培养、学术引领中有所作为，不仅要举办高水平学术论坛，培养全国骨干外语教师，还要考虑所在区域的外语需求，在跨文化培训、社区外语教育等方面有所贡献。譬如上外位于上海这一国际化大都市，早在1995年，我们就推出上海外语口译证书考试，培养紧缺翻译人才。而2016年则试点设立"上海外国语大学非通用语种教育基地"，在上海12所中小学开设希腊语、葡萄牙语、意大利语等非通用语种教学班，推动国际教育。同时一直重视出版"文化走出去"系列精品，打造多语种网站，建设多语种数据库，为大型国际会议等活动提供一流的多语种服务，以实现外语学科的社会服务功能，推动社会经济文化发展。

第三，借鉴国际前沿成果，实现研究本土化。

长期以来，我国外语学科的学术研究多强调与国际前沿的对接，注重国外成果的引用介绍，存在生搬硬套国外理论、削足适履的问题，这不仅表现在语言、文学、翻译研究方面，也出现在教学研究中。这在一定程度上导致我们一直在追踪国外的理念、范式、模式，研究也多停留在验证他人理论的适用性，而未能切实取其精华，为我所用。在我看来，为了将研究本土化(go local)，首先，要明确"真"问题即在外语学科(如语言学、文学)发展中具有普遍性、前沿性的问题，或中国语境中外语学习与教学的实际困难和问题。问题可涵盖宏观政策性探索，以及微观教学策略研究。其次，要借鉴国际前沿的研究理论或者方法，特别是利用具有跨学科性的统计软件、语料库、人工智能等，注意避免盲目照搬他人的理论框架或者范式。最后，要进行扎实有效的调研和实证研究，特别是开展行动研究等，在反思评估中尝试解决问题。

第四，倡导改革创新，提升国际话语权。

2016年5月在北京召开了哲学社会科学工作座谈会，会议强调要着力构建中国特色哲学社会科学，在指导思想、学科体系、学术体系、话语体系等方面充分体现中国特色、中国风格、中国气派。这对我们外语教育发展也具有重要指导意义。前面我谈到了如何go local，这里我想强调如何go global(国际化)，即建构具有中国特色的外语教育体系，打造标志性教学改革或学术研究成果，并向国际学术界推介。这里成果并不仅仅局限于在SSCI、A&HCI等期刊发表论文，而是以我为主，融入更多中国元素，产出译著、研究报告、咨询建议等各类学术产品。在这一过程中，我们除了强调与时俱进、创新改革，还要重视外语师资队伍的建设，打造一支国际化程度高、教学与研究能力强的教师队伍。可以说，教师是创新驱动的主体，他们应具备国际视野，跨学科思维，关注本土研究问题，并能将之凝练提升，用学术语言进行国际表达，提升我们的国际学术话语权。当然，我们学术地位的提升与高端外语学术期刊的建设、学术组织的设立、教学学术活动的开展是密不可分的，也离不开网络平台、虚拟空间等现代教育信息技术的支持。

总而言之，无论是改革开放初期，还是40年后推行文化"走出去""一带一路"倡议的今天,外语学科和外语人才对于国家和社会的发展都不可或缺。"老骥伏枥,志在千里",作为外语学人,我们应有责任感和使命感,立足中国,改革创新,不断推动外语教育事业的发展。

二语习得

语言变化的社会因素①

　　语言变化是指随着时间的推移语言发生的变化。一切活的语言都发生过变化,而且还在继续变化。英语 house 这个词的发音在乔叟(Chaucer)时代发[hu:s]。助动词 do 的过去式 did 曾是 didst;speaks 曾拼写为 speakest;said 曾拼写为 sayd;says 曾拼写为 saith。名词复数形式如 seeds 和 ways 分别曾是 seedes 和 wayes。在句法方面也有许多变化的例子。在莎士比亚时代,句子否定是通过在句尾加否定词 not 来实现的。例如,"I love thee not, therefore pursue me not." "He saw you not."单词的意义也会发生变化,有的词义扩展,有的词义缩小,有的词义升格,有的词义降格。单词 girl 曾用来指年轻人,可以是男青年,也可以是女青年;companion(伴侣)原来的意思是"与你分享面包的人";silly(愚蠢的)在古英语(old English)中的意思是"幸福、快乐",在中古英语(Middle English)中的意思是"天真"。这些例子说明了语言是在不断变化着的。

　　语言变化常常以语言变异(language variation)的存在为条件。语言变异是指语言中发音、语法或选词的差异。语言变异可导致语言变化。在同

---

① 原载《外国语》,1995 年第 6 期,合作者陈夏芳。

一时期、同一地区,一种语言项目可能具有各种不同的变体(variants)。比如-ing 在 coming(来)中的变体有两种:在正式场合的发音为[kʌmiŋ],在非正式场合或区域方言中的发音为[kʌmn]。这种语言变体在社团与社团、人群与人群、人与人、地区与地区、风格与风格等之间不同。

珍尼特·霍姆斯发现在新西兰,单词 new 和 nuclear 的发音曾分别是 nyew[njuː]和 nyuklear[njuːkliə]。可是现在大多数年轻的新西兰人正在采用美国音,发音分别是[nuː]和[nuːkliə],没有了[j]这个音。年轻一代的新西兰人正越来越多地使用这种新发音。目前在新西兰,new 和 nuclear 的新、旧两种发音同时并存。霍姆斯猜测,在大多数人的话语中,这种新的不带[j]的发音变体将可能取代带[j]的发音变体。①

语言变化可以发生在语言的各个层次——语音、词汇、句法和语义上,也可能发生在拼写上。究竟是什么原因引起了语言的这些变化呢? 有两种因素需深入研究。第一种是语言方面的因素。比如语音的同化、异化、语音变位、求发音方便、词的混合、合成、缩写、首字母缩略和类推等等。语言因素是语言变化的重要原因。第二种引起语言变化的因素是社会因素。本文将探讨这些社会因素。

语言变化为什么会发生? 这些变化又是如何传播的? 社会语言学家力求回答这些问题。我们认为以下几种社会因素值得探讨。

一、创新词语的不断出现

语言变化的一个表现是一些词汇逐渐从人们的会话中消亡,而一些新的词汇不断产生。1876 年之前,电话还不存在,英语词汇中没有 telephone 这个词。当贝尔于 1876 年发明了这种能传递声音、人们可以用来进行远距离交谈的装置时,他把它取名为 telephone。他在单词 phone

---

① J. Holmes, *An Introduction to Sociolinguistics*, London: Longman, 1992, p. 22.

前面加上前缀 tele-创造了一个新词。随着这种装置的广泛使用，人们的词汇库中就增加了一个新词——telephone。新事物、新现象、新产品不断出现，自然而然地许多新词新语被创造出来。英语中的 television，taxicab，minibus，baby-sitting，cablegram 等都是这样应运而生的。这些词已成了人们日常生活中的一部分。汉语中"的士""中巴""环境美容师""大款"等词也反映了新事物、新观念、新思想。"大哥大"一词一般是指手提式移动电话机，现在也被用来指"同类事物中较杰出的人或事物"。这些是语言使用者的创新，反映了使用者的观念。

二、社会地位与社会分工的影响

社会地位差异是引起语言变化的一个重要因素。人们往往容易把语言看成是单个的语言体系，并和他人共同享有该语言，可以用它来顺利地进行交际，却没有意识到各阶层之间所使用语言的差异性。事实上，不同的社会阶层在语音和词汇选择等方面差异极大。美国语言学家威廉·拉波夫在 20 世纪 60 年代，对纽约市区各社会阶层的语言变异作了调查，他对纽约市的三家不同级别的百货公司营业员的发音进行调查，调查元音后 r(post-vocalic r)和词尾 r 的发音变化。这三家百货公司雇员的发音分别代表着不同社会阶层顾客的发音。他发现顾客主要为上层中产阶级(upper-middle class)的 Saks 百货商店的营业员在随意讲话中使用元音后/r/音比另外两家营业员随意说话时使用元音后/r/音的频率要高。顾客主要是下层中产阶级(lower-middle class)的 Macy's 百货商店的营业员在较留意发音时使用元音后/r/的频率超过 Saks 的营业员最留意发音时使用元音后/r/的频率。但所有营业员在较留意说话时，都更多地使用元音后/r/。元音后(r)音在纽约市区是较有威望的音(prestigious form)。①

---

① W. Labov, "The Social Motivation of a Sound Change", *WORD*, Vol. 19, No. 3, 1963.

拉波夫的调查表明上层中产阶级不论在随意说话还是在留意说话中经常使用元音后/r/，而下层中产阶级只有在留意说话时才经常使用元音后/r/。这表明了下层中产阶级模仿着比他们地位高的上层中产阶级的发音。一个人的语言能反映出他的家庭背景、社会地位和受教育程度等。语言是社会指示剂（social indicator）。下层中产阶级想要提高他们的社会地位，隐藏自己较低的社会地位，常常努力模仿上层中产阶级所使用的语言变体。在具有不同社会地位的语言社团内，一个语言项存在着几种变体。比如 fourth 这个词的发音可能有［fɔ:θ］［fɔ:eθ］［fəurθ］等变体。通常是威望形式（prestigious forms）而不是非威望形式（non-prestigious forms）被传播，并常由社会地位不稳的年轻下层中产阶级人士来传播。开始时，他们在正式的交际中使用威望形式，逐渐地他们亦在非正式场合使用，并开始影响他们孩子的语言。于是这种威望语言形式在下层中产阶级的随意说话中普及起来。语言变化慢慢地在人们无意识中发生了。

语言变化通常是自上而下发生，从高层阶级向低层阶级扩散，如上面例子的上层中产阶级使用的元音后音/r/影响到了下层中产阶级。但是语言变化也可能往相反方向发展，即由下而上，低层阶级的语言影响到高层阶级。土语（vernacular）发音也能在整个社区内扩散。一个典型的例子就是美国玛撒文雅岛（Martha's Vineyard）上当地土音的扩散。玛撒文雅岛是距美国马萨诸塞州海岸约 300 英里的一个小岛，是理想的度假地，波士顿人和纽约人常去那里度假。玛撒文雅人对于蜂拥而入的旅游者和定居者十分不满，他们的这种态度在他们的语言中得到反映。拉波夫在 20 世纪 50 年代作了一次调查。中央化元音（centralised vowels）原已在这个岛上趋于消失，但后来却得到了复苏和传播。light 和 house 原来的发音分别为［ləit］和［həus］，这样的发音以前是较守旧的，是该地区社区内的土音，现在玛撒文雅人越来越多地重新使用这些已逐渐消亡的土音，元音渐渐变得中央化，以表达他们玛撒文雅人之间的团结和认同，表示忠于自己的乡村价值观和平静的生活方式，表达他们对于外来定居者和旅游者的不满。因此语言变化不仅涉及威望形式，而且涉及非威望形式。在美国英语中中央化元音决不是威望音，但却在该岛受到重视，一些在该岛生活的非本地人也持相类似的观点，模仿着渔民们的语言，因此这种中央化元音的使用变得普遍起来。这说明了土音也能获得显著社会地位，也能在一个社区内普及。

三、地区差异带来的变化

语言存在着地区差异（regional variation），地区差异也能引起语言变化。带元音后/r/的发音在纽约市是威望语音变体，但在英国的大部分地区却被认为是次标准的音。英国标准英语的标准发音（RP）中没有元音后/r/，伦敦东区（Cockney）土语中也没有元音后/r/。带元音后/r/的口音被称为rhotic（即发r音的）。英格兰西南部及苏格兰和爱尔兰的一些地方仍在使用rhotic音。不带元音后/r/的变体在英国正在扩散。而在美国的一些地区带元音后/r/的发音正在上升。这一例子表明了语言变化的复杂性。

从前面一节中我们知道语言变化可以在不同的社会阶层之间，特别是在下层中产阶级和上层中产阶级之间发生。语言变化也可以以一个地区影响另一个地区的方式发生。新西兰英语中的一个显著特点是词尾用上升语调（high-rise terminal，简称HRT），也就是说，说话时句末用上升语调仍可能是陈述句，而不是问句。这种特征在澳大利亚悉尼市的话语中正在上升。澳大利亚学者认为这是从澳大利亚的其他地区传播到悉尼的。也许在20世纪50年代，它是作为一种澳大利亚英语特征而兴起，标明澳大利亚人身份及认同，并作为对欧洲移民的大量涌入的一种反应，是一种消极的对抗性的反应。也可能HRT是出于与新移民的一种交际需要,是确认听话者听懂了解自己话语的一种既有效又经济的办法。新西兰学者则认为 HRT 起源于新西兰,是后来扩散到澳大利亚的。关于 HRT 的起源仍需要作进一步的研究。但是不管怎样,这一例子告诉我们一个地区的语音、语调和词汇等可能会受到其他地区的影响,语言变化也就在这样的影响中慢慢发生了。

这样的语言变化主要是由于相互接触交流而引起的。可能由面对面的交往而引起。语言变化发生之前,面对面的交往是必不可少的。人们从一个地方到另一个地方进行旅行交流。他们的语言会受到旅行地语言的影响。在英格兰东部诺里奇市(Norwich),年轻人开始把 bother, together 发音成[bʌvə] [təɡəvə]。这对诺里奇人来说是一种语言变化,但伦敦东区人已经使用这种形式几十年了。伦敦东区土话是具有隐性威望(covert prestige)的方言。是什么原因使伦敦东区方言影响到了英格兰东部的诺里奇呢?诺里奇的这种变化是由许多"联系人"(link-persons)引起的,这些"联系人"常常去伦敦,在伦敦停留一段时间,然后带回来新的语言变体,并被诺里奇当地人模仿。用霍姆斯的话来说,这些"联系人"充当了"语言创新者"(linguistic innovators),"说话人有时自然地,但更经常的是通过模仿其他社团说话人进行创新。如果他们的创新被别人采用,在当地社团内扩散,并扩散到别的社团内,那么其结果就是语言变化。"[①]

四、大众传播媒体的作用

语言变化仅仅靠单个的"联系人"还远远不够,很难被别人采用、模仿。"联系人"的语言创新需要通过不同的渠道得到传播,而且这种语言变体需要有些威望——无论是显性的(overt,表示社会地位)或隐性的(covert,表示认同)。新的语言形式能通过传播媒体得到威望。电视在新

[①] J. Holmes, *An Introduction to Sociolinguistics*, London: Longman, 1992, p. 211.

形式传播上起着重要作用。电视上苦常出现受人崇拜、尊敬的人,且他们的言谈中常使用该新语言形式,常能削弱人们采用新形式的抵触心理,为他们接受新形式进行了心理准备。

我们不能忽视传播媒体如电视、广播、报纸等对语言变化的重要影响。人们几乎每天都要读报、看电视或听广播,这种影响是很深的。在中国中小学中,一般教授英国英语而不是美国英语,但许多学生仍要尽力去模仿美国英语。出现这种现象,传播媒体起着重要作用。20世纪80年代初期,电视上主要播送的英语教学节目是英国英语,如很有影响的《跟我学》(Follow Me)。到了80年代中后期和90年代,美国英语开始风靡中国,电视上主要播送的有影响的英语教学节目是美国英语,如《走遍美国》(Family Album,USA)和《走遍美国初级教程》(Free Time),并被许多教师用作教材。广播电台播送的英语节目,这几年也转向了美国英语。

在大众传播媒体影响下人们逐渐改变了对美国英语的看法,听众、观众或读者不知不觉地在潜移默化下接受了美国英语。经常性地接触某一语言变体能够引起语言变化,大众传播媒体为接触提供了条件。所以我们不能低估大众传播媒体在语言变化中所起的作用。

五、文体差异造成的语言变化

人们在讲话或写作时,会根据不同的情景、听话人、地点、话题等改变自己的语言,从非常随便,非正式到十分正式,形成文体变异(stylistic variation)。在非正式文体中,人们常把 sitting[sitiŋ], working[wə:kiŋ]读作 sitt'n [sitn], work'n[wə:kn]。当我们与老师、政府官员、社会地位高于或低于自己的人或陌生人讲话时,我们常使用正式文体,而在和朋友、家人或亲密的人交谈时往往使用非常随便的文体。根据听话人不同,我们常无意识地从一种文体转换到另一种文体。语言变化可以从一种文体变异到另一种文体,把较正式的文体变成较随便的文体,或者反过来,从较随便的文体变成较正式的文体。一种有威望的语言变体,如纽约市的元音后/r/,首先是被社区内有较高社会地位的年轻人在其最正式的文体中使用,然后被使用在较非正式的文体中,并扩大到其他群体的正式文体中,如老年人的言语或下层阶级的言语的正式文体中。当在各种文体中人人都使用了这种新形式,语言变化也就完成了。

如果语言变化涉及威望语言变体,变化往往是从较高社会地位的最正式文体向较下层阶级扩散;如果语言变化涉及的是土语,变化往往是从人们最随便的文体开始,如玛撒文雅的元音中央化即为一例。

六、性别因素

女性语言和男性语言存在着差别,有着不同的变体,从而引起语言变化。语言变化既可能由女性引起,也可能由男性引起。有时是女性领导语言变化,有时是男性领导语言变化。一般情况是女性把威望形式介绍进来,而男性则相反倾向于引进土语、非威望形式。妇女的社会地位较不稳定,为提高自己的地位倾向于使用较正式的语言形式,发音接近威望形式。一般看来,在相似场合,女性说话比男性更正式。[①] 特鲁吉尔在调查诺里奇市的言语中也发现类似情况,女性比男性更多地使用威望形式,引导着语言变化朝着威望形式 RP 发展。[②] 他认为这是因为语言是自我展示的一个重要部分,妇女在家庭之外没有职业,别人判断她们的依据更可能是她们如何展示自己,而不是她们做什么。

在西班牙一个叫乌西达(Ucieda)的小村子里,年轻女子不愿与本村养奶牛的农民结婚,不愿一辈子留在村里。她们的语言反映了她们的这

[①] R. Lakoff, "Language and Woman's Place", *Language in Society*, Vol. 2, No. 1, 1973.
[②] P. Trudgill, "Sex, Covert Prestige and Linguistic Change in the Urban British English of Norwich", *Language in Society*, Vol. 1, No. 2, 1972.

种渴望。她们的发音比男子更接近标准音或威望音。她们在城里做帮佣或到大学读书,看到不同的生活方式,听到标准的语言,并和外边的人们用较标准的语言交谈,逐渐地在她们所有的话语中都使用较标准的形式。乌西达村的女子把威望形式介绍进了村子里,领导着语言朝标准形式变化。

不仅女性可能引发语言变化,男性也可能引发语言变化,但通常他们是介绍、引进和采用非威望形式。玛撒文雅岛上男子领导着悄无声息的语言变化,使语言中的一些元音更加中央化,这是较保守的、原来正在消失的发音,现在却又复苏起来。玛撒文雅男子使用这种土音以表达他们忠于旧价值,不满外来文化入侵。

有一些例子也表明妇女不仅可能引进威望形式,而且可能引进非威望形式。在悉尼,妇女在引进 HRT 语调这种非威望语言变体中起着领导作用。这也许是因为 HRT 是一种方便的说话方式。在妇女语言中,便利的形式更为常见。

在北爱尔兰贝尔法斯特的克罗纳德(Clonard)言语社团内,年轻妇女正引进一种巴利玛卡雷特(Ballymacarrett)的非标准语,如 bad 发[baːd]。霍姆斯对此作了解释。首先,威望是个相对的概念,一般中产阶级的语言有威望,工人阶级语言没有。但是贝尔法斯特的工人阶级社团内,有其他因素在起作用,如有工作和没工作的因素。就业率高的人的语言比就业率低的人的语言更有威望。巴利玛卡雷特尽管是非标准语,但它比克罗纳德语言更有威望,其部分原因就是前者与其他地区相比其就业相对充分。因此克罗纳德妇女模仿巴利玛卡雷特语言某一特征,并把它引进自己的社团内。尽管这种语言变化是朝向非标准语,而不是朝向标准形式变化,但它是贝尔法斯特社区内受羡慕人所使用的。第二个原因是克罗纳德妇女的工作有利于发展多种社会网,在工作时可以与巴利玛卡雷特的朋友、亲戚和邻居交往,他们可能与这些人发展亲密关系,这就可能在她们言语中得到体现。当妇女与说非标准语的人发展了紧密、多种的社会关系时,她们也会引导朝着非标准语形式方向发展的语言变化。第三个原因是克罗纳德的年轻妇女在社团与社团相交叉的地方工作,她们在市中心较差的商店工作,既服务于天主教社团的人也服务于基督教新教社团的人,这给她们提供了引进新语言形式的机会。

由于孩子通常由其母亲照料,女性的语言可能影响到她们孩子的语言。另外小学中的大部分教师是中产阶级妇女。儿童们有更多的机会接触妇女的语言。当孩子们成长时,他们就容易受女性语言的影响;当他们长大后,这种由妇女引进的新形式就会渐渐扩散、传播开来。当各个阶级的人都使用被引进的语言形式时,语言变化也就完成了。

总之,女子和男子都能成为语言变化的"发起人",女子一般"发起"的是朝向标准、威望形式的变化,而男子"发起"的是朝非威望方向的变化。当然也有女子引进次标准、男子引进标准音的情况的例子。

七、外来词语的引进

英语中的许多词是借用其他语言来的。借用也是导致语言变化的一个因素。当一种新事物、新观念被引进某一语言社团内而没有现有的语言能表达时,一种方法是创造新词,而更常见的方法是借用外来词,通过音译借用过来,或直接借用。汉语"麦克风"就是从英语 microphone 这个词音译借用过来的,这个词的借用是把音、义全部借用过来。

有许多因素可引起借用。外族的入侵是造成借用外来词的一个社会历史原因。1042 年不列颠被来自斯堪的纳维亚的丹麦人所征服,随后丹麦人定居英国,与盎格鲁-撒克逊民族共同生活在英国。斯堪的纳维亚人当时的语言叫 Old Norse (ON)。古英语受 ON 的影响很大。诸如 sky, skin, script, kid, kettle, get, bag, swain, hale, nay, reindeer 等词来源于

ON。在古英语吸收外来词时,有时意义发生变化。古英语 plow 意思是 unit of land,现代英语 plow 的意思来自 ON,意思是 agricultural implement。在标准英语中至少有 900 个词来自 ON,而且许多古英语的词被 ON 所代替。ON 对英语的影响不仅表现在词汇上,而且也表现在语法等其他语言层次上。ON 加速了英语曲折词尾的消失。

宗教是造成借用外来语的又一社会原因。597—700 年圣奥古斯丁受教皇格列高利派遣把基督教带到了英国,拉丁语这一教会语言在其所建的学校中教授。许多拉丁语进入英语词汇。目前,英语中有 400 多个词来自拉丁语,如 abbot, pope, cap, sock, pine, school, master 等。

文艺复兴也给借用外来词创造了条件。15—16 世纪的欧洲文艺复兴,给英语增加新内容提供了机会。贸易和交流的扩大增加了英语的词汇量。英语的拼写到 1650 年已统一了标准,一些外来词进入英语后,词形发生了变化。欧洲其他国家的语言在文艺复兴时大量进入英语,如希腊语、拉丁语、西班牙语和意大利语等。如 botany, comedy, democracy 等词来自希腊语;adopt, benefit, consolidate 等词来自拉丁语;algebra, violin, volcano 等词来自意大利语;amada, banana, embargo 等词来自西班牙语;alloy, detail, essay 等词来自法语。有许多英语外来词是从法语的外来词中借用过来的。

另外文化的交往和交流也能引起语言变化,这种语言变化常常发生在两种文化相毗邻的地区。

英语在语言、词汇、语法、语义等方面从没停止过变化,但这种变化是很缓慢的,常不被人意识到。语言变化有许多因素。本文就社会因素作了一些讨论。语言变体的存在是语言变化的一个重要条件。当新的变体被引进某社团内,并被社团内几乎所有的人逐渐接受时,语言变化也就完成。新的语言变化又会产生,语言不断进行着变化,永无休止。

中介语的认知发生基础[①]

一、作为认知过程的中介语

第二语言习得模式研究和错误分析的发展,使得塞林格注意到第二语言学习者在学习第二语言的过程中会自觉地建立一个既依赖母语、却又不同于母语和目标语的语言系统,并提出中介语(interlanguage)这一概念。[②] 根据塞林格的定义,中介语既可以指第二语言学习者在学习过程的某一特定阶段中认知目标语的方式和结果的特征系统,即一种特定、具体的中介语言语,也可以指反映所有学习者在第二语言习得整个过程中认知发生和发展的特征性系统,即一种普遍、抽象的中介语语言体系。

塞林格对中介语所作的定义不仅指出中介语本身是一个阶段——过程的双重系统,而且揭示它是一个更加庞大的系统,即母语——中介语——目标语系统中的一个必然成分和过程。在这个系统中,目标语学习者从母语出发,经过中介语,到达目标语。尽管塞林格认为更多的学习者在到达目标语之前出现学习的僵化现象(fossilization),但他坚定地认为,要到达目

[①] 原载《外语与外语教学》,2001 年第 9 期,合作者蔡龙权。
[②] L. Selinker, "Interlanguage", *International Review of Applied Linguistics in Language Teaching*, Vol. 10, No. 3, 1972.

标语，必须经过中介语。中介语是第二语言认知中的必经之路。

从语言构成的特征看，一方面符号与意象之间的任意性要求这类符号的数量可能被约束到最低的范围，从而保证语言认知顺利发展的必要条件。如果语词数量庞大，其中又存在同一个词的多种拼写、多种读音和多种意义，再存在关于同一个概念的多词表达，那么要认知这种语言是困难的。另一方面，作为语言认知的一个充分条件，语言规则是否系统化，语言的规则系统是否庞大，也直接影响对语言的认知难度。这种同样适用于对目标语语言的符号与意象之间的关系和语言规则系统的观察，意味着学习者有可能对目标语进行系统简化。其结果，在第二语言学习中产生中介语。

从第二语言认知的角度看，这一认知既不是起因于一个完全受意识控制的目标语，也不是起因于业已形成、会下意识地把自己烙印在目标语之上的母语。第二语言认知起因于目标语与母语之间的相互作用。这种作用发生在目标语与母语之间的中途，因而同时既包含目标语又包含母语。之所以发生这种交互作用，一方面是出于人类学习行为中的类比性思维的倾向，另一方面，语言的同类属性促发目标语与母语的交融。如果从一开始就不存在认识论意义上的主体性母语，也就不存在作为客体的目标语，那么肯定不存在作为主体向客体过渡的中介语。既然是第二语言学习，它的前提就是存在所有上述条件，即存在中介语。

从语言的功能看，语言的产生、存在和发展是用于交流。在交流过程中，语言的角色是工具。作为工具，它必须同时具备适合使用者与使用对象的某些属性。即使在借代使用中，权且的工具也应该具备这种双向适用性。这一条件同样适用于第二语言学习过程中本族语使用者与非本族语使用者之间、非本族语使用者与非本族语使用者之间，以及教师与学生之间的交流。这一观察的结果是发现第二语言学习中存在一种特殊的语言:外国人言辞(foreigner talk)。它的存在前提就是中介语。

对第二语言认知过程中中介语的发生和建构的进一步认识,要求我们对第二个问题作出更加细致的观察和描写。那就是,中介语的认知是如何按照来自外部和内部的两个互相补充的信息而发生的。我们从四个方面进行分析:中介语认知的语言发生,中介语认知的心理发生,中介语认知的社会发生和中介语认知的系统发生。

二、 中介语认知的语言发生

中介语认知的语言发生基础首先与乔姆斯基提出的普遍语法(universal grammar)相关。[①] 乔姆斯基认为,语言受制于一组高度抽象的规则。规则的高度抽象性,使得这些规则具有普遍的适用性,为不同的语言提供了构建其特定结构的基本参数。例如,代词的反身性虽然在英语和汉语中只具有近距制约,在日语中却既有近距制约,又有远距制约,三种语言都遵守互参(coreference)这一语言的基本规则。普遍语法的互参规则揭示,在日本人学习英语的过程中,会出现日语的远距制约规则转移到英语的近距制约规则中去,发生日本的英语学习者借助中介语认知目标英语的现象。[②]

从人类语言的类型看,普遍语法的适用性显然也有自身的范围。然而,正是由于普遍语法的这一属性,使中介语认知的发生更加具有意义。再以英语、汉语、日语为例。英语句子的基本结构是 S(主)+V(谓)+O(宾),汉语句子的基本结构是主+谓+宾,日语句子的基本结构是主+宾+谓。显然,在把英语作为目标语的条件下,日本的英语学习者比中国的

[①] N. Chomsky, *Aspects of the Theory of Syntax*, Cambridge, MA: M. I. T. Press, 1965.
[②] M. Long, "Maturational Constraints on Language Development", *Studies in Second Language Acquisition*, Vol. 13, No. 3, 1990.

英语学习者更多地发生和借助中介语对英语进行认知。

如果说普遍语法从自然的、基本的语言结构促发中介语认知的发生，那么与普遍语法相对应的语言标记(markedness)则从特定语言的结构特征促使中介语认知的发生。语言标记仅属于个别语言，在普遍语法的制约之外。语言的非标记性(unmarkedness)属于普遍语法的内容。既然母语与目标语是两种不同的语言，它们一定拥有自己的语言标记。而在普遍语法的管辖之内，它们又共享语言的非标记性。不同语言之间这种有连有分的标记键连意味着第二语言学习的某种认知倾向。

语言的标记属性向我们揭示了第二语言的学习过程中学习者认知发生的三个基本倾向：1. 学习者较早认知非标记性语言材料，2. 学习者较容易认知非标记性语言材料，3. 学习者在认知标记性语言材料时构建和借助中介语进行认知。前两种倾向可能随语言材料的功能性出现频率而发生变化。[①] 例如，由于汉语中没有后置性定语从句，中国的英语学习者在学习英语的定语从句时，英语定语从句的后置规则就成为有标记性的。因而，在通常的条件下，比较英语状语从句这个在汉语中容易找到对应的语言现象，英语定语从句的学习对中国的英语学习者来说是困难的。因此，他们构建和借助中介语对英语定语从句进行认知。[②] 但是，在交际的内容要求和大量的教学强调下，中国的英语学习者还是能够比较快地掌握英语定语从句的后置规则，熟练地使用英语定语从句表达自己的思想。[③]

[①] 戴炜栋、束定芳：《对比分析、错误分析和中介语研究中的若干问题——外语教学理论研究之二》，《外国语》，1994年第5期；林汝昌：《标记与第二语言习得顺序》，《外语与翻译》，1994年第1期；R. Ellis, *The Study of Second Language Acquisition*, Oxford: OUP, 1995.

[②] J. Huang & E. Hatch, "A Chinese Child's Acquisition of English", in Hatch (ed.), *Second Language Acquisition*, Mass: Newbury House, 1978.

[③] 蔡龙权：《学习分析》，上海外语教育出版社，2000年。

中介语认知的语言发生的另一个基础涉及语言学习的关键期(critical period)。无论是在语言基本成形关键期的 5 岁[1]或 6 岁[2],还是在完成语音建构的 12 岁,还是在完成语法和词汇建构的 15 岁[3],当成年人开始学习第二语言的时候,学习者的类分称名本身宣告他们早已过了语言学习的关键期。母语深深的烙印已经成为成年人认知第二语言的一种不可抗拒的语言推动力。在这种条件下,成年人在第二语言学习中一定会下意识地运用母语的许多规则去认知目标语的规则,即产生中介语,又以中介语去认知目标语。其中最典型的是皮钦语现象(pidginization)。对中国的英语学习者来说,这种皮钦语便是中国式英语(Chinglish)。

三、 中介语认知的心理发生

无论是阶段的,还是过程的,制约第二语言习得的中介语表征了其四种主要的心理认知方式:语言转移(language transfer),训练后转移(transfer of training),第二语言学习和交际策略(strategies of L2 learning and communication)和目标语的过度泛化(overgeneralization of TL)。

语言转移指学习者用母语规则认知目标语语言规则、并产生学习者的中介语语言规则的现象。[4] 这一转移的发生,本质上是母语潜在地影响学习者认知目标语方式的结果。认知方式的不同,可能导致两种不同的

---

[1] L. Selinker, "Interlanguage", *International Review of Applied Linguistics in Language Teaching*, Vol. 10, No. 3, 1972.
[2] M. Long, "Maturational Constraints on Language Development", *Studies in Second Language Acquisition*, Vol. 13, No. 3, 1990.
[3] M. Long, "Maturational Constraints on Language Development", *Studies in Second Language Acquisition*, Vol. 13, No. 3, 1990.
[4] S. P. Corder, *Introducing Applied linguistics*, Harmondsworth: Penguin Books, 1973; L. Selinker, "Interlanguage", *International Review of Applied Linguistics in Language Teaching*, Vol. 10, No. 3, 1972; L. Selinker, *Rediscovering Interlanguage*, London: Longman, 1992; R. Ellis, *The Study of Second Language Acquisition*, Oxford: OUP, 1995.

认知结果。假如这一转移对目标语的学习产生促进作用(facilitation),那么它是正向的。相反,假如母语的语言规则转移成为目标语语言规则学习的干扰(interference),成为目标语使用错误的来源,那么它的作用是反向的。① 同样,不同的对象引发不同的认知方式,也导致不同的认知结果。转移发生在两种语言的相似之处还是差异之处,所发生的认知是不同的。而相似和差异在语言不同的构成成分上的区别同样导致不同的认知。因此,语言转移所具有的促进和干扰作用随不同的认知发生而变化。

训练后转移针对受教师的教学方式和教学材料影响而形成的中介语认知。学习者的这种认知方式典型地受到外界信息的影响甚至制约。在严厉的教学管理或替代式学习环境中它表现得更为突出。显然,训练方式、训练环境和训练量的选择和控制直接影响学习者认知方式的发生,产生正向或反向的训练效果。由教学造成的诱导性错误(induced error)[②],例如,过度地强调动词 write 的过去分词 written 的拼写形式,引导学生把 write 的现在分词写成 writting,是训练后反向转移的典型例子。相反,外国人言辞式训练则倾向促发学习者的认知,因为这类根据学习阶段和难度调整后的话语一方面降低了第二语言学习者的语言理解困难;另一方面,接近学习者生成目标语的阶段思维发展能力。

第二语言学习策略指学习者典型的规律性学习方法。第二语言交际策略指学习者与作为本族语的目标语使用者之间典型的规律性交流方法。两种方法近似乔姆斯基的知识能力和运用能力的两分。从知识能力是运用能力的基础、运用能力包含知识能力的关系出发,我们可以类比出

---

① 戴炜栋、束定芳:《对比分析、错误分析和中介语研究中的若干问题——外语教学理论研究之二》,《外国语》,1994 年第 5 期。
② J. Svartvik (ed.), *Errata: Papers in Error Analysis*, Lund: Gleerup, 1973; B. Stenson, "Induced Errors", in Schumann and Stenson (eds.), *New Frontiers in Second Language Learning*, Mass: Newbury House, 1974.

学习策略是交际策略的基础、交际策略反映学习策略的关系。因此,分析交际策略包含分析学习策略。

反映中介语认知发生的交际策略有回避(avoidance)[1]、替代(replacement)[2]和尝试—错误(trial-and-error)。回避指学习者在遇到交际困难时回避使用某种不熟悉的语言材料。它是消极的,然而学习者在交际过程中并不会就此止步。在大多数情况下,学习者会自觉地采取替代的方式。中国英语学习者用单个动词替代动词词组,用定语从句替代定语性短语,用指示代词替代定冠词,都是交际策略选用中认知发生的表现。作为一种连续关系,回避和替代与问题解决相关。虽然看似消极,但是回避和替代含有的有限的语言交际能力恰恰反映了学习者的中介语认知的发生基础。

与前两种策略不同,尝试—错误显示学习者对自己的中介语认知尚不成熟、不确定。它是中介语认知中的一种假设。但是,这种假设的不确定性可以促发学习者的学习内驱力,推动新的认知发生。在尝试性交际中,或者在正常交际活动中尝试性应用某些语言材料,交际的交互作用可以有效地实现新认知的发生,修正错误的假设,达到尝试—错误的学习目的。例如,

Hiroko: A man is uh, drinking c-coffee or tea with uh the saucer of the uh uh coffee set is uh in his uh knee.

Izumi: *in him* knee.

Hiroko: uh *on his* knee.

Izumi: yeah

---

[1] 阮周林:《第二语言学习中回避现象分析》,《外语教学》,2000年第1期。
[2] 李荣宝、彭聃龄、李嵬:《双语者第二语言表征的形成与发展》,《外国语》,2000年第4期。

Hiroko: *on his* knee.

Izumi: so sorry, *on his* knee. ①

例中 Izumi 对 Hiroko 的话语中 in his uh knee 的修正性重复 in him knee 是一次典型的尝试—错误性认知。Izumi 意图修正 Hiroko 的介词使用错误,但是自己却出现代词使用的差错。因此,Hiroko 在极其短暂的思考后接受了 Izumi 的介词修正,同时由于发现 Izumi 的代词使用错误,主动作出修正 uh on his knee。虽然 Izumi 的反应是常用以表示同意的 yeah,此处显示的是 Izumi 的假设不确定。所以 Hiroko 很确定地重复了 on his knee。在 Hiroko 对 Izumi 的尝试—错误认知的确定下,Izumi 客气地重复了 on his knee,完成作为中介语认知发生基础的尝试—错误交际策略的全部过程。

目标语的过度泛化指在扩大目标语规则中产生的中介语认知。根据理查兹的观点,过度泛化包含学习者依照目标语的某项规则或展开或混合的结构。② 泛化的前提是规则适用对象的某些相似,而泛化的本质是相似类比。类比性认知是人类学习的基本认知方式。问题是,个别的相似可能让学习者产生部分甚至全体相似的错误认知。泛化一旦过度,超越了类比的相似基础,便出现错误。但是,就学习的过程发展而言,这种认知是正常的。第二语言的学习过程反映了中介语认知的信息发生基础。例如,在* He goed there 中,学习者认为可以把规则动词过去时形式的变化规则扩展到不规则动词 go 的过去时形式变化。在* He can sings 中,学习者合并情态动词 can 和动词 sing 现在时第三人称的使用规则。在*

---

① S. M. Gass & V. E. Marlos, "Input Interaction and Second Language Production", *Studies in Second Language Acquisition*, Vol. 13, No. 3, 1994. 斜体为引者所改。

② J. C. Richards, "A Non-contrastive Approach to Error Analysis", *ELT Journal*, Vol. XXV, No. 3, 1971.

The teacher let us to recite the text 显示学习者套用后接动词不定式类的动词规则。在* He asked me whether was I willing to go together with him 中,学习者已经掌握疑问句倒置主谓的规则,同时又显示学习者不清楚或者没有熟练掌握用作宾语从句的疑问句不需要倒置主谓的特点。所有这些例子说明类似过度泛化这样的思维方式是中介语认知发生的又一个基础。

四、 中介语认知的社会发生

中介语认知的社会发生基础主要有三个方面:1. 学习者在语言使用不同的条件下所采用的不同的语体;2. 社会因素影响学习者用于构建中介语的输入信息;3. 在同学习者的交际中,本族语使用者的语言表征影响学习者的操练机会,从而影响他们的第二语言学习。

根据泰伦的语体连续体(stylistic continuum)[①],第二语言学习者语言存在两端迥异的谨慎语体(careful style)与通俗话语体(vernacular style)。根据泰伦的定义,谨慎语体指学习者在感到需要"正确"的场合里所可以追求的语言形式。通俗话语体指在日常自由谈话中即兴的、非官方式语言形式。泰伦的理论可以解释第二语言学习者语言变体的存在,并且暗示这类变体同本族语使用者的语用变体具有相似性。但是,它无法说明第二语言学习者产生和控制这类变体的能力。因此,我们关注的是第二语言学习者的语体变化是有意识的还是无意识的。我们认为,只有在根据不同的交际环境作出有意识的语体变化,才具有第二语言学习中介语认知发生的基础价值。

我们对中国英语学习者课内和课外用语的比较研究发现,学习者的

[①] E. Tarone, "On the Variability of Interlanguage Systems", *Applied Linguistics*, Vol. 4, No. 2, 1983; E. Tarone, *Variation in Interlanguage*, London: Edward Arnold, 1988.

课内用语与课外用语存在明显的差异。① 在课内,学习者高度注意诸如名词单复数、动词第三人称现在时和动词过去时的变化。但是对学习者课外的话语分析显示,他们此时较多地犯上述规则的错误。问卷显示,学习者之所以在课内高度注意目标语使用的正确性,是因为他们高度关注教师对学习者当时和最终学习成就的评价以及学习者面子的结果。相反,在课外同伙伴的交际中,他们较少感到这类约束。学习者在不同交际环境中所作出的语体切换说明他们在交际中发生过中介语认知。

社会因素对学习者用于构建中介语的输入信息的影响主要来自对交际参与者的社会距离(social distance)的调整。学习者的社会距离受到多方面因素的制约。第一,学习者能否获得与目标语组成员的频繁接触,能否成为目标语组的成员。作为文化适应的一个环节,交际接触中输入信息的数量和质量直接影响中介语构建和中介语认知的成败。第二,在进入目标语组以后,学习者是否能够无拘束地与目标语组成员进行自由的思想交流。第三,目标语组成员是否愿意并且自觉地帮助学习者学习目标语。用舒曼的话说,学习的一个良好社会环境应该让学习者感到自己不仅仅属于这个环境,而且同样可以成为这个环境的主人。②

在同学习者的交际中,本族语使用者的语言表征影响学习者的操练机会,从而影响他们的第二语言学习。显然,它是对构建中介语的输入信息的质量性补充。如同在养育孩子的过程中家长们会有意通过重复和缩短话语长度调整输入给孩子的语言信息质量,本族语使用者在同第二语言学习者的接触中也会调整自己话语的语法结构和词语,调整话语的难度和长度,产生所谓的"外国人言辞"。下面我们以例表对"外国人言辞"

---

① 蔡龙权:《学习分析》,上海外语教育出版社,2000年。
② J. Schumann, "Research on the Acculturation Model for Second Language Acquisition", *Journal and Multicultural Development*, Vol. 7, No. 5, 1986.

与本族语常规言辞的比较来分析"外国人言辞"中主要的语言特征。

表 4 "外国人言辞"与本族语常规言辞比较

话语类型		例子
外国人言辞	无语法性外国人言辞	No forget buying ice-cream, eh?
	解释性外国人言辞	The ice-cream — You will not forget to buy it on your way home — Get it when you are coming home. All right?
本族语常规言辞	基本言辞	You won't forget to buy the ice-cream when you are coming home, will you?
	简化言辞	Please don't forget to buy the ice-cream on your way home.

无语法性外国人言辞不讲究语法，因而它经常省略系词、冠词、情态动词等语法关系词，使语句在表层结构上较原来简单。表示否定的"No＋动词"是其句子结构变化的典型特征。另外，句子长度和信息容量有限。比较拥有 22 个词的解释性外国人言辞，它仅是其四分之一。

解释性外国人言辞与无语法性外国人言辞完全背反。虽然它有 22 个词，然而语法正确，而且分属四个意群，以它足够的长度和信息容量显示话语的信息框架和解释性功能。The ice-cream 显示话语主题。You will not forget to buy it on your way home 显示话题的完整展开，其中 will not 的完整形式和 on your way home 的简练表达均反映话语高度的标准性。Get it when you are coming home 虽然显示的是主题展开性重复，但是使用频率更高的 get 对 not forget to buy 的替代无疑可以降低理解的难度，而 when you are coming home 的完整句式和明确的时间又可以降低短语 on your way home 的理解难度。

基本言辞显示的是标准的客套性口语和近乎书面语的话语形式。其典型之处是附加疑问句。简化言辞以礼貌性祈使句和短语 on your way home 简化了在语法规范条件下所有可以被简化的成分。

通过上面的观察,我们可以看到,无语法性外国人言辞的特征接近学习者学习初始期中介语的构建倾向,解释性外国人言辞接近学习者的认知能力发展模式,基本言辞接近我们的课堂教学材料编写方式和课堂教学实施方式,简化言辞接近本族语使用者的自然交流形态。我们因此认为,无语法性外国人言辞和解释性外国人言辞对第二语言学习者构建中介语认知具有很大的促进作用,而后者可能更有利于促使中介语认知的发生。

五、中介语认知的系统发生

虽然中介语在个体和阶段等平面上是高度变化的,但是中介语认知的发生是系统性的。它不仅要求中介语认知系统的整体结构是有秩序的,它还要求其发展是有顺序的和接续的。这三个条件不仅表明中介语认知系统的各个组成部分是相互关联的,而且表明中介语认知系统存在一个管辖机制。这个管辖机制就是学习者在第二语言学习过程中构建的关于第二语言认知的抽象的规则系统——中介语认知图式(cognitive schema of interlanguage)。它不仅制约第二语言的理解、学习和生成,而且制约中介语认知的发生。然而,由于中介语认知的发生基础有语言的、心理的和社会的,中介语认知图式的功能实现应该是有条件的。

1. 中介语认知图式在构建图式的三个基本维度上是二元的(dual)。一方面,它受目标语信息的影响,另一方面,它受母语信息的影响。它既有个体的差异,又有群体的共性。它不仅是阶段的,它同时又是整体的。三个维度的线形展开保证中介语认知图式构建的另外两个条件——过程性和延续性,而三个维度的整合使得中介语认知图式的过程性和延续性有可能对中介语认知图式作出各自条件下的补充。中介语认知图式三个基本维度上的二元性成为中介语认知系统整体结构的秩序基础。

2. 中介语认知图式是有过程性的(procedural)。随着信息量和难度的增加，学习者或消除和修正旧的规则，或增加新规则，或重建整个规则系统。根据不同的学习内容、不同的学习环境，学习者采用不同的学习策略，从而发生不同学习阶段的中介语认知。与此同时，不同学习阶段中不同的中介语认知是以认知信息的量、难度和功能为条件的。无论是儿童还是成年人，通常的认知过程是先名词后动词，先单词后双词，先短句后长句。学习内容的发展与学习者认知能力的发生保持过程序列的平衡。中介语认知图式的过程性反映了中介语认知系统的序列性。

3. 中介语认知图式是延续的(continual)。这一延续性有两层意义。就认知发生和发展的整个过程而言，它是一个连续体。各个阶段前后相关，连接有序，并且随新认知的发生而继续发展。但是，继续发展并不等于不断发展。就认知发生和发展的阶段过程而言，认知完全可能出现止步不前的高原平台期(plateau)，甚至出现学习停止的僵化现象，发展出现中断。[1] 必须注意的是，这种间断的评价依据是阶段的延长和阶段的微观判断。从宏观的角度审视，认知还在发展，学习依然继续。正是阶段延长表面上的认知高原平台期和僵化现象让我们证实了语言学习机制的存在和作用。我们为儿童创造出家长从来没有教过他们的话语而感到无比的惊讶和喜悦，成年人在"惊回首，离天三尺三"的感叹后继续他们第二语言的学习。

---

[1] L. Selinker, "Interlanguage", *International Review of Applied Linguistics in Language Teaching*, Vol. 10, No. 3, 1972；陈慧瑗：《关于僵化现象起因的理论探讨》，《外语教学与研究》，1999年第3期。

六、 结论：作为第二语言研究过程的中介语

自塞林格提出至 1992 年他再度以专著讨论中介语在第二语言习得中的角色,时长 20 年。期间,出现众多研究者,也出现众多观点,众多研究成果。但是,时至今日,几乎所有研究者都承认在第二语言的学习过程中,学习者总是在下意识地使用中介语这种过渡性语言。这种语言既是第二语言学习者在学习过程中的一种自然现象,又促使第二语言学习者仿效母语的结构以及由此生成的中介语思维结构,概括和简化第二语言的语言结构。但是,这种中介语思维结构,即我们在本文称之为中介语认知图式的系统发生基础是什么？我们认为,中介语认知的发生受到语言的、心理的、社会的认知和中介语认知系统发生本身的制约。

因此,中介语认知一定遵循它自身的构建规律,而这种规律的建立基础是母语与第二语言之间的相互作用。从这一观点出发,我们认为中介语的研究是第二语言研究的前提。因此,它是我们研究我国英语学习者的学习策略乃至我国英语教学的一个不容忽视的前提。从这一意义出发,我们以本文的观点扮演我国今后对中介语研究的中介语。

语言迁移研究：问题与思考①

　　语言迁移成为应用语言学、第二语言习得和语言教学领域中的重要研究课题至少已有一百年的历史。② 从历史背景来看，语言迁移研究大致经历了三个阶段：第一阶段，20世纪50和60年代，语言迁移在第二语言习得理论中占有重要地位，它和当时占统治地位的行为主义语言学习理论联系在一起，成为对比分析的理论基础；第二阶段，从60年代末到70年代，由于乔姆斯基普遍语法观点的影响，许多语言学家对对比分析假说和语言迁移理论纷纷提出异议。行为主义的语言学习观受到抨击，迁移在外语学习中的作用被贬低，它与行为主义语言学习观一样受到冷落；第三阶段始于70年代末、80年代初，迁移再次成为语言教学领域的热门话题，它被视为语言学习中一种重要策略，一个复杂且受诸多因素影响和制约的认知过程，人们从心理、语言及社会的角度去深入和全面探讨迁移在外语学习中的作用。研究结果加深了人们对迁移的认识，但围绕迁移研究仍有很多理论和实际问题。本文针对制约迁移研究的四个核心问题

---

① 原载《外国语》，2002年第6期，合作者王栋。
② T. Odlin, *Language Transfer — Cross-linguistic Inference in Language Learning*, Shanghai: Shanghai Foreign Languages Education Press, 2001.

(迁移定义、比较、预测和概括化)进行讨论并提出作者的看法。

一、迁移定义

虽然人们关注语言迁移研究已有相当长的历史,但要给它下一个准确的定义并不容易,许多人对语言迁移有不同的理解甚至误解。下面首先让我们来看看对迁移概念的几种误解,然后集中讨论几个代表性的定义。

据奥德林、王初明、克拉申等人研究[①],人们对语言迁移的概念有以下四种误解。

第一,语言迁移是简单的语言习惯形成的结果。行为主义从观察动物行为出发探索心理学规律。行为主义心理学家把他们用于描述人或动物其他行为方式的基本原理应用到描述人类语言中来,认为语言习得过程与其他习惯形成过程一样,受同一套学习原理支配。语言能力由一系列习惯构成,外语学习也就是去学习一套新习惯。行为主义心理学家的迁移观认为,新习惯的形成过程就是旧习惯的消亡过程,新习惯取代旧习惯。但是人们习得的第二语言并不取代自己的母语,母语和第二语言是一种共存关系,"大脑对语言信息处理的公式不是简单的1+1=2,而是1+1>2"。[②] 也就是说行为主义和语言迁移从来就不存在必然的联系,语言迁移并非简单的语言习惯形成结果。

第二,语言迁移就是母语干扰。这个观点来源于对比分析的强假设,即两种语言的差异导致干扰,干扰造成外语学习的困难和错误,外语学习

[①] Odlin, *Language Transfer — Cross-linguistic Inference in Language Learning*, Shanghai: Shanghai Foreign Languages Education Press, 2001;王初明:《应用心理语言学》,湖南教育出版社,1990年;S. Krashen & T. Terrell, *The Natural Approach*, Oxford: Pergamon/Alemany Press, 1983。

[②] 王初明:《应用心理语言学》,湖南教育出版社,1990年。

的主要障碍来自母语的干扰,通过对比两种语言结构的异同,我们可以预测外语学习者的语言错误和难点。将语言学习难度与语言差异等同起来的观点在实践中证明是站不住脚的。正是对比分析过分强调母语的干扰作用,强调语言形式的分析,对学习者本身的积极作用重视不够,它才受到人们强烈的批评。不管有没有行为主义的含义,干扰的确可解释外语学习者的某些语言行为,因此,干扰一词仍在普遍使用,但母语以及学习者以前学过的语言影响很可能是有益的,特别是两种语言差别较小时。干扰与负迁移(negative transfer)含义大致相同,但使用负迁移一词较好,它可与正迁移形成对比。

第三,迁移就是求助于原有的母语知识。20世纪60年代语言教学领域著名人物克拉申认为,所谓迁移就是外语习得过程中,学习者在进行交际时因缺乏应有的目的语知识,转而求助于母语知识。但他认为这种对原有母语规则的利用算不上真正的进步,至多算是一种无助于习得的生产性策略(production strategy)。[1] 这种观点至少有三方面不足。其一,外语学习是在学习者已经有了较为完整的认知基础上进行的。学习者的母语知识、对语言的一般知识和整体认知能力都将对外语学习产生影响,而克拉申忽略了学习者头脑中原有的知识。其二,克拉申的观点包含了母语影响总会以某种明显的母语规则表现出来的意思,事实上母语很可能和其他因素相互交错,一同起作用,有时很难分清学习者是在使用母语规则还是在发展自己的中介语系统。其三,把迁移定义为一种生产性策略,就把迁移在听力和阅读理解方面所起的作用排除在外了。

第四,迁移就是母语影响。受行为主义心理学的影响,人们往往把迁

---

[1] S. Krashen & T. Terrell, *The Natural Approach*, Oxford: Pergamon/Alemany Press, 1983, p. 148.

移和母语影响等同起来。其实,第二语言的习得受多种因素的影响,母语影响只是其中之一,第二语言同母语不可能产生一对一的关系。奥德林指出,当学习者已掌握两门语言时,这两种语言都会对第三种语言的学习产生影响,也就是说学习者原有的语言知识都有可能成为迁移的对象。[①]尤其在多语环境下,判断哪种语言在起作用并不容易。当然,无论如何母语知识仍是迁移最重要的源泉。因此,在迁移的研究中,母语影响会受到特别关照,但我们在阅读有关迁移研究文献时,有时要注意到这种差异。

澄清了几种误解,让我们再来看一下有关迁移是什么的几种有影响的观点。

科德(Corder)把迁移看成是一种交际策略,即借用(borrowing),他强调借用只是一种语言行为现象,而不是一个学习过程或语言结构特点,学习中的迁移属于结构迁移,由于反复借用成功,借用的语言形式终于进入了中介语语法。科德完全从交际的角度解释迁移,否认学习者的母语知识可以直接迁移到中介语里。这种观点缺乏充分根据。有调查显示,不同母语背景的第二语言学习者都会犯与其母语相似的迁移错误,另外,交际迁移也不能解释中介语里受母语影响的某些结构的僵化(fossilization)现象。

费尔克(Faerch)和卡斯帕(Kasper)认为语言迁移是一种语言心理过程,在此过程中,第二语言学习者激发其母语知识去发展或使用中介语。他们认为学习者激发自己的母语去使用中介语或理解外语的时候,会出现两种情况,一是迁移只作为一种交际过程(procedure),对学习者掌握目的语的规则作用不大。因为学习者不一定将激发起来的母语规则保留在

[①] T. Odlin, *Language Transfer — Cross-linguistic Inference in Language Learning*, Shanghai: Shanghai Foreign Languages Education Press, 2001.

自己的中介语里面，这就是所谓的交际中迁移（transfer in communication），它只在说话和理解言语时发生，学习者利用母语去实现暂时的和个别的交际目的，或帮助理解目的语的意思。另一种情况是学习中的迁移（transfer in learning），它与交际中的迁移不同之处在于：学习中的迁移不是在说话和理解话语时发生，而是早在这之前已经发生，已在学习者中介语里形成了某种规则。①

沙赫特不认为迁移是一种心理过程，她把语言迁移现象视为语言学习过程中的一种制约（constraint）。② 这是一种认知的观点。她认为学习者先前获得的知识在学习者对目的语进行假设时产生制约。学到的语言知识都是先前的知识，都可能在外语学习过程中发生迁移。这些知识包括母语知识、有关其他语言的知识、学习者已掌握的外语知识以及学习者对目的语的看法。在第二语言学习过程中，学习者对目的语作出某种假设，在检验假设的过程中发展其中介语。先前获得的各种语言知识对假设都有约束作用。

美国应用语言学家奥德林认为迁移是一种影响，这种影响源于目的语和已习得（或未完全习得）语言之间的相似或相异。奥德林采取的也是认知的观点，他强调语言迁移是一种"跨语言影响"，或许这正是他把自己专著的副标题定为语言学习中的跨语言影响（cross-linguistic influence）的原因，他认为这种影响源于目的语和学习者已习得或未习得语言间的异同。③ 当然用影响一词似乎较为合适，但其含义却有些模糊。影响是如何

---

① R. Ellis, *The Study of Second Language Acquisition*, Shanghai: Shanghai Foreign Languages Education Press, 1994.
② J. Schachter, "An Error in Error Analysis", *Language Learning*, Vol. 24, No. 2, 1974.
③ T. Odlin, *Language Transfer — Cross-linguistic Inference in Language Learning*, Shanghai: Shanghai Foreign Languages Education Press, 2001.

起作用的呢？他认为可能源自学习者自觉或不自觉地对母语和目的语的某些成分作出的判断，这些判断不一定符合实际情况，作出这些判断的条件我们也并不完全了解。另外，我们对语言习得过程也知之不多，现在许多理论语言学家、心理学家和应用语言学家都在研究语言习得过程，试图发现语言的本质以及语言习得的真实过程，为此也提出了多种语言习得模式，但目前为止还没有一种完全被人们接受。另外，人们对迁移、过度概括(overgeneralization)和简化(simplification)等之间的界限也不十分清楚。认识到了这些不足，他把自己的定义称为工作定义(working definition)。我们也不妨这样看待它。

从以上讨论可以看出，要给迁移下一个完整明确的定义十分困难，其实定义不统一并不妨碍对它进行研究。甚至存在各种不同的理解还有利于加深对它的研究。

二、对比分析

迁移研究在很大程度上依赖于对比分析所提供的对语言系统的对比描述。对比分析主要有两种模式，即结构主义模式和转换生成语法模式。两派都制定了进行对比分析的标准。结构主义派要对比语音系统、语法结构、词汇系统、文化系统以及两种不同的文化；转换生成派要从所谓"人类共有的深层结构"出发，寻找转换为不同语言的表层结构的途径。而如何根据这些标准来进行操作则比较困难，它涉及对比描述、结构与非结构因素、语言表现对比等。下面我们来看看对比分析在这几方面存在的问题。

第一，对比描述。理想的对比分析应在描写的充分性基础上进行。但无论对比分析采取乔姆斯基的生成语法模式或其他什么方式，在对语言的描述中总会遇到很多问题，其中最根本的就是理想化。语言学上的理想化就是把语言或其一部分看成如此，而不把个人言语特征包括进去。乔姆斯基特别强调"理想化"，他认为语言学的任务是描写一个"理想的说话人兼听话人"在一个"理想的语言社团"中所说的语言。语言学要进行抽象,作概括论述,不可避免地要进行理想化,可不顾语言环境与社会背景或程度过高的理想化就近于歪曲。例如,汉语和英语对比描述并不总把地域变体考虑在内,在某种程度上讲这样做较为合适,但也应看到同讲汉语的北京人、上海人和广东人有些重大不同点,像发音差别就很大,这很可能导致他们学习英语时发音不同。社会变异(social variation)在对比描述中也起很大作用。古典阿拉伯语比埃及阿拉伯语和其他社会变体要高,这个因素不仅影响到阿拉伯语的正式与非正式程度,同时也会影响到阿拉伯语学生的英语发音。

在对比分析中,拉多的"语言差异等于语言难度"的假设受到了人们的批评。前者来自对比描述,后者源于心理过程,认为它们之间存在可靠的相关性没有科学道理。后来的对比分析试图找出哪些差异可导致困难,而哪些不会。人们倾向于认为一种语言的结构在另一种语言有两个或两个以上的对等成分,这种差异就有可能引起困难。如英语中有两个动词 borrow 和 lend 表现汉语"借"的不同意义,这种词义的差异使得中国学生感到困难。其实成熟的对比分析还应包括语言难度等级标准,借以说明差异导致困难的可能性程度大小。这样的标准也应说明为什么有些情况下相似反而会引起困难。

第二,结构与非结构因素。这里所说的结构既具有一定的语法形式,又具有一定的语言功能,是形式和功能的统一体。它包括范畴(如过去时)、规则(如数的一致)、关系(如词序)等。以往的对比分析都包括了结构的这些特点。从 20 世纪 70 年代开始,话语分析兴起,对比分析的范围不像以前那样具有明确的分界线了。有些话语结构如段落、叙事体也包含了形式与功能的关系,但话语内涵要比结构分析包括的内容广泛得多。举例来说,礼貌是在任何语言社团中都存在的普遍社会现象,礼貌问题涉及各个语言集团的成员在什么场合遵守什么样的礼貌原则,这些原则包含了相当多的非语言因素,构成了对比分析的一个重要方面。英汉语言中道歉的不同表达方式就反映了不同的文化信仰与价值取向,这时人类学、哲学、语言学之间的界限也变得十分模糊。因此,为了应付对比分析中话语对比问题,有些研究者提出了各种包含大量语言变项的研究模式,它们的实际操作过程已非常复杂,要证明一种模式优于另一种模式则更加困难。

有关结构和非结构因素的另一争议点就是语言距离问题,即两种语言的相似程度。衡量语言之间距离的客观标准是系统比较语言结构的相似程度,但同学习者的主观认识也有很大关系。直觉告诉我们,有些语言之间的相似程度要大于另外一些语言之间的相似程度。人们一般认为英语和法语之间距离比英语和汉语之间距离要近。实际上学习者所感到的语言之间的距离比语言的实际距离更为重要,因为语言迁移受学习者的心理类型支配,关于这一点我们后面还要谈到。

第三,语言表现对比。对比分析是确立迁移是否发生的必要条件,但并非充分条件。迁移往往和其他因素同时起作用,而以对比分析为基础的解释有时会使人产生误解。这时通过比较两组以上母语不同的外语学习者表现才能确定哪些地方产生了负迁移。我们来看一下奥德林举的例子。母语是波斯语的英语学生会讲出下面的错句:"I know the man that John gave the book to him."通过对波斯语和英语的关系从句进行对比分析,我们知道波斯语在关系从句中经常使用复现代词(resumptive pronoun),但如把这个错误完全归因于学生母语的影响也有问题,因为这样的错误也会发生在母语关系从句中不允许使用复现代词的学生身上,如母语为法语的学生。比较一下母语为波斯语和母语为法语的学生在这方面所犯的错误,我们似乎可以说,母语从句中允许使用复现代词的学生更倾向于在英语从句中使用复现代词。

三、语言行为准则

有关对比分析文献经常涉及由跨语言对比所确定的预测问题。用拉多的话来说就是:"我们可以预测和描述那些会对学生造成困难的结构类型以及那些不会造成困难的语言结构类型。"①但实际上,对学习者行为的"预测"是事后进行的,也就是说,语言学家运用跨语言比较理论对学生的语言行为作出解释。

沃德豪认为检验对比分析的最高标准应是预测只根据语言系统的对比作出②,这样的对比分析能使我们发现一些语言接触中对语言迁移作出准确解释的普遍原则,理想的对比分析也应能够解释在某一情况下,迁移为什么会发生或为什么不会发生。若不了解迁移发生的条件,要发展沃德豪所说的那种能进行准确预测的对比分析就不太可能。似乎可以这样说,准确的预测是对比分析的最终目标,而良好的解释能力则是对比分析的关键组成部分。考虑到在描述和理论方面碰到的问题,对比分析要想取得令人满意的效果,它在解释和预测方面都有很长的路要走,而要想在解释和预测方面有所突破,首先要清楚跨语言(cross-linguistic)相似或相异会产生什么结果。据奥德林、埃利斯、许余龙、王初明等人研究③,跨语言异同会产生下面几种结果。

---

① R. Lado, *Linguistic across Cultures*, Ann Arbor: University of Michigan Press, 1957.
② R. Wardhaugh, "The Contrastive Analysis Hypothesis", *TESOL Quarterly*, Vol. 4, No. 2, 1970; R. Ellis, *Understanding Second Language Acquisition*, Oxford: Oxford University Press, 1986.
③ T. Odlin, *Language Transfer — Cross-linguistic Inference in Language Learning*, Shanghai: Shanghai Foreign Languages Education Press, 2001; R. Ellis, *The Study of Second Language Acquisition*, Shanghai: Shanghai Foreign Languages Education Press, 1994;许余龙:《对比语言学概论》,上海外语教育出版社,1992年;王初明:《应用心理语言学》,湖南教育出版社,1990年。

第一,正迁移。正迁移只有通过比较背景不同的成功学习者才能确定,这些比较往往使我们看出跨语言相似在哪几方面发生正迁移。词汇相似有利于外语阅读能力的提高;元音系统之间相似可使辨音容易些;句法相似有利于语法习得;写作系统相似则有利于学习者较快提高目的语阅读与写作水平。

第二,负迁移。负迁移与目的语常规(norms)相异,因此较容易辨认。一般包括下列几方面。1. 生产不足(underproduction)。外语学习者若对目的语某一语言结构没有把握,他可能很少或干脆不用这个结构,这时学习者语言中错误相对较少,但如果该结构在学习者所讲话语中出现频率远远低于本族人使用该结构的频率,那么低频率本身就是语言趋异的表现。沙赫特从四组学习者(母语分别为波斯语、阿拉伯语、日语和汉语)中发现中国和日本学英语的学生在作文中过多使用简单句,以避开英语关系从句。① 2. 生产过剩(overproduction)。生产过剩有时就是生产不足的结果,例如上面所举的例子中,中国学生为避开关系从句,使用过多简单句,这就违反了英语文体规则,显得不够自然。当然,还有其他原因也会导致生产过剩,道歉在美国英语中使用频率远大于在汉语中的使用频率,因而美国留学生在学习汉语时倾向于遵循他们的母语规则,过多使用道歉。3. 生产错误(production errors)。生产错误主要包括替代、借用和结构改变等。替代和借用是人们讨论迁移错误时经常举到的例子,它反映了迁移包括母语和目的语之间的对应关系,也正好反映了克拉申的迁移即求助于母语规则的观点,但这种解释对下列结构改变就不适用:有的学生把"副词修饰动词"这一规则扩大过了头,以至于把它套于正常情况下

---

① J. Schachter, "An Error in Error Analysis", *Language Learning*, Vol. 24, No. 2, 1974.

应该用形容词的句子中去，把"The flower looks very beautiful"说成"The flower looks very beautifully"。4. 误解（misinterpretation）。母语结构影响对目的语信息的理解，有时甚至会导致与说话人意图完全背离的理解，两种语言的文化背景、习惯表达方式、词序都会成为误解的原因。

第三，语言习得时间不同（differing lengths of acquisition）。语言迁移研究中，区分正负迁移是有必要的，但这方面的研究多集中在某些细节方面，而对跨语言异同对习得过程产生的累积效用（cumulative effects）研究较少。对这种效用估价的方法之一就是看一下要熟练掌握一门外语所需的大体时间。虽然很少有人通过实验加以对比验证，与此相关的例证还是存在的。我们可以参照一下美国国务院驻外机关事务局培训外交使团人员的语言培训计划。该计划的目的是培养学习者具有较高的语言能力。尽管语言不同，所需时间不一致，但培训后学习者语言能力大致相当，如花24周学荷兰语的人员和花44周学汉语的人员培训后语言能力相当，同时，学员每周学习时间相同（30小时/周），学习不同语言的人学习能力也相差无几。那么我们如何解释呢？最明显的解释就是不同的语言对母语为英语的学习者来说难度不同，这就牵涉到语言距离概念。从课时角度看，较易学的语言主要是日耳曼和罗曼语族，它们和英语结构在很多方面是相似的；较难的语言，原因有多方面，但一般是因为它们和英语的结构差异较大。

有关语言迁移的讨论很少涉及时间问题，实际上，这是一个相当重要的论题，它告诉我们母语与第二语言习得存在着根本差异，语言学家都承认儿童习得各自母语的时间大致相同，如中国儿童和法国儿童都能在大约头五年习得各自语言的基本结构，而汉、法两种语言基本结构并非处于同一难度水平。另外可知，母语为英语的成人熟练掌握汉语的时间要比掌握法语的时间多一倍。

四、有效概括

语言迁移中有关有效概括化原则的发现依赖于语言共性研究。语言共性研究有两大分支——普遍语法和语言类型学,分别以乔姆斯基和格林伯格为代表。乔姆斯基认为语言共性可以从某一语言的深入细致的研究中获得,主张对一种语言作穷尽研究,从而得出普遍语法的一些抽象原则,倾向用天赋性表述语言共性;格林伯格则认为语言共性应建立在对多种语言的研究之上,主张对广泛种类的语言材料进行跨语言比较。乔派所用语言材料集中于标准书面英语的各种句法;格派更注重特殊结构(如词序)所表现的跨语言变异。两派对语言共性的研究和方法虽差异较大,但并不存在不可逾越的鸿沟。有些研究者试图综合两种方法,但多数语言共性研究者倾向于其中之一。相对来说,语言类型学对语言迁移中有效概括化原则影响更大,因此也是本部分讨论的重点。

语言类型学是跨语言的描述性研究,它在搜集语言材料的基础上提出对人类语言进行分类的标准。从理论上讲,语言类型与共性研究相对立,因为前者研究语言之间的差异,后者研究语言的共同点,但在实践上,两种研究相辅相成,在对不同语言间的差异进行研究中能导出对语言共性之研究,语言类型研究推动了对比分析和语言标记(markedness)理论的发展。

不同语言之间的差异是很大的,语言类型学根据不同特征把语言划分为不同类型。我们来简单比较一下汉语、英语和阿拉伯语之间的区别。

表5 英语、阿拉伯语和汉语语言结构对比

语言	词形曲折变化	基本词序	是否使用复现代词	是否词汇音调语言
英语	简单	SVO	否	否
阿拉伯语	复杂	VSO	是	否
汉语	无	SVO	否	是

表5向我们展示了三种语言结构的相似与相异。举例来说,阿拉伯语用复杂的词形曲折变化表示性、数和其他范畴,在这一点上,它与英语和汉语都不同;而汉语是一种有音调语言,其音调决定它的意思,音调同时还赋予汉语一种难以掌握的韵律特点,这一点又与英、阿语不同。这样的语言类型分析至少从四个方面为语言迁移研究提供了帮助。其一,它为估价语言距离提供了参照,虽然表5表面上只给出了四种语言结构特征,我们也可以看出汉语和英语的距离较汉语与阿拉伯语之间的距离要小。其二,使迁移研究走向系统化。有研究表明,日语学生对英语词序和关系从句感到困难,而在词序和关系子句化之间有一种非常强的蕴涵关系。因此,日语学生在这方面的困难可能是相互关联的。其三,有助于理解迁移和发展顺序之间的关系。格林伯格对否定的研究表明某些否定句型出现频率特别高。在母语习得中,这些句型作为错误和正确形式轮流出现;在第二语言习得中,这些否定句型有时反映母语影响,有时则是发展顺序作用,还有可能是迁移和发展因素的交互作用。最后,分类上的共有特征为解释人类语言结构的某些普遍"偏爱"现象提供了依据。语言结构的共同分类特征已包含了一些物理和心理因素,在较为成熟的对比分析困难等级中也应把这些特征考虑进去。

在第二语言习得领域,类型普遍性研究中最值得关注的是语言类型中的"标记"问题,传统的标记理论认为任何语言成分要么是有标记的(marked),要么是无标记的(unmarked)。无标记的成分比有标记的成分更为基本,也更为自然。埃利斯认为语言的标记理论在一定程度上弥补了对比分析假设的不足,它可以较好地回答为什么有的母语和外语之间的差异会造成学习上的困难,而另一些则不会。[①] 埃利斯用下表概括了标

[①] R. Ellis, *Understanding Second Language Acquisition*, Oxford: Oxford University Press, 1986.

记在母语迁移方面的作用：

表6 标记在母语迁移中的作用

母语 L1	目标语 L2	中介语
1. 无标记	无标记	无标记
2. 无标记	有标记	无标记
3. 有标记	无标记	无标记
4. 有标记	有标记	无标记

从表6可以看出，如果母语是有标记的，无论目标语有无标记，不会产生母语向目标语的迁移现象（如3、4）；如果母语是无标记的，目标语是有标记的，就会发生迁移现象（如2）；当母语是无标记的而目标语也是无标记的时候，中介语也表现为无标记。或许我们可以说，母语迁移的条件之一是迁移的语言规则或现象是无标记的，或者说，当母语为有标记时，迁移现象就不容易发生。既然我们承认语言的标记性会影响迁移的发生，那么标记性特征是如何影响第二语言习得的呢？埃利斯认为，可从两方面对此加以解释。一种解释是它们对语言习得直接产生影响，因为学习者大脑中固有的语言知识就包含了标记理论，学习者是带着这种固有的标记知识去学习第二语言的，他们直觉地意识到无标记特征的可能性要大于有标记的语言特征。另一种观点认为，标记特征知识间接地影响语言习得，要了解标记特征是如何影响语言习得的，就必须先了解是什么因素促使一种语言特征比另一种语言特征更具有标记性，或具有更少标记性。世界上的语言中，一些语言特征要比另一些语言特征更为普遍，一定有其原因，而这些原因将能帮助我们解释类型普遍性或者说类型标记关系是如何影响语言习得的。

类型普遍性的研究受到了来自多方面的批评,批评之一是这类研究过多注重句法结构和语言的表层特征。脱离语言的意义和功能孤立地讨论语言的普遍性是不够充分的,如果不能确定导致类型普遍性的根本原因,这一研究也无法解释类型普遍性对第二语言习得的影响。事实上,类型普遍性研究对第二语言习得研究的实际意义在于它们对各种语言进行的描述性研究。在此基础上,人们可以进一步探讨语言迁移发生的机制和条件。另一方面的批评来自语言共性和对比分析研究中包含的一些普遍假设。其中最为重要的就是范畴概念适用于所有语言分析。格林伯格以词序为标准对语言进行的分类就假定主语这个范畴是所有语言中共有的,许多研究者也都接受这个假设,但对定义主语所需的充要条件并无统一规定,很多人把范畴概念看成是一组密切相关的句法、语义和话语特征。尽管这些看法有很多可取之处,但在人们彻底弄通语言范畴特征以前,涉及范畴的普遍性分析都是试探性的。第二个重要假设就是有些意义在所有人类语言话语和语义系统中是相同的。有了翻译等值(translation equivalence)概念,跨语言结构比较才能发挥更大作用,但翻译等值在多大程度上存在于两种语言话语和语义系统中仍有争议。举例来说,为对句法否定进行类型划分,语言学家首先假定否定是存在于所有语言中的一个逻辑概念(logical construct)。对话语的研究表明,话语中有些方面(如礼貌表达)表现出相当大的差异,语义结构领域也并非整齐划一。语言研究的另一个假设就是只要取样合理,我们就能从小部分取样中推断出更大的合理成分。事实上这个假设有时是行不通的。格林伯格有关词序的研究号称取样广泛,其实只包含了30种语言,而这30种语言只是人类语言的一小部分,有些影响较大的(如汉语)就未包含在内,更谈不上那些未被发现或存在过但没有书面语的语言。

本文讨论了对语言迁移现象认识的发展过程,从中可以看出虽然现在人们对语言迁移发生的机制和条件有了进一步了解,但仍存在许多问题。对我们来说,我们应特别重视中国外语学习者外语学习过程中的迁移研究,其中已有一些研究成果问世。[1] 在谈到中国的语言学研究时,刘润清曾指出,汉语和我国少数民族语言的丰富资源是许多国家望尘莫及的,语言学研究如果不考虑中国本土的语言现象,就很难做到详尽、彻底。[2] 同样,如不考虑中国学生的外语学习过程,也难有所突破,而这正是我们努力的方向。

---

[1] 余善沐:《外语学习中的迁移》,《外语教学与研究》,1986年第4期;张惠芬、徐雅琴:《语言迁移和第二语言教学》,《外国语》,1989年第4期。
[2] 刘润清:《外语教学中的科研方法》,外语教学与研究出版社,1999年。

二语语法教学理论综述[①]

一、概述

自 20 世纪 70 年代交际教学法产生以来,许多第二语言习得研究者认为语法教学不起作用,领军人物为克拉申。[②] 他提出监控模式,认为有意识学习语言与无意识习得语言是有区别的,有意识学到的内容无法转变为无意识的能力;他继而提出语言应该通过自然地接触语料而习得,而不应该通过正式学习学得。他的观点得到很多人的支持,如斯凯恩、德凯泽等[③],他们都认为正式的语法课只能使学生获得陈述性知识,而不能培养学生正确使用语法形式的过程性能力,因为这两种知识在大脑中以不同的体系存在,其间没有接口。

其实早在克拉申提出监控模式之前,语素的研究成果就已为语法应

[①] 原载《外语教学与研究》,2005 年第 2 期,合作者陈莉萍。
[②] S. Krashen, *Second Language Acquisition and Second Language Learning*, Oxford: Oxford University Press, 1981.
[③] P. Skehan, *A Cognitive Approach to Language Learning*, Oxford: Oxford University Press, 1998; R. DeKeyser, "Beyond Focus on Form: Cognitive Perspectives on Learning and Practicing Second Language Grammar", in C. Doughty & J. Williams (eds.), *Focus on Form in Classroom Second Language Acquisition* Cambridge: Cambridge University Press, 1998.

该是习得而不是学得的观点提供了证据。杜雷和伯特等研究者通过研究第二语言学习者对英语语素的学习发现,不管学习者的母语是什么语言,他们在掌握英语语素时都表现出相似的顺序。① 这些研究成果促使研究者们提出第二语言习得与第一语言习得过程相同的理论。既然第一语言习得过程中不需要正规的语法学习,第二语言的语法也可以无意识地自然习得。

普遍语法理论进一步证明了正规语法学习没有必要,因为人生来脑中就有普遍语法原理,接触了第一语言语料,人就给普遍语法原理赋予第一语言的参数值,就生成了第一语言的语法。同样,接触了第二语言的语料,人就自然生成了第二语言的系列参数值。因此,第二语言的习得是普遍语法与第二语言输入相互作用的结果。

然而,目前第二语言习得研究的成果使人们对第二语言语法教学的作用进行了重新思考,纳萨及和福特斯总结了四条理由。②

第一,20世纪80年代提出的假设即语言是无意识习得而非有意识学到,从理论上讲有问题。许多研究者,如施密特从心理学、心理语言学、认知语言学等角度证明"注意"是语言学习活动中的一个必要条件,指出:"为了理解第二语言习得中的每一个方面,注意这个概念不可或缺,例如,中介语发展,中介语在特定时刻的变体,第二语言流利度的发展,学习者个体差异等。"③也许施密特有点过于强调意识的作用,于是有些研究者对

---

① H. Dulay & M. Burt, "Natural Sequences in Child Second Language Acquisition", *Language Learning*, Vol. 24, 1974.
② H. Nassaji & S. Fotos, "Current Developments in Research on the Teaching of Grammar", *Annual Review of Applied Linguistics*, Vol. 24, No. 1, 2004.
③ R. Schmidt, "The Role of Consciousness in Second Language Learning", *Applied Linguistics*, Vol. 11, No. 2, 1990; R. Schmidt, "Attention", in P. Robinson(ed.), *Cognition and Second Language Instruction*, Cambridge: Cambridge University Press, 2001.

其观点提出质疑,但几乎所有研究者都认为注意是二语习得中的一个重要概念。

第二,人们对第二语言语法教学再度感兴趣是因为研究者对20世纪70年代提出的二语习得顺序理论又有了新发现。皮那尼曼通过对母语为德语的英语学习者进行实证研究发现,虽然语法习得顺序改变不了,但是语法教学可以加速某些结构的掌握,于是他提出了"可教性假设"。[1] 根据该假设,如果语法教学与中介语发展阶段恰好吻合,将极大地推动学习者中介语的发展。

第三,语法教学再度兴起缘于交际教学法效果不理想。交际教学法强调意义的交流,忽视语法的形式。斯温(Swain)与其同事通过对"浸入式"学习项目的研究发现,虽然学习者接触了大量语料,但仍然不能正确使用某些语法形式。因此他们认为要提高学生使用语法形式的准确率,最有效的方式是通过正规教学。

第四,过去20年来,大量课堂教学实证研究证明课堂内语法教学极大地影响第二语言的习得。拉森-弗里曼和朗认为虽然课堂教学不能改变二语习得的顺序,但教学能加强习得且能提高二语水平。[2] 正是基于以上这些原因,人们对语法教学又有了新的认识。

二、 语法概念的延伸

不同语言学家给语法下的定义是不同的,其原因是各自都从不同的角度来研究语法。在语法研究史上出现了三种语法:教学语法、实体语法和形式语法。所谓教学语法就是传统意义上的语法,以教授语言为目的。

---

[1] M. Pienemann, "Psychological Constraints on the Teachability of Languages", *Studies in Second Language Acquisition*, Vol. 6, No. 2, 1984.
[2] D. Larsen-Freeman & M. Long, *An Introduction to Second Language Acquisition Research*, London: Longman, 1991.

实体语法具有两层意义。一方面,它是一种客观存在,具有物质客体的物质属性;另一方面,它也表现为一定的规则系统,体现在一定的结构上。实体语法在心理上以及物质层次上都必须是可以实现的。乔姆斯基语言理论中的语法指的就是这种实体语法。形式语法是对实体语法形式化的描写,是关于实体语法的理论系统,是由语言学家们建立起来的。由于本文探讨的是如何学习语法,因此对语法含义的描写主要集中于教学语法,特别是近年来语言学研究的成果赋予语法的新含义,这些新含义将促使人们从新角度去看待语法、教授语法和学习语法。

1. 形式与意义的统一

系统功能语言学认为语言及语言的功能都是由诸要素组成的系统,前者着重于形式,后者注重意义,意义决定形式,两者相辅相成,形成一种统一。博林格则从另一个角度指出意义与形式的统一。[1] 他认为语言的意义不仅仅是指客观世界中的物质表象,它还可以表达人类的情感,如对说话人的态度、对所传达的信息相信程度等。博林格在用"语言意义"这一术语时,包含两层含义,即词汇和语法。

赫奇曾列举下面四个句子阐述博林格的语法意义所潜含的实质:

(1) I must get in touch with my mother this week.

(2) I have to complete this report by tomorrow.

(3) I ought to phone John today.

(4) I'd better complete this report by Friday. [2]

这四句话都表达了"被迫要完成一项任务"的含义,但许多操母语者都能看出这四句话的区别。第一句话潜含着作者自我感觉的一种责任,

---

[1] D. Bolinger, *Meaning and Form*, London: Longman, 1977.
[2] T. Hedge, *Teaching and Learning in the Language Classroom*, Oxford: Oxford University Press, 2000.

自己认为应该完成一件事，但第二句话则潜含着外界给予的一种压力。第三句话表明作者该完成但没有完成的某项任务，而第四句话则表明某件事最好是完成但还没有作出最后的决定。这四句话都用了第一人称。假如将第一句话和第四句话换成第三人称单数，意义则不一样。例如：

(5) He must get in touch with his mother this week.

(6) He'd better finish this report by Friday.

这样，第一句则表示一种命令，第二句表示一种建议。这些例子表明虽然用了同样的动词形式，但人称不同其意义也相应地有变化。意义表现于形式结构之中，意义与形式构成统一。

2.语篇语法

提起语法，人们总是将它与人称、时态、语态等概念联系在一起。其实，语法的概念在不断地外延。威多森指出，理解语言往往要求我们跳出句子的框框，看到更大的语言结构。[①] 正常的语言行为不仅仅体现于独立的单句中，也存在于由单句所构成的语篇中。作为语言使用者，我们的时间不仅仅要花在说出或写出语法上正确的句子，我们通常还要考虑如何使用恰当的语法形式来组织要表达的一切，特别是怎样用特定的语法形式组织信息。在交流中，对听者或读者来说，有些信息是已知的，有些是未知的，不同种类的信息往往用不同的语篇形式来表现。作为语法延伸的一面，语篇语法与观点如何组织、以何种形式连接、整个语篇如何发展等方面有关。

语篇语法不仅指语篇的连接方式，它还包括情景化的语法。情景化语法已经跳出传统的语法形式，进入到语用层面，指人们从所用的语言形

---

① H. G. Widdowson, *Teaching Language as Communication*, Oxford: Oxford University Press, 1978.

式、语篇的背景中解析言语的方式。例如：

(7) "Sorry, it is freezing. Do you have any jump leads? I've got to get to the airport."

这是一个人早晨7点钟在门口对一位邻居所说的话。虽然这个句子中没有上面所列出的连接方式，但读者很快能明白这句话的潜台词，即他想请邻居帮他发动汽车。这其中含有一定的文化色彩，是请求他人帮忙的一种委婉的表达方式。当然，他可以用下面两种方式直接地表达请求：

(8) "Could you please help me with my car?"

(9) "You couldn't give me a hand with starting my car, could you?"

但是这样的要求太直接，许多操母语者觉得不舒服。

从语篇角度来讲，语境是解释意义不可或缺的一个因素。现在的语法研究已经把语境也作为语法内容的成分之一，称作情景化语法。

3. 语法变体

利奇和斯瓦特维克还讨论了语法的变体形式，他们认为英语在表达某一特定对象时往往有多种结构可供选择，这些结构都不一样，因为它们属于不同的风格或变体。在实际运用中，选择一个恰当的结构既重要又艰难。[①]

这两位研究者所提出的风格或变体指的是因口头交际或书面表达的不同、正式与非正式风格的不同而采用不同的结构形式，同时还包括因体裁、修辞、礼貌原则等因素造成的变体。例如：

(10) I suppose he's quite a nice little boy, isn't he?（体现礼貌）

(11) Nice kid.（非正式语体）

[①] G. N. Leech & J. Svartvik, *A Communicative Grammar of English*, London: Longman, 1975.

(12) In all, he was a pleasant child.（正式语体）

(13) A cheerful child of pleasant disposition.（文学性体裁）

这些句子都表达同样的内容,但因语体、体裁、情感等的不同,最终导致形式的不同。这对于英语教学来说特别重要,教师必须使学生意识到英语中存在各种各样的变体风格,它们对语言使用产生直接的影响。

以上所描述的是理解语法的新角度,这对语法教学具有一定指导价值。传统的语法教学只限于固定的结构形式,然而,新的语法研究结果表明语法结构是变化的、语篇的。

三、语法习得过程

虽然有大量的实证研究表明,有意识地学习语法有助于语言水平的提高,然而,研究者对学习语法的最佳方式仍未达成共识。这是很自然的,因为学习者的差异、学习环境的不同、所学语法项目本身的差异都会影响到语法学习的效果以及学习效果的评价。尽管这样,人们对下面所描述的学习过程都持有同样的看法。

1. 注意

第二语言学习者往往从语言输入中挑出特别的形式并给予一定的注意。例如,学习者会经常读到或听到动词后面加上"s",这会引起他们的注意,最后发现这种情况都是因为主语为第三人称单数,而且表示的动作或状态都是现阶段的。只有在有意注意之后,他们才会将意义与形式联系在一起。

2. 推理和假设

第二语言学习者往往是有一定认知能力的成年人,能够利用已有的认知能力去分析推断语言的规律。当注意到语言中某一特别项目时,他们往往会形成假设,并根据新的语言输入不断地验证假设。

3. 建构与再建构

当学习者推断出某些规则以后,他们必须将这些规则融合到语法的知识库中,因此,这些推断出来的规则需经历构建与再构建过程。在构建与再构建的过程中,学习者不断地根据输入信息验证所形成的假设。在这个阶段,如果语法教学恰好与学习者知识发展阶段相吻合,就可以对语法习得起推动作用。

4. 自动应答

如果学习者对某种语言输入能作出始终如一的正常反应,那么就可以说他/她的语言已经进入成熟阶段。例如:

(14) A: Did you get my message?

B: Yes, I did. I'll let you know today.

这是两位同事之间的对话。在这组对话中,说话者 B 对说话者 A 的提问做了简短的、快速的、正确的应答,不仅如此,说话者 B 还用了将来时态表明动作的连续。

怎样才能达到这种自如应答的程度? 在说出这样的语言时,学习者首先要有计划地选择所要表达的内容和表达方式,因为并非所有形式都能成功地表意。如果要缩短计划和选择的过程,唯一的办法就是反复练习,儿童在母语习得时也是通过这种方式达到自动化的程度。这给课堂教学带来了思考,是否课堂中的反复操练可以使显性的学习知识转化为隐性的内在的自动化知识? 按照克拉申的监控模式,这似乎是不可能的,但史密斯认为这有可能,他说:"让我们设想一下我们反复在操练一种结构,这种经过有意策划的结构最终会成为自动化的行为,这样设想一定是合理的。"[1]

以上描述了语法学习的过程。与词汇学习比较起来,语法知识的学习

---

[1] M. S. Smith, "Consciousness Raising and the Second Language Learner", *Applied Linguistics*, Vol. 2, No. 2, 1981.

过程较为独特,因为语法是一种知识系统,而词汇相对来说是独立的语言项目,也许在学习词汇时也会出现形成假设、建构与再建构的过程,但一般都很短暂,也许只是一种简单的心理活动。而语法则是一个知识体系,虽然起初注意的是一种基本结构,放诸不同的语篇,这些基本结构就会产生许多特定的意义。只有经过以上过程,学习者才能达到自动化的阶段。

四、语法教学

对于语法教学的具体方法,研究者们一直有争议。传统的语法教学把语言作为学习目标,教师将各种语法结构以显性的方式介绍给学生。支撑这种教学方法的理念是,学习者通过对语法结构有意识的操练会自然而然地发展起他们的语言能力。然而,斯凯恩指出,目前的语言学研究成果已经证明准确地掌握某一特定的语法结构并不能导致学习者全面地掌握所有语法结构,更不能使他们达到自如应答的阶段。[1] R. 埃利斯支持这一观点,认为虽有大量证据证明以形式为基础的语法教学能提高学习者的语言测试成绩,例如 TOEFL 考试,但没有足够的证据证明这种教学方法能使学习者在自由会话或自由表达中提高他们的语言行为能力。[2]

很多研究者支持 N. 埃利斯的观点。N. 埃利斯认为形式—功能的掌握是一个缓慢的过程,就像其他技能的掌握一样,需要成千上万小时的操练,这种长时间的操练不是几条陈述性的规则所能取代的。[3] 当然这不是否定语法教学的价值,相反,他们不但肯定了语法教学,而且提倡语法教

---

[1] P. Skehan, "Second Language Acquisition Research and Task-based Instruction", in J. Wills & D. Wills (eds.), *Challenge and Change in Language Teaching*, Oxford: Macmillan Heinemann, 1996.
[2] R. Ellis, "Does Form-focused Instruction Affect the Acquisition of Implicit Knowledge?", *Studies in Second Language Acquisition*, Vol. 24, No. 2, 2002.
[3] N. Ellis, "Frequency Effects in Language Process: A Review with Implications for Theories of Implicit and Explicit Language Acquisition", *Studies in Second Language Acquisition*, Vol. 24, No. 2, 2002.

学是一项长期的工程。在教学过程中应该向学习者提供各种机会,让他们接触、处理、使用各种情景中的形式—功能关系,使得所学的形式真正成为其中介语行为的一部分。

在评价第二语言习得中语法教学的效果时,斯帕达注意到,当学习者在交际过程中再次接触通过正规语法教学而学到的语法形式时,他们对这些形式的记忆就会加深,时间会延长,而且使用这些形式的准确率也明显提高。[1] 同样,在评价近年来课堂教学的一些研究时,N. 埃利斯发现,当语法教学涉及面达到一定的范围,教学时间延续到一定程度时,这样的教学将极大地推动内在语言能力的提高。[2]

总之,近年来的研究表明理想的语法教学应该是向学习者提供大量的机会,让他们一方面接触各种形式,一方面能运用。下面介绍几种目前比较流行的语法教学模式。

1. 过程性教学

范·帕滕提出,以交际为目的进行语法教学,可以使形式与功能达到有机的统一。[3] 首先,让学习者接触语言形式,对这些形式以显性的方式处理,让学习者知道其功能,然后设计一系列的语言输入处理活动,这些活动主要是鼓励学习者理解这些结构而不是使用它们,但是这些活动有助于学习者在语言输入中产生形式—功能连接,使他们明白这些形式的功能。这种模式重在使学生明白形式—意义的关系,因此有研究者将之等同于朗的

---

[1] N. Spada, "Form-Focused Instruction and Second Language Acquisition: A Review of Classroom and Laboratory Research", *Language Teaching*, Vol. 30, No. 2, 1997.
[2] N. Ellis, "Frequency Effects in Language Process: A Review with Implications for Theories of Implicit and Explicit Language Acquisition", *Studies in Second Language Acquisition*, Vol. 24, No. 2, 2002.
[3] B. van Patten, "Processing Instruction: An update", *Language Learning*, Vol. 52, No. 4, 2002.

聚焦于形(focus on form)的模式①。范·帕滕和其同事作了一系列研究，调查过程性教学的效果，结果都是积极的。但其他一些研究者则得出了相反的结论。德凯泽和索卡尔斯基认为过程性教学的效果取决于所学语法结构的复杂性以及检测的时间；语言输入处理对提供理解技能更有利，而以输出为基础的教学对提高输出技能更有效。② 因此，这种教学模式的有效性还取决于所教的语法形式的属性以及所涉及的技能。

2. 互动性反馈

互动性反馈指的是各种协商和修改策略，如重复、请求澄清、检查确认等。通过这些互动反馈策略，让学习者以显性或隐性的方式注意目的语中语法的形式。提出这一模式的研究者有利斯特和兰塔、范·德·布兰登等。③ 他们认为互动性反馈策略可以使学习者有意识地注意到语言形式或语用的问题，促使他们有目的地调整矫正语言输出，以便准确地说出可理解的语言。

就协商而言，研究者还提出两种方式，一是意义协商，一是形式协商。纳萨及和韦尔斯提出，意义的协商指的是在口头交际中用来暗示或修补问题时的交际性策略，这些策略是日常会话或教师与学生对话中最典型的策略。④ 利斯特和兰塔指出形式协商指的是主要用来回应使用不当形

---

① M. Long, "Focus on Form: A Design feature in Language Teaching Methodology", in K. Debot, R. Ginsberg & C. Kramsch (eds.), *Foreign Language Research in Cross-cultural Perspective*, Amsterdam: Benjamins, 1991.
② R. DeKeyser & K. J. Sokalski, "The Differential Role of Comprehension and Production Practice", *Language Learning*, Vol. 46, No. 4, 1996.
③ R. Lyster & L. Ranta, "Corrective Feedback and Learner Uptake: Negotiation of Form in Communicative Classrooms", *Studies in Second Language Acquisition*, Vol. 19, No. 1, 2002. K. van den Branden, "Effects of Negotiation on Language Learners' Output", *Language Learning*, Vol. 47, No. 4, 1997.
④ H. Nassaji & G. Wells, "What's the Use of 'Triadic Dialogue'? An Investigation of Teacher-student Interaction", *Applied Linguistics*, Vol. 21, No. 3, 2000.

式所采取的策略。①

目前有大量研究探索第二语言习得中交际反馈策略的有效性。其中奥塔的研究视角比较独特,他使用社会文化理论作支撑探索成人外语学习者中私人言语(private speech)的作用,最后发现学习者对再度提问反应是积极的。② 运用同样的理论,阿尔贾弗里和兰托夫调查了英语为第二语言的成人学习者写作中交际反馈的影响,发现教师与学生之间的反馈对学习者第二语言的发展起着重要的作用。③ 纳萨及和斯温做了类似试验,对比协商过的反馈与随意反馈之间的差别,最后发现经过协商而给出的反馈效果胜过杂乱无章的反馈。④

3. 增强文本的显性度

有大量的研究在调查通过加强文本显性度来吸引学习者注意语法结构的效果。德蒂和瓦雷拉称这种方法为显性度最低,干扰度也最低的形式教学法。⑤ 主要手段是通过用粗体、斜体、下划线、大写等方式使文本中正常情况下学习者不会留意的语言形式变得醒目,即通过有意识的控制来增强目的语结构的知觉显性度,从而提高学习者注意它们的机会。

---

① R. Lyster & L. Ranta, "Corrective Feedback and Learner Uptake: Negotiation of Form in Communicative Classrooms", *Studies in Second Language Acquisition*, Vol. 19, No. 1, 2002.
② A. Ohta, "Second Language Acquisition Processes in the Classroom: Learning Japanese", *Language*, Vol. 79, No. 3, 2001.
③ A. Aljaafreh, and J. P. Lantolf, "Negative Feedback as Regulation and Second Language Learning in the Zone of Proximal Development", *Modern Language Journal*, Vol. 78, No. 4, 1994.
④ H. Nassaji & M. A. Swain, "A Vygotskian Perspective on Corrective Feedback in L2: The Effect of Random Versus Negotiated Help on the Learning of English Articles", *Language Awareness*, Vol. 9, No. 1, 2000.
⑤ C. Doughty & E. Varela, "Communicative Focus on Form", in C. Doughty & J. Williams(eds.), *Focus on Form in Classroom Second Language Acquisition*, Cambridge: Cambridge University Press, 1998.

与上面的方式较为接近的是另一种模式,被称为输入信息泛滥(input flood)。该模式由特拉赫和怀特提出,目的是向学习者提供大量的目的语形式,促使学习者注意这些形式。①

许多研究者对这些模式的效用进行了验证。德蒂的研究结果支持上述研究者的理论。② 然而,怀特的研究结果并没有反映出使用上述方法会取得明显效果。怀特最后得出结论:也许上述方法还不足以使学习者对语法结构引起注意。③ 泉在对比了两种策略之后(即输出策略和增强输入视觉效果策略),认为通过输出策略来注意语法形式比只运用输入策略效果好。此外,泉还发现仅靠增强输入的视觉显性度不能提高目的语形式的准确性。④

现在的研究结果都支持福特斯的结论,即通过加强文本的视觉显性度可能会促使学习者注意目的语的语法形式,但不足以提高学习者的习得水平。⑤ 由此我们可以得出结论:注意是习得的必要条件,但不是唯一条件。

4. 以任务为基础的教学

以任务为基础的教学对于第二语言教与学并不陌生,但通常这些任务

---

① M. Trahey & L. White, "Positive Evidence and Pre-emption in the Second Language Classroom", *Studies in Second Language Acquisition*, Vol. 15, No. 2, 1993.
② C. Doughty, "Second Language Instruction does make a difference: Evidence from an Empirical Study of SL Relativization", *Studies in Second Language Acquisition*, Vol. 13, No. 4, 1991.
③ J. White, C. Doughty & J. Williams, "Getting the Learner's Attention: A Typographical Input Enhancement Study", in C. Doughty & J. Williams (eds.), *Focus on Form in Classroom Second Language Acquisition*, Cambridge: Cambridge University Press, 1998.
④ S. Izumi, "Output, Input Enhancement and the Noticing Hypothesis: An Experimental Study on ESL Relativization", *Studies in Second Language Acquisition*, Vol. 24, No. 4, 2002.
⑤ S. Fotos, "Shifting the Focus from Forms to Form in the EFL Classroom", *ELT Journal*, Vol. 52, No. 4, 1998.

都是聚焦于意义而不是形式。纽南给交际下的定义是"课堂中的一项工作,主要是让学习者用目的语理解、控制、产出和交流,但他们的注意力主要是集中于意义而不是形式"[1]。目前语法教学中也提出以任务为基础的教学模式,其目的在于提高学习者对形式的意识程度。同时,这些任务又是交际性的,因为学习者必须参与以意义为主的交流。R. 埃利斯提出有三种类型的任务:以结构为基础的产出型任务,理解任务,增强意识的任务。[2]

产出型任务需要使用目的语的形式来完成纯粹的交际活动,任务的材料从性质上来讲不仅仅局限于语法形式,但学习者必须借助目的语结构来完成这些任务。理解型任务是为了让学习者注意和理解经过精心设计的输入材料中的语法形式,通常情况下这些输入材料含有一定的刺激信号,要求学习者作出适当的反应。如果说前面的这两项任务是以隐性的形式在交际情景中介绍目的语的语法形式,那么增强学习者语法意识的任务则以完全显性的方式要求学习者用目的语结构完成任务。语法形式就是任务的内容。这样的任务首先向学习者提供目的语语法结构的例子,然后要求学习者把握这些结构,并从中推断出一定的规则。

通过对上述任务型教学模式的验证,研究者们得出各种各样的结果。如德凯泽和R. 埃利斯等发现不同的语法形式产生的效果不同,易教易学的简单规则比那些被许多规则束缚的复杂的语法结构更能与任务教学法融合。[3] R. 埃利斯和鲁宾逊等发现,以意义为中心的含有目的语语法形

---

[1] D. Nunan, *Designing Tasks for the Communicative Classroom*, Cambridge: Cambridge University Press, 1989.
[2] R. Ellis, *Task-based Language Learning and Teaching*, Oxford: Oxford University Press, 2003.
[3] R. DeKeyser & K. J. Sokalski, "The Differential Role of Comprehension and Production Practice", *Language Learning*, Vol. 46, No. 4, 1996; R. Ellis, *Task-based Language Learning and Teaching*, Oxford: Oxford University Press, 2003.

式的交际任务比那些纯粹集中于形式但复杂得难以理解的交际任务更能提高学习者对语法形式的掌握。[1]

以上介绍的教学模式主要集中于任务，目的是唤起学习者在完成任务时注意形式。也有研究者从输出的角度强化学习者对语法形式的意识，提出合作型产出任务教学模式。

斯温和她的同事发现许多学习者在接触了大量有意义的语言输入后，仍然提高不了语言形式准确度。她认为主要原因在于仅靠输入无法促使学习者进入更高层次的中介语水平。她认为，在第二语言习得中语言输出可以推动第二语言水平的提高。[2] 当学习者说出或写出第二语言时，往往发现他们还不能表达出要表达的内容，这样就会促使他们去追求更高的准确度。同时，这还可以使他们形成并验证假设。此外，学习者在表达目的语时可以使他们对语言进行更深层次的句法处理，因为他们必须从理解层面过渡到准确表达所需要的语法处理层面。斯温在文章中描写了输出假设，并详细叙述了形成假设的研究背景。她一再强调输出应作为一个过程，而不仅仅是语言学习的结果。

5. 以语篇为基础的教学模式

以语篇为基础的语法教学是近年来其他语法教学模式的一个重要基础。通过广泛使用真实或简化了的语篇，向学习者提供大量含有语言使用情景的目的语结构，让学习者建立形式与意义连接。卡特、休斯和麦卡

---

[1] R. Ellis, *Task-based Language Learning and Teaching*, Oxford: Oxford University Press, 2003; P. Robinson, "Learning Simple and Complex Second Language Rules Under Implicit, Incidental, Rule-search and Instructed Conditions", *Studies in Second Language Acquisition*, Vol. 18, No. 1, 1996.

[2] M. Swain, "The Output Hypothesis and Beyond: Mediating Acquisition Through Collaborative Dialogue", in J. P. Lantolf (ed.), *Sociocultural Theory and Second Language Learning*, Oxford: Oxford University Press, 2000.

锡都强调书面语篇与口头语篇语法的区别,他们建议使用语料库分析结果向学习者提供书面与口头两种语法形式,从而使学习者全面掌握。[1] 塞尔斯-穆尔西亚和奥尔斯汀呼吁结束以句子为单位的语法教学模式,因为他们注意到语法结构更多地与语篇结构相连。[2]

在分析英语为第二语言的学习者的写作时,研究者发现即便受过高等教育、语言水平较高的学习者的表达仍然受母语修辞和语篇结构的影响。这是一种文化因素,要彻底克服这种文化迁移,只有通过广泛的持之以恒的第二语言语法教学,通过大量第二语言课文中复杂的结构去影响他们。鉴于许多语法教学与写作训练相脱离,研究者建议第二语言写作教学应该将显性的语法教学包括进来,通过分析全真语篇中的词汇和修辞模式来强化学习者的形式意识。只有这样,学习者才能真正领会语法形式的句法功能和语用功能。

通过以上介绍,可以得出结论:显性的语法形式教学优于隐性的教学模式,结合语篇情景教授语法形式胜过孤立地教授语法形式,语法教学与交际教学法可以兼容。

五、结语

由于特殊的历史背景,语法教学有起有落。笔者相信,随着语言学及应用语言学研究的深入,语法教学必将引起人们应有的重视。

就重视程度而言,也许研究者对语法教学的重视甚过语言教师。其间的原因有多种。语言研究者从整个语言角度出发,认识到语法作为语

---

[1] R. Carter, R. Hughes, M. McCarthy, *Exploring Grammar in Context*, Cambridge: Cambridge University Press, 2000; R. Hughes & M. McCarthy, "From Sentence to Discourse: Discourse Grammar and English Language Teaching", *TESOL Quarterly*, Vol. 32, No. 2, 1998.
[2] M. Celce-Murcia, & E. Olshtain, *Discourse and Context in Language Teaching*, New York: Cambridge University Press, 2000.

言系统的主要成分之一,不可忽视。再从语言习得角度来讲,流利度和准确度是衡量语言水平的两个关键因素,偏离了哪一方都不行,因此,准确度获得了应有的地位。然而,从具体教学来讲,也许受教材、教学环境、教育政策,特别是考试政策的影响,具体的教学活动往往缺乏相对稳定性。有时语法特别受到重视,但只是形式方面,没有真正地触及语法结构的功能意义,更没有触及到语法知识的内化效用。有时语法完全被忽略,只注重意义的交流。

笔者认为,具体教学实践应该在一定的理论指导下进行,这样语法教学才会得到进一步完善。

中国的二语习得研究：回顾、现状与前瞻[①]

一、引言

第二语言习得研究作为一门独立的学科始于20世纪60年代末、70年代初，其理论体系的构建是以描述二语习得过程和解释二语习得特征为主要目标的。30多年来，全球范围内的二语习得研究蓬勃发展。自20世纪80年代中期二语习得研究在中国开始起步，国内在这个领域的研究已经历了20余年的发展历程。中国的学者此间在二语习得理论与实践的研究和探索中付出了不懈努力，为二语习得研究的发展做出了积极贡献。因此，我们认为有必要对中国二语习得研究的状况进行概要的回顾与总结，并对其前景进行展望。

二、国内二语习得研究的发展回顾

由于历史原因，国内学界接触二语习得理论和开展相关研究要比国外晚10多年。此前，国内长期以来对如何教授语言研究较多，而对语言学习理论作专门的、深入的研究较少。二语习得理论引入我国，给语言与语言教学研究者们以极大启发。应该看到，西方现有的二语习得理论主

[①] 原载《外国语》，2005年第6期，合作者周大军。

要是以印欧语言为基础,虽然这些假说、模式具有一定的普遍意义,但汉语是离印欧语言谱系较远的一种语言,它在语音、词汇、语法和文字以及文化内容负载方面所体现出的特点,必然给以汉语为母语的二语/外语学习者和以汉语作为第二语言的学习者的学习过程和规律带来不少特殊的问题,所以在中国的环境下研究二语习得更有其重要的现实意义。国内二语习得研究的发展按前10年和后11年大致可以分为两个阶段。

1. 第一阶段 (1984—1993):理论的介绍、探讨和初步应用

胡文仲在《外国语》1984年第1期发表的《语言习得与外语教学——评价Stephen D. Krashen关于外语教学的原则和设想》一文,是国内学者发表的介绍二语习得理论的第一篇文章,标志着二语习得研究在我国的正式起步。接着,鲁健骥在《语言教学与研究》1984年第3期发表了《中介语理论与外国人学习汉语的语音偏误分析》,说明汉语界的二语习得研究和外语界几乎是同时起步的。此后,相关文献陆续在国内各类学术期刊上发表。这一时期,国内外语类和语言学/汉语类核心期刊上发表的译文、论文和书评等涉及的主要内容有:理论和研究综述,如二语习得理论的译介、语言习得研究概述和发展述评等;中介语研究,主要涉及偏误分析、习得顺序和中介语发展过程、中介语语用学等;二语习得的外部因素研究,如影响习得的因素、语言输入等;二语学习者认知机制研究,如母语的作用、对语言的认知等;二语学习者个体差异研究,如学习者的年龄问题、学习者策略等;课堂教学与二语习得研究,如二语教学的基本特征和策略、二语习得中课堂教学的作用等。虽然外语界的研究是以引进和评介为主,但有些学者已采取批判的态度对国外的理论进行探讨;而汉语界的应用研究开展得相对较早,并初步取得了一些建设性成果。在此阶段,国内语言教学方面的学术会议极少涉及二语习得研究,直至1992年5月,《世界汉语教学》等三家刊物编辑部联合在京召开的首次"语言学习理

论研究"座谈会上，中介语理论的研究才成为中心议题之一。此间国家社科"八五"规划项目中已有一项有关二语习得的研究课题立项，但尚未有相关研究的专著和论文集出版。

2. 第二阶段（1994—2004）：研究深入发展并走向成熟

这一阶段国内学术刊物发表的二语习得研究论文数量较前一阶段有了数倍的增长。根据论文数量的分布统计分析，第二阶段的研究无论在研究内容和研究层面上都比第一阶段有了很大飞跃。研究内容已全面涵盖了二语习得理论基本框架中的主要方面，包括了第一阶段尚未涉及的研究内容，如中介语的僵化和可变性、二语习得的社会环境、学习者内部机制中的语言迁移和普遍语法的作用、个人差异中的学能、情感、动机和认知风格等对习得的影响以及对二语习得研究方法的研究等。总体分析，从研究类别看，涉及理论研究和应用研究；从研究层面看，已从语音、语素、语法层面发展到话语和语用层面，这和国外的研究趋势是一致的；从研究方法看，有思辨式、逻辑式和经验型的文献性研究和基于第一手资料来源、手段趋向科学化的实证性研究；从研究面向的对象来看，分为英语为第二语言/外语和以汉语为第二语言的习得研究。二语习得研究在对外汉语教学和外语教学这两大应用领域里，均已取得一定的成果。

在此期间，国外二语习得研究原著得到较系统的引进，国内学者还以论文或书评的形式将一些国外该领域理论研究和专题研究的新作介绍进来。同时，一批国内学者撰写的二语习得研究专著和论文集也相继出版；有关二语习得研究的国家级科研立项数目有了大幅度的增加，仅国家社科"九五"和"十五"规划项目中就共有12项相关课题立项；一些汉语和英语中介语语料库也相继建立；国内许多高校开始了二语习得研究方向的人才培养。

此间与二语习得研究相关并较有影响的主要学术活动有：1996年的第

五届和1999年的第六届"国际汉语教学讨论会",2001年和2004年分别在北京举行的第三届和第四届"中国英语教学国际研讨会",2004年在上海外国语大学召开的"首届中国外语教学法国际研讨会",2003年在南京大学举办的首届"英语学习策略培训和研究"国际研讨班等。2004年1月在广东外语外贸大学召开了"全国首届第二语言习得研讨会",这是二语习得研究在国内开展了20年之后召开的首次主题研讨会。会上成立了"全国二语习得研究学术交流协作组"。这次会议充分体现了该领域学者积极交流、团结共进的共识,是二语习得研究在我国进一步发展的里程碑。

1994年—2004年这11年是二语习得研究在国内逐步进入成熟的阶段。此间不但涌现出大批的研究成果,而且研究领域日益拓宽,研究层次深入发展,研究水平不断提高,研究队伍逐渐壮大,充分显示出国内该学科研究的生机活力。

三、国内二语习得研究的现状

1. 研究队伍与学科建设

国内二语习得的研究人员主要集中在国内高等院校和语言研究机构。高校外语教师和对外汉语教师是研究队伍中的主力。随着二语习得研究在我国的发展,二语习得已纳入高校语言专业研究生的课程设置,而且以二语习得为研究方向的硕士点和博士点也纷纷建立,成为培养和输送高层次、高质量的二语习得领域研究和教学人才的重要基地。已建立起二语习得研究方向博士点的高校有北京外国语大学、上海外国语大学、广东外语外贸大学、南京大学、上海交通大学、北京语言大学等。以这些学校为中心,国内逐渐形成了多个有特色的二语习得学科研究群体。

2. 研究成果

(1) 学术期刊文献。目前比较公认的集中反映国内二语习得研究成果的外语类和语言学/汉语类的核心期刊主要有:《外语教学与研究》、《外国语》、《现代外语》、《当代语言学》(1998年以前为《国外语言学》)、《外语学刊》、《外语界》、《外语与外语教学》、《外语教学》、《解放军外国语学院学报》、《外语研究》、《语言教学与研究》、《世界汉语教学》、《汉语学习》、《语言文字应用》等。其中有些刊物还专门开辟了"二语习得研究"专栏。据不完全统计,20多年来,在上述核心期刊上发表的有关二语习得研究的论文共近450篇[①]。

(2) 专著。我国学者撰写的研究专著主要有：由蒋祖康(外语教学与研究出版社1999年出版)、林立(首都师范大学出版社2000年出版)和肖德法(吉林教育出版社1997年出版)分别编著的以《第二语言习得研究》为书名的专著三部,《语言获得理论研究》(靳洪刚著,中国社会科学出版社1997年出版)、《第二语言学习理论研究》(王魁京著,北京师范大学出版社1998年出版)、《英语学习策略论》(文秋芳著,上海外语教育出版社1996年出版)、《英语学习的成功之路》(文秋芳著,上海外语教育出版社2003年出版)、《第二语言习得与外语教学》(丁言仁著,上海外语教育出版社2004年出版)、《第二语言习得入门》(黄冰编著,广东高等教育出版社2004年出版)、《语言迁移与二语习得》(俞理明编著,上海外语教育出版社2004年出版)等。

(3) 论文集。二语习得研究的论文集主要有：《语言学习理论研究》(《世界汉语教学》等三家编辑部联合编辑,北京语言学院出版社1994年出版)、《汉语作为第二语言的习得研究》(王建勤主编,北京语言文化大学出版社1997年出版)、《英语学习策略实证研究》(文秋芳主编,陕西师范大学出版社2003年出版)等。此外,包含二语习得研究的论文集还有《中国学生外语学习心理》(桂诗春主编,湖南教育出版社1992年出版)、《中

[①] 统计范围是从上述核心期刊1984年第1期到2004年最后1期,采用在中国期刊网、《外国语言研究论文索引》上检索和手工检索相结合的方法,但难免有个别遗漏。

国的语言学研究与应用》(董燕萍、王初明编,上海外语教育出版社2001年出版)、《当代语言学探索》(陈国华、戴曼纯主编,外语教学与研究出版社2004年出版)等。

3. 研究方法

根据对论文研究方法的分类统计,国内二语习得研究的前10年,非实证研究方法占主流地位;而近10年来,文献性研究和实证研究两种方法的使用接近平衡。但实证研究量从第一阶段的13%跃升到第二阶段的51%,说明实证研究方法进入了应用普及阶段,已成为目前国内二语习得研究的一个特点。定向于理论(theory-led)的实验研究范式,在外语界渐成主流,但在汉语界主要是海外的学者进行的。国内研究的另一个特点是借助语料库进行中介语研究,基于学习者语料库的研究成果不断出现。国内目前已先后建成了"汉语中介语语料库系统"和"中国英语学习者语料库"等较有影响的大型二语/外语学习者语料库,还有若干不同层次的中国英语学习者口语语料库正在建设中。近年来我国基于语料库的中介语研究迅速发展,已处于国际先进水平。

4. 研究内容

(1) 理论反思和理论建设。国内学者对二语习得理论研究进行了反思,并从哲学角度对语言习得问题进行了探讨,同时提出了二语习得研究中的理论和学科建设问题。贾冠杰分析了外在论、内在论以及情感论三大类二语习得理论之间矛盾统一性的关系,其意义在于有助于全面理解二语习得理论流派和有助于语言习得理论与外语教学实践相结合。[①] 蔡金亭认为,语言习得与多种学科联系密切,但它与语言哲学之间的关系往

[①] 贾冠杰:《第二语言习得理论之间的矛盾统一性》,《外语与外语教学》,2004年第12期。

往被忽视,因此当前亟须从哲学角度对语言习得进行解释。① 宁春岩在对二语习得主流理论进行深刻反思的基础上,从乔姆斯基(Chomsky)的语言观和方法论出发,从理论语言学的高度对二语习得研究中的具有全程意义的理论问题提出了系统全面的批评,对我们重新审视二语习得研究颇具启发。② 戴曼纯从构建理论的出发点和目的、研究方法和途径以及理论的评估等制约理论发展的关键方面,对第二语言习得理论的建设进行了论述。③ 俞理明等提出,教育语言学比应用语言学更能准确表述二语习得的学科属性,因此在学科建设上的一个主要任务就是认清本学科的教育属性,摆脱以语言学为中心这一思路的羁绊,这样才会有利于二语习得学科的健康发展。④

(2) 中介语研究。国内汉语界较早对中介语的理论和方法进行了较为全面地介绍,系统地探讨了中介语的定义、性质和特点、研究方法、研究的意义和策略,阐述了中介语和对比分析、偏误分析的关系⑤,澄清了汉语中介语研究中的某些误解⑥。外语界的研究范围则要更广泛一些,如从认知的角度对中介语进行探讨、对语言僵化的起因的探讨、对中介语可变性的探讨等。还有学者从语义研究、学习者评价标准、语言变异、学习者的语言能力、方法论等方面指出了中介语研究的局限性。⑦

---

① 蔡金亭:《对语言习得的语言哲学解释》,《解放军外国语学院学报》,2000年第2期。
② 宁春岩:《对第二语言习得研究中的某些全程性问题的理论语言学批评》,《外语与外语教学》,2001年第6期。
③ 戴曼纯:《第二语言习得研究中的理论建设问题》,《当代语言学》,1997年第4期。
④ 俞理明、袁平华:《应用语言学还是教育语言学——对二语习得研究学科属性的思考》,《现代外语》,2004年第3期。
⑤ 吕文华、鲁健骥:《外国人学汉语的语用失误》,《汉语学习》,1993年第1期;吕必松:《论汉语中介语的研究》,《语言文字应用》,1993年第2期。
⑥ 王建勤:《中介语产生的诸因素及相互关系》,《语言教学与研究》,1994年第4期。
⑦ 戴炜栋、束定芳:《外语交际中的交际策略研究及其理论意义——外语教学理论研究之三》,《外国语》,1994年第6期;王建勤:《历史回眸:早期的中介语理论研究》,《语言教学与研究》,2000年第2期。

(3) 对"监察模型"的质疑。从20世纪90年代初期开始,国内学者就开始对于克拉申(Krashen)"监察模型"中的几个假说提出了质疑。他们认为,对于"语言习得—学习假说"理论基础的质疑主要基于以下几点:一是该假说建立在句法学语言观的基础之上,而这种语言观是不能用来建立语言学习理论的①;二是克拉申以乔姆斯基的"语言的习得机制"论和儿童习得母语的普遍原理作为该假说的理论基础是不科学的,习得—学习区分论存在着不少矛盾与误区②;三是该假说理论的先天不足在于只区分了习得与学习两种不同的认知过程,而对这两种过程本身几乎未作实质性的探讨③。"输入假说"的定义、论据和推论看来都存在着漏洞和局限性,其语言规则习得即语言习得的观点不正确,输入假说中的两个主要论据"简化语言"和"沉默期"不能成立。④ "自然习得假说"也存在着若干问题,它只不过是一个假设,证据还不充足,仍有待于进一步探索。⑤ "情感过滤假说"只讨论了情感与学习者接受语言输入量的关系,对于输入—摄入—输出这一认知过程毫未涉及。事实上,输入并不等于摄入,摄入也不能自动转化为输出。⑥ 总之,克拉申的"监察模型"理论对二语习得这样一个复杂的认知过程而言,其理论解释力是非常有限的,因此存在不少值得商榷和有待完善之处。

(4) 二语习得的认知研究。国内学者从认知心理学角度分析二语习

---

① 荆增林:《对克拉申习得—学得说的异议》,《现代外语》,1991年第1期。
② 吴丁娥:《习得与学知是相互独立还是相互融合?——评Krashen的习得—学知区分论》,《外语界》,2001年第1期。
③ 张伊娜:《学习与习得殊途而同归——从认知学习理论看"学习、习得"对外语教学的启示》,《外语与外语教学》,2004年第3期。
④ 荆增林:《对克拉申输入说的异议》,《外语教学与研究》,1991年1期。
⑤ 戴曼纯:《"自然习得顺序"质疑》,《外语教学与研究》,1996年第4期。
⑥ 张伊娜:《学习与习得殊途而同归——从认知学习理论看"学习、习得"对外语教学的启示》,《外语与外语教学》,2004年第3期。

得过程,提出了以大脑的注意和工作记忆为中心的模式,认为认知心理分析可能在教材设计、语言材料输入等方面对我们有所启发,同时还为二语习得认知心理的研究提供了实验证据。他们从同一角度对中介语现象进行了认知阐释:中介语现象产生于学习者构建目的语心理句法系统时,其语言习得机制的自主创造力①;中介语认知的发生受到语言的、心理的、社会的认知和中介语认知系统发生本身的制约,因此,中介语一定遵循它自身的构建规律②。同时还分析了语言僵化的起因,并结合相关理论,提出了一些避免语言僵化现象产生的策略。③ 有学者依据连通主义(connectionism)④所反映的网络工作的特性,建立了二语习得认知过程的连通主义网络模型,对若干二语习得理论的合理性进行了验证。⑤ 还有人将隐喻理论应用于二语习得研究,建立了研究的理论框架。⑥

(5)普遍语法在二语习得中的作用研究。普遍语法在二语习得中的作用问题一直是生成语法框架下二语习得研究者们关注的焦点。国内的研究显示,普遍语法的可及性三假说反映的是二语习得中三种不同的习得现象而不是全部的习得事实,因为尚未发展完善的普遍语法理论直接制约了二语习得中普遍语法可及性的研究,研究方法的局限也影响了论证和分析的结果。⑦ 因此,不宜从单一的理论角度审视二语习得,从多视

---

① 刘利民、刘爽:《中介语产生的语言心理原因》,《外语教学》,2003年第1期。
② 戴炜栋、蔡龙权:《论中介语的认知发生基础》,《外语与外语教学》,2001年第9期。
③ 张雪梅:《语言石化现象的认知研究》,《外国语》,2000年第4期。
④ 有的国内文献将其译为连接主义或联结主义。
⑤ 王薇:《一个基于连通主义的二语习得认知过程模型》,《语言教学与研究》,2004年第5期。
⑥ 蔡龙权:《隐喻理论在二语习得中的应用》,《外国语》,2003年第6期。
⑦ 刘绍龙:《第二语言习得及其逻辑问题探析》,《解放军外国语学院学报》,2000年第1期;武和平:《二语习得中"逻辑问题"的逻辑与普遍语法可及性假说》,《外语学刊》,2004年第3期。

角、多途径研究这个复杂现象也许会得到更全面、更客观、互补的结果。①比如有人认为,连通主义能够合理地解释二语习得中的母语迁移现象,"解释二语习得,连接论优于普遍语法"②。在普遍语法可及性的框架内,对二语习得的"逻辑问题"进行研究,已经汇入国外二语习得的主流,取得了令人注目的成果。而在我国,这一研究才刚刚起步。有学者指出,目前当利用普遍语法,在可及性假说的框架里寻求解决"逻辑问题"时,从逻辑前提到研究方法上都陷入了困境,研究结果也自相矛盾。③ 因此认为,要对普遍语法对二语习得过程解释力的优势和缺陷有清醒的认识。一方面需要寻找解决二语习得中"逻辑问题"的新的理论资源,另一方面要拓宽普遍语法在二语习得研究的范围,这样才能走出困境,使二语习得的"逻辑问题"得到圆满解决。

(6) 学习者个体差异研究。这里仅略述对二语学习者个体差异中年龄(临界期)和学习者策略这两个因素的研究。针对第一语言习得提出的语言习得临界期的概念,引发了许多有关二语学习年龄的研究和争论。国内有人认为把临界期看作只在第一语言习得中才有意义,而忽略在第二语言习得中的作用,是理论上的偏颇。④ 但也有人否定语言习得临界期的存在,认为迄今缺乏科学研究证据的支持。⑤ 有人提出"外语学习越早越好",认为学习外语的临界期在小学。然而与之相左的观点认为,没有发现哪一年龄阶段在语言学习上占有绝对优势,在较严格控制其他因素

---

① 戴曼纯:《UG理论与第二语言习得研究》,《外语与外语教学》,1998年第2期。
② 王初明:《解释二语习得,连接论优于普遍语法》,《外国语》,2001年第5期。
③ 刘绍龙:《第二语言习得及其逻辑问题探析》,《解放军外国语学院学报》,2000年第1期。
④ 宁春岩:《对第二语言习得研究中的某些全程性问题的理论语言学批评》,《外语与外语教学》,2001年第6期。
⑤ 戴曼纯:《浅谈第二语言习得的年龄差异》,《外语界》,1994年第2期;刘振前:《第二语言习得关键期假说研究评述》,《当代语言学》,2003年第2期。

的情况下，少年和成人的习得情况应优于儿童①；有调查表明，"外语要从小学起"目前在我国多数地区缺乏现实性，主要涉及师资状况、教学效果及小学生的外语接触量等问题②。我国学者在学习者策略研究方面成果突出。其中文秋芳在英语学习策略的理论构建和实证研究方面做出了开拓性贡献。针对国外几个策略分类中存在着的不足，文秋芳首次提出了我国自己的英语学习策略理论。该理论具有整体性、动态性、开放性、层级性和整个系统运行的可调控性，对我国英语学习策略的研究与培训已产生积极影响，标志着我国英语学习策略的研究已经越过了"借鉴、模仿"阶段，进入了"融合、创新"阶段。③

（7）二语习得与二语/外语教学研究。国内学者从宏观上探讨了二语习得主流理论对我国语言教学的启示、二语习得研究成果在语言教学中的应用问题以及理论与应用之间的互动关系等，从微观上具体探讨了二语习得理论和模式对各语言技能层面教学的启发和指导意义。戴炜栋与束定芳基于二语习得理论启发，系统探讨了影响外语学习的若干主要因素、对比分析、误差分析、中介语和交际策略等几个重要方面研究的理论意义及其对外语教学的启示。④ 王初明在若干有影响的二语习得理论模式启发下，根据我国外语学生的学习特点和学习环境，尝试设计了一个中国学生外语学习的理论模式。⑤ 我国学者还认识到，"第二语言"与"外

---

① 戴曼纯：《浅谈第二语言习得的年龄差异》，《外语界》，1994年第2期。
② 董燕萍：《从广东省小学英语教育现状看"外语要从小学起"的问题》，《现代外语》，2003年第1期。
③ 文秋芳：《英语学习策略实证研究》，陕西师范大学出版社，2003年。
④ 戴炜栋、束定芳：《试论影响外语习得的若干重要因素——外语教学理论系列文章之一》，《外国语》，1994年第4期；戴炜栋、束定芳：《对比分析、错误分析和中介语研究对外语教学的启示——外语教学理论研究之二》，《外国语》，1994年第5期；戴炜栋、束定芳：《外语交际中的交际策略研究及其理论意义——外语教学理论研究之三》，《外国语》，1994年第6期。
⑤ 王初明：《中国学生的外语学习模式》，《外语教学与研究》，1989年第4期。

语"学习无论在语言环境、语言输入、还是学习者的学习动机、情感因素、认知基础、掌握程度和学习目标等方面都有明显的差异,混淆这两个不同概念就会混淆二语教学与外语教学完全不同的特点。① 关于正规的课堂教学对语言习得的作用,刘润清认为,正规授课间接提供的一种语言环境,对达到更高的语言水平是有利的,因为只有注意到语言形式才能开始加工和习得语言②;胡壮麟等认为,就目前我国大学英语学习仍以课堂教学为主的情况下,英语习得应持灵活态度,即可分为完全习得、指导性习得和自学性习得③。教师要引导学生的自学性习得,这样才能有助于提高学习者的英语水平。对于二语习得研究和语言教学的关系,有学者认为,二语习得研究虽然不能为教学提供直接可资借鉴的、便于操作的成果,但是能加深我们对学习活动及教学活动的理解④;二语习得研究与语言教学实践是一种相辅相成的关系,前者为后者提供原则和理论,后者为前者提供实践园地、进行行动研究并提供实证,从而得出更为科学的研究结果。

(8) 方法研究。在宏观上,高一虹等观察对比了中国和西方应用语言学研究方法的发展趋势,发现国内研究以非材料性为主,但正向材料性特别是向量化方向发展⑤;西方的材料性研究相对较强,20 世纪 90 年代出现了定性方法向定量方法的挑战;文秋芳与王立非介绍了二语习得研究方法上的最新进展:一是在进入 21 世纪后,微变化法被引入二语习得研究领域,其优势在于能够揭示二语习得发展的轨迹和机制;二是自 20

---

① 束定芳、庄智象:《外语、第二语言、母语及其它》,《外语教学》,1994 年第 2 期。
② 刘润清:《第二语言习得中课堂教学的作用》,《语言教学语研究》,1993 年第 1 期。
③ 胡壮麟、封宗信、罗郁:《大学英语教学中的习得》,《外语教学与研究》,1994 年第 4 期。
④ 肖云南、戴曼纯:《二语习得研究成果在课堂教学中的应用问题》,《外语界》,2004 年第 3 期。
⑤ 高一虹、李莉春、吕珺:《中西应用语言学研究方法发展》,《外语教学与研究》,1999 年第 2 期。

世纪 90 年代中期开始,基于语料库的中介语对比分析(contrastive interlanguage analysis)成为二语习得研究的新方法。① 微观上的方法研究主要涉及针对语言习得研究的习得标准②、学习策略研究的有效性方法③、二语习得实证研究的评估方法和评价研究质量的重要指标及原则④等。

四、国内二语习得研究中存在的不足

1. 国内二语习得理论研究总体看来进展乏力。理论研究还不够系统;在理论建设方面,涉及具体方面的微观研究较多,缺乏宏观理论建构的研究;理论的独创性不强,很多研究还仅仅停留在对某些理论原则的阐释评述层面上。在结合中国的实际、建立中国的语言教学理论方面,没有形成自成一体的理论体系。

2. 国内二语习得的研究方法依然存在问题。首先,以访谈、观察等材料为基础的质化研究远落后于以数据材料为基础的量化研究,量化研究中问卷调查远多于实验法,将定量法和定性法有机结合的研究还是少数;其次,验证性研究缺乏,已发表研究报告对研究步骤描述不够详细,难以重复;再次,目前研究大多是静态共时研究。国外从 20 世纪 90 年代后期已经开始重视二语能力形成和发展的动态研究,对仍处于静态研究阶段的国内研究者提出了有力挑战。

3. 国内二语习得研究学科定位模糊。作为一门多学科、跨学科性研究领域的学科建设,似乎还停留在国外二语习得界以语言学中心论为其特征的发展早期阶段,对该学科属性的认识并没有与时俱进,而是落后于

---

① 文秋芳、王立非:《对外语学习策略有效性研究的质疑》,《外语界》,2004 年第 2 期。
② 张燕吟:《准确率标准和初现率标准略谈》,《世界汉语教学》,2003 年第 3 期。
③ 文秋芳、王立非:《对外语学习策略有效性研究的质疑》,《外语界》,2004 年第 2 期。
④ 吴旭东:《二语习得实证研究评估方法》,《现代外语》,2002 年第 1 期。

该学科的发展。学界对其学科定位也并未达成共识，这势必会影响学科的建设与发展。

4. 国内学界有人对于二语习得的应用研究存在着功利思想，机械应用二语习得理论和研究"结论"。对于接触到的二语习得理论和研究成果首先热衷于实现其实用价值，而不考虑外语与第二语言教学完全不同的特点，不考虑所用理论是否适合中国语言教学的实际，没有认识到课堂二语习得研究成果中的某些观点只有学术价值而无应用价值，这种盲目照搬套用的结果对教学必然有百害而无一益。

5. 二语习得研究在我国开展20余年间，虽然学术刊物上发表了很多论文，也有专著和文集问世，但几乎没有召开过专题学术会议，这不利于研究成果的有效交流；没有成立专门的学术团体来组织和协调国内的研究活动，国内的二语习得研究在相当长的一段时间基本处于各自为战的松散状态。

五、国内二语习得研究的前景展望

1. 二语习得多学科性的前景使得二语习得研究和其他学科合作的领域得到扩大。目前二语习得研究已与哲学、语言学、心理学、教育学、社会学、认知心理学等社会科学进行交叉融合，今后存在着和神经系统科学、神经生物学等自然科学融合的趋势，二语习得研究的视角将得到进一步扩大。随着多学科的介入，学者们应更加敏锐地捕捉二语习得研究跨学科的融合方向，将各学科中有价值的成分借鉴吸收，纳入体系，理论研究必将有所突破、创新和发展。同时，二语习得的理论体系和研究方法，除了对二语/外语教学及其改革继续起到重要的启发和指导作用外，对人类在语言普遍性规则、认知发展、语言发展、生理发展、社会语言问题及文化普遍性等问题正在产生积极、广泛和深远的影响。因此，二语习得应用研究的范围也将得到拓展。

2. 国内二语习得研究方法将得到更多重视并得以完善。哲学、数理统计、统计分析、认知科学、计算分析等方面的知识和方法都将被广泛运用到二语习得研究中,使得研究方法更加科学和丰富。要全面、深入认识二语习得的本质,必须多种方法有机结合。同时,要进一步普及和提高研究方法意识,最根本的方法是在高校加强现有研究方法课程的教学。

3. 二语习得研究问题逐渐深入发展。从二语习得过程来看,研究的重点已侧重到学习者接受的输入语的话语分析,研究问题深入到语言迁移、输入语、语言变异等。从二语学习者来看,由对学习者诸因素与学习成绩的简单的相关研究,向这些因素在二语习得过程中如何起作用方向发展①;由从研究语言能力的习得过程,向研究学习者语用和跨文化交际能力的习得过程方向发展。同时研究模式将突破原有的以普遍语法为主的状况,功能主义和其他跨学科的模式,如"连通主义"模式等将共同参与二语习得研究,使用的语料将突破句子的层面,更多地使用话语或语篇层面上的语料。② 这种发展趋势将使国内研究者明确今后研究的重点和方向。

4. 汉语界和外语界在二语习得研究上将会出现沟通、融合的趋向,这些为二语习得共性的研究提供了思想和人力方面的基础。未来我们可望看到国内汉语界和外语界二语习得研究相互兼容,交叉互补,团结协作,携手共进的可喜局面,可望看到两界学者联合召开的学术会议和携手合作的研究成果。

5. 中国的二语习得研究将逐步融合到国际性研究当中,在研究领域和研究范式上进一步和国际接轨,从而在整体上接近国际研究水平,与全

---

① 乐眉云:《二语习得研究的多学科前景》,《外语研究》,2001年第4期。
② 曲政、俞东明:《世纪之交的第二语言习得研究:回顾与前瞻》,《山东师范大学外国语学院学报》,2001年第2期。

球范围二语习得研究的发展潮流同步,并在不久的将来有望在许多重要研究课题上站到本学科的前沿,取得更加令人瞩目的成就。

六、结束语

中国二语习得学者20多年的研究和探索,不断检验、修正、补充和丰富了二语习得的理论与实践,有力推动了二语习得研究的发展,并越来越引起国际学术界的关注。在看到成绩的同时,我们更应清醒地认识到存在的差距与不足,认真总结经验和教训,调整和确定今后努力的方向。我们相信,国内学界同仁的共同努力必将为中国的二语习得研究开创一个硕果累累、充满希望的新局面。

概念能力与概念表现[1]

针对乔姆斯基(Chomsky)的语言能力(linguistic competence)和语言表现/使用(linguistic performance),我们提出概念能力(conceptual competence)和概念表现(conceptual performance),这不是向生成语法(generative grammar)提出挑战,而是从不同视角讨论问题,并强调理论联系实际,结合英语教学和研究,探讨人脑如何用概念思考,又如何用概念结构处理语言的思维方式。

一、概念能力,概念表现与处理方法

1. 概念能力

语言能力指的是人脑对句法结构的认识,而概念能力指人脑对概念结构的认识,又指用概念结构处理语言的能力。乔姆斯基认为人们头脑中内在的语法知识就是语言能力,而我们从认知语义学(cognitive semantics)的角度看问题,认为人们头脑中内在的概念结构知识是概念能力,即元认知力(metacognition)。具体地说,这是用概念结构进行思维的能力,即每个人脑中内在地掌握了本族语的概念结构,从而能正确地生成

---

[1] 原载《外国语》,2007年第3期,合作者陆国强。

(generate)和解释(interpret)语言信息。这种概念能力实际上是一种语言感(a sense of language),或者说是一种语言直觉(linguistic intuition)。这种能力也可解释为思想和语言动态的递归式映射(recursive mapping)。

(1) This film is <u>vintage Chaplin</u>.(这部影片是卓别林的最佳代表作。)

句中的概念结构 vintage Chaplin 可作如下的剖析:

```
                Conceptual Interface (vintage)
                      /            \
                     /              \
            Concept₁ ------------- Concept₂
            Chaplin                 Chaplin
      (the surname of a person)  (the work of a person)
```

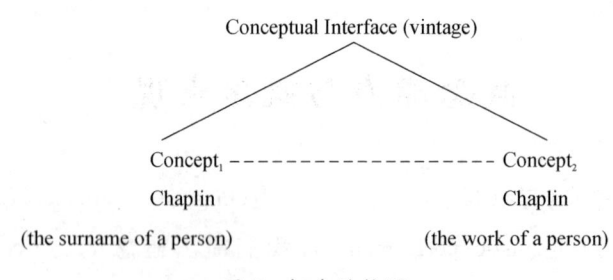

图 7　概念结构图

概念₁通过概念接口(conceptual interface)转换成概念₂;经过这两种概念的映射,句子就整合成:This film <u>represents the best work of Chaplin</u>。vintage Chaplin 这一结构中的 vintage 原为名词,作"一个收获季节采得的葡萄所酿制的酒",如:The claret was (of) a rare vintage.(这一年份的法国波尔多红葡萄酒是稀有的好酒。)随着语义的演变(semantic shift),此词转化为形容词,衍生出新义,作"经典的;优秀的;第一流的"解,用于人名之前喻指"representing the best work of (a person)"。这一例证说明以英语为母语的人是如何运用 vintage Chaplin 这一特殊的概念结构思维的。用英语思维就是用英语概念结构思维。

2. 概念表现

语言表现指语法知识的使用,而概念表现则指概念结构知识的使用。概念结构知识的应用表现为生成或解释各种各样的知识结构的三种模式:(1) 概念形成机制(conceptualizer)——产生命题信息;(2) 概念合成机制(conceptual synthesizer)——把命题信息转换成概念结构;(3)语言编码机制(linguistic coder)——给概念结构作语言编码,即用口语或书面语的概念表达方式使人脑内的概念结构外表化(externalize)。这三种模式概括了用概念结构调节形式和意义之间的关系并使之达到完美统一的过程。

3. 整体处理法

概念表现涉及语言使用问题。从人脑处理语言的过程来看有两种对立的处理方法:一种是个体处理法(atomism);另一种是整体处理法(holism)。前者忽视整体而对部分作孤立的静态研究,这种倾向在语言使用中表现得尤为明显。外语教学往往偏重于语法结构的过细分析或脱离语境讲解词语的用法,久而久之,便产生"见树不见林"的现象,导致人脑的认知障碍(cognitive disorder)。后者强调整体的重要性以及部分之间的依赖性。具体地说,这种方法在处理语言时注重从宏观上考虑句法、语义、语用、逻辑和社会文化等五大要素,并从微观上谋求形式和意义的统一。

(2) True to form, John turned up late.

(3) True to form, when it came to his turn to buy the drinks, he said he'd left his wallet at home.

从句法上看,此习语总是置于句首且用逗号与句子的主要框架分开,从语义上分析,true to form 的英语释义为 being or behaving as expected,汉语释义为"一如往常"。这两个释义均未揭示出此习语的确切含义。一位在中国执教的英国语言学家根据语言直觉对 true to form 在实际语言使用中的动态意义(dynamic meaning)作了精辟的阐释:"It is used to say that someone is behaving in the way that you expect him or her to behave, especially when this is annoying." 此习语的隐含意义是"故态复萌"或"故伎重演",尤指一如往常做出的事令人讨厌(相当于 turned up late, ... he said he'd left his wallet at home)。

上述分析说明过分倚重句法结构和词典释义而不从整体上处理语言,不利于语言作为交际工具的作用发挥。

(4) I could use a cold drink?

(5) Boy, could I use a hot bath?

这两个例句从遣词造句来看与惯常的句型不一样。以英语作为目标语学习的中国学生习惯于采用英汉语机械对应法来处理语言,其结果往往是误解或无法理解例句的含义。格式塔心理学(Gestalt psychology)强调整体不是其组成部分的相加,而有其本身的特性。这是整体处理法的理论依据。例句中 could use 从用词的互相期待(mutual expectancy)和语义联想(semantic association)来分析有其特殊的含义,作 would very much like 解,再从主语来看,都与 I 连用,而跟在后面的宾语分别为 a cold drink 和 a hot bath,这表明 could use a cold drink or a hot bath 在意义构建上达到了完美的融合。从结构上看,两个句子均以感叹号(!)结尾,第二个例句中用了 could I use 这个词序倒置模式,再加用了 Boy 这一感叹词,更使"我真想或真喜欢"的深层意义凸现出来。例证可以分别译成:

(4') 我真想来一杯冷饮!

(5') 啊,洗一个热水澡有多好呀!

整体处理法涉及到思想和语言映射过程中的意义构建途径。

二、概念映射与概念整合

人脑用概念思维的主要途径是概念映射(conceptual mapping)和概念整合(conceptual integration)。吉尔斯·福科尼耶(Gilles Fauconnier)、特纳(M. Turner)、乔治·莱考夫(George Lakoff)、罗纳德·兰艾克(Ronald W. Langacker)、米切尔(M. Mitchell)等认知语言学家均从理论上对这两

个术语作了精辟论证,这里不一一赘述。本文作者拟根据上述语言学家的理论,结合实践做出自己的解释,并以多个例句加以印证,力求在意义构建的思维方式上创新。

1. 概念映射及种类

mapping 一词系数学术语,译成汉语为"映射;映像;对应;变换",其中"映射"和"变换"经常交替使用,意指:设 A 与 B 是两个集,如果按照某个对应法则,使 A 的每一个元素在 B 中有一个确定元素与它对应,称这个对应法则从 A 到 B 中的"映射"或"变换"。

这个术语用于 conceptual mapping 实指两个概念按照对应法则实施映射或变换。

(6) There is no vaccine against this form of computer virus.

Conceptual Interface (against this form of computer virus)

$Concept_1$ ---------------- $Concept_2$
$vaccine_1$ $vaccine_2$

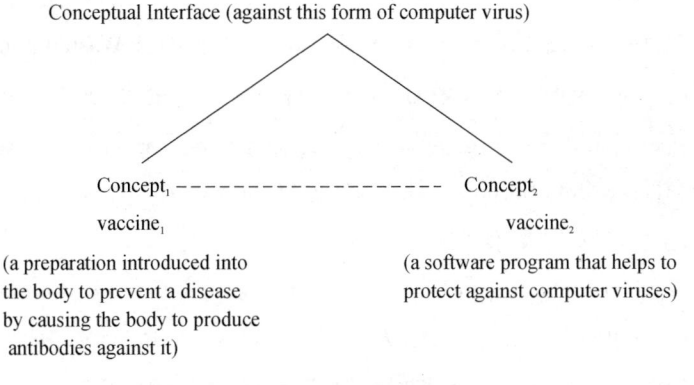

(a preparation introduced into the body to prevent a disease by causing the body to produce antibodies against it)

(a software program that helps to protect against computer viruses)

图 8　概念映射图

$vaccine_1$ 相当于数学术语常数(constant),在语言学中称作无记项(unmarked item),指在语言中常用的词义,亦称本义。vaccine 一词一般用来指"牛痘苗;疫苗;菌苗",如:There is no vaccine against HIV infection.(目前尚未有预防艾滋病病毒感染的疫苗。)随着时代的发展,此词经历了语义演变,衍生出新义,即 vaccine$_2$,作"预防计算机病毒的疫苗;预防病毒的电脑程序"解,vaccine$_1$(本义)和 vaccine$_2$(转义)之间存在着对应关系,通过概念接口(against this form of computer virus),使 vaccine 从 Concept$_1$ 到 Concept$_2$ 中实现了映射。通俗地说,一个词在人脑思维过程中由一种概念变换成另一种概念,即由本义变换成转义,或由无记项变换成有记项。这个例子说明概念映射只有在对应规则运作下才能形成。

概念映射是一种概念变换(conceptual change),即人脑在用概念思维过程中按照对应法则从心理空位$_1$(mental space$_1$)到心理空位$_2$(mental space$_2$)的变换。这是一种无所不在的思维方式,语言的理解和表达取决于概念映射成功与否。概念映射是启动或激活概念形成机制的第一步。

(1) 借代式映射(metonymic mapping)

当甲事物同乙事物不相类似,但有密切关系时,可以利用这种关系,以乙事物的名称来取代甲事物,这种方式叫借代,如以 Washington 指称美国,以 the sword 指称军事力量(military power)。借代式映射指以乙事物的名称取代甲事物的必要条件是两个概念之间存在着借代式对应关系,如 the sword(Concept$_1$)原指"剑",现与 the sword(Concept$_2$)形成对应关系,由"剑"转指"军事力量"。

(7) I've come to you bringing an olive branch. I think you ought to stop quarrelling.(我是来与你讲和的。我觉得我们应该停止争吵。)

句中 an olive branch 原指"橄榄枝",现指"和平的象征",Concept$_1$ 与 Concept$_2$ 构成借代式映射关系,由乙事物的名称取代甲事物。

(2) 隐喻式映射(metaphorical mapping)

隐喻是一种比喻,用一种事物暗喻另一种事物,其主要特点是比喻的本体和喻体之间不用 like 或 as 这一类词作为媒介,如:Life's a short summer.(人生苦短,犹如夏天,稍纵即逝。)隐喻式映射是一种最常用的概念变换思维方式。

(8) They were allowed to leapfrog the long lines of traders and get immediate appointments with Chinese representatives.

(9) U. S. influence and prestige nosedived in Africa.

(10) They came up with a plan for drastic pruning of the bloated institution.

第一句中 leapfrog 原义为"蛙跳",这里作"越过"解。第二句中 nosedive 原指飞机垂直俯冲,这里转义为"骤然下降",相当于汉语习语"一落千丈"或"江河日下"。第三句中的 prune 原指修剪树枝,这里引申为"紧缩"。

(3) 类比映射(analogical mapping)

类比构词的特点是仿照原有的同类词创造出其对应词或近义词。类比映射通过一个词的某个成分与另一个词的某个成分相对应的关系实现概念转换,如 telethon(马拉松式电视广播节目)、talkthon(马拉松式谈话或座谈节目)均由 marathon(马拉松)类比而成。再如由 black list(黑名单)化出 white list(白名单)和 gray list(灰名单)。

2. 概念整合

这是意义构建的另一条重要途径。概念整合(conceptual integration)强调整体的重要性和各个成分之间的依赖性,并把各个元素组合或融合成有机的统一体以使语言应用达到形式和意义的完美结合。这是人脑用概念思维并用概念结构处理语言的过程。

(11) This film is vintage Chaplin.

人脑用概念思维的第一步是找出和弄清两个概念之间的映射(如 vintage 与 Chaplin 连用时体现了两种概念之间的对应关系)。这是概念整合的前提和基础(cornerstone)。如果不理解 vintage Chaplin 这一概念

```
                    Conceptual Mapping
                           │
                Conceptual Interface (vintage)
                         ╱   ╲
                        ╱     ╲
                  Concept₁ ─────── Concept₂
                  (Chaplin)         (Chaplin)
             the name of an individual   the work of an individual

                    Conceptual Integration
                    ╱    ╱    │    ╲    ╲
                   ╱    ╱     │     ╲    ╲
        Syntactic Models  Semantic Models  Pragmatic  Logical Models  Socio-cultural
                                           Models                      Models

                Emergent Conceptual Structure
                        ↓    ↓
                This film is vintage Chaplin.
```

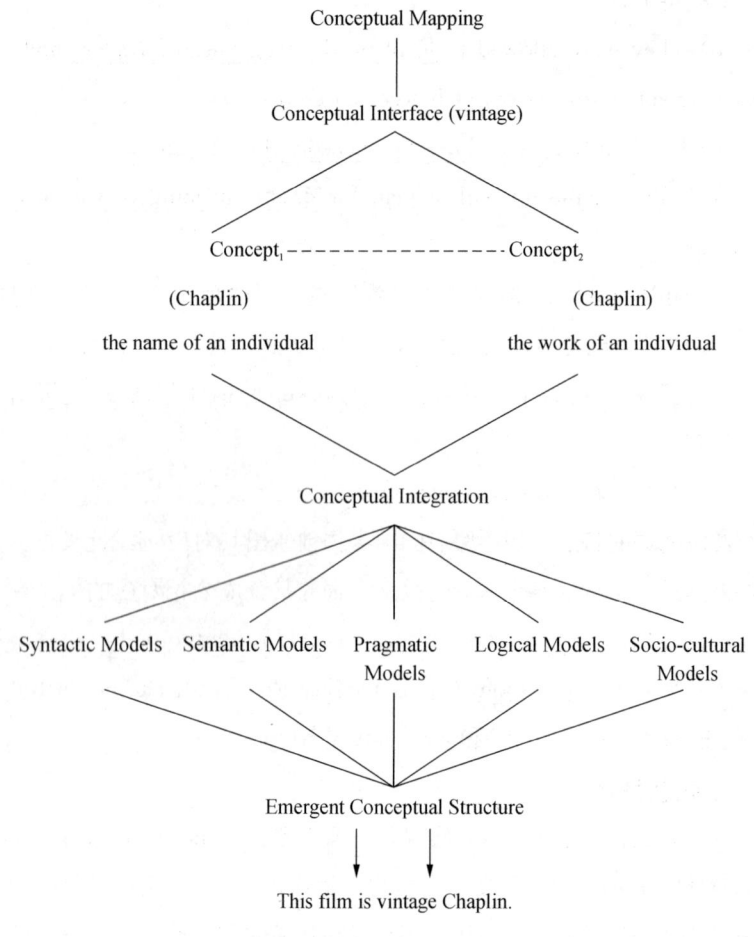

图 9　概念整合示意图

结构,整句的意思就无法确定。人脑用概念思维的第二步是概念整合。概念整合就是把图中五大结构模式融合为一个有机的整体,并对存储在脑中的各种图式结构(schemata)加以整合。在弄清概念映射关系的基础上(vintage Chaplin＝representing the best work of Chaplin),需要从句子整体上理顺 vintage Chaplin 与其他词语之间的关系（如 this film，is）。Chaplin 是影坛上赫赫有名的幽默大师，与 vintage 连用十分贴切，再有主语是 this film，谓语是 is，经概念整合，就形成了层创结构（emergent conceptual structure）。概念整合用于语言的生成和解释（generation and interpretation），是一种动态的递归式整合。具体地说，人脑从认知角度处理语言时，总是在实际语言环境中能动地、递归式地调节、补充和更新存储在脑中的知识结构。

(12) The way of defusing the Middle East crisis through shuttle diplomacy was vintage Kissinger.

句中 vintage Kissinger 在结构上与 vintage Chaplin 相同，但意义却不同，这时就得启动概念机制，调整和更新原有的图式结构（vintage Chaplin），并从整体上结合句中其他成分（the way of defusing the Middle East crisis through shuttle diplomacy）进行分析和推论，并对语言知识结构和背景知识结构作递归式整合。基辛格（Kissinger）是以穿梭外交而著称的美国外交家，他采用的方法独树一帜，defusing the Middle East crisis through shuttle diplomacy 交代了时代背景；从语言知识结构来分析，vintage Kissinger 可用英语解释为"typical（or characteristic）of Kissinger"，意指"（这种处理危机的方法）纯属基辛格独创"，再结合句中其他成分（the way of ..., was）构建意义并经逻辑推理，谋求形式和意义的统一，整句可以意译成英语：It is typical of Kissinger to defuse the Middle East crisis through shuttle diplomacy. 这一例句也可以通过概念整合转换成汉语：通过穿梭外交化解中东危机乃是基辛格别出心裁的绝招。

三、概念结构的内涵、构成与转换

1. 概念结构

上文提到概念结构是由句法模式、语义模式、语用模式、逻辑模式和社会文化模式整合而成。这种结构是人脑在实际环境中生成和解释语言过程中的产物,因而是人们在人际交往和文化交流中反复应用的动态结构,又称动态递归式结构。认知语言学家称之为在线结构。我们把在线结构引申为"在线、实时结构"(an online, realtime construction)。概念结构的精髓在于在线性和实时性。简而言之,这是一种运行中的递归式图式结构(the recursive schemata in operation)。

2. 概念结构的组合成分

概念结构概括地说是由语言知识结构和非语言知识结构组成,具体地说是由语言知识图式结构(the formal schemata)、逻辑知识图式结构(the logical schemata)和社会文化图式结构(the sociocultural schemata)合成。每种语言都有自己独特的概念结构系统(a system of conceptual structures),每一个概念结构系统又都有自己的特征。在第二语言习得过程中,必须善于识别源语(the source language)和目标语(the target language)在概念结构形成上的异同之处,从而实现两种语言的顺利转换。

3. 两种语言概念结构之间的相互转换

(14) 我们享受公费医疗。

(15) 我们需要在各方面深化改革。

(16) 我们必须采取积极措施打击恐怖主义。

英语学习者十之八九都把上述例句分别译成:

(14)? We enjoy free medical care.

(15)? We need to deepen reform in all fields of endeavour.

(16)? We must take active measures to fight terrorism.

这三个例句的英译文反映了第二语言习得者一种典型的常规思维方式,即在用词和结构形式上一味追求词性、词序和词义的机械式对应,这是一种对号入座的思维方式。其致命的缺陷是用第一语言的概念结构强加于第二语言的概念结构,其结果是语法结构绝对正确,而概念结构在形式和意义上不相匹配,因此这种英语被贬斥为中国式英语(Chinglish)。从汉语的思维方式来看,这三个英语句子是无懈可击的,但从英语的思维方式来分析,在形式和意义上均存在着问题。以英语为母语的人一看就能凭借概念能力(即语言感或语言直觉)作出判断,认为上述译文的概念结构在语义的衔接(semantic cohesion)和概念连贯(conceptual coherence)上均有缺陷,enjoy 与 free medical care, deepen 与 reform, active 与 measures 均缺乏语义相容性(semantic compatibility)。enjoy 总是与具有"愉快"语义特征的词语连用,free medical care 与 enjoy 在语义上不相容,导致概念不连贯,应把 enjoy 改为 are entitled to。在英语概念结构中 deepen 与 reform 的搭配使用是不成立的,只能说 deepen a river,或 deepen one's understanding,而不能说 deepen reform,两者之间必须插入具有语义衔接作用的词语,这个心理空位应让 our commitment to 来填补,即 to deepen our commitment to reform。以英语为母语的人对 active measures 这一结构不理解,认为概念表达不确切,应将 active 改为 proactive。上述三个汉语句子可以分别译成:

(14') We are entitled to free medical care.

(15') We need to deepen our commitment to (or step up) reform in all fields of endeavour.

(16') We must take proactive measures to fight terrorism (or must be proactive in fighting terrorism).

同样,在英语转换成汉语过程中,上述问题也会出现。

(17) She will be <u>remembered as an unrelenting opponent of racial discrimination</u>.

? 她将作为一名种族歧视不屈不挠的反对者被纪念。

(18) The government's efforts to solve the conflict would be unrelenting, said the president.

? 总统说,政府解决冲突的<u>努力会是坚定的</u>。

这两个例证反映了英语学习者在两种语言转换过程中思维方式上的错位。具体地说,译者在把英语转换成汉语的过程中,拘泥于用词和结构形式上机械式对应法,重复了上文提到的汉译英的错误。概念结构上出现的这种错位必须纠正,即在英译汉时应把目标语概念结构转换成源语概念结构,而在汉译英时应把汉语概念结构转换成英语概念结构。具体地说,在两种语言转换过程中,在透彻理解的基础上转换思维方式,即英译汉时采用汉语思维方式,而汉译英时改用英语思维方式。这就是使形式和意义趋向完美结合的概念表现。上述两个例句可译成:

(17') 人们会永远怀念这位为反对种族歧视而进行不屈不挠斗争的战士。

(18') 总统说,政府会不遗余力地设法解决这个冲突。

综上所述,本文旨在抛砖引玉,提出了概念能力和概念表现这一新理论,对认知语言学的术语作出了自己的解释和论述,并理论联系实际,探讨了英汉思维模式的转换,期盼读者参与本项研究,共创中国自己的语言学理论体系。

中国学习者英语冠词语义特征习得研究[①]

近年来,国外在普遍语法最简方案框架下对功能语类的第二语言习得研究越来越多,主要集中在动词范畴[②],而对名词范畴(包括冠词)的习得研究相对较少。后一研究的目的是通过对第二语言中的功能语类、功能语类特征或特征值的习得,来探索普遍语法在第二语言习得中是否可及以及如何可及等问题。目前对冠词习得的研究从多个层面展开,如句法[③]、语义[④],或者从句法和其他层面的接口展开,如句法—形态接口[⑤],句

[①] 原载《外语教学与研究》,2008年第2期,合作者韦理。
[②] A. Sorace, "Losing the V2 Constraints", in E. Klein & H. Martohardjono (eds.), *The Development of Second Language Grammars: A Generative Approach*, Amsterdam: John Benjamins Publishing Company, 1999; P. Prévost & L. White, "Missing Surface Inflection or Impairment in Second Language Acquisition? Evidence from Tense and Agreement", *Second Language Research*, Vol. 16, No. 2, 2000.
[③] D. Robertson, "Variability in the Use of the English Article System by Chinese Learners of English", *Second Language Research*, Vol. 16, No. 2, 2000; R. Hawkins et al., "Accounting for English Article Interpretation by L2 Speakers", *EUROSLA Yearbook*, Vol. 6, No. 4, 2006.
[④] T. Ionin, H. Ko & K. Wexler, "Article Semantics in L2 Acquisition: The Role of Specificity", *Language Acquisition*, Vol. 12, No. 1, 2004.
[⑤] D. Lardiere, "On Morphological Competence", in L. Dekydtspotter (eds.), *Proceedings of the 7th Generative Approaches to Second Language Acquisition Conference*, Somerville, MA: Cascadilla Press, 2005.

法—语音接口①,和句法—语用接口②。约宁等人从语义层面对母语为俄语和韩语的学习者习得英语冠词的情况进行了研究,并提出了"冠词语义波动假说",旨在解释冠词习得中出现的错误。③ 该假说提出后,学者们对其他母语者进行了一系列验证性研究。④ 对母语为日语的学习者的研究结果证实了该假说。⑤ 而对母语为汉语者的研究结果却不支持该假说。⑥ 以上验证研究大都是考察在自然环境下的二语学习者对冠词语义特征的习得,试图支持或否定"冠词语义波动假说"。本文旨在通过考察在母语环境下不同水平的中国英语学习者对冠词语义特征的习得,来验证"冠词语义波动假说",并比较限定、特指语义特征在一语和二语中的不同表现,同时探讨母语对第二语言冠词语义特征习得的影响。

一、 文献回顾

以生成语法为理论基础的二语习得研究认为,二语习得是一个参数

---

① H. Goad & L. White, "Ultimate Attainment of L2 Inflection: Effects of L1 Prosodic Structure", *EUROSLA Yearbook*, Vol. 4, No. 1, 2004.
② N. Snape, *The Acquisition of the English Determiner Phrase by Japanese and Spanish Learners of English*, Unpublished Doctoral Dissertation, Colchester, UK: University of Essex, 2006.
③ T. Ionin, H. Ko & K. Wexler, "Article Semantics in L2 Acquisition: The Role of Specificity", *Language Acquisition*, Vol. 12, No. 1, 2004.
④ R. Hawkins et al., "Accounting for English Article Interpretation by L2 Speakers", *EUROSLA Yearbook*, Vol. 6, No. 4, 2006; N. Snape, "The Use of Articles in L2 English by Japanese and Spanish Learners", *Essex Graduate Student Papers in Language and Linguistics*, Vol. 7, 2005; H. Ting, *The Acquisition of Articles in L2 English by L1 Chinese and L1 Spanish Speakers*, Unpublished MA thesis, Colchester, UK: University of Essex, 2005.
⑤ R. Hawkins et al., "Accounting for English Article Interpretation by L2 Speakers", *EUROSLA Yearbook*, Vol. 6, No. 4, 2006; N. Snape, "The Use of Articles in L2 English by Japanese and Spanish Learners", *Essex Graduate Student Papers in Language and Linguistics*, Vol. 7, 2005.
⑥ H. Ting, *The Acquisition of Articles in L2 English by L1 Chinese and L1 Spanish Speakers*, Unpublished MA thesis, Colchester, UK: University of Essex, 2005.

值设置的过程。① 具体而言,就是二语学习者习得母语中没有的参数值的过程。大量已有相关文献都是在句法层面进行,即考察句法参数的设置问题,而对语义参数设置的研究相对较少。正是在这样的背景下,约宁等对"冠词选择参数"的设置进行了研究。研究结果证实了作者所提出的"冠词语义波动假说",即母语没有冠词(作者调查的学习者母语为俄语和韩语)的二语学习者在习得冠词时,会在限定和特指两个语义值之间波动,直至重新设置二语中的参数值。

1. 冠词选择参数

冠词在不同的语言中可以表示不同的语义特征。约宁等在考察了英语和萨摩恩语(Samoan)冠词系统的基础上,提出了冠词选择参数(article choice parameter),该参数适用于有两个冠词的语言。如果一种语言有两个冠词,那么该语言是这样区分冠词的:

限定设置:冠词是通过限定性来区分的。

特指设置:冠词是通过特指性来区分的。

英语具备该参数的第一种设置,而萨摩恩语具备该参数的第二种设置。作者认为,该参数能够预测有两个冠词的语言中冠词的选择模式,即有的语言采用第一种设置,另一些语言则采用第二种设置。

所谓限定性和特指性是指,如果一个限定短语是:

a. [+限定]的,则说话者和听话者双方都预先假定该名词短语所表示的集合里存在着一个独一无二的个体。

---

① A. Sorace, "Losing the V2 Constraints", in E. Klein & H. Martohardjono (eds.), *The Development of Second Language Grammars: A Generative Approach*, Amsterdam: John Benjamins Publishing Company, 1999; D. Finer & E. Broselow, "Second Language Acquisition of Reflexive Binding", in S. Berman, J. Choe & J. Mcdonough (eds.), *Proceedings of NELS16*, University of Massachusetts: Graduate Linguistic Students Association, 1986.

b.［＋特指］的，则说话者有意要指向该名词短语所表示的集合里一个独一无二的个体，并且认为该个体具有某一显著特征。

上述定义的关键内容是，如果某个名词短语是限定的，则说话者和听话者双方都知道该名词短语所指的人或物；相反，如果某个名词短语是特指的，则该名词短语所表示的人或物是说话者刻意指向的，且具有某个显著特征，而听话者对所指对象一无所知。他们认为，限定特征反映了说话者和听话者共同的知识状态，而特指特征则反映了说话者本人的知识状态。

2. 第二语言冠词习得语义波动假说

在总结前人关于第二语言参数设置研究的基础上，约宁等提出了第二语言习得的波动假说(the fluctuation hypothesis)：

a. 二语学习者完全介入普遍语法的原则和参数。

b. 二语学习者在不同参数间波动，直至二语中的输入使学习者设置恰当的参数值。

作者认为，上述波动假说中所提到的不同的参数既可以是母语中的参数值，也可以是二语中的参数值，即二语学习者在母语和二语的参数值之间波动。然而关于动词提升和反身代词约束的二语习得研究表明，二语学习者也能够介入除母语和二语外的其他语言的参数值。[1] 据此，作者提出，母语中没有冠词的学习者习得二语中的冠词时，可能介入既非母语也非二语，但有可能是第三语言中的参数值。由于没有母语迁移的干扰，二语学习者对参数的两个值没有偏好，因而会在两者之间波动。如果二

---

[1] L. Eubank et al., "'Tom Cats Slowly Cooked Eggs': Thematic-Verb Raising in L2 Knowledge", *Language Acquisition*, Vol. 6, No. 3, 1997; D. Finer & E. Broselow, "Second Language Acquisition of Reflexive Binding", in S. Berman, J. Choe & J. Mcdonough(eds.), *Proceedings of NELS16*, University of Massachusetts: Graduate Linguistic Students Association, 1986.

语学习者能够在普遍语法所允许的可能的参数值之间波动,那么波动假说也同时证明了普遍语法完全介入二语习得。因此,作者将波动假说具体运用到冠词选择上,提出了"二语英语冠词选择波动假说"(以下简称"冠词语义波动假说"):

a. 二语学习者完全介入普遍语法所允许的"冠词选择参数"中的两个值。

b. 二语学习者在"冠词选择参数"的两个值之间波动,直至二语中的输入使学习者设置恰当的参数值。

约宁等对"冠词语义波动假说"进行了验证,结果证明二语学习者在冠词选择参数的两个值之间波动。① 霍金斯等和斯内普的研究得出了同样的结果。② 但汀对母语为汉语的二语学习者的研究结果则相反。③

二、研究设计

1. 研究假设

本研究旨在通过对母语环境下更大样本的中国学习者冠词习得情况的考察来检验冠词语义波动假说,故研究假设为:母语为汉语的学习者习得英语冠词时,会在"冠词选择参数"的两个值之间波动,直至足够的输入使学习者设置恰当的参数值。

2. 受试

40 名汉语受试和 10 名英语本族语者作为对照组参加了本实验。汉

---

① T. Ionin, H. Ko & K. Wexler, "Article Semantics in L2 Acquisition: The Role of Specificity", *Language Acquisition*, Vol. 12, No. 1, 2004.
② R. Hawkins et al., "Accounting for English Article Interpretation by L2 Speakers", *EUROSLA Yearbook*, Vol. 6, No. 4, 2006; N. Snape, "The Use of Articles in L2 English by Japanese and Spanish Learners", *Essex Graduate Student Papers in Language and Linguistics*, Vol. 7, 2005.
③ H. Ting, *The Acquisition of Articles in L2 English by L1 Chinese and L1 Spanish Speakers*, Unpublished MA thesis, Colchester, UK: University of Essex, 2005.

语受试详细情况见表7。所有汉语受试均来自陕西师范大学外国语学院。牛津快速分级测试(2001)将受试分为中、高级组各20名,组间差异具有显著意义($p<.05$)。10名英语本族语者均为美国在校大学生。

表7 汉语受试情况

水平	人数	年龄	初次接触英语年龄	牛津快速分级测试成绩
中级	20	20—25(平均年龄=23)	12—13(平均年龄=12)	36—44(平均成绩=40.4)
高级	20	22—28(平均年龄=25)	9—13(平均年龄=12)	48—54(平均成绩=49.9)

3. 研究工具

汉语受试完成了强制选择提取任务[1]和牛津快速分级测试。牛津快速分级测试是一项标准化二语水平测试,由三个部分共60道选择题组成。该测试可将二语学习者分为初级、中级和高级三个水平段。

强制选择提取任务在约宁等人的研究的基础上设计而成,由50个对话组成,测试四个语境:[+限定,+特指]($n=8$),[+限定,-特指]($n=7$),[-限定,+特指]($n=9$)和[-限定,-特指]($n=16$)。其他题为干扰项。所有目标限定短语都为单数,位于宾语位置。

4. 语料收集

汉语受试的所有测试任务都是在课堂完成。为了避免题目顺序的影响,将强制选择提取任务的题目前后互置成两个版本,发放给受试。测试没有时间限制,但是要求受试不要在选择过程中花费过多的时间,所有受试均大约使用25分钟完成了测试。随后,受试又做了牛津快速分级测试,时间为30分钟。因为水平测试是一项以语法为主的测试,故将其放置在强制选择提取测试之后,以避免将受试的注意力集中在语法规则上,因为本研究的主要目的是引出学习者对冠词使用的直觉而非对显性规则的知识。10名英语本族语者的语料通过电子邮件由笔者发放并回收。

5. 语料分析

语料分析分下列四步完成:

(1) 对中、高级组定冠词和不定冠词的使用按类别进行描述统计,计算出冠词使用百分比;

(2) 运用多重检验方差分析比较定冠词和不定冠词的使用,以确定限定性和特指性对冠词使用的影响是否有显著意义;

(3) 运用配对样本t检验比较组间在不同语境的冠词使用准确率上是否有显著差异;

(4) 运用多重检验方差分析比较水平组之间在冠词使用上是否有显著差异,从而确定水平对冠词选择的影响。

三、研究结果

1. 所有语境中冠词的使用情况

表8列出了中、高级组在所有语境中冠词使用的百分比。从表8可看出中级水平者在[−限定,＋特指]语境中比[−限定,−特指]语境中更多地使用定冠词,在[＋限定,−特指]语境中比[＋限定,＋特指]语境中更多地使用不定冠词,但仍需进一步验证差异是否显著。高级水平者的冠词使用情况却恰恰相反。他们在[＋限定,＋特指]语境中更多地使用不定冠词,在[−限定,−特指]语境中更多地使用定冠词,与"冠词语义波动假说"相矛盾。总而言之,中、高级水平者在[＋限定]语境中使用定冠词的比率相差无几;同样地,在[−限定]语境中,使用不定冠词的比率也相接近。也就是说,冠词的使用不受特指性特征的影响;学习者没有在限定性和特指性之间波动。独立样本t检验表明,在定冠词的使用上,中级

组与对照组在[＋限定,＋特指]语境中差异显著(p<.05);在不定冠词的使用上,中级组与对照组在[－限定,＋特指]和[－限定,－特指]语境中都有显著差异(p<.05)。而高级组与对照组无论是在定冠词还是不定冠词的使用上均无显著差异。

表8　中、高级水平组冠词使用情况

	[＋限定]	[－限定]
中级组(n=20)		
[＋特指]	89.9% *the* 9.4% *a*	11.1% *the* 87.8% *a*
[－特指]	84.4% *the* 11.9% *a*	6.6% *the* 85% *a*
高级组(n=20)		
[＋特指]	89.5% *the* 8.3% *a*	2.2% *the* 97.8% *a*
[－特指]	91.9% *the* 6.3% *a*	5.9% *the* 90.9% *a*
对照组(n=10)		
[＋特指]	96.7% *the* 3.3% *a*	1.1% *the* 98.9% *a*
[－特指]	95% *the* 5% *a*	3.1% *the* 96.9% *a*

2. 限定性和特指性对冠词使用的影响

为了确定限定性和特指性在使用冠词时的作用,进行了多重检验方差分析。表9列出了中、高级组在使用冠词时,限定性和特指性的影响的统计数据。

表9　限定性和特指性对冠词使用的影响

	the 的使用	*a* 的使用
中级组		
限定性	$F_{(1,28)}=886.695^{***}$	$F_{(1,28)}=1276.641^{***}$
特指性	$F_{(1,28)}=.150$	$F_{(1,28)}=.006$

续表

	the 的使用	a 的使用
限定性×特指性	$F_{(1,28)}=.033$	$F_{(1,28)}=1.461$
高级组		
限定性	$F_{(1,28)}=2666.383^{***}$	$F_{(1,28)}=3081.167^{***}$
特指性	$F_{(1,28)}=.845$	$F_{(1,28)}=2.038$
限定性×特指性	$F_{(1,28)}=.577$	$F_{(1,28)}=2.149$

$^{*}\,p<.05 \quad ^{**}\,p<.01 \quad ^{***}\,p<.001$

表 9 显示,对于中、高级组来说,限定性在使用冠词时有显著影响。这意味着,学习者能够区分[＋限定]和[－限定]语境。与以往研究不同的是,特指性在使用冠词时并没有影响。这一结果进一步验证了学习者并没有在冠词选择参数的两个值之间波动。

3. 中级组和高级组组内冠词使用比较

表 10 列出了中、高级组各组内,在[＋限定,－特指]和[＋限定,＋特指]语境中,以及在[－限定,＋特指]和[－限定,－特指]语境中,冠词使用准确率是否有差异的统计数据。

表 10　限定性和特指性对冠词使用的组内影响

	the 的使用	a 的使用
中级组		
[＋限定,－特指]vs[＋限定,＋特指]	$t_{(19)}=-.118$	$t_{(19)}=-.622$
[－限定,＋特指]vs[－限定,－特指]	$t_{(19)}=1.120$	$t_{(19)}=.714$
高级组		
[＋限定,－特指]vs[＋限定,＋特指]	$t_{(19)}=-.667$	$t_{(19)}=.709$
[－限定,＋特指]vs[－限定,－特指]	$t_{(19)}=-1.451$	$t_{(19)}=2.596^{*}$

$^{*}\,p<.05$

表10显示,虽然中级水平者在[＋限定,－特指]语境中,对定冠词和不定冠词的使用都少于[＋限定,＋特指]语境,但并无显著差异。同样地,在[－限定,＋特指]语境中定冠词和不定冠词的使用多于[－限定,－特指]语境,但也无显著差异。这一结果证明表9中中级水平者冠词使用的差异不具有显著意义。也就是说,中级水平者并没有在限定性和特指性之间波动,而是能够直接设置限定性这一参数值。就高级水平者而言,唯一有显著差异的是不定冠词在[－限定,＋特指]语境中多于[－限定,－特指]语境,但是这一结果与冠词语义波动假说是相矛盾的,因为按照该假说,不定冠词在[－限定,－特指]语境中应多于[－限定,＋特指]语境。

4. 中、高级水平组使用冠词的组间比较

表11列出了水平变量与限定性和特指性交互作用的统计数据。从表11可看出,限定性对冠词的使用有显著影响。另外,水平变量和限定性有交互作用,即在使用冠词时,两个二语组有显著差异;高级水平组使用冠词的情况显著好于中级水平组。对冠词的使用呈发展趋势。与§3.2中的结果一致,特指性对冠词的使用没有影响,水平变量与特指性也没有交互作用。

表11 限定性、特指性和水平对冠词使用的影响

	the 的使用	*a* 的使用
限定性	$F_{(1,38)}=1303.524^{***}$	$F_{(1,38)}=1821.866^{***}$
限定性×水平	$F_{(1,38)}=6.335^{*}$	$F_{(1,38)}=8.835^{**}$
特指性	$F_{(1,38)}=.067$	$F_{(1,38)}=.224$
特指性×水平	$F_{(1,38)}=1.601$	$F_{(1,38)}=.260$
限定性×特指性	$F_{(1,38)}=.339$	$F_{(1,38)}=.104$
限定性×特指性×水平	$F_{(1,38)}=.964$	$F_{(1,38)}=.940$

$^{*}p<.05$　　$^{**}p<.01$　　$^{***}p<.001$.

四、讨论

本研究发现中国学习者在习得英语冠词时,并没有在约宁等提出的"冠词选择参数"的两个值之间波动。相反,他们并不需要介入特指性特征而直接设置限定性这一恰当的语义值,此结果与汀的结果一致。

在最简方案框架下,冠词被赋予新的地位,即功能语类。最简方案认为,功能语类是语言间差异所在[1],因此,第二语言的功能语类及其特征(值)能否被习得是确定普遍语法在第二语言习得中是否可及以及如何可及等问题的关键所在。约宁等的研究就是在这样的背景下进行的。他们认为,"冠词选择参数"是受普遍语法制约的众多参数中的一种,因而是可及的。也就是说,对于母语中没有冠词的学习者而言,他们能够习得正确的参数值,但是在习得之前他们会在该参数的两个值之间波动。作为普遍语法的一项参数,"冠词选择参数"应该具有普遍意义,即所有母语没有冠词的学习者在习得英语冠词时都应该遵守的一项参数。汉语与俄语、韩语和日语一样,都为无冠词语言,然而在选择冠词时,汉语受试却没有表现出预期的波动行为,那么是什么原因导致了汉语受试与上述三种母语无冠词的受试在冠词使用方面的差异呢?本文尝试提出另一种解释。

约宁等认为,语言知识有三个来源,即普遍语法、二语输入和母语迁移。[2] 普遍语法对于任何学习者而言,其作用是一样的。本研究的受试都是在母语环境下学习英语的,而以往研究中的受试(除斯内普研究中的部分受试以外)都是在英语环境下习得英语的。相比较而言,两类受试在英

---

[1] N. Chomsky, *The Minimalist Program*, Cambridge, MA: The MIT Press, 1995.
[2] T. Ionin, H. Ko & K. Wexler, "The Role of Semantic Features in the Acquisition of English Articles by Russian and Korean Speakers", in Juana Liceras, Helmut Zobl & Helen Goodluck (eds.), *The Role of Formal Features in Second Language Acquisition*, New York: Routledge, 2008.

语输入方面有差异,汉语受试的较好表现显然并不完全是输入所为。因此,我们认为中国学习者在习得英语冠词时,母语起了一定的作用。

汉语虽为无冠词语言,但是,汉语中的指示代词"这/那"具有[＋限定]特征,石毓智指出,"汉语表示有定性的典型手段是加指示代词"①。曹秀玲认为,汉语"一(量)名"结构可以表达数量和指称两种意义,这是因为汉语中没有不定冠词,因而"一"兼有数量和指称两种属性。② 在下面的对话中,非凸显数量意义的"一(量)名"结构在语义上就表示[－限定]意义。

孟小樵:谁给你写的?

杨柱国:一位姓王的,年纪不大,笔底下可高!

(老舍《方珍珠》)

上例中的"姓王的"是说话人知道而听话人不知道的,因此,说话人采用无定(即[－限定])有指形式来解释。汉语数词"一"除具有[－限定]特征外,还具有[特指]特征,如:

老王想娶一位北京姑娘。

这句话有两种解释。其一,有一位特定的北京姑娘,老王想娶她。其二,老王想娶一位北京姑娘,但目前还没有找到这样一位姑娘。在第一种解释中,"一"具有[＋特指]特征,在第二种解释中,"一"具有[－特指]特征。就特指性特征而言,汉语"一"与英语不定冠词 a 相似。

上述分析并不意味着汉语有不定冠词或定冠词。刘丹青认为,汉语的"一"和"这"与冠词有明显的区别:其一,句法强制性不强,当数词为"一"时,常常可以省略不用;其二,句法功能受限,如"这"主要出现在主语和话题的位置,而很少出现在宾语的位置。③ 张伯江、李珍明也指出,汉语

---

① 石毓智:《汉语的"数"范畴与"有定"范畴之关系》,《语言研究》,2003年第2期。
② 曹秀玲:《"一(量)名"主语句的语义和语用分析》,《汉语学报》,2005年第2期。
③ 刘丹青:《名词短语句法结构的调查研究框架》,《汉语学习》,2006年第1期。

名词并不强制性地要求使用"这、那"或"一",而英语冠词为强制性的语法手段。① 因此,我们认为,汉语指示代词和数词"一"与英语冠词在语义上有着相似性,而在句法上有着本质区别。

综上所述,虽然汉语没有冠词这一功能语类,但汉语的指示代词"这/那"和数量词"一"具有与英语冠词相似的语义特征,因而,中国学习者对[＋限定]和[－限定]特征并不陌生,在习得过程中,这些相应的特征发生了迁移,在某种程度上帮助学习者习得了冠词的语义特征。同时,我们也发现,中级组与对照组在[＋限定,＋特指]语境、[－限定,＋特指]和[－限定,－特指]语境中都有显著差异,而高级组和对照组之间则没有显著差异。中、高级水平者在冠词使用上呈现出发展态势,说明母语对二语习得有一定的影响,但不是全部。

在最近一次研究中,约宁等发现,与之前研究的结果不同的是,特指性特征在俄语受试使用定冠词时只表现出了很小的作用,因此,他们得出结论,"就特指性在使用定冠词时起作用这一问题得出一个明确的结论之前,有必要收集更多学习者的数据"②。本研究的结果也说明,"冠词语义波动假说"还有待进一步验证,有必要对其他母语无冠词的受试进行调查。

五、 结论

本文考察了母语为汉语的学习者对英语冠词语义特征的习得,研究结果表明,中国学习者在习得英语冠词时,并没有在"冠词选择参数"的两

---

① 张伯江、李珍明:《"是 NP"和"是(一)个 NP"》,《世界汉语教学》,2002 年第 3 期。
② T. Ionin, H. Ko & K. Wexler, "The Role of Semantic Features in the Acquisition of English Articles by Russian and Korean Speakers", in Juana Liceras, Helmut Zobl & Helen Goodluck (eds.), *The Role of Formal Features in Second Language Acquisition*, New York: Routledge, 2008.

个值之间波动,而是成功地设置了正确的参数值,特指性对冠词使用没有影响。这一研究结果表明"冠词语义波动假说"不能解释中国学习者在习得英语冠词时所犯错误的原因。我们认为,对于中国学习者来说,习得英语冠词的难点并不在语义层面,母语中的特征(值)在二语习得中发生了迁移,从而帮助学习者习得了二语中的特征(值)。

附注:

感谢尼尔·斯内普博士为本研究提供了由他本人设计的强制选择提取任务。

写在《中国高校外语专业多语种语料库建设与研究——英语语料库》出版之际[①]

"中国高校外语专业多语种语料库建设与研究——英语语料库子项目"是教育部高等学校外语专业教学指导委员会委托项目,由上海外国语大学及全国其他20余所院校的外语专家和教师共同参与建设。该项目已于2007年被批准为国家社科基金项目。从2006年至今,该项目已经完成了第一阶段的工作,并于2008年3月由上海外语教育出版社出版了《英语语料库用户手册》和包含已进行错误标注的100万词次(token)语料的配套光盘。

一、英语语料库子项目建设目的

学习者语料库指经过处理的外语学习者的口笔语数据库。它收集语言学习者在学习过程中使用的目的语语料,为深入研究学习者的语言能力提供充分数据,也为外语教学研究开拓新视野,尤其是为中介语

[①] 原载《外语界》,2008年第4期,合作者冯辉。

(interlanguage)研究的深入开展提供了良好契机。中介语是语言学习者在学习和运用语言过程中出现的一种语言现象。它近似于目的语的规范,但又有别于目的语。它具有动态或过渡性质,处在不断变化之中。对中介语的研究可以使语言研究者和语言教学者进一步了解语言学习的内在规律和语言运用策略等。学习者语料库的建立,为语言教学和语言研究提供了大量新鲜的实例,为研究者了解、总结学习规律和学习特征提供了大量可靠性高的数据,从而使研究更具概括性和说服力。

英语语料库的建设有一定的历史背景。众所周知,语料库的建立及研究是20世纪中后期语言学研究的一大特点,至今已有近50年的历史。纵观语料库的发展历史,我们可以看到语料库的建立与研究是一个不断完善、不断更新的过程。自1959年R.夸克(R. Quirk)主持第一代语料库以来,经过语料库研究者的努力,语料库已进入第二代。第二代语料库的特点是容量大,比如BNC(British National Corpus)有一亿词次,既包括书面语料也包括口语语料;它具有开放性的特点,新鲜语料可以不断被充实到语料库内。当今语料库的研究不仅规模大、材料真,而且手段先进、运作快捷、数据准确。这不但为现代语言研究和语言教学提供了新的途径,更为现代语言理论的发展奠定了基础。

语料库的研究成果与外语教学之间有着密切的关系。从目前语料库的使用来看,其功能主要体现在两个方面:1. 辅助词典和教材的编写;2. 以外语学习者为对象的研究。语料库研究者也因此肩负着双重任务:既要探索和研究语料库建设方面的问题,又要关注资源和成果应用于外语教学的实际问题。为此,每一个语料库都应有它的设计功能与目的。学习者语料库作为一种特殊的语料库,更应把最终目标定位为外语教学的改革和完善。

虽然语料库语言学在中国只有二十几年的历史,但是我国在学习者语料库领域的研究却在不断发展。国内学者对外语语料库的研究起始于20世纪80年代。上海交通大学的JDEST是我国第一个真正意义上的语料库。该语料库主要收集大学英语学习者的语料,现容量为500万词次。该语料库建成后,通过语料比较、统计和筛选等方法,为我国大学英语教学提供了通用词汇和技术词汇的应用信息,为确定大学英语教学大纲的词汇表提供了可靠的量化依据,为大学英语教学改革,尤其是为制定新的大学英语教学大纲提供了决策依据。

由上海交通大学和广东外语外贸大学联合建立的中国学习者英语语料库(CLEC)是收集了中学生、大学英语四级和六级学习者以及部分英语专业低年级和高年级学生的书面英语的语料库,总词次为100万。它的建成大大推动了以中国英语学习者为对象的研究和英语教学改革,对英语教学中的一些主要方面,如课程设置、教学方法、教学内容和教学思路等都有着积极的意义。语料库中的文本资源可作为辅助学习材料,也可作为课堂教学或练习的内容,很有实用价值。

此外,上海交通大学还建立了一个大学英语口语语料库,总词次为75万。与此同时,南京大学已建成一个英语专业口笔语语料库。而全部以英语专业或其他语种专业书面语为主的学习者语料库至今还是一个空白。

因此,为了更全面、系统地反映外语专业学习者的目的语使用情况,更好地为外语专业教学和研究服务,教育部高等学校外语专业教学指导委员会决定建设中国高校外语专业多语种语料库。英语语料库子项目既是其中的主要组成部分,也是最先启动的部分。

二、英语语料库子项目的建设计划及预期目标

英语语料库子项目的建设是在深入研究和对比分析国内目前现有的三个学习者语料库的基础上,本着更好地服务我国外语教育和促进我国

外语学科发展和研究的原则,依托先进的计算机技术,进行科学的规划和设计,在语料的规模、语料的分布和加工、实现手段、质量保证以及语料库的开发和利用及其自身的可扩展性等方面均有所创新。

该语料库建设分两个阶段进行,建成后将具有 500 万词次。语料由作文和翻译两部分组成,其中翻译部分是目前国内外语学习者语料库中的首创。语料除了来自英语专业四、八级考试的笔试作文与翻译外,还大量地扩充不同等级水平和学习阶段的其他学习材料,如学习日记、课内和课外练习、汉英笔头翻译、不同于考试中限定题目的其他命题作文(具有不同的题材要求)、限时和不限时的非命题作文、随笔、网上聊天记录等语料。这些语料将按一定比例定时采取。同时,进一步扩大不同类型学校学生的语料,使得语料的种类和数量更具代表性,以充分反映和体现不同类型高校英语专业教学和学习的特征、存在的不足,从而为全国高等院校外语专业教学改革提供科学依据。该项目在综观全国高校英语专业教学的基础上采用跨时和纵时(cross-sectional and longitudinal)相结合的方式收集语料,因此所建语料库的语料具有较强的代表性和全面性,能够如实、全面地反映我国英语专业学习者的英语水平纵向和横向的发展历程。

具体而言,英语语料库建设的第一阶段从 2006 年 5 月起到 2007 年 12 月止。该阶段收录的语料约 100 万词次,其中作文约 66 万,翻译约 33 万。第一阶段的语料以英语专业四、八级考试语料为主,收录了 2004 年到 2006 年四、八级考试作文共 2400 篇,八级考试翻译(汉译英)共 2000 篇。在选样过程中,我们力求被选学校的水平均匀分布。语料来自全国各地的综合性大学、理工类院校、外语类院校、师范类院校和其他类院校(如财经类院校)。这些院校基本覆盖了全国不同地区,如沿海地区、西部地区、东北部地区、中部地区、南部地区和北部地区等。此外,我们还要求被选院校的考试总平均分在 60 分或以上,作文、翻译平均分占本项目总分60%或以上,即四级作文9分或以上,八级作文12分或以上,翻译6分或以上。第一阶段除了完成文本的输入、复核外,还确定了赋码细则,并完成输入文本的错误标注。

第二阶段(即从2008年到2010年),将完成剩下的400万词次的语料库建设工作。在选样过程中,将适当增加平时作文的比例,降低考试作文的比例,同时还增加平时的翻译作业。文本选样标准和第一阶段相同。第二阶段的研究除对扩建的语料库进行赋码和错误类型标注外,还将展开语料库的理论研究和应用开发。

全部建成后的语料库将向外语教师和语言研究工作者开放。

三、英语语料库的基本研究思路和突破

在建设英语语料库之初,我们基本确定了以下研究思路。

1. 新建的语料库要具有鲜明的专业特色,语料来源丰富且具有代表性和概括性。

2. 新建的语料库要具有起点高、覆盖面广、规模大的特点。

3. 新建的语料库要具有可扩展性和开放性两大特点,即不断有新鲜语料充实到库内,同时外语教学界的广大教师和科研人员能随时查询和使用库中的语料,从而为全国范围、宏观外语水平的提高提供一定依据,为外语专业教学指导委员会的工作计划和发展提供坚实的基础和较强的参考价值。

4. 新建的语料库在语料获取、数据格式、字符编码、语料分类、文本描述等方面要具有独创性和较强的实用性,既吸收已有语料库的长处,又在此基础上有所创新。

5. 新建的语料库要平衡各类语料的比例,在语料的种类和数量上做到整体规划、通盘考虑。

6. 新建的语料库要功能明确、使用方便、可操作性强。

7. 新建的语料库要为其他语种语料库项目提供具有高参考价值的建库理论和范式。

我们认为,该项目主要在以下几个方面实现了突破。

1. 语料库规模的突破。该语料库建成后将具有500万词次,包括作文和翻译两大内容。语料不仅数量大,采集过程时间长,而且所涉及的院校多,所覆盖的区域广,所含的协调和监控工作量大,这是目前国内其他语料库所不具备的。

2. 该项目中的学习者翻译语料库为目前国内学习者语料库的首创。目前较多的双语语料库或平行语语料库是对同一文本不同语言译文的对比研究,这种研究对语言的特征与对比意义重大。我们所建的翻译语料库来自中国学生对同一中文文本的不同翻译,这种一对多对应的研究,目前在技术上和软件开发上都有很大的发展空间。这一语料库的建成将使我们了解我国学生对英语语言文化和英语词汇的掌握及其对英语句法的应用和英语语法系统地掌握与使用情况,对调查学生的英语语言知识和语言不同层面的应用有很大启示,同时对语言学研究、应用语言学研究和外语教学都有很高价值。

3. 该项目工程浩大,不仅需要很大的工作量,还需要很高的科学含量。我们在生语料的收集和编码上、语言失误的标注和分析系统上以及在有关语料库软件和课件的开发和使用上均有所创新。如在语料的加工上,创新主要体现在:

(1) 生语料的收集和编码。该项目收集的语料来自不同的地区和院校、不同年级的学生、不同类型的写作练习,既有应试材料也有自由写作材料。同时,还收入可比性较强的汉译英材料,这些均是目前国内其他语料库建设还没有做到的。所以,语料的编码也比以前更为复杂和成熟。

(2) 语言失误的标注和分析系统。我们不再局限于目前对语言失误的分析，我们不仅对学习者语言的错误进行分析，简化现有的失误赋码体系，对语料进行新的、不同的赋码处理，而且对语料库的研发不再局限于词汇层面，而是向句法、语篇层面扩展。这有利于扩大语料库的利用和科研开发功能。

(3) 有关语料库软件和课件的开发和使用。由于我们所收录的语料不仅包含学习者的作文，还包含他们的翻译试题(和练习)，语料种类得到了扩展。为了较好地对这些语料进行分析以达到预期的研究设计目的，我们购买了 Wordsmith Tools 5.0 版本的版权并进行了汉化处理，在新推出的光盘中附赠一个使用账号以方便使用者。同时，我们将积极地把一些宝贵语料应用于教学，在推动计算机辅助教学的进程中，开发有关课件，进行数据驱动式(data-driven)教学的尝试，这些课件的开发将是对日常教学的有益补充。

四、中国高校外语专业多语种语料库的理论价值和应用价值

英语语料库子项目作为中国高校外语专业多语种语料库的核心部分，对推动中国外语专业理论建设及应用研究具有如下重大价值。

1. 理论价值。

(1) 以应用语言学和语料库语言学为基础建设英语语料库，为研究语言运作的深层次机制，深入探索不同外语(种)学习者的学习规律、学习策略，完善外语教学理论与实践等提供全面性、概括性和代表性强的依据；较为客观、科学和全面地展示中国学生在学习外语时经常出现的各种现象，从而更好地了解和认识外语的各种特征。

(2) 为建立各种外语语言能力等级量表、深化"一条龙人才培养模式"研究提供可靠的实证研究数据，同时也为外语专业教学评估提供参考依据。

(3) 为深化外语专业课程设置研究和人才培养标准制定等一系列研

究工作、为具有重大理论价值的教学研究成果的推出创造条件。

2. 应用价值：

(1) 在建成上述能够如实、全面反映我国英语专业学习者英语水平纵向和横向发展历程的英语语料库后，将方便人们对我国大学生英语水平的提高进行动态记录、描述和分析，能使人们对学生不同时期的语言知识和语言应用技能进行深入、细致、科学和全面的对比和研究，有助于人们研究英语水平提高和发展的路径和历程，并科学地认识英语语言熟练水平的构成以及对不同等级水平的英语能力进行更加科学的描述。此外，如将该语料库与其他(语言)学习者语料库进行对比，还有助于揭示二语习得中中介发展的机制，对语言习得研究中的许多难题，如语言石化现象、语言磨损、第二语言词汇的构成、第二语言能力的认识和提高等都有很大的启示，从而促进语言教学改革。

(2) 将建成的英语语料库与英语本族语者语料库进行对比，不仅有利于我们进一步完善和改进语料库建设的科学性和先进性，而且有利于人们从不同的语言学层面科学地描述中国式英语这一语言变体/种类的特征，从而更有利于人们深入探究母语在外语学习中的作用机制，有利于我们研究中国英语学习者在语言认知、语言知识加工、记忆和应用、英语学习风格和学习策略等方面所独有的特征，从而更好地了解和认识中文的各种特征，同时也有利于开展对比语言学方面的研究，有利于促进人们对人类语言、语言学习乃至人类大脑和生命的认识和探索。

(3) 在对上述英语语料库研究的基础上，进一步研究具有中国特色的英语和英语学习的特征，为更加科学合理地推进我国英语教学理论和实践的改革和发展提供坚实的理论依据，构建基于语料库的外语教学研究库框架，同时也将为我国高等院校英语教学大纲的制定、教材的编写、课堂教学的实施等提供更加科学有力的参照依据。此外，我们还将在该语料库的基础上,积极进行英语教学课件、软件和教学资源的设计和开发,尽可能方便广大英语学习者、英语教师和科研人员使用,以提高英语教学和学习的效率,推动外语教学理论和教学模式的研究和发展。

(4)在对该语料库进行上述研究的基础上,利用已有研究成果,积极推进其他语种语料库的建设和研究,并开展与英语语料库的对比研究,以形成具有中国特色的外语教学理论体系。

我们相信,中国高校外语专业多语种语料库的建设和研究将有助于促进全国各外语类高校以及各类高校外语专业间的合作和交流,有助于推进外语学科的建设和发展,促进全国外语专业教学和学科研究水平整体提高。

中介语研究的进展[1]
——《中介语语言学多维研究》评介

第二语言习得既是当今全球化时代人们司空见惯的一项语言学习和实践活动,又是一种极其复杂的人文现象和交叉科学。第二语言习得研究主要探索人们在掌握母语后获得第二语言的过程和规律。作为一门独立的学科,国际上这项研究兴起于20世纪60年代末或70年代初,其标志为塞林格于1972年提出的中介语理论,迄今已有近40多年的历史。[2] 目前二语习得研究的学科领域不断拓宽,新理论和学说不断更新,研究方法和手段日益科学化,新的研究成果不断涌现,显示出了这门新兴学科强大的生命力和广阔的发展前景。而在我国,二语习得研究起步较晚,主要是从20世纪80年代初才开始引起人们的注意,当时的研究以引进、介绍或评述西方学者的二语习得研究成果为主。经过30多年的发展,我国的中介语研究虽然取得了不少的成果,特别是在以中国英语学习者在习得英语时表现出的特征和规律为研究对象的实证研究方面,但也存在一些

---

[1] 原载《山东外语教学》,2017年第1期。
[2] L. Selinker, "Interlanguage", *International Review of Applied Linguistics in Language Teaching*, Vol. 10, No. 3, 1972.

问题，如经验式研究比较多，理论研究比较少，缺乏应有的理论高度；举例式研究比较多，定量统计分析少；归纳式研究多，实验研究少；语法词汇等语言要素层面研究多，语篇文化语用层面研究少，这是我国学者未来在规划和推动该学科发展时需要高度重视的。①

中国海洋大学杨连瑞教授主持完成的国家社科基金课题"中介语语言学的多维研究与学科建构"立足于国内外中介语研究的基础，以中国学生学习英语的语言、认知、心理、教育过程的多维研究为理论背景，以学习者的中介语为本体，探索中国英语学习者的中介语发展基本规律。而且从学科建设的高度出发，高屋建瓴地提出构建中介语语言学的构想，把语言对比研究、文化对比研究、二语习得和教学理论研究有机地结合起来，试图建立一种外语学习者普适的、动态的中介语语言体系。该选题旨在认识中国学生外语学习的客观规律，有助于我们树立正确的外语教学指导思想，进而解决我国外语教育教学中普遍存在的诸多问题，选题具有重大理论意义和应用价值。根据全国社科规划办公室发布的《国家社科基金年度项目2012年4月成果鉴定等级公告》，杨连瑞教授主持的国家社科基金项目最终成果《中介语语言学的多维研究》的鉴定等级被评为"优秀"。这一鉴定结果说明了该课题组深厚扎实的科研实力以及丰硕研究成果的良好影响，顺利完成了课题申报时的学术目标。

《中介语语言学多维研究》②全书共有32章，各章之间既相互独立，又彼此联系，内容十分丰富。多数章节基于课题组发表在学术期刊上的学术论文，均具有很强的学术研究的基础性、理论性和探索性。该书是我国二语习得研究领域不可多得的一本学术专著，值得向广大的二语习得研

---

① 戴炜栋、周大军：《中国的二语习得研究：回顾、现状和前瞻》，《外国语》，2005年第6期。
② 杨连瑞等：《中介语语言学多维研究》，外语教学与研究出版社，2015年。

究学者和外语教师推荐。

全书从中介语语音研究、中介语词汇研究、中介语句法研究、中介语语用研究和中介语语言学思考等五个方面对中介语的本体和中介语语言学的构建进行了探索和研究。

一、中介语语音研究。围绕中介语的语音系统,对石化现象的内外因素进行了深入分析,并着重从学习者的生理、心理、认知、文化和教育等诸多方面进行了研究。就关键期的作用而言,儿童大脑两侧的功能分工完成以后,语言功能被定位在左脑,语言发展开始受到一定的制约,语音的习得就变得非常困难。从语言输入的角度看,如果可理解性输入的接受和记忆受到限制,学习者只能借助母语和自己的中介语处理语言,长此以往也会导致石化。社会和心理距离受多种因素的影响,如学习环境的优劣、语言冲击、文化冲击、学习动机以及自我界线等。如果社会和心理距离较大的话,学习者就难以将这些输入转化为摄入。这样,学习者的中介语便得不到有效的发展,也容易出现石化。学习者所使用的交际策略往往也是导致简化语的原因。交际策略虽然能使学习者比较顺利地完成交际任务,但经常使用简化语则会使中介语失去可变性和多样性。因此,学习者便无法创造性地使用目的语,其语言能力就会出现停滞趋势。另外,二语学习者在学习过程中不断受到来自外界的反馈信息,不同性质的反馈在二语规则的内化过程中起着不同的作用。肯定的情感反馈和否定的认知反馈在鼓励学习者继续尝试语言交际的同时,对其语言输出能够进行必要的修正。而那些首先获得肯定的情感反馈,然后得到肯定的认知反馈的错误结构往往容易形成石化。

本书难能可贵的是,在论证语音系统石化因素的同时,也对防止和减少石化的发生提出了建议和对策。外语教学能否取得突破性进展,在一定程度上取决于人们对石化现象的认识程度。石化研究取得的成果有助于揭示第二语言发展的内在规律,可以为教材编写和教法设计提供理论依据。同时,对语言石化的深入探讨有助于教师把握学习者语言的特点,更加有针对性地帮助学生克服石化的消极影响,最大限度地提升其目的语的熟练程度。

二、中介语词汇研究。在中介语的词汇层面,该书阐述了中介语词汇概念迁移的认知范畴化过程,并对导致第二语言词汇损耗的社会心理因素进行了研究。基于范畴化理论归纳出汉英词汇概念差异的类型,该书分别从家族相似性、认知模式、文化模式三方面分析论述汉英词汇概念对应的相对性、对语境的依赖性以及文化取向性,并运用所得到的结论阐释外语环境下的词汇概念迁移。作者认为,在中介语发展过程中,由于受到已经建立的一整套母语概念体系的影响,当学习者大脑中的中介语系统中缺乏能够表达类似概念的地道词语时,学习者只能根据当前的目的语词汇信息,激活母语中的概念形式,在母语概念结构的基础上建立目的语概念系统。因此,外语教学应促进、建立和深化中介语形式-意义的联结,使目的语形式与母语概念逐渐脱离,形成相对独立的目的语概念系统。

该书还从社会、心理、语言三者的互动视角,论述了导致第二语言词汇损耗的复杂因素,并提出了加强和完善我国第二语言损耗研究的建设性意见。语言损耗过程往往是语言习得的逆向过程和伴随产物,而词汇损耗过程是研究者最为关注的问题之一。从社会心理的视角看,影响词汇损耗的因素主要包括:年龄、性别、动机和态度、认同和民族自尊、语言接触等。尽管长期以来损耗一直被视为一种消极现象,但从积极的意义上来讲,语言损耗研究为中介语研究开辟了新途径。研究语言损耗现象,有助于发现克服损耗的途径,从而更加有针对性地提高外语教学的效率。

三、中介语句法研究。该书描述了中国英语学习者句法特征和句法能力的发展路径。首先分析了中介语定语从句产出的变异因素,采用多因素研究模式研究了多种因素对中国英语专业学生习得和使用定语从句的影响,具体包括从句类型、关系代词在从句中的句法功能以及时间压力等。结果表明,受试者在定语从句产出过程中表现出明显的系统变异。关系代词的句法功能和时间压力这两个因素对该变异的产生有极大的影响,从句类型则对受试者定语从句产出过程中的系统变异无显著影响。

作者还针对中国学生口笔语从句的使用情况进行了调查,发现限定性的名词从句、状语从句、关系从句在口、笔汉英中介语中的分布具有相对明显的语体特征。两种语体中三种从句的使用总数比例相似,由高到低依次为名词从句、状语从句、关系从句;但在从属连词的多样性以及名词从句的功能、关系从句连词的功能、状语从句相对其主句的位置方面不同。这样的分布模式与语体及语言句型原类型结构的影响、二语习得发展过程及环境、学习者在线思维组织能力等有一定的相关性。

作者还从语言加工程序的视角研究了学习者句法能力的制约因素,其理论框架是近年来备受关注的可加工性理论。根据这一理论,在中介语发展的任何阶段,学习者只能产出并听懂语言加工机制在当前状态所能处理的语言形式。该课题对从属句语序习得的研究结果支持可加工性理论的这一预测。结果显示,初级组在习得英语从属句的语序参数时,没有体现明显的母语迁移影响,说明即使两种语言在某一语法特征方面存在类型相似性,处于语言加工程序较高等级的语法特征未必会向中介语发生迁移。

四、中介语语用研究。作者首先分析了中介语语用学研究中的语料收集及其原则,在此基础上对中介语的语用迁移和语篇层面的话题结构进行了研究,并从认知语用学的视角研究了中国学生在交际活动中的话语特征。

在这部分研究中,作者着重分析了语用迁移的影响因素,包括内部的结构性因素和外部的非结构性因素。内部结构性因素包括母语与目的语在语言语法规则、社会语用模式上的异同点。非结构性因素包括学习者外在因素(学习环境及在目的语社区居留时间)和内在因素(对目的语社区的态度、对两种语言距离的感知、二语语言水平以及学习态度等)。这些影响因素相互交叉,共同对语用迁移的发生起作用。同时,作者还对中介语语篇层面的话题结构进行了研究,发现在第二语言习得过程中,学习者对前置话题的可接受程度与语篇的信息状态密切相关,说明话题结构的习得不仅是一个涉及句法规则的内化过程,而且也是一个涉及语用因素的过程。另外,作者还基于认知语用学理论研究了中介语的言语交际行为,讨论了认知语境、程序制约、最佳关联对中介语语用习得的影响。

五、中介语语言学学科思考。作者鲜明地提出,对中介语本体进行多维研究的目的在于探索构建中介语语言学这一新兴交叉学科的理论基础。这些问题涉及中介语语言学的学科属性,也与中介语不同层面的规则系统有关。作者从语言、心理、认知和教育等多学科交叉的视角出发,以中国英语学习者的中介语为本体,探讨了中介语语言学学科构建中的诸多理论问题。中介语体系具有其特有的语音、词汇、语法和语用规则,中介语语言学作为一门分支学科的建立有利于进一步探索第二语言习得的内在规律,体现了学科交叉和融合的研究优势。在本书中,作者对中介语语言学的理论基础、研究范围、研究方法等都进行了系统研究,提出了构建中介语语言学的理论框架,实为难能可贵。

当然,该书也有一定的局限性。例如,在中介语本体研究中,中介语语音和中介语词汇的研究与中介语句法、中介语语用等方面的研究相比,显得不足。在进行了大量中介语的本体研究基础上,该研究做了卓有成效的理论构建和思考,在学科建构上也做了很好的探索,但在理论上仍需要不断完善,在结合中国的实际建立二语习得和教学理论方面,还需探索并形成自成一体的理论体系。①

　　然而,瑕不掩瑜,本书的研究成果和作者提出的学科构建思想一定会对深化我国的二语习得研究产生重要影响,对我国外语教学的改革起到积极的促进作用,因为本书的研究和思考是从我国这一特定环境下外语教育现实和需要出发的。

---

① 戴炜栋:《关于二语习得研究学科建设的几个问题———〈二语习得研究与中国外语教学〉序》,《山东外语教学》,2008年第6期。

参考文献

一、中文部分

贾玉新:《跨文化交际学》,上海外语教育出版社,1997年。

蒋祖康:《第二语言习得研究》,外语教学与研究出版社,1999年。

刘润清:《外语教学中的科研方法》,外语教学与研究出版社,1999年。

施良方:《学习论》,人民教育出版社,1994年。

束定芳、庄智象:《现代外语教学:理论、实践与方法》,上海外语教育出版社,1996年。

王初明:《应用心理语言学》,湖南教育出版社,1990年。

文秋芳:《英语学习策略实证研究》,陕西师范大学出版社,2003年。

吴庆麟:《认知教学心理学》,上海科学技术出版社,2000年。

许余龙:《对比语言学概论》,上海外语教育出版社,1992年。

杨连瑞:《中介语语言学多维研究》,外语教学与研究出版社,2015年。

邹申等:《英语专业四、八级考试的效度分析》,上海外语教育出版社,1997年。

北方课题组:《关于外语专业教育改革的思考》,《外语教学与研究》,1998年第3期。

蔡龙权:《隐喻理论在二语习得中的应用》,《外国语》,2003年第6期。

岑建君:《功在当代,利在千秋大业——谈我国外语专业人才培养与要求》,《外国语》,1997年第6期。

陈坚林:《大学英语网络化教学的理论内涵及其应用分析》,《外语电化教学》,2004年第6期。

陈至立:《我国加入WTO对教育的影响及对策研究》,《中国教育报》,2002年1月9日。

戴曼纯:《第二语言习得研究中的理论建设问题》,《当代语言学》,1997年第4期。

戴炜栋、束定芳:《试论影响外语习得的若干重要因素——外语教学理论系列文章之一》,《外国语》,1994年第4期。

戴炜栋:《构建具有中国特色的英语教学"一条龙"体系》,《外语教学与研究》,2001年第5期。

戴炜栋:《对外语教学"一条龙"改革的思考》,《外语界》,2002年第1期。

戴炜栋、刘春燕:《学习理论的新发展与外语教学模式的嬗变》,《外国语》,2004年第4期。

戴炜栋、张雪梅:《谈英语专业教学评估和学科建设》,《中国外语》,2005年第2期。

戴炜栋、王雪梅:《前瞻性、先进性、创新性——关于"新世纪高等院校英语专业本科生系列教材"建设》,《外语界》,2005年第3期。

戴炜栋、周大军:《中国的二语习得研究:回顾、现状和前瞻》,《外国语》,2005年第6期。

杜瑞清:《复合型外语人才的培养及实践》,《外语教学》,1997年第2期。

高一虹、李莉春、吕珺:《中西应用语言学研究方法发展》,《外语教学与研究》,1999年第2期。

管培俊:《今天怎样当教师——教育部官员网上访谈录》,《外语教学与研究》,2004年第10期。

何高大:《论外语教学现代化、信息化、智能化和多元化》,《中国外语》,2005年第6期。

参考文献

胡文仲,孙有中:《突出学科特点,加强人文教育:试论当前英语专业教学改革》,《外语教学与研究》,2006年第5期。

胡壮麟、封宗信、罗郁:《大学英语教学中的习得》,《外语教学与研究》,1994年第4期。

贾冠杰:《第二语言习得理论之间的矛盾统一性》,《外语与外语教学》,2004年第12期。

荆增林:《对克拉申输入说的异议》,《外语教学与研究》,1991年1期。

乐眉云:《二语习得研究的多学科前景》,《外语研究》,2001年第4期。

李岚清:《要培养高层次、掌握专业和外语的人才》,《广东外语外贸大学校报》,1996年10月30日。

刘利民、刘爽:《中介语产生的语言心理原因》,《外语教学》,2003年第1期。

刘振前:《第二语言习得关键期假说研究评述》,《当代语言学》,2003年第2期。

宁春岩:《对第二语言习得研究中的某些全程性问题的理论语言学批评》,《外语与外语教学》,2001年第6期。

谭卫国:《我国外语专业教育改革势在必行》,《中国高教研究》,2000年第9期。

王建勤:《历史回眸:早期的中介语理论研究》,《语言教学与研究》,2000年第2期。

王守仁:《加强本科英语专业"学科"的建设》,《外语与外语教学》,2001年第2期。

文秋芳、王立非:《二语习得研究方法35年:回顾与思考》,《外国语》,2004年第4期。

吴旭东:《二语习得实证研究评估方法》,《现代外语》,2002年第1期。

袁博平:《第二语言习得研究的回顾与展望》,《世界汉语教学》,1995年第4期。

余善沐:《外语学习中的迁移》,《外语教学与研究》,1986年第4期。

俞理明、袁平华:《应用语言学还是教育语言学——对二语习得研究学科属性的思考》,《现代外语》,2004年第3期。

钟美荪:《以精英教育理念深化外语教育改革:北京外国语大学本科教学改革》,

《外语与外语教学》,2006 年第 5 期。

二、英文部分

Altbach, G. & Balán, J. *World Class Worldwide: Transforming Research Universities in Asia and Latin America*, Baltimore: The Johns Hopkins University Press, 2007.

Anderson, J. *Cognitive Psychology and Its Implications*, San Francisco: Freeman, 1980.

Austin, J. L. *How to Do Things with Words*, Oxford: Clarendon Press; Cambridge, Mass.: Harvard University Press, 1962.

Bolinger D. *Meaning and Form*, London: Longman, 1977.

Brumfit, C. J. *Communicative Methodology in Language Teaching*, Cambridge: Cambridge University Press, 1984.

Buttjes, D. & Byram, M. (eds.) *Mediating Languages and Culture: Towards an Intercultural Theory of Foreign Language Education*, Clevedon: Multilingual Matters Ltd, 1990.

Byram, M. & Esarte-Sarries, V. *Investigating Cultural Studies in Foreign Language Teaching*, Clevedon and Philadelphia: Multilingual Matters Ltd, 1991.

Chomsky, N. *The Minimalist Program*, Cambridge, MA: The MIT Press, 1995.

Clark, R. *On Higher Education: Selected Writings, 1956 – 2006*, Baltimore: Johns Hopkins University Press, 2008.

Corder, S. P. *Introducing Applied linguistics*, Harmondsworth: Penguin Books, 1993.

Doughty, C. & Williams, J. (eds.) *Focus on Form in Classroom Second Language Acquisition*, Cambridge: Cambridge University Press, 1998.

Ellis, R. *Understanding Second Language Acquisition*, Oxford: Oxford University Press, 1986.

Ellis, R. *Task-based Language Learning and Teaching*, Oxford: Oxford University Press, 2003.

Fauconnier, G. & Turner, M. *The Way We Think: Conceptual Blending and the Mind's Hidden Complexities*, New York: Basic Books, 2002.

Gumperz, J. J. & Hymes, D. (eds.) *Directions in Sociolinguistics: The Ethnography of Communication*, New York: Holt, Rinehart and Winston, 1972.

Hedge, T. *Teaching and Learning in the Language Classroom*, Oxford: Oxford University Press, 2000.

Holmes, J. *An Introduction to Sociolinguistics*, London and New York: Longman, 1992.

Howatt, A. *A History of English Language Teaching*, Oxford: Oxford University Press, 1983.

Krashen, S. *Second Language Acquisition and Second Language Learning*, Oxford: Oxford University Press, 1981.

Lado, R. *Linguistics across Cultures: Applied Linguistics for Language Teachers*, Ann Arbor: University of Michigan Press, 1957.

Langacker, R. W. *Foundations of Cognitive Grammar* (Vol. 2), Stanford, California: Stanford University Press, 1991.

Lantolf, J. P. *Sociocultural Theory and Second Language Learning*, Oxford: OUP, 2000.

Larsen-Freeman, D. & Long, M. *An Introduction to Second Language Acquisition Research*, London: Longman, 1991.

Leech, G. N. *Principles of Pragmatics*, New York: Longman, 1983.

McDonough, J. & McDonough, S. *Research Methods for English Language Teachers*, London: Edward Arnold Limited, 1997.

Nunan, D. *Designing Tasks for the Communicative Classroom*, Cambridge: Cambridge University Press, 1989.

Odlin, T. *Language Transfer — Cross-linguistic Inference in Language Learning*, Shanghai: Shanghai Foreign Languages Education Press, 2001.

Richards, J. & Rogers, T. *Approaches and Methods in Language Teaching*, Cambridge: Cambridge University Press, 1986.

Rumelhart, D. & McClelland, J. *Parallel Distributed Processing: Explorations in the Microstructure of Cognition*, Cambridge, MA: MIT Press, 1986.

Samovar, L. A. & Porter, R. E. *Intercultural Communication: A Reader* (6th edition), Wadsworth Publishing Company, 1991.

Skehan, P. *A Cognitive Approach to Language Learning*, Oxford: Oxford University Press, 1998.

Searle, J. R. *Speech Acts: An Essay in the Philosophy of Language*, Cambridge: Cambridge University Press, 1969.

Stern, H. H. *Fundamental Concepts of Language Teaching*, Shanghai: Shanghai Foreign Languages Education Press, 1997.

Tarone, E. *Variation in Interlanguage*, London: Edward Arnold, 1988.

Tomlinson, B. *Materials Development in Language Teaching*, Cambridge: Cambridge University Press, 1998.

vanEk, J. A. & Alexander, L. G. *Threshold Level English*, Oxford: Pergamon, 1980.

Wallace, M. *Training Foreign Language Teachers: A Reflective Approach*, Cambridge: Cambridge University Press, 1993.

Widdowson, G. *Aspects of Language Teaching*, Oxford: Oxford University

Press, 1990.

Ellis, N. "Frequency Effects in Language Process: A Review with Implications for Theories of Implicit and Explicit Language Acquisition", *Studies in Second Language Acquisition*, Vol. 24, No. 2, 2002.

Gibbs, R. "Making Good Psychology out of Blending Theory", *Cognitive Linguistics*, Vol. 11, No. 3-4, 2000.

Labov, W. "The Social Motivation of a Sound Change", *WORD*, Vol. 19, No. 3, 1963.

Lakoff, G. "The Contemporary Theory of Metaphor", in A. Ortony (ed.) *Metaphor and Thought* (2nd edition), Cambridge: Cambridge University Press, 1993.

Lakoff, R. "Language and Woman's Place", *Language in Society*, Vol. 2, No. 1, 1973.

McLaughlin, B. "Restructuring", *Applied Linguistics*, Vol. 11, No. 2, 1990.

Patten, B. van, "Processing Instruction: An update", *Language Learning*, Vol. 52, No. 4, 2002.

Postiglione, A. "Research Universities for National Rejuvenation and Global Influence: China's Search for a Balanced Model", *High Education*, Vol. 70, No. 2, 2015.

Prabhu, N. S. "Materials as Support: Materials as Constraint", *Guidelines*, Vol. 11, 1989.

Richards, J. C. "A Non-contrastive Approach to Error Analysis", *ELT Journal*, Vol. XXV, No. 3, 1971.

Robertson, D. "Variability in the Use of the English Article System by Chinese Learners of English", *Second Language Research*, Vol. 16, No. 2, 2000.

Schmidt, R. "The Role of Consciousness in Second Language Learning", *Applied*

Linguistics, Vol. 11, No. 2, 1990.

Schumann, J. "Research on the Acculturation Model for Second Language Acquisition", *Journal of Multilingual and Multicultural Development*, Vol. 7, No. 5, 1986.

Selinker, L. "Interlanguage", *International Review of Applied Linguistics in Language Teaching*, Vol. 10, No. 3, 1972.

Spada, N. "Form-Focused Instruction and Second Language Acquisition: A Review of Classroom and Laboratory Research", *Language Teaching*, Vol. 30, No. 2, 1997.

Snape, N. "The Use of Articles in L2 English by Japanese and Spanish Learners", *Essex Graduate Student Papers in Language and Linguistics*, Vol. 7, 2005.

Swain, M. "The Output Hypothesis and Beyond: Mediating Acquisition Through Collaborative Dialogue", in J. P. Lantolf (ed.) *Sociocultural Theory and Second Language Learning*, Oxford: Oxford University Press, 2000.

Trudgill, P. "Sex, Covert Prestige and Linguistic Change in the Urban British English of Norwich", *Language in Society*, Vol. 1, No. 2, 1972.

Wardhaugh, R. "The Contrastive Analysis Hypothesis", *TESOL Quarterly*, Vol. 4, No. 2, 1970.

White, J. Doughty, C. & Williams, J. "Getting the Learner's Attention: A Typographical Input Enhancement Study", in C. Doughty & J. Williams (eds.) *Focus on Form in Classroom Second Language Acquisition*, Cambridge: Cambridge University Press, 1998.

图书在版编目(CIP)数据

戴炜栋文集 / 戴炜栋著. —北京：商务印书馆，2019
（季愚文库）
ISBN 978-7-100-17936-2

Ⅰ. ①戴… Ⅱ. ①戴… Ⅲ. ①外语教学－文集 Ⅳ. ① H09-53

中国版本图书馆 CIP 数据核字（2019）第 251082 号

权利保留，侵权必究。

季愚文库
戴炜栋文集
戴炜栋 著

商 务 印 书 馆 出 版
（北京王府井大街36号 邮政编码 100710）
商 务 印 书 馆 发 行
上海雅昌艺术印刷有限公司印刷
ISBN 978-7-100-17936-2

2019年12月第1版　开本 880×1240　1/32
2019年12月第1次印刷　印张 15⅝

定价：78.00元